Directrice éditoriale : Catherine Delprat
Édition : Sylvie Cattaneo-Naves assistée de Marie Schierano
Coordination graphique : Emmanuel Chaspoul
Conception graphique : Marie-Astrid Bailly-Maître
Mise en page : Pascal Garbe, Jacqueline Bloch
Fabrication : Isabelle Goulhot
Photogravure : Nord Compo

ISBN 2-0476-00111
N° Éditeur 10073987-(I)-15-CSBTS 135°
Dépôt légal : avril 2000
Imprimé à Turin par Canale en février 2000

Avant-propos

Le jardinage n'est pas une science exacte et contrairement à ce que beaucoup d'ouvrages parus avant celui-ci laissent à penser, il n'existe aucune méthode prédéterminée pour obtenir un beau jardin. Par contre, plus on s'intéresse aux plantes et plus on en introduit dans son jardin, plus jardiner devient facile. Les plantes sont en fait l'essence même du jardin et son véritable objectif.

Pour être plus précis, ce sont les combinaisons de plantes, disons même pour simplifier, les « mariages » entre deux ou plusieurs plantes qui facilitent beaucoup la vie du jardinier. Le simple fait de couvrir au mieux la terre avec toutes sortes de plantes laisse moins de place pour les mauvaises herbes…

En fait, comme « le tout est plus important que la somme des parties », plusieurs plantes bien mariées offrent un effet plus spectaculaire que ces mêmes plantes observées une par une. Deux floraisons simultanées et mélangées captent mieux l'attention qu'une fleur isolée. Deux floraisons consécutives permettent d'allonger la période d'intérêt d'un même coin de jardin, etc. Et ce livre regorge de bien d'autres cas où les mariages semblent encore plus utiles : quand certaines plantes servent de support pour d'autres, quand elles repoussent les parasites de leurs compagnes…

Vous pouvez, bien entendu, copier toutes ces combinaisons de plantes telles qu'elles vous sont présentées dans les scènes principales, mais nous avons aussi tenu à vous suggérer d'autres possibilités qui vous permettront d'adapter nos idées de mariages aux conditions de sol ou de climat dictées par votre jardin, ou aux plantes que vous possédez déjà, ou encore à celles que vous trouverez plus facilement près de chez vous. Car le jardinage devient vraiment un plaisir et un vrai loisir lorsqu'il répond exactement aux attentes de chacun. Ce livre n'a d'autre but que de vous souffler les informations et les idées les plus utiles pour que vous puissiez modeler votre jardin comme vous l'avez toujours rêvé.

Sommaire

Arbres et arbustes : la base d'un décor simple 116

Au pied des arbres 166

Les plus beaux massifs de fleurs 186

L'HIVER

Comment utiliser

Vous trouverez dans ce guide tous les conseils nécessaires pour réaliser chez vous les modèles d'associations que nous vous proposons. Nous l'avons voulu le plus facile d'accès possible afin que le plus grand nombre puisse y trouver les clefs de ces petits paradis terrestres que sont nos jardins.

Vous venez de craquer pour une superbe pivoine... mais où la planter ?	L'index général (page 406) vous permettra de retrouver parmi les 150 scènes photogaphiées qui composent le corps de l'ouvrage toutes les propositions d'associations pour installer votre pivoine au bon endroit.
Vous cherchez une plante pour habiller la clôture de votre jardin ?	Consultez le sommaire : le chapitre *Clôtures, haies et murs bien habillés* (page 282) répertorie plus de 60 plantes possibles !
Vous aimeriez bouturer votre fuchsia, mais n'est-ce pas trop difficile ?	Le chapitre *Les 25 gestes et savoir-faire de base* (page 10) fait clairement le point sur les techniques à connaître pour réaliser avec succès tous vos projets.
Vous voulez savoir si vous pouvez diviser vos vivaces ce mois-ci ?	Dans *Le calendrier du jardin* (page 62) les travaux à effectuer sont répertoriés mois par mois, pour ne rien oublier.
Vous cherchez des précisions sur la culture des rosiers ?	Le dictionnaire des *300 Plantes coup de cœur* (page 380) complète les informations contenues dans les scènes photographiées par des conseils simples et astucieux plante par plante.
Vous cherchez une plante fleurie en hiver ?	*L'index thématique* (page 398) vous fournit une liste de plus de 1 000 plantes pour tous les goûts et tous les besoins.
Vous souhaitez contacter un pépiniériste spécialiste des fougères ?	La rubrique *Nos bonnes adresses* (page 414) présente une liste de plus de 50 pépiniéristes spécialisés sélectionnés sur toute la France.

ce livre

Pour chacune des 150 scènes photographiées, une présentation par double page pour trouver toutes les informations en un coup d'œil !

Pour chaque scène à réaliser, une proposition illustrée et commentée d'association de 2 à 3 plantes « vedettes », faciles à cultiver.

Une sélection complémentaire de plantes pour élargir le choix initial.

Des conseils, des commentaires de jardiniers chevronnés pour réussir à coup sûr.

AU FOND DU JARDIN, UN PETIT COIN SAUVAGE

Des fleurs qui se ressèment

Apportées par le vent ou avec les déchets de taille, des graines de fleurs viennent souvent s'installer au milieu des herbes folles au fond du jardin. Elles le transforment en une prairie fleurie à la fin du printemps. La plupart de ces fleurs qui se ressèment toutes seules sont des nuisibles dans les massifs soignés d'où nous les avons peu à peu éliminées. Ici, l'herbe qui leur sert d'écrin les empêche de devenir trop prolifiques.

L'IDÉE FORTE

FAITES LES FOINS

La plupart des fleurs qui se ressèment facilement au fond du jardin s'épanouissent avant la fin juin. Dès que les fleurs sont moins nombreuses et que l'herbe commence à jaunir, fauchez l'ensemble à 10 cm du sol avec une faux ou une tondeuse-débroussailleuse. Laissez sécher quelques jours pour que les graines achèvent de mûrir et se dispersent sur le sol. Certaines refleurissent après la fauche.

NOTRE CHOIX

Nous avons droit chaque année à ce fabuleux mélange de **marguerites 'Reine de Mai'** et de digitales. Elles commencent, en général, à fleurir avec les lilas et continuent jusqu'à la mi-juillet, époque à laquelle nous les fauchons. Les marguerites refleurissent quelques jours après la fauche si le sol reste frais, sinon elles attendent l'automne.

Les digitales meurent après la fauche, mais elles ont à ce moment dispersé leurs innombrables graines fines comme de la poussière. Elles affectionnent surtout les endroits un peu frais et s'installent souvent dans l'ombre de la haie libre. Parfois, des fleurs blanches apparaissent parmi toutes les roses.

♣ *Les graines de ces deux plantes germent au début de l'automne ou pendant l'hiver dans le moindre interstice de terre libre et dénudée.*

1

326

DES VIVACES QUI SE RESSÈMENT

Le géranium vivace* rose 'Claridge Druce' est magnifique mais, dans les massifs il prend vite l'habitude de se ressemer partout. Ici, ce n'est pas un problème, bien au contraire. Les fauches permettent de redonner vigueur aux touffes et d'induire de nouvelles floraisons. Un plant occupe un mètre carré en deux ans.

Dans les endroits plus secs et mieux ensoleillés, **l'anthémis des teinturiers (1)** épanouit ses marguerites jaunes du milieu de l'été à l'automne. Il atteint 80 cm de hauteur, mais si on le fauche en juin, en même temps que l'herbe et les fleurs printanières, il ne repousse qu'à 40 ou 50 cm, et forme une belle boule de fleurs.

Comme la digitale, **l'ancolie commune** se ressème en abondance dans les terres fraîches, à mi-ombre. Les anciennes variétés, avec des éperons courts et des teintes pastel se naturalisent mieux que les hybrides modernes. Elles ne fleurissent qu'au printemps puis restent très discrètes. La fauche renouvelle le feuillage et le préserve des maladies.

♣ *L'ancolie se ressème de préférence aux endroits où la terre est un peu remuée.*

DES BULBES QUI SE RESSÈMENT

Le camassia (2) est un bulbe généreux dont le feuillage exubérant est trop encombrant dans les massifs. Ses fleurs bleues, bleu-mauve ou blanches, portées sur des tiges hautes de 80 cm se marient très bien aux pivoines.

2

♣ *Le camassia apprécie les terres lourdes et humides, et les fleurs durent plus longtemps à mi-ombre.*

Au tout début du printemps, c'est **le narcisse sauvage**, plus petit et plus précoce que les narcisses hybrides qui égaie cet endroit. Sa grande fécondité le rend dangereux dans les plates-bandes. Nous en avons planté une dizaine de touffes de 10 à 15 bulbes et elles ont formé en quelques années de grandes nappes jaunes comme dans les prairies.

LEUR NOM LATIN

- → **Marguerite 'Reine de Mai' :** *Chrysanthemum leucanthemum* 'Maikönigin'
- → **Digitale :** *Digitalis purpurea*
- → **Géranium vivace rose :** *Geranium* x *oxonianum* 'Claridge Druce'
- → **Anthémis des teinturiers :** *Anthemis tinctoria*
- → **Ancolie commune :** *Aquilegia vulgaris*
- → **Camassia :** *Camassia cusickii*
- → **Narcisse sauvage :** *Narcissus pseudonarcissus*

• VOCABULAIRE
* Vivace : qui résiste au gel en hiver.

• PLANTEZ-LES
Récupérez de jeunes semis gênants dans vos massifs ou chez vos amis et implantez-les entre les touffes d'herbes, si possible avant l'hiver.

• ASTUCE
Les mélanges de graines « prairies fleuries » donnent rarement de bons résultats. Mieux vaut récupérer des graines sur vos plantes ou chez vos voisins et les disperser dès la récolte.

• NOS ÉCHECS
Au fond du jardin, les bulbes sont plus facilement attaqués par les mulots. Nos camassias en ont beaucoup souffert.

• ATTENTION
Les coquelicots, bleuets et autres fleurs, dont les graines composent les mélanges « prairies fleuries », ne fleuriront qu'une année. En effet, ce sont des plantes compagnes des moissons qui ont besoin que la terre soit travaillée et laissée nue tous les hivers... justement ce que l'on veut éviter !

ELLES CONVIENNENT AUSSI

- Alchemille p. 254, 257
- Jacinthe d'Espagne p. 200, 205
- Mauve musquée p. 321
- Pavot du pays de Galles p. 171
- Valériane rouge p. 216

327

Le nom latin de toutes les plantes pour les retrouver rapidement dans les catalogues et en magasin.

Le renvoi à d'autres plantes décrites dans le livre et qui peuvent être aussi utilisées dans ce cas précis.

Au total, plus de 1 000 mariages de plantes pour tous les endroits du jardin.

LES 25 GESTES ET SAVOIR-FAIRE DE BASE

Acheter une plante et la repiquer, semer des graines, arroser ou tailler des arbustes sont des gestes que vous apprendrez vite dès que vous vous mettrez à jardiner. Sans négliger leur importance, nous avons préféré mettre l'accent sur des principes simples et de bon sens qui vous permettront de mieux comprendre les petits trucs dispensés au fil des pages. Ainsi, il nous paraît presque plus important de bien comprendre les principes généraux de plantation que de connaître en détail la manière de planter. De même, il est préférable de comprendre pourquoi on taille et d'apprendre à oser tailler plutôt que d'étudier des dizaines de cas de figure possibles… Nous abordons également, dans les pages qui suivent, les différentes manières de disposer les plantes dans le jardin, les unes par rapport aux autres, mais aussi sur le terrain, ou encore en fonction de la lumière, afin de tirer parti au mieux de leurs qualités et de composer un espace qui nous ressemble vraiment.

1 Concevoir son jardin avec logique

Les jardins les plus difficiles à entretenir sont à la fois les jardins fouillis et, paradoxalement, ceux tracés au cordeau. Dans les premiers, on ne sait pas où donner de la tête ; dans les seconds, la moindre faute d'entretien se voit aussitôt.

Dessinez donc votre jardin avec simplicité. Donnez à votre pelouse et à vos massifs des contours amples, bien définis, mais sans trop de rigueur géométrique. La tonte sera alors réduite et facile. D'autre part, n'hésitez pas à réduire les dimensions des massifs trop larges.

TROUVER UNE ORGANISATION LOGIQUE

Pour que le dessin d'un jardin soit simple et fonctionnel, mieux vaut éviter la multiplication des allées. Quand elles sont indispensables pour relier deux points du jardin très fréquentés, **donnez-leur le tracé le plus direct possible**. Laissez les chemins qui serpentent et les « pas japonais* » dans les parties du jardin réservées à la promenade. Quand l'allée est indispensable et employée souvent, préférez-la revêtue d'un matériau dur. Évitez celle en terre battue, laissez-y pousser l'herbe et tondez-la, c'est bien plus simple que de passer son temps à désherber.

Une ligne de petits arbres et d'arbustes mélangés entoure le jardin aussi bien qu'une haie taillée et demande moins de travail.

Déterminez avec précision l'utilité de chaque partie du jardin : où joueront les enfants ? Où pourra s'ébattre le chien ? Mieux vaut ne pas prévoir de plantations précieuses ici, car leur maintenance vous causerait bien des soucis... Réservez au contraire vos plantes préférées et vos potées fleuries pour les abords de la maison et disposez-les tout près d'un robinet pour éviter les séances d'arrosage trop ennuyeuses. Tentez de repousser enfants et chiens destructeurs vers le fond du jardin qui, de toute façon, est un peu moins soigné.

Organiser son jardin, c'est aussi **tirer au mieux parti du terrain pour éviter de l'entourer d'une haie fastidieuse à tailler,** et dévoreuse d'espace. Les haies strictes sont souvent nécessaires pour isoler certaines fenêtres, ou la terrasse, des regards indiscrets, mais ailleurs elles peuvent être remplacées par un groupe d'arbustes bien plus gais et moins difficiles à entretenir. Cela permet aussi de gagner beaucoup de place.

DONNER UNE FORME SIMPLE À VOTRE PELOUSE

On a toujours tendance à disperser des arbres, des buissons, et parfois des fleurs un peu au hasard dans la pelouse. Cela a trois conséquences regrettables pour l'organisation du jardin :

- l'espace se remplit rapidement, le jardin a vite l'air encombré ;
- les tontes se transforment en slaloms géants ;
- il n'y a aucune cohésion entre les plantes ; l'intérêt du jardin est limité à la période où chaque plante est attrayante.

Gardez votre pelouse la plus dégagée possible en limitant le nombre d'arbres « isolés ».

• VOCABULAIRE
*** Pas japonais : pierres plates disposées le long d'un trajet plus ou moins sinueux.**

• ASTUCE
Proportionnez les passages étroits engazonnés à la largeur de votre tondeuse. Ils seront ainsi beaucoup plus faciles à tondre.

• C'EST IMPORTANT
La différence entre un beau jardin et un jardin parfait est ténue, mais il y a entre les deux un travail d'entretien considérable !

Tout est différent **si l'on donne une forme précise à la pelouse** et si l'on repousse les plantations sur le pourtour, dans les endroits difficilement accessibles à la tondeuse (talus, pied des arbres) ou qu'on les regroupe dans des massifs. Les contours peuvent être réguliers, géométriques, ou libres et sinueux, pourvu qu'**ils restent simples et faciles à parcourir avec la tondeuse.** Dessinez-les directement sur le terrain, en vous servant de la tondeuse comme d'un crayon. Vous êtes alors certains de tracer des courbes amples et des contours simples qui ne nécessitent pas trop de manœuvres pour être entretenus.

DIMINUER LA LARGEUR DES MASSIFS

L'un des facteurs les plus déterminants pour l'entretien des massifs est l'accessibilité. On devrait pouvoir atteindre une mauvaise herbe poussant au beau milieu des plantes en ne **posant qu'un seul pied dans le massif.** Piétiner la terre est très mauvais pour les plantes et facilite l'installation de certaines mauvaises herbes comme le chiendent ou les pissenlits.
La largeur idéale d'un massif dans lequel on peut accéder par n'importe quel côté est inférieure à 3 m, sauf bien entendu s'il englobe un ou plusieurs buissons volumineux. Limitez la largeur d'un massif adossé contre un mur à 1,50 m, surtout si des plantes grimpent contre ce mur. Si vos massifs existants dépassent ces mesures, **réduisez-les en y aménageant un passage en dalles,** en gravillons, ou une petite allée de gazon (équivalente à une largeur de tondeuse). L'entretien sera grandement facilité et vous découvrirez de nouveaux angles de vue sur vos plantes et tout le reste du jardin.

Autour d'un buisson volumineux, la largeur disponible pour la plantation ne doit pas dépasser 1,50 m, comme si le massif était adossé contre un mur. On doit pouvoir cueillir une de ses fleurs en ne posant qu'un seul pied dans le massif.

NOTRE EXPÉRIENCE

Notre premier jardin était planté complètement au hasard et il nous semblait de plus en plus difficile d'installer de nouvelles plantes. Nous l'avons complètement redessiné en y aménageant de grands cercles de pelouse. Ainsi, ce fut très singulier de remarquer que, si la surface de gazon semblait plus importante, il y avait aussi en périphérie beaucoup plus de place pour les plantations !

2 Nettoyer le terrain avant de planter

Pour installer une plante ou un massif, il faut enlever la végétation déjà en place. Cette vérité de La Palice n'est pas toujours aussi évidente qu'il y paraît, et se débarrasser des mauvaises herbes les plus tenaces est parfois très difficile. Pourtant c'est une opération indispensable pour minimiser les fastidieux désherbages ultérieurs.

BÊCHER AU BON MOMENT

Nous avons tendance à tolérer les plantes sauvages dans le fond du jardin parce que certaines sont belles ou utiles, mais à l'emplacement d'un futur massif quelques pestes sont à éliminer totalement avant d'installer des fleurs plus délicates. Les orties, le liseron, les ronces, l'herbe aux goutteux, le chiendent, la renoncule et la prêle sont les plus connues de ces indésirables ; apprenez à les reconnaître.

Toutes possèdent des racines très actives dont le moindre éclat* est capable d'engendrer de nouvelles plantes. **Occupez-vous-en avant de bêcher, car le moindre travail du sol les multiplie dangereusement.**

Si le travail ne vous fait pas peur, enlevez ces plantes avec une fourche-bêche en ayant soin de récolter le plus de racines possible. Il est difficile d'être infaillible et quelques fragments donneront sûrement de nouvelles plantes, mais cette chasse aux racines permet d'ameublir et d'affiner de grandes quantités de terre, et les plantes installées là, plus tard, n'en pousseront que mieux.

Si la surface à nettoyer est importante et que vous n'êtes pas pressé de planter, **labourez grossièrement et semez un gazon rustique** très dense (à base de ray-grass) que vous tondrez très

Les tussilages ou « pas d'âne » trahissent un sol très argileux. Un bêchage profond et méticuleux permet d'éliminer facilement ses grosses racines et d'aérer en même temps la terre.

souvent. C'est le moyen le plus efficace et le moins dangereux que nous ayons trouvé pour éliminer totalement les prêles, les ronces et les orties qui colonisaient une bonne partie du jardin. Il n'y a que l'herbe pour résister à deux années de tontes répétées !

UTILISER DES DÉSHERBANTS EN APPOINT

Les désherbants les plus efficaces et les moins dangereux sont ceux à base de glyphosate. Ces produits, à diluer dans de l'eau, se pulvérisent sur les feuilles, pénètrent dans la plante et sont véhiculés jusqu'aux racines, assurant en théorie une destruction totale en deux ou trois semaines environ. **Dans la pratique, il faut répéter les traitements plusieurs fois et sur toutes les nouvelles pousses.** On peut cependant, quand il n'y a pas de mauvaises herbes tenaces, travailler le sol et planter de huit à dix jours après le traitement. Malgré leur faible toxicité (ils sont détruits au contact du sol), nous ne recommandons leur utilisation **que sur de petites surfaces.** Par temps chaud et sec, il est bien plus facile et bien plus profitable pour la terre de désherber de grandes étendues par un ou plusieurs labours et ratissages répétés.

Il est difficile de se débarrasser complètement du liseron sans utiliser de désherbants. Plusieurs applications sont nécessaires pour venir à bout de leurs multiples repousses.

ÉLIMINER LES MAUVAISES HERBES

Le principe du labour et du bêchage est d'enfouir la végétation présente, qui, en se décomposant, devient de l'humus et améliore le sol. Il faut, bien sûr, que les mauvaises herbes aux racines gênantes aient été supprimées (par des applications de désherbants ou des tontes régulières).

L'époque la plus favorable pour ce travail est la fin de l'été et le début de l'automne, quand la terre est encore chaude et qu'elle redevient humide. L'herbe a le temps de se décomposer pendant l'hiver et la terre est prête pour les plantations de printemps. Si vous voulez planter juste après le bêchage, il vaut mieux, avant de retourner la terre, enlever la végétation en place avec une binette ou une houe.

Les boutons d'or et les prêles (« queues-de-rat ») disparaissent peu à peu si on laboure profondément le sol et si on l'enrichit avec beaucoup de fumier et de terreau de feuilles.

NOTRE EXPÉRIENCE

Les prêles sont inféodées à certaines terres humides et acides et il est très difficile de les éliminer sans utiliser de produits dangereux. Alors qu'elles ne sont visibles qu'une partie de l'année, nous avons simplement choisi de cultiver au même endroit des arbres et des arbustes, mais aussi des bulbes printaniers que leur végétation ne concurrence pas.

• VOCABULAIRE
*** Éclat : fragment de plante ou de racine capable de donner une nouvelle plante.**

• ATTENTION
Les désherbants sont des produits dangereux : lisez attentivement les conseils donnés par les fabricants et ne dépassez jamais les dosages recommandés.

• ASTUCE
Plutôt que de pulvériser du désherbant partout, trempez la tête du liseron dans un récipient contenant l'herbicide systémique.

3 Bien choisir pour bien acheter

Aux époques clés de plantation, octobre-novembre et mars-avril, on trouve des plantes à vendre un peu partout, y compris dans de nombreux points de vente non spécialisés. On y fait de très bonnes affaires, que l'on regrette parfois aussitôt. Si acheter souvent vous permet de savoir où, quoi, comment acheter, voici quelques conseils précieux pour éviter les échecs et les déceptions dès vos premiers achats.

EXAMINER LES RACINES

Les racines d'une plante sont plus importantes que ses branches. D'une manière générale, elles ne doivent être ni endommagées ni desséchées, et être indemnes de taches ou de pourritures suspectes. Examinez cependant ces différents détails selon les conditionnements des plantes :

• **les plantes « à racines nues ».** Les jeunes arbres et arbustes caducs* sont vendus ainsi, les rosiers, eux, surtout au début de l'automne. Les racines doivent être humides, sans blessures. Une grande quantité de petites racines facilite la reprise ;

• **les plantes emballées sous plastique.** Les rosiers, les arbustes et les plantes vivaces sont présentés ainsi dans les grands magasins. La chaleur les fait pousser, sécher ou moisir facilement. Achetez-les le plus tôt possible après leur installation dans les rayons ;

• **les plantes en conteneurs* et en godets*.** La plupart des arbres, des arbustes, des conifères de toutes tailles, des rosiers et des fleurs sont commercialisés ainsi. Ces pots de plastique permettent de conserver toutes les racines intactes mais, dans un conteneur trop petit, elles s'atrophient rapidement ce qui réduit les chances de reprise. Refusez les pots où la terre n'est plus apparente dans l'entrelacs des racines ;

• **les plantes en mottes pressées.** Cela concerne surtout les fleurs saisonnières (pensées, pétunias, etc.) et les plants de légumes. Veillez à ce que les mottes restent humides mais bien compactes, afin qu'elles ne se brisent pas lors des manipulations.

• LES BULBES*
Dans leurs sachets ou en vrac, vérifiez qu'aucun bulbe ne porte des traces de pourritures verdâtres. Les bulbes atteints ne poussent pas.

• GARANTIE
Même si la reprise des végétaux est très aléatoire et dépend de la qualité des soins portés à la plantation, un bon professionnel n'hésite pas à garantir la reprise pendant un an.

Cet arbuste est resté trop longtemps dans son pot : les racines sont serrées et contorsionnées dans le fond.

JUGER LA FORME

Une fois les racines inspectées, observez bien la forme de la plante. Recherchez les plus régulières et surtout les mieux proportionnées. **Si la plante a été bien cultivée et si les racines sont abondantes et saines, une forme irrégulière peut se rattraper par quelques tailles adéquates.** Malheureusement, une forme irrégulière trahit trop souvent des densités de culture trop importantes, donc des plantes affaiblies. Or, les plantes

Taillez proprement l'extrémité des racines des rosiers comme des autres arbustes vendus « à racines nues ».

qui ont souffert dans leur jeune âge restent toujours plus rachitiques que celles dont la croissance a été vigoureuse.

Certaines plantes méritent cependant plus d'attention que les autres : c'est le cas des conifères chez qui une malformation est difficile à corriger en particulier celle des sapins et des pins, dont la flèche doit être bien droite et les branches disposées en couronnes bien régulières. Examinez aussi avec attention les arbres formés sur tige, les branches principales de la cime doivent être réparties dans toutes les directions et être de grosseur similaire.

Raccourcissez aussi les branches, surtout si elles sont cassées, de couleur noire ou si elles portent des traces de pourriture.

SE MÉFIER DES PROMOTIONS

Vous connaissez le dicton : **« On en a toujours pour son argent »**. Il s'applique particulièrement au commerce des plantes, car elles ont une qualité différente selon la manière dont elles ont été cultivées.

Les normes peuvent vous y aider. Elles figurent obligatoirement sur l'emballage ou les étiquettes et indiquent la taille d'une plante (exemple : 30/40 cm), la circonférence du tronc à 1 m du sol (ex. : 10/12), le calibre d'un bulbe ou la catégorie d'un rosier (1, 2 ou 3). **Comparez-les toujours lorsque vous confrontez les prix !**

NOTRE EXPÉRIENCE

Nous préférons acheter des plantes de petite taille. Comme elles sont moins chères, cela nous permet d'en acquérir davantage. Leur reprise est plus facile et leur croissance plus rapide et plus vigoureuse. On écarte ainsi les plantes qui sont restées trop longtemps dans leur pot et celles qui ont été abreuvées d'engrais pour pousser plus vite.

• VOCABULAIRE

* Bulbe : « oignon » à fleurs ; tulipes, narcisses, perce-neige.
* Caduc : qui perd ses feuilles en automne.
* Conteneur : pot de plastique de diamètre supérieur à 12 cm.
* Flèche : pousse centrale, bien verticale d'un sapin.
* Godet : petit pot de plastique de diamètre inférieur à 12 cm.
* Persistant : qui garde ses feuilles (ou aiguilles) en hiver.

• NOTRE EXPÉRIENCE

Dans un libre-service, évitez de dépoter une plante vous-même pour examiner ses racines, mais si un vendeur refuse de le faire pour vous, c'est qu'il n'est pas sûr de la qualité de ses plantes. Refusez alors tout simplement de les acheter.

• PENSEZ-Y

Pour vos premiers achats, mieux vaut pouvoir choisir vos plantes de visu. Mais les catalogues de vente par correspondance ont l'avantage de vous permettre de bien comparer les plantes (et leur norme) et de vous renseigner précisément sur celles qui vous font envie.

4 Respecter les principes de plantation

Planter ne signifie pas seulement étaler les racines dans la terre. C'est aussi mettre tout en œuvre pour qu'elles s'installent vite en trouvant de quoi alimenter la plante et lui permettre de pousser avec vigueur. Bien entendu, le travail nécessaire varie selon la pérennité de la plante. Il est normal de soigner davantage la plantation d'un arbre que celle d'une plante saisonnière. Pourtant, toutes proportions gardées, la démarche et les gestes restent les mêmes.

PRÉPARER UN GRAND TROU

Les racines d'un arbre s'installent mieux dans une terre meuble que dans une terre tassée. Ainsi, nous remuons au moins un mètre cube de terre pour planter un arbre, un peu moins pour un arbuste ou un rosier, un peu plus quand la terre a été tassée par le passage d'engins lourds (tracteurs, bulldozers, etc.). En fait, plus la terre est mauvaise, plus il faut creuser... mais pas n'importe comment.

Pour un arbre ou un arbuste, creusez un grand trou en séparant bien les différentes couches de terre rencontrées.

• Si le sol est couvert d'herbe, **commencez par la faucher**, puis par retirer la couche superficielle sur un diamètre minimal d'un mètre. Mettez cette terre normalement brune en tas.

• **Continuez à creuser** en séparant bien les différentes couches de terre rencontrées, reconnaissables à leur couleur différente. Essayez d'enlever les grosses pierres, mais ne vous préoccupez pas des cailloux qui ne gêneront pas beaucoup les racines.

• **Descendez ainsi** jusqu'à 80 cm ou 1 m de profondeur là où normalement les couches de terrain ne doivent plus être tassées par les travaux de surface. Décompactez alors le fond à la pioche ou en bêchant sans trop retourner la terre. Détassez aussi les parois du trou lissées par le creusement.

• **Commencez alors à reboucher** en replaçant chaque couche du sol à son niveau d'origine. Remettez en place la dernière couche de terre en forme de butte, car le trou vous semblera déjà bien plein.

• **Écartez un peu de terre** pour placer les racines de la plante, recouvrez-les, puis apportez deux ou trois arrosoirs pour que la terre se tasse naturellement.

NOURRIR LA TERRE

Si votre terre n'est pas d'une belle couleur brune tirant sur le noir, quelques apports de matières organiques lui seront fort bénéfiques. Elles sont préférables à des engrais chimiques, car **elles améliorent la terre dont se nourrissent les plantes** (et ont donc une action à long terme) alors que les engrais souvent préconisés agissent seulement sur les plantes. Leur action

Rebouchez le trou en intercalant chaque couche de terre d'une couche de matières organiques : fumier, terreau de feuilles, ou encore compost ou terreau près de la surface.

est très limitée dans le temps puisqu'ils sont entraînés par les pluies et les eaux d'arrosage vers les couches profondes du sol, parfois même avant que les racines capables de les absorber ne se soient développées.

Si vous pouvez vous procurer du fumier bien décomposé, alternez-en une couche de 10 cm d'épaisseur après chaque couche de terre de 15 à 20 cm. **Dans le cas contraire, améliorez seulement les vingt derniers centimètres avec du compost ou du terreau** « spécial plantation » du commerce. Mélangez un volume de terreau pour deux volumes de terre.

Terminez la plantation en étalant autour de la plante une couche de feuilles mortes de 15 cm d'épaisseur.

SOIGNER LA PLANTATION

Avant de planter, taillez légèrement les extrémités des racines des arbres ou des arbustes à racines nues et trempez-les dans un seau contenant du pralin*.

Immergez les plantes en pot ou en conteneur dans un seau d'eau pendant 10 à 15 mn, pour que la tourbe qui compose l'essentiel des mélanges soit bien imbibée. **Ensuite, desserrez les racines pour qu'elles n'aient plus la forme du pot.** Ouvrez au sommet du trou une cavité assez grande pour répartir les racines dans toutes les directions sans devoir les plier. Recouvrez à peine le dessus de la motte du conteneur et repérez bien l'ancien niveau de plantation à la marque de terre laissée à la base du tronc. La cause principale de non-reprise est une plantation profonde...

NOTRE EXPÉRIENCE

Nous ne tassons jamais la terre avec le pied. Nous préférons distribuer deux ou trois arrosoirs d'eau sur toute la surface du trou, afin que la terre colle bien aux racines et se tasse naturellement. Nous ne plaçons jamais de tuteurs. Les plus gros arbres sont attachés par trois fils tendus et maintenus au sol par des fiches. Quand les troncs peuvent bouger, les racines s'ancrent plus vite et plus fortement.

• VOCABULAIRE

* Pralin : mélange destiné à faciliter la reprise des racines. On peut l'acheter tout prêt dans le commerce et le mélanger à de l'eau ou mélanger une pelle de terre argileuse et une bouse de vache dans un seau d'eau.

• C'EST IMPORTANT

Ne laissez pas traîner les plantes que vous venez d'acheter, surtout si elles sont à racines nues ou conditionnées sous plastique. Mettez-les « en jauge », c'est-à-dire les racines débarrassées de leur emballage et enterrées dans une tranchée le long d'un mur ombragé (exposé vers le nord). Enterrez aussi les pots des plantes cultivées en conteneur, cela mettra les racines à l'abri des intempéries. N'oubliez pas d'arroser un peu si le temps est sec.

• LA BONNE ÉPOQUE

♣ Plantes à racines nues : entre octobre et fin janvier, hors période de gel.

♣ Plantes en conteneurs : toute l'année hors période de gel ou de sécheresse.

Si vous plantez en automne, n'hésitez pas à démonter complètement la motte pour bien répartir les racines dans toutes les directions.

5 Planter pour longtemps

Un dicton anglais conseille de dépenser quatre fois plus pour la plantation d'un arbre que pour son achat.
En fait, hors de toute considération financière, une plantation soignée est toujours un investissement rentable à long terme.
Le temps est la dépense la plus importante lors de la plantation. Il nous faut au moins une heure pour bien planter un arbre, parfois davantage. Pourtant, cela reste bien peu au regard de toutes les heures de vie qu'il connaîtra.

CREUSER DE GRANDS TROUS

Aussi étonnant que cela puisse paraître, l'un des éléments du sol le plus précieux à la vie des plantes, c'est l'air. **Un sol tassé et compact contient peu d'air, la vie microscopique du sol est peu active, et les plantes ont beaucoup de mal à y vivre.** À l'inverse, dans une terre meuble et bien aérée les plantes sont luxuriantes.

Nous recommandons toujours de creuser de grands trous pour planter. Plus la terre est lourde, compacte et tassée, plus il est nécessaire de creuser profondément jusqu'au niveau où elle retrouve une structure normale. Pour vous donner une idée, voici quelques ordres de grandeur :

En rebouchant vos grands trous, mélangez le plus de matières organiques possible à la terre d'origine. Le fumier bien décomposé est ce qu'il y a de mieux, mais le terreau de feuilles ou celui obtenu avec les tontes de gazon peuvent aussi faire l'affaire.

• pour un arbre : nous creusons entre 0,80 m et 1 m de profondeur et au minimum 1 m de largeur ;
• pour un arbuste : nous creusons entre 0,50 m et 0,80 m de profondeur (de 1 m à 1,20 m de largeur pour un rhododendron) ;
• pour une plante vivace : nous creusons sur 0,40 m de largeur et 0,40 m de profondeur ;
• pour une dizaine de bulbes (tulipes, narcisses) : nous creusons sur 0,30 m de largeur et 0,40 m de profondeur.

Ces dimensions peuvent vous sembler démesurées par rapport aux godets, aux conteneurs ou aux racines nues que vous allez planter. Pourtant elles correspondent au volume que vont pouvoir explorer les racines dans les deux années qui suivent l'opération. Vous comprendrez aisément que plus cette exploration est facile pour elles, plus la reprise et la croissance des plantes seront rapides. Plus vigoureuses et plus robustes, les plantes seront aussi plus résistantes aux parasites et aux maladies.

AMÉLIORER LE SOL

En creusant le trou de plantation, on rencontre différentes couches de terre reconnaissables à leur couleur différente. **Séparez-les bien pour les remettre exactement là où elles se trouvaient.** Une fois le fond du trou à son tour décompacté (à la fourche-bêche ou à la pioche), on peut le reboucher presque entièrement en ayant soin d'affiner le plus possible les mottes de terre.

Si vous disposez de fumier bien décomposé ou de compost fait avec les déchets de votre jardin, intercalez-en par couches de 10 cm environ entre chaque couche de terre de 10 à 15 cm. N'oubliez pas de bien remettre la terre du fond… au fond, et celle de surface… en surface. Si vous ne pouvez pas avoir de fumier ou de compost, il est inutile d'y apporter terreau ou tourbe, peu efficaces à de telles profondeurs. En revanche, prévoyez un sac d'au moins 20 litres de terreau « spécial plantation » que vous disposerez plus tard **juste autour des racines des plantes.**

SAVOIR ATTENDRE LE BON MOMENT

L'idéal est de pouvoir **préparer les plus grands trous deux ou trois mois avant de planter.** La terre a ainsi le temps de bien se

remettre en place. L'eau de pluie y descend facilement. Cela permet aussi d'installer les plantes lorsque les conditions sont idéales : temps calme, sans vent, terre humide mais facile à travailler...

En effet, rien ne sert de se bousculer pour tout planter le jour de la Sainte-Catherine ou pire lors d'un week-end pluvieux car le travail est très pénible. Les plantes cultivées en pots peuvent attendre quelques semaines de plus.

Celles à racines nues doivent être mises « en jauge », c'est-à-dire placées dans un coin abrité (contre un mur ou une haie), leurs racines étant recouvertes de terre.

NOTRE EXPÉRIENCE

Nous préférons installer les arbres et les gros arbustes très tôt au mois d'octobre, quand leurs feuilles commencent à tomber. Les feuillus persistants reprennent mieux au printemps, alors que les conifères et les magnolias cultivés en conteneurs s'installent plus vite au début de septembre. Nous plantons aussi en septembre les vivaces de printemps, et avant la fin avril, les vivaces d'été et d'automne.

Si vous plantez sous les arbres, ne coupez pas les grosses racines sinon beaucoup de petites nouvelles vont se développer pour profiter de la nourriture destinée à la nouvelle plante.

En attendant de pouvoir planter dans de bonnes conditions, placez les plantes en jauge contre un mur ou une haie, et en recouvrant leurs racines de terre.

• ATTENTION
En attendant le meilleur moment de planter, veillez à ce que le substrat des pots ou la terre qui recouvre les racines nues ne se dessèche pas. Cela compromettrait beaucoup les chances de reprise.

• C'EST IMPORTANT
N'oubliez jamais de faire tremper les conteneurs ou les godets pendant au moins une demi-heure avant de les planter ; ceci pour assurer de bonnes réserves d'eau le temps que la plante installe ses racines dans la pleine terre.

• NOTRE EXPÉRIENCE
Le substrat des conteneurs est souvent à base de tourbe ou d'écorce de pin ; une fois sec, l'eau y pénètre difficilement et les plantes meurent de soif. Nous préférons garder les plantes dans leur pot jusqu'en automne et mettre pratiquement les racines à nu pour qu'elles soient rapidement en contact direct avec la terre.

6 Planter en toute saison

Composer un jardin beau toute l'année demande une bonne connaissance des plantes et des différents aspects qu'elles peuvent adopter au long des saisons. Ces informations peuvent s'acquérir dans les livres, en visitant d'autres jardins, ou encore en observant les plantes plusieurs fois en pépinière avant de les acheter. Mais le plus souvent, c'est en la choisissant et en l'installant au moment où elle est la plus belle, sans attendre la saison « officielle » de plantation, qu'une plante trouve sa place dans le jardin.

CHOISIR EN FLEURS

La plupart des jardins sont beaux au printemps et en automne, car ce sont les deux périodes favorites de plantation, celles pendant lesquelles tout le monde fréquente pépinières et jardineries et succombe au charme des plantes vedettes du moment. **Il suffit de se rendre plus souvent sur ces lieux de vente pour constater combien il est plus facile de choisir les plantes une par une au moment où elles sont attrayantes** plutôt que de vouloir acheter tout son jardin au mois de novembre, quand il n'y a plus une feuille et plus une fleur sur les sujets.

Si vous craignez, en choisissant vos plantes de cette manière, de succomber au « coup de foudre » et d'acheter des plantes incompatibles avec votre jardin, partez avec des critères de choix bien précis correspondant aux besoins réels du jardin à ce moment précis : des fleurs jaunes, un feuillage toujours vert, une couleur d'automne rouge ou des fruits bleus. Une fois la ou les plante(s) possible(s) repérée(s), sélectionnez celle ou celles ayant le plus de chance de bien vivre dans votre jardin en fonction des dimensions, de la rusticité, des qualités du sol ou de l'ensoleillement. **N'ayez aucune crainte, il existe tellement de belles plantes que l'on finit toujours par trouver celle correspondant vraiment à ce que l'on cherche...**

Les arbustes cultivés en conteneurs peuvent être plantés toute l'année. Il est ainsi bien plus facile de trouver leur emplacement au moment où ils sont les plus beaux.

PLANTER DES VÉGÉTAUX CULTIVÉS EN CONTENEURS

Les plantes cultivées dans ces pots noirs appelés « conteneurs » possèdent l'immense avantage de pouvoir être mises en place à n'importe quel moment de l'année, moyennant quelques soins. Aujourd'hui, on peut trouver presque toutes les plantes cultivées ainsi, depuis les arbres jusqu'aux bulbes et fleurs annuelles, en passant par les arbustes, les plantes vivaces et même les rosiers. **Toutes reprennent facilement puisqu'elles possèdent l'intégralité de leurs racines.** Ces plantes mises en place durant la belle saison demandent

Il est bien plus aisé d'associer les petits bulbes précoces quand ils sont en fleurs car on connaît alors parfaitement leur couleur et leur hauteur. Prélevés dans une autre partie du jardin ou cultivés dans des pots, ils ne souffrent pas de ces déplacements si on prend soin de bien les arroser.

• ASTUCE

Si vous achetez des plantes avant de partir en vacances, enterrez-les avec leur pot dans un endroit ombragé de votre pépinière après avoir laissé tremper la motte durant deux heures dans un seau d'eau. Arrosez copieusement la terre autour du pot et couvrez la surface d'une bonne couche de tontes de gazon coupé bien sec. Si l'endroit est ombragé et protégé du vent, les plantes peuvent tenir un mois sans arrosage.

toutefois des arrosages suivis pour s'établir facilement dans le jardin. On peut cependant entreposer les plantes nouvellement acquises dans un coin de la terrasse et les entretenir comme d'autres potées pour les repiquer en pleine terre après les premières pluies, au début de l'automne.

NOTRE EXPÉRIENCE

Nous repiquons en pépinière les variétés de bulbes que nous ne connaissons pas bien, dont nous ne connaissons pas la couleur, ou que nous ne pouvons pas installer dans le jardin faute de place libre. Plantés par groupes de 5 à 10 dans le même trou, ces bulbes forment une touffe que l'on peut déplacer avec une grosse motte de terre au moment de leur floraison. Il est alors facile de les associer, connaissant leur couleur et leur hauteur précises.

UNE PÉPINIÈRE D'OBSERVATION

Les vivaces achetées en petits godets (généralement de forme carrée) et les jeunes arbustes acquis par correspondance sont parfois trop petits pour être repiqués directement en pleine terre dans le jardin. **Il est alors très utile de créer un petit coin « pépinière »** soit dans le potager, soit au pied d'un vieil arbre fruitier ou encore contre un des pignons de la maison, bref, dans un endroit où la terre est bien travaillée, enrichie de fumier et de terreau, et situé non loin d'un point d'eau. Repiquez les jeunes plantes en les entourant de terreau pour leur donner un bon départ. Essayez de mettre en place les plantes vivaces aussitôt leur floraison achevée. Certaines sont tellement prolifiques qu'on peut déjà fragmenter les touffes en différents morceaux formant autant de nouvelles plantes. Évitez de laisser les arbustes plus d'une année à la même place. Si durant l'automne suivant leur arrivée, leur plantation définitive est toujours impossible, arrachez-les puis replantez-les au même endroit. Cette opération permet d'augmenter le nombre de petites racines qui faciliteront la reprise des sujets lorsqu'ils gagneront leur emplacement définitif.

Une petite « pépinière » regroupe les jeunes plantes que nous déplaçons tous les ans afin qu'elles forment une grande quantité de petites racines favorisant le reprise.

7 Réussir les premiers semis

Mettre des graines en terre, les voir germer puis pousser, est l'un des gestes les plus simples du jardinage, mais aussi l'un des plus aléatoires : le résultat peut être nul malgré toutes les précautions requises, comme il peut dépasser toutes vos espérances.

Nous allons passer en revue les quelques gestes qui devraient vous permettre de réussir vos premiers semis. Mais ne cherchez surtout pas de secret : il n'y en a pas. L'apprentissage du semis se fait en semant. Semez donc, et si cela ne pousse pas, apprenez à recommencer !

PRÉPARER LE TERRAIN

Réalisez vos premiers semis de légumes, ou de fleurs **en pleine terre, une fois les dernières gelées passées.** Les plantes se développent en effet plus vite et bien mieux que lorsque l'on sème dans des pots. L'endroit choisi a peu d'importance puisque c'est en général celui où doivent pousser les plantes. Pourtant, si vous trouvez dans votre jardin un endroit bien protégé du vent, ensoleillé mais où la terre est noire et semble bien fertile, n'hésitez pas à y faire tous vos semis pour repiquer les plantes un peu plus tard à leur emplacement définitif. Ce sera ce que l'on appelle sur les paquets de graines la « pépinière ».

Un coffre rempli de terreau est idéal pour semer les plantes un peu fragiles. On peut le couvrir d'un châssis vitré ou plastifié, le temps que les graines germent.

La préparation d'un coin de terre destiné à recevoir le semis commence comme pour un repiquage : bêchage et remise en place des terres au croc tout en enlevant les cailloux les plus apparents. Affinez ensuite la terre au râteau pour qu'elle ne présente plus de mottes plus grosses qu'une noisette. Tassez un peu la surface en tenant votre râteau bien vertical, les dents à plat sur le sol. Si la terre superficielle sèche trop vite, arrosez avec un arrosoir muni d'une pomme fine, attendez que l'eau s'infiltre, puis ratissez à nouveau pour affiner la couche superficielle.

Donnez à la surface prête à ensemencer un profil légèrement incliné avec, si possible, la plus grande pente orientée vers le sud ou vers l'ouest. Ainsi, la terre reçoit plus de soleil, se réchauffe un peu plus vite et peut aussi s'égoutter plus facilement en cas d'arrosage trop abondant ou de pluie trop violente.

SEMER EN LIGNES

La méthode de semis la plus simple consiste à répartir les graines sur une ligne matérialisée par une corde. Elle permet de distinguer facilement les jeunes plantes des mauvaises herbes, qui germent en même temps.

Sur le terrain finement ratissé, creusez le long de la corde un petit sillon profond de 2 à 3 cm à l'aide du manche de votre râteau. **Remplissez-le avec du terreau du commerce « spécial semis ».** Ce substrat stérilisé évite la levée de mauvaises herbes sur la ligne de semis. Tassez

Le semis en petites lignes permet de localiser les jeunes plantes.

• POQUETS
On peut semer les grosses graines par groupes de 3 à 5 espacés les uns de autres de 15 à 30 cm le long de la ligne de semis. C'est le semis dit « en poquets ».

• COMMENT SEMER ?
Que ce soit au potager ou dans vos massifs, ne semez jamais en très longues lignes fastidieuses à entretenir. Mieux vaut disposer plusieurs petites lignes à 20 ou 30 cm les unes des autres.

• SACHEZ QUE
On sème les graines toujours trop serrées et, dans les cas extrêmes, cela entraîne des moisissures qui détruisent rapidement les jeunes plantes. Éclaircissez-les donc en arrachant les jeunes plantes en surnombre pour n'en laisser d'abord qu'une tous les 2 cm puis en doublant progressivement leur espace jusqu'à l'intervalle idéal toujours indiqué sur le paquet.

• ASTUCE
Pour bien répartir les graines très fines, mélangez-les à un peu de sable, vous verrez ainsi facilement où elles tombent.

• POUR COMMENCER
Parmi les fleurs les plus faciles à semer, commencez pas des cosmos, des capucines, des pois de senteur, des lupins, des lavatères ou des œillets d'Inde.

légèrement sa surface puis répartissez vos graines soit en les laissant tomber du paquet à intervalle régulier, soit une par une si elles sont assez grosses pour être manipulées.

Si les graines sont fines, tassez simplement le terreau avec un petit morceau de bois plat, si elles sont épaisses, recouvrez-les de quelques millimètres de terreau avant de tasser. **Arrosez avec une pomme d'arrosoir la plus fine possible pour humidifier sans déranger les graines.**

SEMER À LA VOLÉE

Pour de plus grandes surfaces ou pour obtenir un effet plus naturel, la répartition des graines s'effectue plutôt « à la volée ». La levée des graines et la croissance des jeunes plantes est meilleure si vous déposez sur la surface à semer une couche de terreau « spécial semis » de 2 cm d'épaisseur environ. Il faut, en revanche, l'arroser très souvent car le terreau se dessèche plus vite que la terre.

Pour le semis proprement dit, prenez une partie des graines dans le creux de la main et essayez de les faire glisser entre le pouce et l'index en balayant toute la surface à semer. Tassez légèrement avec une planchette de bois et arrosez avec une pomme d'arrosoir très fine.

Ce semis de radis est irrégulier. Il faut supprimer au moins la moitié des jeunes plantes là où elles sont les plus serrées.

NOTRE EXPÉRIENCE

Nous déposons sur le semis un voile léger « non tissé » que l'on trouve dans toutes les jardineries. Il évite au sol de se dessécher et crée un microclimat très favorable à la croissance des jeunes plantes. On peut arroser par-dessus. Nous l'enlevons quand les plantes mesurent une dizaine de centimètres de haut.

8 Repiquer fleurs et légumes

Repiquer, c'est aussi planter, mais cela concerne plus particulièrement les fleurs et les jeunes légumes. On repique les unes en massifs, les autres en rangs au potager. Pour effectuer ce travail dans de bonnes conditions, le sol et les végétaux doivent être bien préparés. Il faut aussi savoir à peu près comment et à quelle distance les disposer les uns par rapport aux autres. D'un bon repiquage dépend beaucoup l'aspect de vos premiers massifs.

APPRENDRE À BÊCHER

Bêcher, c'est enfouir les herbes de surface en retournant la terre et en l'émiettant plus ou moins finement. Un bon bêchage commence par une jauge, c'est-à-dire une tranchée large et profonde comme le fer de la bêche, creusée sur toute la largeur de l'emplacement à bêcher. La terre enlevée est disposée au bout de la surface et servira à combler la dernière tranchée.

Il suffit ensuite de retourner la terre par bêchées plus ou moins épaisses en se déplaçant sur la largeur, vers la gauche ou vers la droite. L'idéal est de pouvoir effectuer **le premier bêchage d'un massif au milieu de l'automne, quand la terre est humide sans être trop mouillée.** Contentez-vous alors de retourner la terre par bêchées de 10 cm de large environ, le gel et la pluie se chargeront de l'émietter finement et naturellement. Vous pouvez aussi bêcher un petit coin de terre juste avant de planter quelques fleurs, mais mieux vaut, dans ce cas, **ne pas enfoncer la bêche trop profondément** (la moitié ou les deux tiers) et ne retourner que de petites épaisseurs de terre que l'on émiette finement par quelques petits coups de bêche.

Fignolez votre bêchage juste avant de planter en poussant et en tirant devant vous un crochet, une sorte de fourche aux dents recourbées. Il permet d'émietter les plus grosses mottes toujours intactes et de rassembler les petits cailloux de surface gênants pour un repiquage et les travaux du sol ultérieurs.

Commencez à bêcher en creusant une jauge. Portez la terre enlevée au bout de la surface à bêcher.

BIEN PRÉPARER LES PLANTES

Faites tremper les plantes cultivées en godets pendant une dizaine de minutes dans une bassine d'eau. Celles cultivées en mottes de tourbe pressées sont plutôt posées dans un plateau bas et arrosées plusieurs fois jusqu'à ce qu'elles n'absorbent plus l'eau.

Les plantes fournies à racines nues ou avec une petite motte de terre par vos amis ou vos voisins doivent être « habillées ». **Coupez un peu leurs racines pour faciliter l'apparition de nouvelles, et coupez aussi au moins la moitié du feuillage pour que la plante ne fane pas trop vite.** Gardez toujours les racines des plantes bien humides et couvrez-les d'un journal ou d'une toile de jute humide en attendant de les mettre en terre.

« Habillez » les plantes à repiquer en coupant l'extrémité des racines et la moitié des feuilles.

Si la surface à planter n'est pas très grande, étalez du compost du commerce à raison de quatre seaux au mètre carré, et faites-le pénétrer dans les premiers centimètres de terre à l'aide d'un râteau. Si votre premier massif est important (ce que nous vous déconseillons, mieux vaut commencer par de petites surfaces), gardez votre compost pour en placer directement deux poignées autour des racines de chaque plante.

METTRE EN PLACE PLANTES ET FLEURS

Repérez bien l'emplacement de chaque plante en faisant un petit trou dans le sol. Pour suivre les distances de plantation préconisées sur les étiquettes, aidez-vous de votre transplantoir : mesurez une fois pour toute sa longueur et convertissez chaque mesure donnée en centimètres en une mesure en « transplantoirs ».

Les légumes, salades, choux, poireaux, etc., se cultivent de préférence en lignes tracées avec une corde tendue entre deux petits piquets. Au contraire, les fleurs méritent un peu plus de fantaisie : plantez, en quinconce, ou mieux un peu au hasard. **Quand vous aurez observé comment chaque plante pousse pendant une saison, vous saurez mieux de combien les distancer.**

Toute plantation ou repiquage se termine par un copieux arrosage.

NOTRE EXPÉRIENCE

Nous préférons planter serré, quitte à enlever par la suite des plantes en surnombre plutôt que de planter trop espacé et d'avoir à entretenir des grands espaces de terre nue entre les plantes. Une fois chaque petit massif planté et bien arrosé, nous étalons sur la terre des écorces de pin, des copeaux de bois ou des tontes de gazon. Ces matériaux permettent au sol de rester frais et gênent la pousse des mauvaises herbes.

• NOTRE EXPÉRIENCE
Si le terrain à bêcher est fortement enherbé, coupez la verdure le plus près possible du sol avant de commencer à le travailler. Éliminez toutes les racines blanches que vous trouverez en bêchant, beaucoup appartiennent à des mauvaises herbes difficiles à éradiquer.

• LES OUTILS
- Une bêche ;
- un crochet ou croc ;
- un râteau ;
- un transplantoir ;
- une corde et deux petits piquets.

9 Arroser sans gaspiller

Ce geste simple n'est pas aussi innocent qu'il en a l'air. L'eau se fait de plus en plus rare et chère ; trop généreusement dispersée, elle occasionne parfois plus de dégâts que de bienfaits. Mieux encore, dans la plupart de nos régions, il est facile de s'en passer à condition d'adopter quelques méthodes particulières beaucoup plus simples à mettre en œuvre qu'un arrosage automatique. À condition aussi d'adopter un état d'esprit un peu plus « nature » que celui des jardiniers traditionnels.

JUGER DE LA NÉCESSITÉ D'ARROSER

Le plus difficile est d'apprendre à juger quand arroser est indispensable. Nous avons dressé une petite liste des cas les plus fréquents pour vous apprendre à bien distinguer les arrosages prioritaires des arrosages superflus.

« Un binage vaut deux arrosages ». En cassant la croûte dure à la surface du sol, cette opération évite que la terre ne sèche trop et limite ainsi les arrosages à prodiguer aux plantes.

Arrosages indispensables :
- toutes les plantes, à leur plantation ;
- les arbres et les arbustes pendant l'été suivant leur plantation ;
- les fleurs pendant les deux à trois semaines suivant leur plantation ;
- les fraisiers, les petits légumes, et les arbres fruitiers, en cas de forte sécheresse ;
- les pots et jardinières, chaque jour ;
- les semis, au moins jusqu'à ce que les plantes atteignent la moitié de leur taille définitive ;
- le feuillage des conifères repiqués depuis moins de deux ans.

Arrosages superflus :
- autour des bulbes de printemps ;
- la pelouse, sauf si vous la désirez toujours impeccable, comme une moquette verte ;
- les arbres plantés depuis plus d'un an ;
- les rosiers installés depuis plus d'un an ;
- les massifs en plein soleil ;
- les fleurs dont l'effet décoratif est passé.

Comme vous le constatez, seules les plantes installées depuis peu dans votre jardin et les végétaux « productifs » ont besoin d'apports d'eau réguliers.

UTILISER UNE POMME D'ARROSOIR ?

Attendez que les plantes manifestent des signes de soif (feuillage flétri même le matin après la rosée, tige molle, etc.) pour arroser. Si les plantes sont trop arrosées, les racines restent en surface et sont sensibles à la moindre petite sécheresse. Peu arrosées, les plantes produisent des racines profondes qui les mettent à l'abri du besoin.

Quand l'arrosage est vraiment nécessaire, nous conseillons toujours **d'arroser avec un arrosoir plutôt que directement avec un tuyau,** car on

Arrosez directement les jeunes arbres sans utiliser de « pomme » sur l'arrosoir.

peut ainsi plus facilement évaluer la quantité d'eau distribuée à chaque plante (de 2 à 3 litres en moyenne pour une semaine). **Servez-vous du tuyau pour remplir une bassine aux points stratégiques du jardin, et venez y puiser l'eau, arrosoir par arrosoir.**

Seuls les semis méritent d'être arrosés par une pomme fine, car **c'est toute la surface qui doit être mouillée uniformément.** Mieux vaut arroser les plantes repiquées au goulot, le plus près possible du pied. Évitez de faire ruisseler l'eau, fractionnez plutôt vos apports et revenez plusieurs fois autour de chaque plante.

APPRENDRE À S'EN PASSER

Différentes méthodes simples permettent d'économiser les arrosages :

• **couvrez la terre nue de débris végétaux** (paille, feuilles mortes, aiguilles de pin, tontes de gazon, écorces de pin, copeaux de bois, etc.). Cette couche isolante de 5 à 10 cm permet à la terre de rester humide bien plus longtemps que lorsqu'elle est découverte.

• Lors de plantations de fin de printemps ou en plein été, **noyez les trous quand ils sont rebouchés à moitié** et lorsqu'ils sont presque rebouchés. Mélangez aussi de la tourbe humide qui joue le rôle de réserve d'eau.

• **Évitez de planter dans les courants d'air**. Protégez les jeunes plantes d'un sac de toile tendu sur des piquets en guise de paravent. C'est particulièrement utile pour les jeunes conifères et autres arbustes toujours verts.

NOTRE EXPÉRIENCE

Nous faisons très attention de choisir des plantes résistantes à la sécheresse pour les endroits où il est difficile d'arroser. Si une plante fane et que la sécheresse persiste après deux ou trois arrosages, nous coupons une partie ou la totalité de son feuillage que nous étalons sur le sol alentour. Les arbustes peuvent aussi perdre une partie de leurs feuilles, en été, sans que cela ne nuise à leur future croissance.

Avant d'installer la plante, noyez le trou de plantation pour assurer une réserve d'humidité aux jeunes racines.

• SACHEZ QUE
L'eau de pluie est toujours meilleure pour les plantes (particulièrement pour les bruyères et les rhododendrons), et surtout, elle est gratuite ! Pensez à investir dans un tonneau de récupération à placer à la descente d'une de vos gouttières.

• C'EST IMPORTANT
Semé en septembre, ou en avril, un gazon « rustique » n'a que rarement besoin d'être arrosé. Comme pour les fleurs, trop d'arrosage le fragilise. Seuls les gazons très soignés méritent ces attentions.

• PENSEZ-Y
Achetez deux arrosoirs, c'est plus facile à porter qu'un seul ! Veillez à ce que la pomme soit percée de tout petits trous.

10 Multiplier les plantes soi-même

Bouturer, semer, marcotter et diviser sont des opérations faciles et passionnantes qui permettent d'augmenter le nombre des plantes du jardin. Pratiqués au bon moment, ces travaux ne nécessitent pas de matériel coûteux. En obtenant de nombreuses plantes, on peut ainsi réaliser de belles bordures et des massifs entiers à moindre frais, ou encore constituer une « banque d'échanges » afin d'élargir ses collections végétales sans dépenser un sou.

BOUTURER

Une bouture, c'est un morceau d'une plante, en général un fragment de tige, qui, préparé et mis dans les conditions requises, donne une plante identique à la plante mère. **Retenez que l'on bouture des rameaux de l'année,** et que la coupe inférieure doit se situer entre 1 et 2 mm au-dessous d'un «œil» (le point d'insertion d'une feuille), et la supérieure, entre 1 et 2 mm au-dessus d'un autre œil. **La longueur d'une bouture est au minimum celle qui sépare les deux yeux. Les boutures idéales sont munies du bourgeon terminal de la pousse.**

Il y a quatre grandes époques pour prélever et réussir facilement les boutures :

• en juin : avec des jeunes pousses « herbacées », c'est-à-dire encore vertes et molles, d'une longueur n'excédant pas 10 cm et que l'on débarrasse de toutes leurs feuilles sauf des deux terminales ;

• en août : avec des tiges semi-ligneuses, c'est-à-dire encore vertes, mais déjà dures, sur lesquelles on ne laisse que les deux dernières feuilles ;

• en octobre : avec des tiges « de bois sec », c'est-à-dire des jeunes branches coupées juste après la chute des feuilles. Elles mesurent environ 20 cm et on les repique directement en pleine terre en les enfonçant des deux tiers de leur longueur ;

• en avril : avec des tiges dures portant de jeunes feuilles. Elles mesurent entre 15 et 20 cm et on ne garde que la paire de feuilles supérieure.

Les boutures de juin, août et avril doivent être placées « à l'étouffée », c'est-à-dire dans un contenant (pot, terrine, châssis) fermé hermétiquement pendant un à deux mois avec une feuille de verre ou de plastique.

Cette bouture d'hortensia peut servir de modèle pour toutes les autres. Sa taille est celle d'un morceau de tige coupé en dessous d'un «œil» et au dessus d'un autre. Quatre à cinq boutures sont ensuite regroupées dans un pot et maintenues dans une atmosphère « étouffée », confinée dans un sac de plastique pendant 6 à 8 semaines.

SEMER

Semer permet d'obtenir de nombreuses plantes pour un prix très réduit, surtout si on récolte les graines, mais **cela ne reproduit pas toujours de façon fidèle la plante d'origine.** Les semis les plus simples sont ceux réalisés en pleine terre, en dehors des périodes de gel. Il suffit alors de creuser un sillon dans une terre bien ameublie, humide et finement préparée, d'y déposer les graines et de les recouvrir légèrement. On peut aussi semer en pot, dans un mélange de compost, tourbe et sable-gravier, et repiquer les jeunes plantes dans des pots individuels. L'idéal est de semer des graines fraîches, si possible aussitôt récoltées. Les graines de vivaces, d'arbres et d'arbustes rustiques lèvent mieux après avoir subi quelques jours de gel, mais il vaut mieux semer les plantes gélives dans la maison six à huit semaines avant de les mettre dehors.

NOTRE EXPÉRIENCE

Pour favoriser l'enracinement des boutures et des semis réalisés en pot, nous y plaçons un fond de compost très mûr (pas plus d'un tiers de la hauteur du contenant) et, au-dessus, un mélange de tourbe et de sable-gravier en proportions égales. La tourbe retient l'eau et le gravier favorise l'aération, tandis que le compost nourrit les premières racines.

MARCOTTER

Le marcottage consiste à mettre en contact avec le sol une jeune branche en la maintenant à l'aide de crochets ou d'une pierre plate. L'humidité incite le bois à produire des racines et il suffit de couper le rameau avant son point de contact avec la terre quelques mois à un an après l'opération pour obtenir une nouvelle plante complètement autonome. **La plupart des arbustes peuvent être multipliés de la sorte, en particulier les plus réfractaires au bouturage.** Outre sa grande simplicité, le marcottage présente l'immense avantage de ne demander aucun soin, hormis celui de maintenir le sol humide et aéré. Si vous écorcez quelque peu la branche là où elle sera en contact avec le sol, l'enracinement est plus rapide et plus abondant.

Prenez l'habitude de semer les graines en lignes, en évitant de trop les serrer, vous éviterez ainsi de devoir repiquer de toutes petites plantes pour les distancer.

• COMMENT DIVISER ?
Les touffes de plantes vivaces se divisent simplement soit en les tranchant avec une bêche, soit en séparant les morceaux avec deux fourches placées dos à dos, une fois la touffe mère complètement sortie du sol. Les éclats, dans l'idéal gros comme le poing, sont repiqués aussitôt à un emplacement différent. Les meilleures époques pour cette opération sont la fin de l'été ou le tout début du printemps.

• ARBUSTES À MARCOTTER
Noisetier, cotinus, clématite, glycine, cornouiller, chalef, rhododendron, bruyère.

Une fois les grosses touffes sorties de terre, deux fourches-bêches plantées dos à dos permettent de diviser les souches des plantes vivaces les plus robustes comme celles des hostas.

11 Ne pas avoir peur de tailler

Tôt ou tard, chacun est amené à tailler ici un arbuste, là un rosier ou encore un arbre. Certains d'entre nous hésitent à tailler de peur de nuire à l'aspect de la plante ou à sa santé. D'autres restent perplexes devant les conseils peu précis des amis ou se perdent parmi les dizaines de méthodes détaillées par les spécialistes et qui jamais ne correspondent au cas précis auquel on est confronté. Mieux vaut comprendre pourquoi on taille et comment réagit la plante quand on la coupe de telle ou telle manière...

QUAND ET POURQUOI TAILLER ?

Tailler un genêt permet de le rendre plus compact et de le garder en vie plus longtemps.

Tailler n'est pas indispensable, et beaucoup de plantes parviennent à pousser et à fleurir pendant de longues années sans avoir besoin d'un seul coup de sécateur.

Mais à moins de ne cultiver que des arbres ou des arbustes nains, **on a souvent besoin de les tailler pour réduire leur volume et leurs dimensions** ou pour éviter qu'ils ne recouvrent leurs voisins. C'est une opération essentielle pour faire cohabiter les nombreuses plantes qui animent, chacune leur tour, un petit jardin. Ce genre de taille s'effectue essentiellement en hiver quand les plantes sont en repos, avec un sécateur, un sécateur de force (avec de longs bras), une scie d'élagueur, voire une tronçonneuse.

Parfois, **tailler est un caprice du jardinier** qui veut imposer une forme particulière à des buissons ou uniformiser toute une ligne pour créer une haie. Cette taille s'effectue, une fois en août, pour les espèces à croissance lente et une à deux fois en juin et août, pour les espèces à développement plus rapide. On utilise le plus souvent des cisailles à main ou à moteur.

Enfin, certains arbustes ont besoin d'être **taillés pour fleurir davantage, pour donner de meilleurs fruits, pour présenter un feuillage plus grand** et mieux coloré ou parfois pour accentuer la coloration des rameaux. Chacun de ces objectifs peut être obtenu par une taille précise à une époque bien définie. Nous préférons toutefois éviter toutes ces complications en taillant ces plantes en fin d'hiver selon un principe qui respecte leur forme et leur façon de pousser.

RESPECTER LES PLANTES

Ce principe vise à supprimer régulièrement toutes les parties inutiles (improductives) ou les plus gênantes. **Il permet de garder des arbustes bien aérés,** au cœur desquels l'air et la lumière pénètrent aisément et facilitent l'apparition de jeunes pousses vigoureuses.

Les branches inutiles sont celles qui sont cassées, malades, trop fines ou trop grêles.

Les branches gênantes sont celles qui traversent la ramure et croisent les autres branches, les drageons, ces pousses sortant à quelque distance du pied, et les branches très ramifiées qui encombrent le cœur du buisson et gênent son bon développement.

Toutes doivent être coupées le plus près de leur

Supprimez les branches qui viennent de fleurir pour faire de la place aux suivantes.

base de manière à dégager au maximum le cœur des buissons. **Cette taille pratiquée régulièrement suffit à garder les plantes vigoureuses, florifères et peu encombrantes** sans trop se compliquer la vie. Il faut toutefois veiller à ne pas enlever plus d'un tiers des branches d'un buisson chaque année.

BIEN PLACER VOTRE SÉCATEUR

La coupe effectuée avec le sécateur doit être toujours située de 2 à 3 mm au-dessus d'un organe bien vivant de la plante, un bourgeon, une jeune pousse ou une feuille. Mieux vaut que le bourgeon soit dirigé vers l'extérieur du buisson ou dans le prolongement de la branche, afin qu'il contribue à ouvrir la silhouette et non à l'encombrer.

Si la coupe a lieu au-dessus d'un bourgeon placé près de la base de la branche ou près du sol, celui-ci bénéfice de toute la sève destinée à la branche entière et poussera donc de manière très vigoureuse. C'est ce que l'on appelle **une taille courte**, très utile pour former les branches maîtresses d'un buisson.

Si la coupe a lieu sur le tiers supérieur de la branche, la sève est répartie dans tous les autres bourgeons, chacun en reçoit donc une petite partie et ne donne qu'une petite pousse qui se charge de fleurs (et ensuite de fruits) l'année suivante. **On appelle cela une taille longue.**

Badigeonnez les plaies de taille importante avec un baume cicatrisant.

NOTRE EXPÉRIENCE

Nous avouons avoir souvent taillé des buissons à des époques et selon des méthodes très différentes de celles préconisées dans les livres. Si on observe une pousse vigoureuse et peu de fleurs, c'est que la taille était trop sévère, il faudra désormais avoir la main plus légère. Si l'arbuste fleurit beaucoup, mais ne produit plus de jeunes pousses, il faut dégager un peu de place au cœur de la touffe... C'est en observant comment réagissent les plantes à nos coups de sécateurs que nous avons appris à les tailler au mieux.

• HAIES : QUAND TAILLER ?

♣ Une seule taille : mi-août, au plus tard début septembre.
♣ Deux tailles : fin juin et mi-août.
♣ Trois tailles : début juin, mi-juillet et fin août.

• FRUITIERS : QUAND TAILLER ?

En fin d'été ou en hiver, veillez à supprimer toutes les branches qui se gênent.

• BOIS MORT

Quelle que soit la saison, enlevez toujours le bois mort que vous découvrez dans les buissons ou les arbres. Coupez-le au niveau d'une partie bien vivante.

• RECÉPAGE

C'est une méthode brusque qui consiste à couper à ras du sol toutes les branches d'un buisson ou le(s) tronc(s) d'un arbre. Cela permet de le rajeunir complètement, mais supprime la floraison pendant un ou deux ans. À ne pas renouveler chaque année.

• MASTIC

Prenez l'habitude de recouvrir les plaies de taille d'un diamètre supérieur à 1 cm d'un baume ou d'un mastic cicatrisant. Les produits du commerce contiennent des traitements préventifs qui empêchent la pénétration de champignons dans le bois.

12 Ne rien laisser de laid

Ce pourrait être une autre nouvelle vérité de La Palice, mais pour qu'un jardin soit beau tout l'année, il faut lui enlever tout ce qui peut nuire à sa beauté. Bien sûr, cette considération est subjective; nous apprécions, par exemple, des herbes ou des fleurs séchées sur pied alors que beaucoup d'autres jardiniers s'évertuent à les couper dès qu'elles perdent leurs couleurs vives. En fait, le plus important est de parvenir à maintenir l'harmonie dans le jardin tout au long de l'année.

• ATTENTION

Coupez la tige qui porte les fleurs fanées juste au-dessus de la dernière feuille, ou un peu plus bas, au-dessus d'une jeune pousse d'apparence vigoureuse.
Sur les rhododendrons, pincez les fleurs juste à l'arrière de la corolle pour pouvoir les enlever sans endommager les jeunes pousses immédiatement sous-jacentes.

SUPPRIMER LES FLEURS FANÉES

La toilette régulière des fleurs fanées permet de maintenir le jardin « propre », mais prolonge aussi la floraison en cours et garantit ou augmente celle à venir. Si, par exemple, vous supprimez tous les deux jours les fleurs fanées d'un rosier à floraison unique (dit aussi « non remontant »), celle-ci peut durer jusqu'à deux fois plus longtemps. Effectué sur un rosier à floraison continue (dite « remontante »), ce nettoyage permet aux nouvelles fleurs de se succéder plus rapidement, le buisson en produit donc davantage tout au long de la saison. Sur un rhododendron, la suppression des fleurs dès leur fanaison, lui permet d'utiliser l'énergie normalement dévolue à la formation des graines pour préparer la floraison suivante. Chez les bulbes à grandes fleurs, comme les tulipes, les jacinthes et les narcisses, éviter la formation de graines permet d'optimiser la floraison suivante. Toutes les plantes vivaces profitent aussi de ce traitement, qui, appliqué à celles fleurissant avant la mi-juin permet souvent d'obtenir une seconde floraison en septembre.

Il faut toutefois prendre garde de ne pas couper trop rapidement les inflorescences*, qui restent décoratives en séchant, comme celles des hortensias ou des astilbes, ou celles produisant des fruits décoratifs comme celles de l'iris gigot ou de certains rosiers. Pour ne pas compromettre les florai-

La suppression systématique des fleurs fanées permet de garder les massifs bien « propres » mais prolonge également leur attrait en incitant les plantes à produire de nouvelles fleurs.

sons suivantes, il suffit en fait d'éclaircir un peu les inflorescences, en ne gardant que les plus belles et les mieux disposées, ou en laissant seulement les fruits des dernières fleurs se développer.

TAILLER POUR AÉRER

La taille des arbustes à fleurs, juste après leur floraison, consiste à supprimer toutes les branches qui viennent de fleurir, afin d'améliorer la floraison suivante. **Mais tous les arbustes gagnent aussi à être taillés pour leur donner un port élégant et aéré,** cette dernière qualité leur conférant souvent une bien meilleure santé. À la différence de la taille en volume (haies, boules, topiaires, etc.) qui concerne l'extérieur du buisson, la taille pour aérer s'effectue à l'intérieur de l'arbuste. Elle consiste avant tout à supprimer tout le bois mort ainsi que les petites branches trop fines pour fleurir ou pas assez éclairées pour pousser avec vigueur. Pour parfaire l'opération, il suffit ensuite d'enlever les branches qui encombrent la silhouette ou celles qui croisent d'autres branches mieux placées ou plus vigoureuses.

Enlever les branches mortes et les petites brindilles inutiles au cœur des buissons permet de donner à un banal forsythia une silhouette très élégante et très raffinée.

ÉVINCER LES MALADIES

Un entretien régulier visant à enlever tout ce qui dépare le jardin permet également d'éviter bon nombre de maladies. Les pourritures apparaissent, par exemple, sur les corolles fanées lorsqu'elles se gorgent d'eau sous les pluies et attaquent ensuite les autres fleurs. En supprimant les fleurs fanées, on supprime donc le support des maladies. Les branches mortes et le cœur sombre et dense des buissons sont également le lieu de prédilection des champignons qui affaiblissent ou parasitent les arbustes. Un spécimen au port aéré a donc toutes les chances de rester parfaitement sain.

Malgré toutes ces précautions, différentes maladies se déclarent parfois sur les rameaux, les feuilles ou les fleurs. Même lorsqu'on ne les connaît pas, il n'est guère compliqué de voir combien cela nuit à l'aspect des plantes et de supprimer les feuilles ou les autres parties de plantes incriminées. N'hésitez pas une seconde, même s'il faut raser une touffe entière de fleur vivace, ou tailler sévèrement un rosier ou un buisson. Cette opération draconienne est souvent très bénéfique pour l'aspect général du jardin comme pour la plante elle-même, qui repousse alors bien plus vigoureusement.

Prenez l'habitude de couper les feuilles dès que des tâches suspectes apparaissent. N'hésitez pas à raser une touffe complète si nécessaire, la plante (ici une pulmonaire) repoussera ensuite avec beaucoup plus de vigueur.

NOTRE EXPÉRIENCE

Nous emportons toujours un sécateur lors de nos promenades quotidiennes dans le jardin, afin de supprimer sans tarder les fleurs fanées et les feuilles suspectes. Effectué ainsi par petites touches, ces « travaux » sont très rapides et n'ont rien d'une corvée. L'été, nous disposons en deux ou trois points du jardin un grand panier en osier pour recueillir toutes ces tailles ponctuelles qui rejoindront le tas de compost en fin de semaine. Les parties malades vont directement à l'emplacement du feu.

• VOCABULAIRE

* Inflorescence : groupe de petites fleurs ayant l'apparence d'une fleur entière.

• C'EST IMPORTANT

Si une branche entière d'un arbre ou d'un arbuste dessèche tout à coup, coupez-la à au moins 10 cm au-dessous de la partie atteinte, dans une partie encore saine. Brûlez rapidement la branche malade, appliquez du baume cicatrisant sur la plaie et désinfectez vos outils de coupe en les trempant dans de l'alcool.

13 Disposer les plantes avec attention

Il y a, en théorie, deux manières de choisir ses plantes : soit les acquérir par « coups de cœur » au fil des visites dans les jardineries ; soit rechercher les mieux adaptées aux conditions imposées par le jardin.

En pratique, les meilleurs jardiniers ne se laissent séduire que par des plantes qu'ils savent, par expérience ou par instinct, bien convenir à leur jardin et à leur façon de jardiner.

RESPECTER LES BESOINS DES PLANTES

Dans l'optique de cultiver un jardin avec un minimum d'entretien, **les plantes doivent être choisies parmi celles capables de pousser toutes seules avec le moins possible d'interventions du jardinier**. Ainsi, on ne choisira pas d'hybrides aux grosses fleurs nécessitant arrosages et tuteurages, pas de bulbes à arracher après la floraison, pas de plantes à protéger du froid, etc.

Les plantes aimant la chaleur et craignant l'humidité hivernale préfèrent pousser dans le gravier qui recouvre l'accès principal à la maison.

Elles doivent aussi être disposées aux endroits correspondant à leurs besoins. Une fleur de marécage installée en terre sèche demande beaucoup d'arrosages, tout comme une plante d'ombre placée en plein soleil. Les étiquettes et les vendeurs les plus compétents vous apportent les informations de base, à savoir : ombre ou soleil, terre sèche ou terre humide. C'est à vous ensuite d'essayer de trouver le meilleur emplacement. Nous vous y aidons en répartissant nos choix de plantes selon les endroits clefs du jardin. Commencez par essayer celles que nous vous proposons et, une fois que vous serez familiarisé avec elles, vous saurez, presque d'instinct, choisir d'autres plantes qui apprécient les mêmes conditions.

RESPECTER LES DISTANCES DE PLANTATION

Il y a cependant quelques règles à respecter pour que tout se passe bien : ce sont **les distances de plantation qui permettent de définir l'espace vital nécessaire à chaque plante pour vivre et s'épanouir.**

Les horticulteurs et de nombreux manuels vous les donnent bien volontiers, mais retenez que **la distance idéale entre deux plantes identiques est au minimum égale à la moitié de leur hauteur.** Entre deux plantes de hauteur et de vigueur différentes, il n'y a plus de règle précise, il faut surtout tenir compte de la végétation, c'est-à-dire de la façon dont chacune pousse. Ainsi, des bulbes de printemps et une plante fleurissant en été, comme le gypsophile, peuvent être plantés exactement au même endroit sans jamais se gêner.

Regroupez les arbres et arbustes en massifs pour éviter de slalomer avec la tondeuse. Habillez leur pied avec des plantes tapissantes.

Vous trouverez au fil des pages suivantes de nombreux exemples similaires où la seule « distance » qui sépare deux plantes est un peu de temps. Grouper les plantes de cette façon permet de couvrir le sol toute l'année, en façonnant un décor toujours attrayant.

PLANTER EN GROUPES

S'il est important de regrouper les plantes en « massifs » pour simplifier la tonte de la pelouse, la plupart d'entre elles poussent bien mieux ainsi, que lorsqu'elles sont isolées. En effet, **les plantes se protègent les unes les autres,** en particulier contre le soleil et le vent. Leur feuillage forme une sorte de microclimat où l'air et le sol restent plus frais. **Elles s'entraident :** les petites habillent le pied des moyennes qui cachent la base des plus grandes. Cette gradation évite parfois de devoir tuteurer les grandes tiges fragiles. Enfin, **elles se complètent, elles se mettent en valeur** les unes les autres : les petites font apparaître les grandes plus grandes, celles sans fleurs laissent admirer celles épanouies, celles au feuillage fin font ressortir les autres à grandes feuilles. En conclusion, regrouper les plantes n'offre que des avantages.

NOTRE EXPÉRIENCE

À force de marier les plantes entre elles, on s'aperçoit que celles qui s'accordent le mieux sont celles dont les caractères sont les plus différents. Ainsi, une plante haute et une plante basse cohabitent toujours bien dans un espace restreint, une plante de printemps et une plante d'automne...

Les arbres, comme les plantes principales, doivent être plantés à distance suffisante pour qu'ils ne se gênent pas. Les cercles de terre libre à leur pied seront petit à petit agrandis pour recevoir des bulbes, des vivaces et des arbustes. Un jour, ils se rejoindront pour former un massif.

• ASTUCE

Servez-vous des densités de plantation indiquées sur les étiquettes ou sur les catalogues (ex. : 8 plantes/m2) pour connaître la sociabilité des plantes. Plus le chiffre est faible, plus la plante pousse vite ou occupe beaucoup de place.

• C'EST IMPORTANT

Certaines plantes poussent normalement en touffes régulières et isolées. D'autres ont un système racinaire envahissant, propre à former de grandes colonies. Tenez compte de ces particularités dans vos plantations.

• ATTENTION

Il y a des plantes qui se ressèment et s'insèrent entre les autres. Il vaut mieux ne pas en tenir compte lors de la plantation, car elles trouvent toutes seules leur meilleur emplacement.

14 Rapprocher les plantes attrayantes

Au lieu de disposer côte à côte des dizaines de plantes identiques pour obtenir un effet massif, nous préférons rapprocher des plantes différentes, mais attrayantes au même moment. Ainsi, elles constituent des scènes produisant un effet bien plus séduisant que la somme des plantes observées une à une. Mais l'intérêt principal d'une telle association est que chacune garde sa spécificité et se montre parfois décorative à d'autres saisons. Ainsi, le jardin est tout à la fois plus spectaculaire à des époques précises et plus beau tout au long de l'année.

ASSOCIER LES QUATRE ÉLÉMENTS

L'attrait des plantes décoratives réside principalement dans l'un de leur quatre principaux éléments colorés : les fleurs, les fruits, le feuillage ou l'écorce. L'association entre deux plantes différentes peut, par exemple, rapprocher des éléments semblables : deux fleurs, deux fruits, deux feuillages colorés ou deux écorces décoratives. **En jouant sur le contraste, on met en valeur chaque plante par rapport à l'autre ; en privilégiant l'harmonie, on donne un impact plus important à toute la scène.**

Cette association de deux fleurs : la tulipe 'Orange Emperor' et le corête du Japon est ici très belle, mais elle ne se répète malheureusement pas tous les ans car les deux floraisons ne sont pas toujours simultanées.

Ce type d'association est plus aisé à réaliser quand les éléments choisis restent attrayants pendant une longue période : si le mariage de deux fleurs est difficile à réussir car celles-ci ne s'épanouissent pas forcément chaque année à la même date, deux fruits ou deux écorces constituent toujours une scène remarquable. Mais il est peut-être plus intéressant encore de rapprocher des éléments différents en une scène harmonieuse. Les mélanges fleurs/fruits, fleurs/feuillages ou fleurs/écorces sont, à notre avis, bien plus faciles à réussir et ont un impact bien plus fort que les mariages fleurs/fleurs. Du reste, leur élaboration est presque un jeu d'enfant.

DES SCÈNES SAISONNIÈRES

Une fois effectué le choix des végétaux marquant les principales saisons, il suffit de **les entourer d'autres plantes du jardin, attrayantes à la même époque, pour constituer des scènes d'un impact bien plus fort.** Si, par exemple, vous possédez d'un côté de belles touffes de narcisses, de l'autre un buisson de cornouiller à bois jaune et, ailleurs, un aucuba à feuilles panachées, regroupez-les pour que les narcisses profitent du fond de branches jaunes et que ces dernières s'harmonisent au feuillage persistant de l'aucuba. Vous obtiendrez ainsi une scène à dominante jaune, aussi brillante au printemps qu'un simple buisson de forsythia, mais attrayante tout l'hiver.

Au fil des années, vous pourrez y ajouter un mahonia à floraison automnale et un tapis d'anémones bulbeuses dont les fleurs printanières bleues feront bien ressortir l'ensemble. **Imaginez au moins une scène aussi séduisante pour chacune des six principales saisons « végétales » de l'année et votre jardin ne manquera jamais d'intérêt (voir p. 42).**

Voilà une scène simple mais qui reste remarquable durant une bonne partie de l'hiver : une touffe de fleurs d'hellébore d'Orient devant un buisson de cornouiller de Sibérie. À la différence de la précédente, cette association d'une fleur et d'une écorce se renouvelle fidèlement chaque année.

UNE SITUATION LOGIQUE

Dans un grand jardin, les différentes compositions marquant chacune une époque bien déterminée peuvent être disposées le long des allées ; mais **dans un lopin de dimension plus réduite, il est préférable d'essayer de trouver un emplacement logique pour chaque saison.** Ainsi, les scènes d'hiver doivent-elles, de préférence, se situer non loin de la maison, là où l'on peut en profiter depuis les fenêtres, ou dans un endroit de passage très fréquenté, comme par exemple le long de l'accès au garage ou dans le jardinet entre la maison et la rue.

Les scènes d'été, à base de roses, d'arbustes, de fleurs parfumées et d'autres végétaux amateurs de soleil, sont bien à propos autour de la terrasse ou de tout autre endroit où s'organise la vie en plein air. Les plantations printanières trouvent naturellement leur place au pied des arbustes ou des arbres, à la périphérie du jardin. Cette zone resplendit à nouveau en automne quand les feuilles rivalisent de couleurs et d'éclat juste avant de tomber.

NOTRE EXPÉRIENCE

En plus d'une répartition par saisons, nous tenons également compte de la vigueur, de l'encombrement, du style et des besoins des plantes pour bien les disposer dans le jardin. Les plus délicates, les plus précieuses, les plus sages (non envahissantes), et celles d'apparence exotique, sont plantées au plus près de la maison, les plus vigoureuses, les plus volumineuses et celles proches des plantes sauvages des environs poussent au fond du jardin.

Les grands asters prennent beaucoup de place en automne, mais celle-ci peut être également occupée par des bulbes printaniers plantés en dessous.

• ASTUCE
Assemblez les plantes attrayantes à une époque donnée en fonction d'un point commun évident, une même couleur dominante. Enrichissez la composition soit en trouvant des plantes étant d'une teinte absolument identique, soit en juxtaposant un maximum de nuances différentes.

• NOS ÉCHECS
Certaines de nos plus belles compositions ont été démantelées par des hivers très froids. Cela ne nous empêchera pas d'introduire à nouveau des plantes peu rustiques, mais elles n'y auront qu'un rôle secondaire. L'ossature des scènes est dorénavant toujours constituée de plantes parfaitement adaptées à nos conditions climatiques.

• PENSEZ-Y
Avant même de choisir des plantes pour leur aspect décoratif et leur saison d'intérêt, vérifiez bien qu'elles sont adaptées aux conditions de sol et de climat qui règnent sur votre jardin.

• C'EST IMPORTANT
Sauf conditions climatiques défavorables, n'hésitez pas à déplacer les plantes au moment où elles sont attrayantes dans votre jardin pour les rapprocher avant d'oublier vos projets d'associations.

15 Rechercher les plantes complémentaires

L'observation des plantes et de leur cycle de développement au long de l'année met en évidence les décalages entre les phases de croissance et de repos des unes et des autres. Par exemple, les crocus et les narcisses printaniers sont déjà totalement fanés quand les premières pousses des asters commencent à se déployer, et les premiers restent bien sûr invisibles quand les seconds fleurissent en automne. De là à combiner ces plantes entre elles pour rendre attrayant le plus longtemps possible le moindre mètre carré du jardin...

Même l'espace au pied des arbres à écorce décorative (ici, un cerisier de Mandchourie) peut être habillé d'autres végétaux attrayants à diverses époques de l'année. Les toutes jeunes feuilles de cette spirée 'Goldflame' ont une teinte cuivrée qui s'accorde à merveille à celle de l'écorce de l'arbre.

MÊLER LE PRINTEMPS ET L'AUTOMNE

Ces associations réunissant au même endroit des bulbes printaniers et des plantes à floraison automnale comptent parmi les plus faciles à réussir, car ces plantes ont des cycles de végétation totalement opposés. De plus, elles occupent dans le sol des profondeurs différentes. Les pousses des bulbes peuvent se faufiler entre les racines des asters plantés juste au-dessus d'eux sans que cela nuise à leur floraison. Ce type de plantation possède même l'avantage d'éviter de bouleverser les bulbes lors d'un éventuel bêchage, car leur emplacement se trouve ainsi parfaitement matérialisé.

Souvent, c'est la nature qui fait elle-même les choses : nous avons souvent observé, dans notre jardin et ailleurs, beaucoup de petites fleurs printanières, telles les primevères, les pulmonaires, les violettes, etc., se semer naturellement au cœur des touffes de plantes vivaces plus tardives comme les anémones du Japon, les solidagos ou des graminées à développement très tardif. Ce comportement est d'autant plus curieux que ces plantes printanières sont, à l'origine, des plantes de sous-bois et que ces semis spontanés fleurissent désormais en plein soleil. Elles bénéficient en fait de l'ombrage des pousses de leurs hôtes, qui les protègent très efficacement au moment où la canicule est la plus forte.

PLANTER LE MOINDRE ESPACE

Ce phénomène bien connu est d'ailleurs souvent exploité lorsque l'on plante des petits bulbes ou des plantes couvre-sol au pied des arbres ou sous les branches des arbustes. Les bulbes fleurissent, produisent leurs feuilles qui, en mûrissant, reconstituent les réserves des bulbes avant que les feuilles des buissons interceptent la lumière du soleil. **Cette complémentarité peut**

être mise à profit pour habiller le pied des arbustes avant qu'ils ne fleurissent, ou pour essayer d'obtenir une association de couleur plus spectaculaire. Bon nombre d'arbustes printaniers aux fleurs jaunes, blanches, ou roses bénéficient d'un tapis de fleurs bleues de crocus, de scille, de chionodoxa, de muscari ou de jacinthe des bois.

Selon le même principe, mais avec des bulbes ou des plantes très très précoces, on peut habiller la surface importante qui est occupée dès la fin du printemps par une plante vivace à fort développement. Il y a ainsi au pied des hostas, des pivoines, des barbes-de-bouc ou des herbes des pampas, beaucoup de place à gagner pour égayer le jardin bien avant l'entrée en scène de ces grandes plantes.

UTILISER LES PETITES GRIMPANTES

Une autre manière de tirer parti d'un espace déjà occupé par des plantes afin de prolonger la beauté du jardin consiste à installer auprès d'elles des plantes grimpantes de faible développement. Une fois leur attrait principal passé, arbustes et grandes plantes vivaces deviennent alors autant de supports idéaux sur lequel ces petites lianes peuvent épanouir leurs propres fleurs. L'idéal est de choisir des grimpantes que l'on peut couper près du sol en hiver, afin de ne gêner ni le développement ni la floraison de leur hôte. Des grimpantes annuelles comme les capucines ou les liserons bleus font très bien l'affaire, mais également les pois de senteurs vivaces, ou les clématites à floraison estivale comme 'Perle d'Azur', 'Mme Julia Correvon' ou 'Kermesina'.

Les bulbes précoces des corydalis prennent le relais des hostas.

Prolongez l'intérêt de vos arbustes ou de vos grandes plantes vivaces en les utilisant comme support pour de petites plantes grimpantes telle cette clématite 'Perle d'Azur'.

NOTRE EXPÉRIENCE

Afin d'accueillir dans notre jardin un maximum de plantes différentes censées lui donner du charme toute l'année, nous essayons de trouver pour chaque plante, au moins une plante complémentaire, venant égayer le même endroit à une autre époque de l'année. Dans un même coin du jardin, on peut donc parfois admirer une scène de printemps et une d'automne, ou une scène d'été et une d'hiver... ou, plus rarement, une belle scène à chaque saison !

• PENSEZ-Y

Les petits bulbes peuvent être plantés au pied d'arbres et d'arbustes installés depuis longtemps. Ameublissez quelque peu la terre (sans trop blesser les racines) et étalez une couche de 4 à 5 cm de compost en surface du sol une fois les bulbes mis en place.

• SACHEZ QUE

Si vous plantez une grimpante en même temps que l'arbuste sur lequel elle pourra se développer, vous pouvez les installer ensemble, dans le même trou.
Si l'arbuste est déjà en place depuis longtemps, plantez la grimpante à au moins à 1 m de distance du feuillage du buisson et guidez ses premières pousses vers leur support à l'aide d'un tuteur incliné.

• ASTUCE

Pour meubler à moindre frais le pied de vos arbustes, choisissez des bulbes qui se multiplient facilement eux-mêmes comme les muscaris, les scilles de Sibérie, les crocus de Tomasini ou les jacinthes des bois.

16 Bien caractériser chaque saison

C'est presque un paradoxe, mais les jardins « beaux toute l'année » sont des jardins qui changent beaucoup et dans lesquels on trouve des végétaux attrayants, différents à chaque saison. Dans nos régions tempérées, les saisons « végétales » sont un peu plus nombreuses que les saisons « officielles » du calendrier. Nous en dénombrons six, correspondant chacune à une « vague » bien distincte mêlant floraisons et autres avantages caractéristiques et dont voici les grands traits...

D'ABORD DES FLEURS

Le début de l'année est marqué par les floraisons. Les premières fleurs s'épanouissent bien avant la fin de l'hiver. En général de petite taille, plutôt discrètes comme les chatons, elles sont produites par de petits bulbes, des vivaces intrépides, ou des arbustes, en général peu spectaculaires, mais dont on apprécie toujours la précocité. Les seules masses de couleur sont produites par les bruyères ou d'autres plantes tapissantes aux feuilles persistantes joliment colorées. Quelques jeunes feuillages brillants se révèlent indispensables pour renforcer l'effet des petites fleurs.

Des centaines de perce-neige dispersés dans les massifs permettent d'annoncer glorieusement le retour des beaux jours avant le réveil de toutes les autres plantes.

Tout change en avril quand les arbres, les arbustes, toute la cohorte des tulipes, narcisses, jacinthes, et la multitude des plantes de rocaille se couvrent de fleurs de manière presque ostentatoire. C'est l'époque des grandes gerbes de fleurs et de couleurs que l'on peut bien évidemment associer entre elles, mais qui sont en général assez spectaculaires individuellement. Jusqu'au début de mai, toutes ces fleurs sont nues, libres de tout feuillage pour profiter de la lumière vive qui renforce par ailleurs la transparence du jardin.

DES FEUILLAGES DE PLUS EN PLUS INDISPENSABLES

Cette débauche de floraisons se poursuit en mai, alors que **l'atmosphère du jardin change radicalement quand les feuilles des arbres et des arbustes se déploient.** C'est l'époque magique des rhododendrons et des azalées, des diverses boules-de-neige, des nombreux bulbes printaniers tardifs. C'est la pleine saison des fleurs bisannuelles plantées l'automne précédent, et le grand réveil des plantes grimpantes les plus spectaculaires : glycines et grandes clématites, et la fête des premières grandes plantes vivaces : iris, pivoines, etc. Les feuillages apportent de l'ombre, ils donnent du corps et du volume aux arbustes jusqu'ici dépouillés, et parfois même des couleurs brillantes, comparables à celles de certaines fleurs.

Avec l'entrée en jeu des roses et d'un grand nombre de fleurs vivaces, juin profite de cet état de grâce. C'est encore un mois d'opulence, celui où toutes les plantes sont belles : les maladies n'ont encore fait que peu de ravages, on ne voit guère de fleurs fanées, même les pissenlits et les carottes sauvages suscitent l'admiration. **Le début officiel de l'été marque toutefois la fin de cette période idyllique.** Les floraisons des plantes vivaces s'essoufflent, celles des annuelles et plantes en pots prennent le relais, et les regards se tournent vers les plantes vivaces et les arbustes à feuillage coloré qui, seuls, parviennent à donner aux massifs un certain caractère de permanence.

La saison des roses est aussi celle où de nombreuses autres fleurs, telle cette campanule 'Elizabeth', s'épanouissent. Elles peuvent ainsi leur tenir compagnie.

DE TOUT, UN PEU

À la fin du mois de juillet commence une nouvelle vague de floraisons qui comprend à nouveau des arbustes et de nombreuses fleurs vivaces. C'est pendant le mois d'août que les fleurs annuelles, installées en pleine terre ou en pots sont à leur apogée, et que beaucoup de bulbes d'été s'épanouissent, en particulier les lis hybrides plantés au printemps. **Toutes ces fleurs évoquent par leur fraîcheur et leur éclat un nouveau printemps.** Ces floraisons sont toutefois moins massives qu'au début de la belle saison, mais elles sont renforcées par la brillance des premiers fruits décoratifs et parfois même par quelques feuillages d'arbres ou d'arbustes adoptant déjà leurs couleurs d'automne.

D'octobre à décembre, l'automne s'affirme et les floraisons des plantes vivaces s'amenuisent jusqu'aux premiers grands froids. **Il y a heureusement d'autres sources de couleurs :** les somptueux feuillages d'automne de nombreux arbres et arbustes caducs, les fruits presque aussi remarquables que les fleurs, les feuillages persistants métamorphosés par les gelées matinales ou avivés par les grands froids, et enfin les écorces de certains des arbres ou celles de buissons aux rameaux qui semblent laqués. Que surviennent quelques jours de redoux et déjà quelques buissons se mettent à produire de vraies fleurs...

Si en automne les fleurs se font rares, les fruits et les feuillages offrent alors une source inépuisable d'intérêts et de couleurs.

NOTRE EXPÉRIENCE

Pour nos plantes préférées dont la période d'intérêt semble toujours trop brève, nous essayons de trouver des variétés similaires mais plus précoces ou plus tardives. On peut de cette façon étaler la « saison des tulipes » ou celle « des pivoines » sur près de trois mois. Les « saisons » sont alors caractérisées par des formes différentes : par exemple, les premières tulipes en mars-avril sont basses, et les plus tardives, fin mai-début juin, très hautes.

• SACHEZ QUE
Les fleurs annuelles, les buissons au feuillage coloré ou les arbres et arbustes à écorce décorative sont attrayants pendant de longs mois mais connaissent des périodes plus brillantes que d'autres. Nous les avons décrits dans les pages suivantes, au moment où il sont les plus beaux.

• ASTUCE
Rendez-vous au moins une fois par saison chez le pépiniériste ou à la jardinerie la plus proche pour voir, et éventuellement acquérir, les plantes les plus remarquables à chaque époque.

• PENSEZ-Y
Un jardin qui est beau en hiver peut l'être très facilement aux autres saisons. L'inverse n'est pas vrai.

17 S'inspirer de la nature

Au jardin traditionnel, bien rangé et bien propre, on oppose de plus en plus le jardin « naturel » dont le côté sauvage n'est, hélas !, pas toujours compatible avec le petit lopin de terre qui doit satisfaire toute la famille. Le jardin idéal est peut-être entre ces deux extrêmes : lieu de loisir et cadre de notre vie. La nature peut, en effet, nous apprendre à tirer parti des plantes qu'elle a créées pour embellir notre vie sans trop la compliquer.

PLANTER VARIÉ

La première leçon que nous donne la nature est d'**éviter les « monocultures »**, c'est-à-dire les étendues (massifs entiers ou bordures) constituées d'une seule sorte de plante. Cette façon de planter a deux inconvénients majeurs :

- l'intérêt est forcément très limité dans le temps, car aucune plante n'est vraiment belle toute l'année ;
- c'est un terrain de prédilection pour le plus petit parasite ou ravageur qui peut se propager d'une plante à l'autre sans le moindre obstacle.

Attention toutefois à ne pas tomber dans l'excès inverse et échantillonner vos plantations en ne cultivant que des plantes solitaires.

Le mélange et l'imbrication de plantes très différentes simplifient le travail d'entretien du sol. Ils permettent aussi parfois d'éviter certaines maladies ou la prolifération des parasites. Ces associations de plantes en bonne santé sont connues depuis longtemps, et on tente d'ailleurs aujourd'hui d'en connaître les explications scientifiques. Il existe toutes sortes d'autres rapports entre les plantes : certaines nourrissent leurs voisines, d'autres travaillent le sol à leur

Dans la nature, les plantes les plus précoces comme ces primevères et ces scilles bleues se dépêchent de fleurir avant que la spirée dorée n'étale ses feuilles. Plus tard, cette dernière leur fournit l'ombre et la fraîcheur dont ils ont besoin pendant l'été.

place... La seule façon d'utiliser toutes ces propriétés sans vraiment les connaître, **c'est de diversifier le plus possible ses plantations.**

LAISSER LES PLANTES SE RESSEMER

Certains jardiniers craignent beaucoup les plantes qui se ressèment toutes seules, car elles « envahissent » les massifs. Si l'on connaît par avance une plante ayant ce comportement, pourquoi l'introduire dans un massif que l'on souhaite garder rangé et soigné ? N'est-il pas préférable de l'installer dans un coin du jardin où elle pourra se ressemer sans gêner ses voisines.
Nous avons tendance à prendre ce « défaut » pour une qualité, car **une plante qui se multiplie ainsi toute seule montre qu'elle a trouvé dans le jardin les conditions de vie idéales** et proches de celles qu'elle trouve dans la nature.

Les digitales ont le droit de se ressemer dans tout le jardin. Elles sont toujours magnifiques dans des endroits où l'on n'aurait jamais pensé à les planter.

D'un point de vue plus « paysager », ces plantes donnent très vite un aspect naturel à un massif et contribuent à faire mûrir les plantations un peu jeunes. Et puis, préférez-vous arracher les mauvaises herbes ou simplement éclaircir les fleurs un peu trop nombreuses ?

LAISSER LES VAGABONDES VAGABONDER

On conseille souvent dans les manuels de jardinage de limiter le développement des plantes aux racines envahissantes, comme la menthe, en les installant dans des pots enterrés. Quel dommage ! Leur « envahissement » nous procure beaucoup de joie.

Si on les laisse faire et que l'on s'accommode de leurs vagabondages, **ces plantes ne sont pas aussi envahissantes qu'il n'y paraît.** Après quelques années, elles finissent même souvent par disparaître de l'endroit où elles étaient implantées pour survivre quelques mètres plus loin. Si elles sont installées avec des plantes proportionnées à leur vigueur, il n'y a pas à engager de combats contre nature, et leur mélange donne ainsi des scènes changeantes chaque année.

La vigueur de cette lysimaque jaune est parfaitement proportionnée à celle de l'iris. Même si elle est un peu envahissante, les deux partenaires vivront longtemps ensemble.

NOTRE EXPÉRIENCE

Pour que les abords de la maison paraissent toujours très soignés, nous n'y installons que des plantes sages, qui ne s'étendent pas trop rapidement. Plus on s'éloigne vers le fond du jardin, plus les plantes ont le droit d'être « envahissantes » pour donner une impression très naturelle. Devinez quelle partie du jardin les enfants préfèrent-ils ?

• SACHEZ QUE

Comment savoir si une plante nouvelle risque d'envahir ses voisines ? Si le diamètre de la touffe a doublé au deuxième printemps... il faut vous méfier.

18 Bien couvrir le sol

S'acharner à garder la terre « propre » et mise à nu entre les plantes est un non-sens : la nature a horreur du vide et a prévu quelques mauvaises herbes à développement rapide pour y remédier. À nous de ruser et de garder le sol bien couvert pour empêcher leur venue et, qui plus est, leur développement.

On peut, par exemple, couvrir le sol avec du gazon, des feuilles mortes ou avec des plantes tapissantes. Mais, c'est avant tout en mélangeant le plus possible les plantes entre elles que la couverture du sol est la plus dense et la plus efficace contre les mauvaises herbes.

Voici une jeune plantation où les plantes tapissantes forment un patchwork coloré évitant la pousse des mauvaises herbes, le travail superficiel du sol et les arrosages.

IMBRIQUER LES VÉGÉTATIONS

Traditionnellement, on nous apprend à disposer les petites plantes devant et les grandes derrière. Ici, un groupe d'une seule espèce ; à côté, un groupe d'une autre espèce ; tout cela afin d'obtenir des massifs bien rangés... mais très difficiles à entretenir. Ce type de massif ressemble à un patchwork, c'est pourquoi **nous préférons planter les nôtres pour en « faire des broderies », en imbriquant les plantes les unes dans les autres.** Nous pensons que l'effet décoratif est bien meilleur, mais surtout il est indéniable que cette façon de planter limite beaucoup l'entretien des massifs puisqu'il n'y a jamais le moindre espace de terre libre pour une mauvaise herbe.

Bien sûr, mélanger beaucoup de plantes différentes demande une certaine expérience, mais celle-ci s'acquiert rapidement. Pour commencer, augmentez un peu les distances entre les plantes afin de pouvoir installer entre elles des plantes tapissantes souvent qualifiées de « couvre-sol ». Cette pratique devient vite une habitude et petit à petit, couvrir au mieux le sol devient une préoccupation de tous les instants.

MULCHER EN ATTENDANT DE PLANTER

Sur des petites surfaces ou des endroits très soignés du jardin, il vaut mieux **étaler sur le sol un « mulch* »**, c'est-à-dire une couche de débris végétaux qui, en couvrant le sol, lui permet de rester meuble et humide. Pour être bien efficace, cette couche doit avoir une épaisseur comprise entre 5 cm et 10 cm.

Les matériaux les plus divers conviennent pour faire un bon mulch : des feuilles mortes (de chêne ou de hêtre, car elles se décomposent lentement), des tontes de gazon (étalées en fines couches pour qu'elles sèchent rapidement), de la paille hachée, des aiguilles de pin, des paillettes de lin ou encore des écorces de pin. Ces dernières sont idéales sur les massifs très soignés ou les grands bacs sur la terrasse.

COMBLER LES VIDES SAISONNIERS

Si vous devez habiller une grande surface rapidement, par exemple un nouveau massif, essayez donc de **semer des fleurs annuelles en attendant que les arbustes et plantes vivaces s'installent** et atteignent leur volume maximal. Leur germination et leur végétation sont, en général, aussi rapides que celles des mauvaises herbes, leurs racines travaillent la terre pour vous et leurs fleurs apportent beaucoup de couleur. Choisissez de préférence des espèces basses, afin qu'elles ne gênent pas les vivaces et les jeunes arbustes.

Pour couvrir cette surface pendant l'hiver, semez un engrais vert en fin d'été ou en automne, dès que les annuelles commencent à faner. Arrachez-les, mais ne bêchez surtout pas le massif, ratissez seulement pour affiner un peu la terre juste avant de semer. Là encore, préférez un engrais vert, bas comme le trèfle ou la phacélie.

NOTRE EXPÉRIENCE

Quand nous accueillons une nouvelle plante dans le jardin, notre premier souci est de lui trouver le meilleur compagnon possible pour que le sol soit occupé toute l'année. Ainsi, de grands arbustes meublent le pied des arbres, des vivaces poussent sous les arbustes, des plantes tapissantes habillent le sol entre les vivaces et au-dessus des bulbes qui laissent la terre nue une bonne partie de l'année.

En attendant de planter un massif, recouvrez la terre venant d'être travaillée d'une bonne couche de feuilles mortes additionnée, si possible, de fumier bien décomposé. Il vous suffira de l'écarter un peu lors de la plantation.

Dans nos massifs, il ne reste jamais le moindre espace de terre libre, il n'y a donc pratiquement jamais de mauvaises herbes.

• VOCABULAIRE

* Mulch : couverture du sol avec des feuilles mortes.

• ASTUCE

Quand on étale les feuilles mortes dans les massifs en automne, on dispose aussi quelques grandes branches pour les empêcher de s'envoler.

• ANNUELLES FACILES

♣ Bleuet
♣ Escholtzia
♣ Soucis
♣ Nigelle de Damas
♣ Cosmos
♣ Capucine

• ENGRAIS VERT

Ces plantes à végétation rapide ont un enracinement abondant qui travaille le sol. Une fois coupées, leurs feuilles se décomposent et enrichissent la terre. Elles stimulent aussi l'activité microbienne et protègent la surface des intempéries.

• CHOIX D'ENGRAIS VERT

♣ Trèfle rouge ou blanc
♣ Phacélie
♣ Lupin annuel
♣ Luzerne
♣ Colza d'hiver

19 Connaître les propriétés des plantes

S'il est important de connaître les besoins des plantes pour s'assurer qu'elles ont toutes les chances de bien pousser dans son jardin, savoir comment elles poussent et quelles sont leurs éventuelles propriétés permet aussi de réaliser quelques économies. Cela évite, par exemple, d'acheter plusieurs plants d'une variété envahissante mais aussi de déceler au premier coup d'œil les plantes dont le voisinage sera bénéfique pour les autres.

COMMENT POUSSENT LES PLANTES

La vitesse de croissance des arbres et des arbustes influe sur leur prix, alors qu'il n'est guère de différence de tarif significative entre des plantes vivaces envahissantes et d'autres qui le sont moins. **Il est donc intéressant d'essayer de reconnaître les plantes les plus expansives** et de les acquérir en petit nombre dans un premier temps afin de les multiplier ensuite soi-même. Cela évite de devoir jeter les trois quarts des plantes achetées deux ans plus tôt, simplement... parce qu'elles ont envahi tout le massif !

Les livres habituels donnent peu d'informations sur le comportement des plantes, mais les densités préconisées par les vendeurs donnent de bons indices : **plus le chiffre de densité au m^2 est faible, plus la croissance de la plante est rapide !** Un simple examen des racines permet aussi de découvrir les plantes à racines drageonnantes, qui s'avèrent les plus colonisatrices. En dégageant le pot, on aperçoit des racines épaisses qui bourgeonnent et produisent des pousses. Ces plantes ont à coup sûr un caractère envahissant : on peut donc se limiter à l'achat d'un seul sujet.

Connaître le mode de croissance des végétaux permet aussi de mieux aménager les massifs, en évitant de trop planter et en coordonnant mieux les plantes entre elles. On peut

ainsi faire ressortir une plante qui pousse en touffes sages sur un tapis formé d'une plante étalée et couvrante. Retenez que plus vous mélangez des plantes de végétations différentes, plus vos massifs seront attrayants et en bonne santé.

Les feuilles de la rue (Ruta graveolens) *et de l'origan* (Origanum vulgare) *sont très odorantes et repoussent les parasites des pommiers au-dessous desquels ces plantes ont été installées.*

REPÉRER CELLES À ODEUR FORTE

Un bon nombre de plantes contribuent aussi à préserver la bonne santé de leurs voisines par leur simple présence. Ce sont celles dont le feuillage dégage une odeur, qu'elle soit forte ou aromatique, agréablement parfumée ou au contraire nauséabonde. Sans que cela n'ait encore été prouvé de manière rigoureusement scientifique, **les plantes à feuillage odorant repoussent bon nombre d'insectes et certaines éloignent même des maladies cryptogamiques, c'est-à-dire dues à des champignons.** Une plante à la fois belle (pour ses fleurs ou pour la couleur de ses feuilles) et qui dégage un arôme particulier est donc un achat très rentable, à faire en priorité. Sa simple présence près d'un rosier ou d'une autre plante fréquemment malade peut vous faire économiser quelques pulvérisations de produits dangereux et... coûteux.

RECONNAÎTRE LES LÉGUMINEUSES

De nombreuses plantes plus ou moins décoratives possèdent des propriétés inattendues comme celle de contribuer à enrichir le sol. On comprend vite leur intérêt puisque leur seule présence profite directement aux plantes voisines tandis que la décomposition de leurs feuilles favorise l'activité biologique du sol. Celui-ci acquiert alors une meilleure qualité qui agit directement sur la croissance des plantes et sur leur santé.

Parmi les diverses plantes capables de jouer ce rôle, celles de la famille du pois, les fabacées (autrefois nommées les « légumineuses »), sont parmi les plus utiles car **leurs racines, une fois mortes, fournissent directement à la terre l'azote qu'elles puisent dans l'atmosphère.**

Comme les lupins commun, Baptisia australis *est une vivace qui enrichit le sol autour d'elle grâce à ses racines fixatrices d'azote.*

• LES DENSITÉS
Indiquées sur les catalogues ou les étiquettes fournies avec les plantes, les chiffres qui suivent vous informent sur la rapidité d'étalement, c'est-à-dire de croissance en largeur des plantes vivaces.
♣ De 7 à 9 plantes au m^2 : Plantes peu envahissantes, croissance en largeur très lente, végétation plutôt verticale (comme celle des iris).
♣ De 5 à 7 plantes au m^2 : Plantes moyennement vigoureuses, souvent à végétation en touffes, mais peu étalées.
♣ De 2 à 5 plantes au m^2 : Plantes vigoureuses, à végétation drageonnante ou en touffes très étalées (comme de nombreux géraniums vivaces).
♣ De 1 à 2 plantes au m^2 : Plantes très vigoureuses, végétation en touffes très étalées ou à racines drageonnantes ; ces dernières peuvent être considérées comme envahissantes dans un petit espace.

20 Accorder de l'importance aux détails

Pour être beau, un jardin ne doit pas forcément être fleuri partout en permanence, tout dépend de la manière dont on le regarde. Au lieu d'une vision rapide et superficielle qui ne vous fera retenir que les grandes taches de couleurs, habituez-vous à observer les détails d'une corolle, à apprécier les différentes formes et nuances des feuillages, à admirer les restes des fleurs sous le givre, ou encore les plis des écorces qui semblent rendre les branches vivantes. C'est grâce à cette multitude de détails que votre jardin peut être beau et attrayant tout au long de l'année.

LA BEAUTÉ CACHÉE

Les fleurs sont constituées de mille détails qui forcent l'admiration : savez-vous que les minuscules fleurs qui composent une marguerite sont réparties selon un modèle géométrique ? Avez-vous déjà observé une fleur de coquelicot sortant de son bourgeon en moins d'une heure ? Certaines fleurs ne s'épanouissent qu'à une heure précise : connaissez-vous la dame-d'onze-heures (*Ornithogalum umbellatum*) qui n'ouvre ses corolles blanches qu'en fin de matinée à l'heure ou celles de l'éphémère de Virginie (*Tradescantia virginiana*) sont déjà fanées ? Vous êtes-vous déjà émerveillé devant la fleur d'un nénuphar qui s'ouvre à 10 h du matin et se ferme à 17 h le soir ? Voilà autant de sujets d'intérêt qui font vivre le jardin au cours d'une journée.

Les corolles des pavots d'Orient sont aussi spectaculaires vues de loin ou de plus près. La texture des pétales joue sans cesse avec la lumière, et le cœur d'étamines noires est tour à tour dissimulé ou proéminent.

Intéressez-vous un peu plus aux feuillages, souvent très beaux bien avant que les fleurs ne viennent nous charmer. Celui de certains phlox (par exemple la variété 'Starfire') est d'un très beau rouge foncé au printemps et peut servir d'écrin aux primevères. Touchez-les pour apprécier leur texture, très lisse et froide, rugueuse ou veloutée et chaude. Appréciez leur transparence ou la couleur différente des nervures. **Les feuillages panachés et ceux adoptant de riches couleurs d'automne offrent une palette avec des nuances très riches.** Si l'effet d'ensemble peut être spectaculaire, l'observation plus précise d'une seule feuille peut nous donner assez de satisfaction pour toute une journée.

LA « BEAUTÉ » OLFACTIVE

Ce conseil pourrait sembler superflu, car tous les jardiniers ont le réflexe de plonger le nez au cœur des corolles pour en humer les parfums, ou du moins, pour en apprécier la subtilité. **Ces parfums ajoutent beaucoup de plaisir aux promenades dans le jardin.** Parfois, ils sont perceptibles bien loin des fleurs qui les ont produites. Par exemple, ce n'est qu'au bout de plusieurs années que nous avons compris que les senteurs sucrées, qui flottaient dans le jardin au mois de novembre, provenaient des minuscules fleurs de la haie d'éléagnus, cachées sous les grandes feuilles...

Les feuillages aromatiques participent eux aussi beaucoup à la « beauté olfactive » du jardin. Pour en profiter le plus possible, nous les plantons souvent au bord des allées, ou mélangés aux autres plantes, afin de profiter de leurs arômes à chaque désherbage. Certaines senteurs, comme celle des monardes *(Monarda didyma)*, sont très fortes au tout début du printemps, au moment où on doit diviser les plantes. Ce travail devient alors un vrai plaisir.

LA BEAUTÉ DES ASSOCIATIONS

Souvent, **l'effet produit par l'association de deux ou plusieurs plantes est bien plus important que la somme des qualités des plantes elles-mêmes.** On peut, par exemple, renforcer l'intensité d'une fleur bleue en la plaçant près d'une fleur jaune pâle. Les fleurs rouges prennent plus d'éclat si elles sont entourées de feuilles vertes. Les grandes feuilles paraissent immenses si elles voisinent avec de très fins feuillages. Les troncs des bouleaux ne semblent jamais aussi blancs que devant une haie de conifères vert foncé... Amusez-vous donc à marier vos plantes pour embellir encore plus votre jardin chaque jour.

Les inflorescences du lierre sont vertes et a priori sans grand intérêt, sauf quand un peu de givre ou de glace viennent leur donner l'apparence de bijoux.

Et si d'aventure vous pensez avoir découvert tous les secrets, toutes les apparences de vos plantes ou toutes les subtilités de vos associations, **prêtez donc un peu d'attention à la façon dont les lumières jouent avec les formes, les textures, et les couleurs des plantes.** Appréciez les jeux d'ombre et de lumière différents sous chaque arbre. Voyez comment la lumière de midi donne aux buissons une apparence bien compacte, alors que celle du petit matin ou celle du soir les rend bien plus aériens. Une fois ce domaine exploré, il vous restera encore à remarquer les incidences du froid, du givre et de la glace, qui magnifient souvent la beauté des plantes comme le font les plus belles parures...

Les tiges sèches portant les restes des fruits d'une touffe d'hostas sont attrayantes, mais leur présence est renforcée par quelques touffes de perce-neige plantés à proximité.

NOTRE EXPÉRIENCE

Nous essayons de faire le tour du jardin le plus souvent possible, en hiver, et plusieurs fois par jour en été (même à la tombée de la nuit). À chaque fois, nous essayons de découvrir une fleur, une feuille, une odeur, une lumière que nous n'avions pas encore remarquée. Et pour bien enregistrer notre trouvaille, nous n'hésitons pas à cueillir une feuille, une corolle, une petite branche, qui reste près de nous pendant toute la journée.

• PENSEZ-Y

Essayez de prendre chaque jour une photographie dans votre jardin afin de vous constituer un album personnel. Vous découvrirez, au travers de l'objectif, une foule de détails auxquels vous n'auriez jamais prêté attention.

• SACHEZ QUE

- Les fleurs blanches sont souvent bien plus belles en fin de journée, car elles semblent resplendir dans la faible lumière.
- Les buis fleurissent également et leurs minuscules fleurs, cachées dans le feuillage, produisent un délicieux parfum de miel.
- À partir d'août et en septembre, de nombreux arbres changent d'écorce. La toute jeune peau montre alors une couleur tendre très délicate.

21 Orienter le regard

Si vous conduisez vous-même la visite de votre jardin, vous aurez le loisir, à ce moment précis, de désigner les plantes les plus spectaculaires ou les effets les plus remarquables. Cependant la disposition des végétaux dans le jardin peut vous aider à diriger le regard et l'attention de vos amis, et rendre « incontournables » certaines scènes ou plantes. Il n'est pas nécessaire d'être un grand paysagiste pour utiliser ces quelques petits principes...

Une statue, une souche tortueuse, une fontaine sont autant de points forts qui attirent l'œil, qui peut ensuite s'attarder sur les plantes disposées aux alentours.

ATTIRER L'ŒIL

L'œil est séduit en priorité par les couleurs claires. Une plante à fleurs blanches ou un arbuste à feuilles panachées installés au fond du jardin captent irrésistiblement le regard. Si vous rassemblez plusieurs plantes à feuilles ou à fleurs claires dans un massif, ce groupe se remarquera avant les autres plantations. Utilisez cette qualité soit pour inciter vos visiteurs à aller dans une direction donnée, soit pour les attirer dans une zone du jardin où il y a d'autres plantes à découvrir.

Comme elles sont relativement rares dans notre environnement naturel, **les plantes à grandes feuilles attirent aussitôt l'œil,** par leurs dimensions insolites. Ne les placez cependant pas trop loin de votre maison puisque, par effet d'optique, elles ont tendance à réduire les dimensions du jardin et à le faire paraître bien plus petit qu'il n'est en réalité. Plantez-les plutôt au plus près de votre terrasse pour occulter avec elles une partie du jardin. Notre regard est ainsi tenté de les contourner pour aller découvrir ce qui pousse un peu plus loin.

À l'inverse des teintes claires, vives et brillantes, **les couleurs ternes et sombres, comme les feuillages fins et diffus, ne captent jamais véritablement le regard.** Au contraire, ils contribuent à le perdre et à l'égarer. Les grands maîtres des massifs à l'anglaise disposaient les fleurs sombres au bout des massifs, de manière à les faire paraître bien plus grands qu'ils n'étaient en réalité.

DIRIGER L'ATTENTION

Pour diriger le regard ou l'attention vers un point particulier du jardin, ou un massif composé de plantes de différentes couleurs, il suffit souvent de lui donner un cadre. **Il peut être constitué de deux arbres identiques, postés de part et d'autre de la composition,** ou encore d'une fenêtre, ou d'une « trouée » dans une haie située plus ou moins près du massif.

On peut également diriger la promenade

par une allée bien tracée, qui définit clairement la direction à prendre. Si les bords de cette allée sont garnis de végétaux neutres, connus ou peu attrayants, l'attention se tournera alors vers son extrémité, surtout si elle est attrayante et colorée. Une allée bordée de végétaux identiques placés à intervalles réguliers est le meilleur moyen de conduire le regard très loin, en lui faisant ignorer l'environnement immédiat.

Cette allée attire l'attention vers le bassin situé à son extrémité.

FAIRE DURER LE PLAISIR

Laissez le temps à vos visiteurs de regarder, d'observer les plantes que vous leur montrez et d'apprécier la manière dont vous les plantez et les associez. Il est facile de faire durer au moins une heure la visite d'un jardin de 1 000 m², en multipliant les détours, les allées qui se croisent, les petits passages entre les buissons qui conduisent à des points de vue inédits...

Les anecdotes sur les plantes, les commentaires et les réflexions sur l'identité supposée de l'une d'elle, ou sur la dernière trouvaille dénichée sur un catalogue, **alimentent les conversations.** Souvent, nous arpentons le jardin, une feuille ou une fleur à la main pour comparer avec celle d'une autre variété, et la visite ne s'arrête qu'à la nuit tombée...

NOTRE EXPÉRIENCE

Les bons jardiniers apprennent en partageant leur expérience avec les autres. Ils n'hésitent pas non plus à donner un fragment ou une bouture d'une des plantes qui ont fait l'admiration des visiteurs. La générosité n'est pas toujours innée, surtout quand elle concerne des plantes encore « rares » ou chèrement acquises, mais, grâce à ces dons inopinés, nous avons maintes fois retrouvé des plantes que nous avions perdues peu après les avoir offertes.

Au fond du jardin, cette allée semble se fondre dans la nature alors que la clôture n'est qu'à quelques mètres.

• PENSEZ-Y

Les feuillages durent toujours plus longtemps que les fleurs. Choisissez donc, de préférence, un feuillage panaché à une fleur claire si vous désirez créer un point focal destiné à attirer l'œil pendant une longue période.

22 Exacerber les sens

La vue est le sens le plus sollicité dans un jardin, mais les autres sens – le toucher, le goût, l'odorat et, dans une moindre mesure, l'ouïe – sont aussi toujours en éveil. Nos jardins ne doivent pas être conçus comme des tableaux que l'on regarde sans pouvoir les toucher. Ils doivent exacerber tous nos sens car, pour véritablement apprécier une plante, il faut la toucher et la sentir. Le goût, lui, ne complète cette connaissance que si la plante est comestible.

METTRE LES PARFUMS À PORTÉE DE NEZ

Hormis les floraisons abondantes comme celle du chèvrefeuille, qui produit de vrais nuages parfumés, il faut le plus souvent, pour apprécier pleinement le parfum des fleurs, plonger le nez au cœur des corolles. Essayez donc, dans la mesure du possible, de mettre le parfum à portée de nez.

- **N'éloignez pas du bord des allées ou des massifs les fleurs les plus délicatement parfumées** pour qu'elles soient aisément accessibles.
- **Plantez par grands groupes les plantes les plus petites** pour ne pas avoir à vous baisser ou disposez-les sur des banquettes, des murets, dans une jardinière ou un panier suspendu... à hauteur de nez. Ayez toujours une préférence pour les fleurs portées par des tiges d'au moins 1,50 m.
- **Ne taillez pas vos rosiers trop court** ou encore conduisez-les sur de petites tiges pour bien profiter de leurs senteurs. Privilégiez les grimpantes parfumées qui apportent le parfum jusque sous vos fenêtres.

Accompagnez vos rosiers d'un pied de menthe qui relève leur parfum.

PROVOQUER LES ARÔMES

Les feuillages ne dégagent leurs arômes que lors de circonstances précises liées à leur nature. Les arômes du thym, du romarin, de la lavande, sont les plus forts aux heures et dans les situations les plus chaudes. Pour en profiter, il faut les installer contre un mur orienté au sud, ou parmi des pierres, ou encore sur un lit de gravillons clairs qui réverbèrent la chaleur et semblent extraire l'odeur des feuilles. D'autres parfums, comme celui de la mousse ou des fougères, n'embaument que les atmosphères fraîches, à l'ombre des arbres et dans l'humus humide des sous-bois.

Mais, quels que soient leur nature et leur environnement de prédilection, **les arômes se dégagent surtout lorsque l'on frôle les feuilles.** Essayez donc de les disposer près des passages et des allées, contre les marches des escaliers, près de la grille d'entrée, partout où l'on risque de les toucher ou de les effleurer. Laissez-les s'étaler un peu sur la terrasse ou empiéter sur les passages étroits, vous ne le regretterez pas.

Installez les plantes aromatiques les plus envahissantes, comme les menthes, en bor-

dure du gazon. Elles s'y mêlent bien, sont coupées à chaque tonte et, en les broyant, la lame de la tondeuse dégage un fort nuage de senteur. Et si vous êtes amateur de sensations fortes, plantez côte à côte des plantes d'arômes très différents comme la menthe poivrée, la mélisse-citronnelle, et le cerfeuil sauvage, vous obtiendrez un cocktail inédit de senteurs à chacun de vos passages.

SUSCITER LE TOUCHER

Pour des raisons évidentes, **les plantes douces au toucher ne doivent pas être disposées trop loin des allées.** Elles sont aussi les bienvenues près des endroits où l'on peut s'asseoir et prendre le temps de les caresser et de les apprécier. Le meilleur emplacement pour ces plantes est encore en haut d'un muret. On les laisse alors retomber et cascader en doux moutonnements.

N'oubliez pas que la lumière rasante révèle les textures et fait donc ressortir la douceur des feuillages. Hormis ces derniers, les épis légers des graminées ont aussi une apparence de douceur, et leurs mouvements incessants sous le vent suscitent bien des caresses.

On perçoit mieux le parfum des rosiers grimpants comme 'Albertine' quand ils retombent juste à hauteur de notre nez.

NOTRE EXPÉRIENCE

Le goût est le sens le plus difficile à éveiller au jardin, car nous sommes bien peu nombreux à oser goûter des plantes. Nous ne manquons jamais de faire découvrir quelques saveurs bien typiques à nos visiteurs en les laissant deviner l'identité de la plante. Beaucoup d'entre eux se prennent au jeu et découvrent que les plantes qu'ils croyaient bien connaître possèdent des saveurs inattendues.

• ASTUCE
Installez les plantes les plus parfumées du côté des vents dominants pour que les nuages de senteur restent dans votre jardin.

• SACHEZ QUE
Peu de plantes produisent un bruit particulier et surprenant. Le plus amusant reste celui des gouttes de pluie tombant sur une feuille de gunnéra.

• C'EST IMPORTANT
Ne plantez pas de jasmin ou d'autre plante aussi fortement parfumée sous votre fenêtre, car elle risque de tourmenter certaines de vos nuits d'été...

L'emplacement idéal des plantes à feuilles douces est à l'avant des massifs. Certaines, comme ce stachys, constituent de jolies bordures.

23 Utiliser le contraste

Si, par définition, le contraste apparaît comme le contraire de l'harmonie, la pratique nous montre qu'une harmonie entre les plantes n'est attrayante qu'avec un minimum de contraste. Pour nous, les meilleures compositions sont celles où les feuillages contrastent les uns par rapport aux autres, mais où les couleurs des fleurs sont en harmonie. Les contrastes de fleurs nettement marqués sont plus délicats à manier, mais ils sont parfois le seul moyen de faire ressortir un coloris particulier. Le contraste peut naître aussi de l'association « contre nature » de deux plantes venues d'horizons différents, qui apportera une note de fantaisie au jardin.

OPPOSER LES FORMES DES FEUILLES

Toutes les feuilles ne sont pas ovales et banales ! Observez-les d'un peu plus près et vous découvrirez une richesse de formes et de dimensions qu'il serait bien dommage de ne pas exploiter. La variété est incroyable : cela va des toutes petites feuilles simples et coriaces du buis ou de la myrte aux grandes feuilles composées du marronnier ou des glycines. Certaines se remarquent particulièrement en étant elles-mêmes très spectaculaires.

Les feuilles, encore plus que les fleurs, donnent à la plante sa personnalité. Qu'elles soient grandes et la plante sera imposante, fines et la plante sera « délicate ». Qu'elles soient nombreuses et l'aspect d'un buisson sera « lourd », clairsemées et il sera « léger ». Si le feuillage est mat, velu, la plante apparaît massive, alors que s'il est lisse et vernissé, elle semble flotter dans l'air.

Exploitez donc toutes ces qualités en plaçant côte à côte des feuillages différents afin que les uns se révèlent par rapport aux autres. Plus leurs formes et leurs dimensions sont opposées (comme, par exemple, un feuillage très fin devant des larges feuilles), plus les qualités de chacun sont exacerbées. Un feuillage finement

• PRATIQUE
Après avoir lu cette page, descendez dans votre jardin pour voir comment vous pourriez mettre en valeur telle ou telle plante en la rapprochant d'une autre. Vous appliquerez délibérément ce que nous tentons d'expliquer ici.

Les petites feuilles velues et marginées de blanc de l'arabette panachée contrastent joliment avec les grandes feuilles lisses et vertes des bergénias.

découpé n'apparaît jamais aussi léger que lorsqu'il se trouve devant des grandes feuilles simples. Un feuillage duveteux n'est jamais aussi doux que lorsqu'il pousse à côté de feuilles lisses ou épineuses...

Le bleu-mauve des fleurs de penstemon ressort particulièrement bien devant les feuilles jaune pâle de la camomille dorée.

JUXTAPOSER LA COULEUR COMPLÉMENTAIRE

Bien entendu, les feuilles peuvent aussi être colorées et associées en contraste de couleurs. Mais l'association des couleurs concerne davantage les fleurs. Les harmonies de teintes obtenues en juxtaposant des plantes de même couleur permettent de donner une certaine unité à un massif et un très bel effet d'ensemble. Pour faire ressortir une plante, pour qu'elle apparaisse à coup sûr aux yeux d'un visiteur, **il faut l'entourer d'autres fleurs de couleur très différente et si possible complémentaire.**

Par exemple, un bleu n'est jamais aussi bleu qu'à côté d'un orange vif. Le rouge a besoin du vert pour atteindre son plein éclat, et le violet ne semble jamais aussi profond que lorsqu'il voisine avec le jaune. N'oubliez pas de prendre en compte également l'intensité de la couleur des fleurs : une fleur de teinte claire n'est bien mise en valeur que par des voisines plus foncées.
Bien entendu, cela ne concerne que les trois couleurs primaires et leurs complémentaires, et nous vous laissons découvrir les mille autres possibilités, avec leurs infinités de nuances.

MARIER LES INCOMPATIBLES

Une autre forme de contraste, plus subtile, consiste à **placer côte à côte des plantes qui ne pourraient jamais pousser ensemble dans la nature.** L'exemple le plus remarquable que nous ayons vu était un cactus, une plante éprise de sécheresse, installé au pied d'un saule, amateur d'humidité. Ces associations sont rarement délibérées et sont plutôt le résultat de l'ignorance des besoins vitaux des plantes. Il est évident que, des deux protagonistes, il n'en restera qu'un seul.

On peut, en revanche, exploiter ce type de contraste avec des plantes en pots pour lesquelles il est facile de contrôler toutes les conditions de culture. Ainsi, l'été, nous utilisons des plantes tropicales associées aux plantes classiques du jardin et l'effet obtenu est toujours saisissant !

La salicaire rose est une plante de terre humide ; le yucca à fleurs blanches apprécie la sécheresse. Cette association est spectaculaire mais, hélas, peu durable.

NOTRE EXPÉRIENCE

La beauté et l'intérêt du jardin dépendent étroitement du dosage entre l'harmonie et le contraste. Pour bien se différencier les unes des autres, les plantes voisines doivent être associées en contraste, mais pour être attrayant dans son ensemble, un jardin doit plutôt refléter l'harmonie que le chaos.

• ASTUCE
L'idéal est de choisir un thème directeur pour un massif ou pour le jardin entier (par exemple, une couleur, un aspect « exotique »). Cela permet d'harmoniser toutes les plantes choisies et de présenter, en contraste, les plantes les plus remarquables.

• DÉTAIL IMPORTANT
Comme il est difficile de coordonner deux floraisons, nous associons, de préférence, une fleur à un feuillage coloré et attrayant sur une période bien plus longue.

24 Jouer avec la lumière

La lumière n'est pas un élément facile à manipuler, mais c'est une composante essentielle pour la mise en valeur des plantes, et, en particulier, des plus insolites. En fait, il suffit de photographier son jardin à des heures différentes de la journée pour comprendre comment la lumière magnifie les couleurs, éclaire les détails et révèle les textures. Voici quelques conseils simples pour vous aider à jouer avec la lumière.

MAGNIFIER LES COULEURS

Avez-vous déjà remarqué les différences de qualité de lumière entre le matin et le soir ? **Aux premières heures du jour, elle est plutôt froide** et valorise davantage les couleurs bleues, roses ou blanches. **En fin de journée, elle est plutôt chaude** et « allume » littéralement les fleurs ou les feuilles jaunes ou orangées. Ainsi prévenu de ce phénomène naturel, disposez de préférence les premières plantes du côté du levant, et les autres du côté du couchant. Orientez aussi, comme nous, la visite de votre jardin : commencez le matin vers l'est, et le soir vers l'ouest !

Le même rapport entre la couleur et la lumière se retrouve également entre les endroits ombragés et ceux bien ensoleillés. **Sous les arbres, ou dans l'ombre portée des murs, la faible lumière ne fait ressortir que les fleurs de couleur pâle. Dans les situations très lumineuses, comme au pied d'un mur orienté plein sud, seules les teintes les plus soutenues ont un réel impact.**

Éclairant la plante par l'arrière, les rayons du soleil magnifient la couleur blanche des fleurs de la julienne des jardins.

RÉVÉLER LES TEXTURES

C'est le toucher qui d'ordinaire permet d'apprécier la texture d'une fleur ou d'une feuille. **En éclairant un sujet et en attirant l'œil, la lumière suscite le toucher.** D'ailleurs, ne dit-on pas d'un rayon de soleil qu'il caresse les feuilles ? qu'il effleure les corolles les plus fines ?

Il suffit d'un mince rayon de soleil pour révéler la texture veloutée de l'hydrangéa à feuilles velues (Hydrangea strigosa).

L'action de la lumière oblique, rasante, comme celle du matin ou du soir, est la plus douce, et peut-être la plus suggestive. Elle révèle et met en relief le duvet qui habille certaines feuilles. **La rosée renforce encore cette perception, car son aspect brillant et scintillant contraste avec celui, plus mat, des végétaux.** Quand la rosée ne se fixe pas, signe que la feuille est parfaitement lisse ou recouverte d'une pellicule cireuse, la lumière n'accroche pas non plus : elle glisse et fait briller les feuilles. **Les promenades qui permettent d'apprécier les textures se font donc le matin, si l'on sait « toucher » seulement avec les yeux, ou le soir, au moment où les feuillages sont bien secs !**

Sur les plantes aux feuilles ou aux fleurs d'épaisseur et de texture plus fines, la lumière amplifie l'aspect de délicatesse en passant au travers. Elle leur donne une étonnante transparence et accentue les plis et les moindres aspérités, faisant apparaître le réseau des nervures ou les contours les plus singuliers. Pour un effet maximal, essayez de placer le sujet, fleur ou feuille, directement entre l'œil et le soleil. C'est ce que l'on appelle un « contre-jour ».

ÉCLAIRER LES DÉTAILS

Le contre-jour est aussi un moyen de mettre en valeur d'autres détails d'une plante, comme les fruits ou les épines. Certaines baies sont translucides et jouent littéralement avec les rayons du soleil comme des bijoux avec des projecteurs. Un bon éclairage et de simples groseilles blanches semblent presque transparentes ! Admirez aussi par transparence les graines au cœur des fruits de la monnaie-du-pape...

Venue d'une autre direction, de face ou de côté, la lumière met en valeur la poudre blanchâtre qui recouvre certains fruits sombres. Elle donne du corps à des couleurs peu communes, comme les fruits blancs ou bleus, et fait ressortir les aspérités des écorces des arbres, ou souligne au contraire leur apparente douceur...

Cette photo illustre l'importance de la lumière qui met en valeur les infimes détails qui font la beauté des plantes.

NOTRE EXPÉRIENCE

Si nous avons séparé toutes ces influences lumineuses pour mieux les détailler, il est évident que souvent, dans le jardin, elles se conjuguent. Regardez une simple touffe de coquelicots un jour où le soleil joue à cache-cache avec les nuages. Sans lumière, c'est un coquelicot banal. Avec un rayon de soleil, le rouge vibre, la finesse des pétales est pareille à de la soie. Oh, regardez ces amusants petits poils autour des boutons et des tiges ! Toute la différence est là.

• PENSEZ-Y
Faites un rapide tour du jardin avant d'y accueillir vos amis pour repérer les plantes les mieux éclairées qui auront, à coup sûr, le meilleur impact.

• DÉCOUVREZ
L'hiver, au lieu de la rosée, c'est parfois le givre qui s'accroche sur les feuilles et aide la lumière à révéler leur texture.

• ASTUCE
Les arbres filtrent la lumière et ne laissent passer que des rayons qui tournent au cours de la journée et éclairent les plantes les unes après les autres.

• C'EST IMPORTANT
Au milieu de la journée, le soleil vertical et très haut dans le ciel « écrase » les plantes et efface toutes leurs subtilités. Ce moment n'est guère favorable pour visiter un jardin.

25 Rencontrer d'autres jardiniers

Les dons et échanges de plantes entre voisins sont souvent le point de départ d'un jardin, mais de nombreuses possibilités s'offrent à vous pour rencontrer d'autres jardiniers et obtenir des plantes sans devoir les acheter. À tous les niveaux, local, régional, ou national, les associations multiplient les manifestations et expositions. Certains magazines publient même des annonces gratuites pour stimuler les échanges entre passionnés...

• FAIRE VOYAGER DES BOUTURES
Prélevez-les juste avant de les emballer, le plus près possible de l'heure de la levée du courrier. Passez-les sous l'eau du robinet pour les humidifier, puis enroulez-les, variété par variété (avec une étiquette !), dans un papier journal ou un papier absorbant. Placez le tout dans un plastique hermétique et arrangez-vous pour que l'ensemble soit bien calé dans le carton d'expédition. Choisissez un transport rapide (48 heures au maximum) pour que les plantes arrivent en bonne forme.

ADHÉRER À UNE ASSOCIATION

Les associations à caractère botanique ou horticole sont très nombreuses, tant au niveau local que régional, la plupart étant chapeautées par la Société nationale d'horticulture de France (SNHF), sise à Paris. Chacune organise des conférences, édite un bulletin plus ou moins important, génère une fête des plantes ou une Bourse d'échanges, etc. Tous ces événements, presque confidentiels il y a encore très peu de temps, connaissent aujourd'hui un succès grandissant. N'hésitez donc pas à y participer, c'est à chaque fois l'occasion de rencontrer des « spécialistes », mais surtout de **nouer des contacts avec d'autres jardiniers de votre région avec lesquels vous aurez certainement plaisir à échanger secrets, plantes, boutures ou graines.**

Si vous désirez vous spécialiser dans un domaine précis du jardinage, vous trouverez à l'échelon national, ou international, des sociétés spécialisées qui, pour certaines, sont à la pointe des connaissances dans le domaine qui est le leur. La Société des amateurs des jardins alpins (SAJA) est, en France, l'une des plus actives : elle s'occupe essentiellement des plantes de rocaille, et la SNHF comporte différentes sections spécialisées pour les fuchsias, les dahlias, les camélias, les arbres et

Un grand nombre d'arbustes peut se multiplier par boutures de « bois sec », de simples morceaux de branches à mettre en terre une fois les feuilles tombées. Ces boutures, faciles à réaliser, voyagent très bien et facilitent les échanges.

arbustes ou... les plantes vivaces. Beaucoup éditent des bulletins d'information où sont donnés des renseignements très précieux, que l'on ne trouve pas dans d'autres supports, tels que la presse « de jardin » ou les livres grand public.

PARTICIPER À UNE BANQUE D'ÉCHANGES

Mais le principal attrait de ces sociétés est de **générer des contacts entre jardiniers pour faciliter les échanges de plantes qui permettent de constituer de belles collections sans dépenser une fortune.** Recherchez les associations qui organisent des Bourses d'échanges de plantes car vous y apporterez les surplus de votre jardin et repartirez avec des merveilles qui ne coûtent rien ou qui restent introuvables dans les circuits commerciaux. La SAJA et la SNHF organisent même une banque de graines où l'on peut obtenir plusieurs paquets de semences, parfois rares, pour une somme modique. En général même, le nombre de paquets que l'on peut obtenir est proportionnel aux espèces que l'on a soi-même fournies. Notez aussi que certains magazines de jardin publient des annonces d'échanges de plantes absolument gratuites.

VISITER DES JARDINS

Si chaque jardinier est maître en son jardin, il gagne toujours à aller en visiter d'autres. **C'est l'occasion de trouver nombre d'idées originales et parfois de se lier d'amitié avec d'autres jardiniers, avec tout le bénéfice que chacun peut en tirer.** De plus en plus de jardins privés s'ouvrent ainsi au public (surtout en juin, décrété « mois des jardins ») et nous souhaitons que ce phénomène prenne encore davantage d'ampleur car il est vraiment profitable pour tous.

Comment trouver les adresses des jardins ouverts au public dans votre région ? Consultez donc l'association de jardiniers la plus proche de votre domicile (renseignez-vous en mairie ou à la SNHF) ou les listes de plus en plus longues que publient chaque année les magazines spécialisés.

Récoltez toujours un peu plus de graines que vos besoins le demandent, vous pourrez toujours en offrir ou en échanger.

Certaines fêtes des plantes, nationales ou locales, permettent de rencontrer d'autres amateurs et parfois des collectionneurs chevronnés avec lesquels vous pourrez entretenir votre passion sans trop dépenser...

NOTRE EXPÉRIENCE

À force de contacts et d'échanges, nos collections de plantes sont devenues très importantes sans avoir dépensé beaucoup d'argent. Mieux, en ayant distribué des plantes qui nous étaient chères, nous avons pu les retrouver quelques années plus tard quand celles de notre jardin avaient, elles, disparu... Ne dit-on pas qu'il faut savoir donner un peu... pour mieux recevoir ?

• LES ADRESSES INDISPENSABLES

- Société nationale d'horticulture de France (SNHF)
84, rue de Grenelle
75007 Paris
- Société des amateurs de jardins alpins (SAJA)
43, rue Buffon
75005 Paris
- Association des parcs botaniques de France (APBF)
84, rue de Grenelle
75007 Paris
- Association des jardiniers de France
97, bd Saly, BP 559
59308 Valenciennes cedex

LE CALENDRIER DU JARDIN

Beaucoup de jardiniers débutants pensent que les tâches principales qui consistent à planter, tailler, multiplier et soigner, sont affectées à des saisons bien précises : plantation en automne, taille en hiver, multiplication au printemps et soins… en été. Si, dans les grandes lignes, ce raisonnement est juste, il montre vite ses limites lorsque l'on considère les plantes une par une. L'expérience montre en effet que chaque plante semble avoir une saison de plantation préférée ; que certains arbustes se bouturent mieux en automne et d'autres en avril ; que la taille peut aussi être réalisée en été, etc. Et savez-vous que l'époque la plus favorable au désherbage se situe juste après les fortes gelées alors que les mauvaises herbes ont perdu une grande partie de leurs racines ?

Nous avons conçu ce calendrier pour vous donner les points de repère nécessaires à l'organisation vos interventions tout au long de l'année en fonction des plantes que vous cultivez. Ne vous croyez pas obligés de tout faire : le jardinage est un loisir !

Hiver

Ne croyez pas que l'hiver soit une saison morte pour le jardin. Après un répit assez court pour les fêtes, les premières petites fleurs donnent le signal de l'arrivée du printemps. À partir de ce moment, tout va très vite.

Décembre

PLANTER

- En dehors des périodes de gel, continuez vos plantations d'arbres et d'arbustes cultivés en conteneur ou vendus à racines nues.
- Installez des rosiers dans vos massifs, solitaires ou par groupes de 3.

TAILLER

- Régularisez la forme des arbres et arbustes fastigiés en coupant les branches qui s'écartent de la forme d'origine.
- Supprimez les branches basses des arbustes devenus grands pour en faire de petits arbres.
- Éclaircissez le branchage de votre noisetier tortueux afin de mieux mettre en valeur sa silhouette pittoresque.

MULTIPLIER

- Prélevez des racines de vos pavots d'Orient, acanthes et phlox et coupez-les en tronçons de 5 cm. Placées dans un pot rempli d'un terreau sableux, elles produisent rapidement de jeunes plantes.

Janvier

PLANTER

- Lorsqu'il ne gèle pas, continuez vos plantations d'arbres et d'arbustes caducs.
- C'est le dernier moment pour planter un rosier au pied d'un grand arbre. Plus tard, il risque de souffrir de sécheresse durant l'été.
- Plantez dans l'herbe des grosses touffes de plantes vivaces prélevées ailleurs dans le jardin.

Février

PLANTER

- Choisissez et plantez un hamamélis dans un endroit ombragé du jardin.
- Vous pouvez encore planter des rosiers vendus à racines nues.
- Installez des plantes à petites fleurs pour meubler l'espace entre des plantes plus importantes.
- Après les fortes gelées, plantez les jeunes houx pour en faire une haie.

TAILLER

- Taillez la vigne en laissant seulement 3 bourgeons à la base des tiges de l'année précédente.
- Rasez les tapis de plantes couvre-sol (géraniums vivaces, pervenches, épimediums) et recouvrez-les d'une fine couche de compost.
- Coupez près du sol une ou deux vieilles branches de vos rosiers arbustifs afin de les aider à se régénérer.
- Enlevez les dernières couronnes de feuilles des mahonias devenus trop grands pour provoquer la ramification des tiges.
- Coupez toutes les branches latérales des lierres pour ne laisser que celles bien fixées au mur. Supprimez une grande partie du feuillage pour nettoyer vos plantes.

SOIGNER

- Inspectez les plantes gélives entreposées dans la cave ou un garage hors gel.
- Profitez d'une période de redoux pour enlever toutes les branches roussies à l'intérieur de vos conifères : vous dégagerez leur ramure et mettrez en valeur leur tronc, souvent magnifique.
- Déposez autour des plantes vivaces à grand développement une couche de compost bien mûr.

TAILLER

- Coupez à quelques centimètres du sol les bambous nains pour les régénérer.
- Taillez à ras de terre une année sur deux les potentilles, millepertuis et spirées à floraison estivale.

MULTIPLIER

- Divisez les arbustes drageonnants comme le kerria, certaines spirées et les jeunes plants des cornouillers enracinés à la périphérie des buissons.
- Bouturez sur place les haies libres composées d'arbustes caducs.

SOIGNER

- Enlevez toutes les feuilles autour des touffes des roses de Carême.
- Désherbez vos massifs juste après une forte gelée : une partie des racines des mauvaises herbes sont détruites et elles s'arrachent facilement avec la pointe d'un couteau.
- Dégagez les bordures d'oreilles-d'ours en enlevant toutes les feuilles en partie décomposées.

MULTIPLIER

- Semez les graines récoltées sur vos agapanthes.
- Divisez les touffes de fougères les plus importantes avant que les crosses ne commencent à se dérouler.
- Divisez vos plantes couvre-sol (géraniums à grosses racines, euphorbes petit cyprès, etc), pour étendre plus rapidement leurs tapis.

SOIGNER

- Enlevez les fleurs fanées des camélias pour laisser la place aux suivantes.
- Courbez les longues tiges de vos rosiers arbustifs pour favoriser une floraison plus abondante.

Printemps

Avec les premiers beaux jours, une certaine frénésie s'empare de tous les jardiniers. Plantez, taillez et peaufinez vos massifs, mais prenez aussi le temps d'admirer un peu le résultat de vos efforts...

Mars

PLANTER

- C'est le moment de planter les delphiniums, dans une terre bien enrichie de compost, la ciboulette et autres aromatiques, et aussi les grandes graminées décoratives (eulalies, molènes, panicauts).
- Installez les gros bulbes de crinums dans une terre profonde enrichie de compost.
- Mettez en pot certaines vivaces du jardin pour un décor longue durée.
- Dernière limite pour planter des rose trémières élevées en godets ! Plantées plus tard, elles fleuriront l'année prochaine.

TAILLER

- Coupez les tiges sèches des plantes vivaces de vos massifs et l'extrémité des pousses des bruyères d'hiver défleuries.
- Coupez toutes les branches des buddléias juste au-dessus de leur premier bourgeon apparent.
- Coupez près du sol les branches de vos cornouillers et de vos saules pour les obliger à produire de belles pousses bien vigoureuses.

Avril

PLANTER

- Après le 15, mettez en terre dahlias, glaïeuls, montbrétias et autres bulbes d'été.
- Plantez les plantes vivaces d'été : phlox, asters, rudbeckias, solidagos, sédums, etc.
- Installez en pleine terre les jeunes plants de lavatères arbustives.
- Repiquez à leur place définitive les jeunes plants d'anémones du Japon.
- C'est le meilleur moment pour planter des bambous, à condition de les arroser régulièrement durant tout l'été pour faciliter la croissance des nouvelles pousses.
- Vers la fin du mois, plantez des pommes de terre.

Mai

PLANTER

- Une fois les risques de gelées écartés (15 mai), installez en pleine terre les fuchsias, pélargoniums, anthémis, pétunias et autres plantes fleuries non rustiques.
- Plantez vos jardinières de pélargoniums, verveines, lantanas, etc.
- Mettez en place les plantes aquatiques et semi-aquatiques (autour du plan d'eau).

TAILLER

- Supprimez les rameaux défleuris de vos spirées à fleurs blanches.
- Coupez les fleurs fanées sur vos lilas, profitez-en pour enlever aussi les branches trop fines.

MULTIPLIER

- Semez du persil dans une terre maintenue humide.
- Vous pouvez encore diviser les vivaces à floraison tardive.
- Semez en pleine terre les capucines, ipomées et pois de senteur, qui fleuriront durant l'été.

MULTIPLIER

- Divisez les touffes de graminées.
- Divisez les sédums de bordure ('Ruby Glow', etc).
- Bouturez les pélargoniums hivernés dans la maison.

SOIGNER

- Semez à l'intérieur les bégonias, tabacs d'ornement, agératums, pétunias et cinéraires à repiquer au jardin après les dernières gelées.

TAILLER

- Taillez juste après la floraison les forsythias, kerrias et jasmins d'hiver.
- Coupez juste au-dessus des premiers bourgeons rencontrés près de la base des plantes : les lavandes, armoises 'Powis Castle', pérovskias, santolines, romarins et véroniques arbustives.
- Coupez à 10-15 cm du sol toutes les branches de vos lavatères arbustives afin de rajeunir complètement les buissons.
- Attendez le milieu du mois pour enfin tailler vos hortensias et hydrangéas.

MULTIPLIER

- Semez vos premiers radis dans les régions où les gelées ne sont plus à craindre.
- Bouturez les hortensias à partir de rameaux à peine feuillés.
- Divisez les hostas dès que les premières pousses sortent de terre.
- Divisez les touffes de perce-neige et d'éranthes juste au moment où le feuillage fane.
- Divisez les népétas dès que les premières feuilles apparaissent.

SOIGNER

- Placez vos cactées et plantes grasses en plein air, dans un endroit peu ensoleillé.
- Enlevez toutes les fleurs fanées de vos rhododendrons pour laisser la place aux jeunes pousses.
- Supprimez les feuilles tachées de rouille de vos roses trémières.
- Placez des tuteurs auprès des plantes hautes et fragiles comme les delphiniums.

Été

C'est le moment de profiter, en famille ou entre amis, de tous les plaisirs du jardin. Il faut aussi penser aux semis et aux boutures… Pourquoi pas avec l'aide des enfants ?

Juin

PLANTER

- Terminez la mise en place des fleurs annuelles.
- Plantez des jeunes salades.
- Mettez en place ou semez directement des courgettes et des citrouilles.

TAILLER

- Taillez les clématites printanières défleuries et les genêts, en supprimant les 2/3 des pousses de l'année précédente et qui viennent de fleurir.
- Effectuez une première taille sur votre glycine en coupant chaque nouvelle pousse au-dessus de son premier bourgeon.
- Coupez les vieilles branches des ronces décoratives pour dégager les plus jeunes mieux colorées.

MULTIPLIER

- Semez des lupins, delphiniums, valérianes, achillées et autres plantes vivaces.
- Semez directement en place des carottes.

Juillet

PLANTER

- Installez de nouveaux iris des jardins.
- Repiquez de nouveaux plants de salade.

TAILLER

- Rasez les touffes de géraniums vivaces défleuris et taillez les chèvrefeuilles pour provoquer une seconde floraison.
- Coupez toutes les branches défleuries des sauges officinales, du thym et du faux curry ainsi que des seringats, deutzias et weigelias, pour stimuler la repousse.

Août

PLANTER

- Choisissez et plantez colchiques, cyclamens, nérines et crocus d'automne.
- Pensez à repiquer des jeunes plants de juliennes des jardins et d'ancolies pour qu'elles fleurissent bien au printemps prochain.

TAILLER

- Coupez le feuillage des hémérocalles défleuries près du sol pour obtenir un feuillage plus net jusqu'au début de l'hiver.
- Supprimez les branches gênantes encombrant la cime de vos cerisiers et pruniers (chez ces derniers, attendez la fin de la récolte).
- Nettoyez l'intérieur des arbres pleureurs : coupez toutes les branches mortes et celles trop petites qui n'influent pas sur la silhouette.
- Taillez les haies de conifères, de persistants (houx,laurier) mais aussi les charmilles et les haies de hêtres.

SOIGNER

- Supprimez les fleurs fanées.
- Arrachez les bulbes de tulipe si votre terre est argileuse et reste humide en été.
- Arrosez régulièrement les fleurs annuelles fraîchement repiquées afin qu'elles ne connaissent pas d'arrêt de végétation.
- Pincez une partie des tiges des phlox et les grands asters afin d'étager leur floraison et de la retarder un peu.

MULTIPLIER

- Semez les œillets de poètes, pâquerettes, myosotis, digitales, pensées, giroflées et autres bisannuelles.
- Divisez les iris des jardins trop touffus et plus assez florifères.
- Divisez ou bouturez vos plus belles touffes d'aubriètes, d'arabettes, de gazon d'Espagne ou de saxifrages. N'oubliez pas d'arroser.
- Divisez les nénuphars devenus trop importants et moins florifères.

SOIGNER

- Arrosez les nouvelles plantations effectuées au printemps.
- Cueillez les fleurs d'échinops et de lilas de mer pour les faire sécher.
- Étalez un peu de terreau sur les lamiers afin de permettre l'enracinement des tiges rampantes et de fortifier les touffes.
- Fauchez les « prairies fleuries » au début du mois et laissez l'herbe quelques jours sur place avant de la ramasser.

MULTIPLIER

- Divisez vos roses de Noël et roses de Carême.
- Bouturez les fuchsias (rustiques ou non), ainsi que les pélargoniums.
- Au milieu du mois, bouturez vos rosiers arbustifs et les roses anciennes.

SOIGNER

- Coupez les premiers épis fanés des buddléias pour provoquer une seconde floraison.
- Enlevez les fleurs fanées des hibiscus pour que l'arbuste reste beau.
- Arrosez les éphémères de Virginie et les phlox pour les aider à fleurir plus longtemps.

Automne

Alors que la durée des jours diminue, la beauté du jardin s'accroît : à la beauté des fleurs s'ajoute celle des feuillages. Au lieu de nettoyer dès maintenant vos massifs, prenez le temps de préparer l'année à venir.

Septembre

PLANTER

- Mettez en place vos nouveaux lupins et les molènes achetés en godets ou obtenus par semis.
- Repiquez les jeunes plantes des vivaces printanières : corbeille-d'or, corbeille-d'argent, aubriètes, etc.
- C'est la meilleure époque pour repiquer un magnolia, mais aussi tous les arbustes persistants et les conifères.
- Plantez une vigne vierge, un hortensia grimpant ou un fusain persistant pour garnir un mur exposé au nord.
- Plantez les bulbes à floraison printanière en commençant par les narcisses, les tulipes et les ails décoratifs.
- Installez le lis blanc dans un massif très ensoleillé.

TAILLER

- Coupez les branches excédentaires sur les troncs de vos bouleaux, érables et prunus à écorces décoratives.
- Coupez les jeunes branches des pyracanthas qui empêchent de bien voir les fruits.

MULTIPLIER

- Divisez les souches anciennes de doronics et de pulmonaires ainsi que les vivaces pour les régions à été sec.
- Prélevez un fragment des touffes âgées de pivoine sans déranger le pied.
- Divisez les yuccas.

Octobre

PLANTER

- Choisissez en Jardinerie un daphné, une viorne d'hiver ou un chèvrefeuille d'hiver alors qu'ils sont bien boutonnés, mais pas encore épanouis.
- Installez les couvre-sols et fougères sous les arbres pour qu'ils profitent de l'humidité hivernale.
- Terminez vos plantations de bulbes à floraison printanière.
- Plantez des primevères, myosotis, pulmonaires et violettes pour qu'elles fleurissent au début du printemps.
- Installez les lis rustiques (lis royal, lis hybrides) dans vos massifs de plantes vivaces.
- Implantez les haies de conifères.

Novembre

PLANTER

- C'est le meilleur moment pour planter les arbres fruitiers et tous les arbres et arbustes vendus à racines nues.
- Plantez les fougères persistantes dans les endroits ombragés et peu éventés.
- Implantez les haies de charmes, de hêtres ou de berbéris ainsi que les haies libres.
- Plantez des arbustes pour boucher les trous au pied d'une haie existante.

TAILLER

- Taillez la vigne vierge qui arrive sous la toiture.
- Raccourcissez les rosiers en coupant le tiers supérieur de leurs branches.
- Profitez d'une journée sèche pour élaguer quelques grosses branches de vos pommiers et poiriers fruitiers.
- Dernier moment pour égaliser les haies de persistants et de conifères.

■ **SOIGNER**

- ❀ Éclaircissez les touffes d'asters pour que les tiges ne s'effondrent pas sous les floraisons.
- ❀ Récoltez les graines des annuelles comme les tagètes, cosmos ou lavatères.
- ❀ Dégagez la surface de l'eau des principales plantes aquatiques flottantes pour que les poissons bénéficient des derniers rayons du soleil.

■ **TAILLER**

- ❀ Coupez toutes les tiges des valérianes rouges pour permettre au nouveau feuillage de repousser.
- ❀ Coupez le feuillage des dahlias et cannas dès qu'il est noirci par les premières gelées.

■ **MULTIPLIER**

- ❀ Divisez vos phlox, rubkeckias, érigerons et autres grosses touffes de plantes vivaces à floraison estivale.

■ **SOIGNER**

- ❀ Attendez les premiers froids pour récolter les coings, pommes, et poires qui ne sont pas encore tombés.
- ❀ Arrachez les bulbes de dahlias et de cannas pour les remiser à l'abri du gel.

■ **MULTIPLIER**

- ❀ Bouturez les arbustes caducs par boutures de bois sec.
- ❀ Semez les graines d'arbres ou d'arbustes dans des pots remplis d'un mélange sableux. Laissez-les dehors pour qu'ils subissent le gel.

■ **SOIGNER**

- ❀ Bêchez à grosses mottes votre potager.
- ❀ Lavez les écorces décoratives pour les débarrasser des mousses vertes.
- ❀ Arrachez les annuelles dès que leur feuillage est gelé.
- ❀ Disposez une bonne couche de paille et une protection étanche sur vos souches d'arums blancs.

LES ABORDS DE LA MAISON

Que votre jardin soit petit ou grand, les abords de la maison sont les emplacements à traiter en priorité et à soigner en particulier. Vous y privilégierez les floraisons les plus longues. Vous habillerez les fenêtres de jardinières et les murs de treillages afin d'y faire pousser des cascades et des tapisseries de fleurs. Par souci de commodité, c'est à proximité des points d'eaux que seront disposées la plupart des potées. Ici plus qu'ailleurs, les bordures doivent rester impeccables, mais les circulations gravillonnées peuvent aussi accueillir des plantes peut-être trop fragiles plus loin dans le jardin. Non loin de la cuisine, gardez une place pour les plantes aromatiques, et enchantez votre terrasse en accueillant des fleurs belles la nuit.

Concentration de couleurs, mais aussi de parfums, le tour de la maison est également le meilleur endroit pour accueillir quelques plantes d'allure exotique. Non seulement elles s'inscrivent mieux dans un décor construit qu'au fond du jardin, mais elles y trouvent souvent le petit abri qui leur permet de survivre aux hivers…

Des floraisons de longue durée

Autrefois, nous fleurissions les alentours de la maison avec des plantes qu'il fallait remplacer tous les ans, nettoyer et arroser souvent.
Nous avons depuis découvert de nombreuses plantes vivaces qui fleurissent presque autant et ont l'avantage de rester longtemps à la même place sans devoir être protégées en hiver...

N O T R E C H O I X

Depuis quelques années, c'est **une diascia**, une petite plante vivace à fleurs roses, qui assure la base du décor de fleurs autour de la maison. Elle rampe, se faufile entre les autres plantes où grimpe dans de petits arbustes comme ici sur l'armoise 'Powis Castle'. Du soleil, un peu de terreau à la plantation, et une terre pas trop sèche sont ses seules exigences.

♣ Diascia fetcaniensis *(sur la grande photo, ci-dessus) est sûrement la plus rustique de toutes les espèces et supporte des températures de -7°C à -10°C en pleine terre.*

Dans les endroits un peu plus secs, **l'érigéron à fleurs de pâquerettes** peut rivaliser avec les diascias pour ses myriades de petites fleurs blanches puis rosées. Il se ressème sur les murets de pierres sèches, dans les creux de dalles des terrasses ou des escaliers d'où ses tiges minces tombent en cascade.

L'IDÉE FORTE

CRÉEZ UNE STRUCTURE COLORÉE

Utilisez ces longues floraisons pour constituer la base du décor fleuri autour de la maison. Renforcez leur intérêt en les mélangeant à des plantes à feuillage coloré qui restent présentes quand les fleurs s'essoufflent. Cette structure « perpétuelle » n'interdit pas d'intercaler quelques petits groupes de plantes annuelles si vous le souhaitez.

DE LONGUES FLORAISONS BLEUES

Si vous préférez le bleu au rose, choisissez alors **le népéta 'Six Hill's Giant' (1)**. Il est stérile et fleurit continuellement au lieu de former des graines. Les jeunes plantes forment vite des

2

touffes de 45 cm de haut et de large. Soleil, terre pas trop humide l'hiver, et... une protection contre les chats (qui adorent se rouler au cœur des touffes !) sont ses seuls besoins.

Nous aimons aussi beaucoup **la scabieuse 'Butterfly Blue'**, une plante sauvage qui, suite à une sélection rigoureuse, est devenue extra-florifère. Repiquée au printemps, une jeune plante peut porter jusqu'à 300 fleurs en juillet et les renouveler jusqu'aux gelées.

♣ *Elle est très facile à multiplier en bouturant des petites pousses prises au cœur des touffes.*

Dans les terres caillouteuses, **le lin vivace** est imbattable. C'est une plante méconnue et pourtant charmante, légère et très florifère. Ses corolles toutes simples ne s'ouvrent qu'aux plus belles heures du jour, mais se succèdent de mai aux gelées. Il se ressème facilement dans les graviers et il ne redoute qu'une terre gorgée d'eau.

DE LONGUES FLORAISONS BLANCHES

Pour tempérer des floraisons vives, rien ne vaut les masses blanches de **la gaura (2)**. Une pousse minuscule au printemps devient deux mois plus tard un nuage de petites fleurs blanches haut et large de 80 cm. Elle enrobe les autres plantes comme le fait le gypsophile dans un bouquet.

♣ *Comme elles sont faciles à semer ou à bouturer (prélevez des jeunes pousses de 5 cm de long), ne vous en privez pas !*

Les amateurs de nouveautés rechercheront **le calament.** Cette petite plante connaît un succès grandissant grâce à sa longue floraison et au parfum mentholé de son feuillage. Au soleil, elle forme rapidement une boule de 30 cm de diamètre.

LEUR NOM LATIN

- → **Diascia :** *Diascia fetcaniensis*
- → **Érigéron à fleurs de pâquerettes :** *Erigeron karvinskianus*
- → **Népéta géant :** *Nepeta* x *faassenii* 'Six Hill's Giant'
- → **Scabieuse 'Butterfly Blue' :** *Scabiosa columbaria* 'Butterfly Blue'
- → **Lin vivace :** *Linum perenne*
- → **Gaura :** *Gaura lindheimeri*
- → **Calament :** *Calamintha nepeta*

• SACHEZ QUE
Érigéron, lin vivace et calament se ressèment facilement, mais leurs plantules sont minuscules et se confondent avec l'herbe. Soyez donc très observateur lors de vos désherbages de printemps ou semez une fois ces plantes pour apprendre à les reconnaître dans leur jeune âge.

• C'EST IMPORTANT
Curieusement, la plupart de ces plantes extra-florifères disparaissent parfois à la suite d'un hiver trop humide. Pour éviter cela, glissez quatre ou cinq poignées de sable-gravier sous la motte des racines lors de la plantation.

• NOTRE EXPÉRIENCE
Nous n'avons volontairement décrit ici que des fleurs de couleurs douces, car on se lasse très vite de fleurs aux couleurs vives, comme le rouge ou le jaune, surtout quand elles restent ouvertes longtemps. On profite bien mieux de leur éclat lorsqu'elles sont disséminées et placées à des points stratégiques du jardin plutôt que lorsqu'elles forment l'essentiel du décor.

ELLES CONVIENNENT AUSSI

- Achillée 'Moonshine' p. 217
- Géranium sanguin p. 88
- Sédum 'Herbstfreude' p. 242

Des plantes qui fleurissent deux fois

Après une belle floraison à la fin du printemps ou au début de l'été, quelques plantes vivaces fleurissent de nouveau en septembre, alors que les fleurs annuelles commencent, elles, à s'essouffler. Cette deuxième floraison est plus ou moins spectaculaire selon les années, mais il suffit de quelques petites attentions avant de partir en vacances pour profiter du résultat dès la rentrée. Deux floraisons pour le prix d'une, profitez donc de cette aubaine.

L'IDÉE FORTE

RASEZ TOUT !

Le secret pour obtenir de belles remontées réside dans la coupe rase de la plante entière le plus vite possible après la première floraison, un peu comme si vous faisiez les foins. Les vacanciers de juillet profitent souvent des plus belles remontées florales, car, sans scrupules, ils n'attendent pas la dernière fleur pour raser les touffes.

N O T R E   C H O I X

Le géranium 'Johnson's Blue', aux fleurs d'un magnifique bleu profond, captive autant le regard en juin qu'en septembre quand il refleurit avec la même fraîcheur. Au retour des vacances, cette seconde floraison accompagnera celle des rosiers remontants, donnant l'illusion d'un éternel été.

Cette achillée millefeuille montre une des nombreuses teintes douces que l'on obtient dans un sachet de graines de la variété **'Summer Pastel'**. Ses fleurs aux coloris de rêve se renouvellent au long de l'été si des pluies ou des arrosages ponctuels permettent au sol de ne jamais sécher totalement.

♣ *Ces deux plantes poussent en plein soleil ou à mi-ombre où leurs couleurs tendres ressortent peut-être encore mieux.*

DES RETOURS TRÈS ATTENDUS

Les delphiniums 'Pacific Giant' (1) aux grands épis bleus atteignant 2 m de hauteur refleurissent facilement en septembre si les premières hampes* florales de juin sont coupées à ras du sol dès la fanaison. La remontée est plus spectaculaire si on change les plantes de place et si on ajoute du terreau à la terre d'origine.

♣ *Ils s'obtiennent facilement par semis, surtout avec des graines fraîchement récoltées.*

1

L'iris des jardins 'Champagne Elegans' est un des rares iris à bien refleurir en septembre. Pour favoriser le retour de ses fleurs aux pétales blancs dressés reposant sur des sépales abricot, il faut le planter dans un endroit bien ensoleillé, et dans une terre riche qui reste fraîche tout en étant parfaitement drainée.

♣ *Plantez-le rapidement après sa première floraison.*

DES FLORAISONS « BONUS »

Les mimulus jaunes sont parfois vendus au printemps parmi les plantes de jardinières, mais ils peuvent prospérer des années au jardin, surtout dans les terres riches et toujours humides. La remontée est plus belle si on étale un peu de terreau sur toute la plante après avoir coupé les premières tiges défleuries.

♣ *Laissez quelques tiges former des graines pour assurer la survie de la plante certains hivers.*

Les jeunes plants de **lupins (2)** produisent souvent quelques hampes de fleurs à la fin de l'été, à une époque inattendue. Hormis les variétés de teinte douce, leurs couleurs ne s'accordent pas beaucoup à celles des fleurs de cette époque, mais elles apportent par contre une note de fraîcheur insolite dans les bouquets.

2

♣ *Profitez de cette floraison pour sélectionner les coloris des jeunes plantes obtenues par semis et déplacez-les pour mieux les associer.*

La centaurée 'John Coutts' est, elle aussi, une vedette de fin de printemps, mais, à l'inverse du lupin, ses « bleuets » rose pourpré sont bien plus beaux en automne qu'en juin. Ce sont de bons compagnons pour les fuchsias de pleine terre ou les colchiques qui sont à peu près de la même couleur.

♣ *N'attendez pas les dernières fleurs pour raser complètement les touffes.*

LEUR NOM LATIN

- → **Géranium 'Johnson's Blue' :** *Geranium* x 'Johnson's Blue'
- → **Achillée millefeuille 'Summer Pastel' :** *Achillea* x *millefolium* 'Summer Pastel'
- → **Delphinium 'Pacific Giant' :** *Delphinium* x 'Pacific Giant'
- → **Iris des jardins 'Champagne Elegans' :** *Iris* x *germanica* 'Champagne Elegans'
- → **Mimulus jaune :** *Mimulus guttatus*
- → **Lupin :** *Lupinus* x *polyphyllus*
- → **Centaurée 'John Coutts' :** *Centaurea hypoleuca* 'John Coutts'

• VOCABULAIRE
* Hampe : inflorescence verticale, longue et étroite.

• À BOIRE ET À MANGER
Après avoir rasé les plantes, déversez un arrosoir d'eau aux alentours, griffez le sol pour casser la surface tassée, étalez un demi-seau de compost par plante puis déversez un autre arrosoir d'eau.

• À GÉNÉRALISER
La plupart des géraniums vivaces bénéficient d'un renouvellement des touffes par une taille sévère au milieu de l'été et réagissent souvent en produisant de nouvelles feuilles et fleurs. Si l'été est sec, n'hésitez pas à agir ainsi avec toutes les plantes en souffrance, elles repousseront bien plus belles sans nécessiter de trop nombreux arrosages.

ELLES CONVIENNENT AUSSI

• Cruccianelle p. 88, 255
• Julienne blanche p. 115

s adoratrices du plein soleil

Les plantations en plein soleil, en particulier contre les murs orientés vers le sud, souffrent beaucoup en été et demandent des arrosages fréquents, souvent longs et fastidieux.
Au lieu d'investir dans un système d'arrosage automatique, nous avons préféré rechercher des plantes adaptées à cette situation. On les reconnaît en général à leur feuillage gris, très lisse ou au contraire laineux.

L'IDÉE FORTE

OSEZ LES PLANTES À FEUILLAGE GRIS

On ne pense jamais assez à utiliser les feuillages gris. Leur place est en plein soleil, au milieu des couleurs les plus vives qu'ils tempèrent ou des couleurs douces qu'ils valorisent. De plus, quand les plantes grises sont persistantes, elles assurent le décor en hiver. Dernier atout : elles sont souvent aromatiques et nous embaument de leur parfum à chacun de nos passages.

NOTRE CHOIX

Ce trio de choc pousse dans une bordure large de 40 cm coincée entre un mur blanc tourné vers le sud et la terrasse dallée de pierres. Malgré les températures élevées à midi en été et la sécheresse du terrain, **la santoline grise** ne réclame jamais d'arrosage. Sa forme en demi-boule (50 x 50 cm) répétée tous les 2 m est idéale pour rythmer toute la bordure. Son feuillage duveteux, aromatique, suscite toujours les caresses.

♣ *Une petite taille à la cisaille chaque printemps permet de régulariser sa forme.*

Nous lui avons adjoint les épis bleu violacé de **la lavande 'Hidcote'** et les petites fleurs roses de **la germandrée**. Ces deux plantes florifères sont épanouies de la mi-juin à la fin juillet, et elles refleurissent parfois en fin d'été quand on a le courage de tailler les fleurs fanées. La lavande pousse en demi-boule comme la santoline. La germandrée a des racines traçantes qui ne laissent aucune place aux mauvaises herbes.

DES FLEURS DE PLEIN SOLEIL

Les tiges verticales du **pérovskia (1)** atteignent 80 cm et sont terminées de grands épis bleus attrayants de juillet aux gelées. Son feuillage gris est finement découpé et aromatique. Associez-le au sédum 'Herbstfreude' pour que la scène soit belle même en hiver une fois toutes les tiges sèches.

1

Aussi rond mais plus haut qu'une lavande, **le caryoptéris** attend le mois d'août pour devenir un vrai nuage d'un bleu de rêve. Sans exigences particulières, ce buisson de 80 cm à 1 m de haut et de large fleurit davantage si on coupe presque au ras du sol toutes ses tiges au début du printemps.

♣ *Il existe également une très belle variété aux feuilles jaune argenté : 'Worcester Gold'.*

DES BOULES GRISES DE PLEIN SOLEIL

Avec son mètre de haut et de large et ses feuilles argentées dessus et presque blanches dessous, **le sénécio 'Sunshine' (2)** est un des plus remarqués. Il s'émaille de marguerites jaunes au cœur de l'été.

♣ *Il vaut mieux supprimer les branches florifères dès la fanaison pour que l'arbuste garde une forme nette et compacte.*

2 3

Juste à côté **l'hélichrysum faux curry (3)** attire tout d'abord les mains avides de douceur, puis interroge le nez avec ses fragrances* épicées. Sa floraison jaune n'est guère attrayante, mais ses deux autres qualités justifient amplement sa plantation au coin de l'escalier qui permet d'accéder à la terrasse. C'est, de plus, le seul représentant vraiment rustique* de sa famille.

♣ *Taillez-le court au début mai pour obtenir de plus belles pousses.*

LEUR NOM LATIN

- **Santoline grise :** *Santolina chamaecyparissus*
- **Lavande 'Hidcote' :** *Lavandula angustifolia* 'Hidcote'
- **Germandrée :** *Teucrium* x *lucidrys*
- **Pérovskia :** *Perovskia atriplicifolia* 'Blue Spire'
- **Caryoptéris :** *Caryopteris* x *clandonensis* 'Heavenly Blue'
- **Sénécio 'Sunshine' :** *Brachyglottis* 'Sunshine'
- **Hélichrysum faux curry :** *Helichrysum splendidum*

• VOCABULAIRE

* Fragrance : senteur agréable, parfum.
* Rustique : qui résiste au gel en hiver.

• ASTUCE

Beaucoup de buissons gris ont aussi un port en boule. En les disposant du côté sud de la maison, nous avons pris soin de diversifier leur taille pour que la juxtaposition des boules offre un décor agréable tout au long de l'année.

• SACHEZ QUE

La plupart de ces arbustes gagnent à être taillés près du sol une année sur trois. Cela permet de les garder compacts et augmente leur résistance au froid.

• C'EST IMPORTANT

Ne taillez jamais l'un de ces arbustes gris entre la fin août et la mi-avril. Les plaies de taille favorisent les dommages causés par le froid ou l'humidité.

• MULTIPLIEZ-LES

Comme ces buissons sont presque tous persistants, ils se bouturent facilement au mois d'août en prélevant les 10 derniers cm des pousses sans fleurs. On les pique dans un pot rempli de tourbe et de sable et enfermé dans un sac plastique jusqu'au printemps.

ELLES CONVIENNENT AUSSI

• Corbeille d'argent p. 82, 303
• Euphorbe de Corse p. 104
• Iris panaché p. 85

Des fleurs pour l'ombre

Il y a toujours un mur de la maison tourné vers le nord où l'ombre est quasi permanente. Peu de plantes semblent vouloir y pousser et on finit souvent par abandonner cet endroit au tas de bois ou à un nouveau garage.
C'est bien dommage, car chez nous ce mur est aussi garni que les autres façades de la maison. L'absence de soleil favorise même l'éclat des fleurs de teintes délicates et les températures, toujours plus fraîches qu'ailleurs, allongent souvent les floraisons.

NOTRE CHOIX

L'anémone japonaise est une plante vivace sans problèmes, qui, une fois installée, ne demande plus la moindre attention. Sa floraison très longue s'étend du début d'août à la fin d'octobre, et les fleurs fanées tombent d'elles-mêmes. L'autre grand intérêt de cette plante est son réveil tardif, en mai. On peut donc implanter entre ses racines des petits bulbes, des violettes ou des primevères qui s'épanouissent au premier printemps et sont ensuite protégés par le feuillage des anémones.

♣ *Il existe de multiples variétés, mais les deux plus classiques 'September Charm' (rose) et 'Honorine Jobert' (blanc) sont aussi les deux plus florifères.*

Le jasmin d'hiver apprécie à la fois le support et la protection d'un mur pour donner le meilleur de lui-même. Une fois leurs principales branches attachées, les rameaux secondaires s'étalent et fleurissent sans exiger de taille particulière. Ce jasmin produit des petites fleurs jaunes, malheureusement sans parfum, dès que les anémones disparaissent et ensuite pendant toutes les périodes de l'hiver où les températures sont positives.

DES VIVACES POUR UN MUR AU NORD

Un endroit ombragé près de la maison est une situation rêvée pour cultiver les plus belles **primevères** et notamment celles à bouquets, richement colorées et parfumées.

♣ *Les primevères apprécient les sols toujours riches et frais.*

Pour amener un peu de couleur en été à l'ombre, **les hostas à feuilles bleues** sont attrayantes dès le mois de mai. Elles fleurissent en juin-juillet et conservent leur intérêt jusqu'aux gelées. 'Halcyon' est l'une des plus belles variétés actuelles et parmi les moins encombrantes.

1

C'est aussi un des meilleurs coins pour les fameuses **roses de Noël (1)**. Leurs fleurs blanches épanouies en décembre, janvier et février, sont une des grandes joies de l'hiver. Les jeunes plantes demandent deux ou trois ans pour s'installer.

2

DES ARBUSTES À APPUYER CONTRE UN MUR

Plusieurs cognassiers du Japon (2) sont des arbustes peu encombrants qui se palissent* facilement. Ainsi abrités, ils commencent à fleurir parfois dès la fin janvier et continuent jusqu'en mai.

Si l'envie vous prend d'acclimater **un camélia** dans votre jardin, c'est l'endroit le plus favorable. Les meilleures variétés à palisser produisent de longues pousses souples, faciles à guider et à lier. Pour commencer, choisissez 'Donation', une des variétés les plus accommodantes et des plus florifères en février-mars et avril.

♣ *Pour le réussir, il faut le planter dans une terre légère et non calcaire.*

L'IDÉE FORTE *PLANTEZ POUR L'HIVER*

Le meilleur parti à tirer de cette exposition est d'y regrouper des plantes attrayantes en hiver et au tout début du printemps. Les fleurs et les feuillages persistants y sont à l'abri des brusques écarts de température relevés les matins ensoleillés après une nuit de gel. En été, les feuillages couvrent le sol et empêchent les mauvaises herbes de pousser.

LEUR NOM LATIN

- → **Anémone japonaise :** *Anemone* x *hybrida*
- → **Jasmin d'hiver :** *Jasminum nudiflorum*
- → **Primevère à bouquets :** *Primula* x *polyantha*
- → **Hosta à feuilles bleues :** *Hosta* x *tardiana* 'Halcyon'
- → **Rose de Noël :** *Helleborus niger*
- → **Cognassier du Japon :** *Chaenomeles* x *superba*
- → **Camélia :** *Camellia* x *williamsii* 'Donation'

• VOCABULAIRE
* Palisser : attacher les branches d'un arbuste contre un mur ou un treillage.

• NOTRE EXPÉRIENCE
Les hostas peuvent rester plus de quinze ans à la même place sans demander la moindre division. Installez donc les jeunes plantes avec soin, en incorporant beaucoup de compost à la terre.

• SACHEZ QUE
Les anémones vendues en godets demandent de deux à trois années pour s'installer et bien fleurir. Les plants plus forts en conteneurs sont beaucoup plus rapides. Une fois en place, elles n'en bougent plus : le moindre fragment de racine est capable d'engendrer de nouvelles plantes.

ELLES CONVIENNENT AUSSI

- Fusain persistant p. 107
- Hortensia 'Annabelle' p. 141, 199, 273
- Hortensia grimpant p. 107
- Montbrétia p. 240
- Pavot du pays de Galles p. 171

Les vivaces de bordure

Pour habiller les contours un peu raides des accès au garage, de l'allée principale ou de la terrasse, on trouve sur tous les points de vente des plantes basses et étalées dites « de bordure ». Installées à intervalles réguliers, elles se rejoignent vite et forment à certaines époques de l'année des moutonnements de feuillage émaillés de fleurs. La plupart d'entre elles fleurissent au printemps, mais il est facile de trouver des espèces attrayantes pour les autres saisons.

L'IDÉE FORTE

APPRENEZ À MARIER LES COULEURS

Les plantes de bordure printanières produisent des masses de fleurs de coloris bien affirmés, qui sont parfaites pour apprendre à marier les couleurs. Pour réaliser des contrastes, il suffit de juxtaposer une tache bleue avec une tache jaune, une violette avec une blanche... Pour créer de subtiles harmonies, essayez le mélange du blanc et du jaune réunis sur cette photo, ou du bleu violacé et du rose ou encore du blanc et du bleu clair...

NOTRE CHOIX

Cette bordure est composée de **corbeille d'or** et de **corbeille d'argent**. Ces deux plantes vivaces* affectionnent les mêmes sols caillouteux et les mêmes expositions ensoleillées, et elles fleurissent toujours en même temps, en avril. La corbeille d'or produit, après la floraison, de longues feuilles grises et duveteuses tandis que celles de la corbeille d'argent sont petites, vert foncé, luisantes et coriaces. Le mariage des deux plantes reste donc attrayant même après la disparition des fleurs. Les deux plantes ont été installées, à l'origine, à 25 cm l'une de l'autre et elles se sont réunies, puis mélangées la seconde année.

♣ *Une taille à la cisaille juste après la floraison permet de nettoyer un peu la bordure et de lui redonner une forme compacte.*

1

2

DES VIVACES DE BORDURE POUR L'ÉTÉ

Au même moment fleurit **le gazon d'Espagne**. Ses fleurs rose clair, rose foncé ou blanches, serrées autour d'une boule et perchées sur une tige raide de 10 cm dissimulent complètement le feuillage bien vert qui ressemble à s'y méprendre à un gazon très ras. Les touffes grandissent lentement, mais peuvent rester des années en place.

Un peu plus tard, **les œillets mignardises** viennent embaumer les allées de leurs milliers de fleurs odorantes. Ils restent attrayants toute l'année grâce à leurs petites feuilles ressemblant à de l'herbe bleue. Très faciles à bouturer après la floraison, il ne faut acheter que quelques plantes pour pouvoir, l'année suivante, constituer des mètres de bordures.

Pour les endroits très soignés, où les plantes ne doivent pas trop dépasser l'espace alloué, **les saxifrages (1)** sont idéaux. Leurs rosettes composées de feuilles coriaces et serrées les unes contre les autres tapissent le sol en toutes saisons et disparaissent sous une nuée de petites fleurs roses au mois de juin.

DES VIVACES DE BORDURE POUR L'AUTOMNE

Parmi **les asters (2)** qui fleurissent en automne, ces petites marguerites de plusieurs variétés naines constituent de très jolies bordures bien serrées. Celle illustrée ici s'appelle **'Victor'** et se montre très expansive, si bien qu'il suffit d'acheter deux ou trois plantes et de les diviser* l'année suivante pour planter une longue bordure. Il en existe des roses et des blancs.

Une petite renouée se fait surtout remarquer en fin d'été avec ses fleurs serrées le long de tiges verticales et que l'on surnomme souvent « queue-de-rat ». Rose pâle, presque blanches au début, elles passent ensuite au rose vif puis au rouge.

LEUR NOM LATIN

- → **Corbeille d'or :** *Alyssum saxatile*
- → **Corbeille d'argent :** *Iberis sempervirens* 'Snowflake'
- → **Gazon d'Espagne :** *Armeria maritima*
- → **Œillet mignardise :** *Dianthus plumarius*
- → **Saxifrage :** *Saxifraga* x *primuloides*
- → **Aster nain :** *Aster* x *dumosus* 'Victor'
- → **Petite renouée :** *Polygonum affine* 'Superbum'

• VOCABULAIRE

* Vivace : plante qui perd toutes ses tiges et ses feuilles en hiver, mais qui repousse au printemps suivant grâce à ses racines « perpétuelles ».
* Diviser : séparer un morceau de la touffe pour former une nouvelle plante.

• CORBEILLE D'ARGENT

Plusieurs plantes sont désignées par cette appellation courante. Outre celle décrite, il y a le *Cerastium tomentosum,* aux petites feuilles argentées et duveteuses, et *Arabis caucasica* (arabette), aux fleurs blanches ou roses, au début du printemps.

• DISTANCES

Pour former une belle bordure, les plantes ne doivent pas être installées à plus de 25 cm les unes des autres. Si vous récupérez des grosses touffes du jardin d'un ami, divisez-les en petits plants.

• SACHEZ QUE

Vous pouvez mélanger toutes ces plantes entre elles pour que votre bordure soit attrayante toute l'année ou, au contraire, concentrer toutes les floraisons au même moment pour obtenir une bordure très colorée.

ELLES CONVIENNENT AUSSI

- Alchémille p. 254, 257
- Anthémis de Cupani p. 91
- Aubriète p. 210
- Céraiste p. 211
- Oreille d'ours p. 266, 302

Des plantes heureuses dans les graviers

Les allées, la cour et le parking sont souvent recouverts de gravillons, car ils offrent une solution aussi économique que pratique pour circuler au sec. Or, c'est l'endroit où beaucoup de plantes du jardin aiment se ressemer. C'est même une situation de prédilection pour toutes celles qui, ailleurs, meurent à cause de l'humidité hivernale.

NOTRE CHOIX

En pleine terre, **le géranium 'Buxton's Blue'** est un peu capricieux et disparaît la plupart du temps, victime d'un sol gorgé d'eau en hiver. Dans les graviers, c'est une plante extraordinaire, un dôme de 50 cm de haut et de 80 cm de large, fleuri tout l'été jusqu'en automne. L'hiver n'est plus un problème, et il ose même se ressemer par-ci par-là.

♣ *Comme les jeunes semis ne sont pas toujours identiques à la plante d'origine, il vaut mieux bouturer les jeunes pousses au printemps si l'on veut la propager.*

Comme ces vivaces un peu délicates, la plupart des bulbes à floraison estivale apprécient les graviers, car ils emmagasinent la chaleur bien mieux que la terre et cela les aide beaucoup à fleurir. En outre, en plantant les bulbes, on mélange les gravillons au sol, ce qui améliore son drainage et permet à des bulbes peu rustiques, comme ici **l'eucomis,** de passer l'hiver sans aucune protection. On retrouve chaque année ces drôles de fleurs chapeautées d'une touffe de feuilles comme le sont les ananas.

L'IDÉE FORTE

LAISSEZ LES FLEURS PRENDRE LA PLACE DES MAUVAISES HERBES

Il est regrettable de passer son temps à contenir les fleurs dans les plates-bandes toujours trop petites et à désherber de grands espaces libres sous prétexte qu'ils sont gravillonnés. Abolissez les frontières et laissez les belles fleurs prendre la place des mauvaises herbes !

DES BULBES AMATEURS DE CHALEUR

À la différence des hybrides* horticoles, les tulipes botaniques sont de vraies plantes de rocaille qui affectionnent les terres pauvres, caillouteuses et surtout très chaudes en été. **La tulipe 'Lilac Wonder' (1)** est celle qui nous donne ici le plus de satisfaction chaque année. Ses fleurs d'un beau rose vif s'ouvrent à plat en plein midi et montrent alors un superbe œil noir entouré d'un liseré jaune.

1

Nous avons également planté dans les graviers une sorte de **trèfle bulbeux** qui produit de très jolies fleurs rose tendre de mai à juillet. Elles sont accompagnées de belles feuilles, d'un beau vert soyeux au-dessus et argentées au-dessous. Elles se déplient le jour et se replient curieusement la nuit.

DES VIVACES SENSIBLES À L'HUMIDITÉ

Les iris panachés (2) ont besoin d'une terre drainée mais riche, ils apprécient particulièrement cette situation. Ils y produisent un feuillage magnifique, strié de blanc ou de jaune, et sont couverts de fleurs d'un beau bleu pâle chaque année en mai.

2

Les gypsophiles rampants sont difficiles à garder dans la plupart de nos jardins car leurs racines pourrissent facilement en hiver. Dans les graviers, le collet* des plantes est bien isolé et les tiges peuvent s'étaler au soleil et produire des myriades de petites fleurs roses. Autre avantage, elles ne sont jamais salies par les éclaboussures terreuses.

Avec son feuillage semblable à celui d'un iris, **la bermudienne** s'est ressemée seule dans les graviers et s'y maintient toujours alors qu'elle a peu à peu disparu ailleurs. Ses épis de petites fleurs crème sont de parfaits compagnons pour les roses.

LEUR NOM LATIN

- → **Géranium bleu :** *Geranium* 'Buxton' s Blue'
- → **Eucomis :** *Eucomis bicolor*
- → **Tulipe 'Lilac Wonder' :** *Tulipa* x *bakeri* 'Lilac Wonder'
- → **Trèfle bulbeux :** *Oxalis adenophylla*
- → **Iris panaché :** *Iris pallida 'Argenteovariegata'* et *Iris pallida* 'Aureovariegata'
- → **Gypsophile rampant :** *Gypsophyla repens*
- → **Bermudienne :** *Sisyrinchium striatum*

• VOCABULAIRE

* Collet : base de la plante entre la tige et les racines.
* Hybride : résultat d'un croisement entre deux plantes.

• ÉCONOMIE

Paradoxalement, si les graviers augmentent la chaleur du sol, ils gardent aussi très bien son humidité en été. Il est rare de devoir arroser cette partie du jardin, même par temps très sec.

• ALLEZ PLUS LOIN

Un sol gravillonné offre presque les mêmes conditions aux plantes qu'une rocaille alpine... En y insérant quelques pierres plus importantes, on peut donc créer une sorte de grande rocaille à plat.

• ASTUCE

Après avoir planté des bulbes sous les graviers, il faut matérialiser leur emplacement pour éviter d'écraser les jeunes pousses. Nous entourons l'emplacement de quelques pierres remarquables.

• COMMENT PLANTER ?

Quand on plante des vivaces dans les graviers, il faut ajuster la surface du godet avec celle de la terre. On recouvre la base de la plante avec des graviers au fur et à mesure de sa croissance.

ELLES CONVIENNENT AUSSI

• Alchémille p. 254, 257
• Corète panaché p. 173
• Euphorbe pourpre p. 169

Les couvre-talus

La plupart des maisons d'aujourd'hui reposent sur un sous-sol dont les accès sont bordés de talus. La meilleure façon de les aménager consiste à construire des murets de retenue comme les terrasses dans le Midi. Mais en attendant de faire ces gros travaux, de nombreuses plantes plus ou moins basses et étalées peuvent vous être très utiles.

NOTRE CHOIX

Les bruyères comptent parmi les rares plantes à fleurir en hiver. Elles ne sont guère difficiles à cultiver et des variétés comme **'December Red'** fleurissent pendant plus de trois mois. Les touffes achetées en godets ou en petits pots mesurent de 30 à 40 cm de diamètre trois années plus tard. Elles redoutent juste les terres trop calcaires.

♣ *Mélangez à la terre de plantation un seau de tourbe blonde humide par plante. Plantez-les à 40 cm de distance les unes des autres.*

Le fusain à feuilles panachées de jaune produit de longues pousses qui se faufilent entre les autres plantes et s'enracinent quand elles touchent le sol. Il forme ainsi, peu à peu, un tapis persistant et bien coloré qui fait particulièrement bien ressortir le rose presque rouge des bruyères. Il pousse aussi bien à l'ombre qu'au soleil.

♣ *Dès la plantation, recouvrez les branches avec un peu de terre, afin qu'elles s'enracinent et poussent avec plus de vigueur.*

DES CONIFÈRES COMME COUVRE-TALUS

Parmi les nombreux conifères à port étalé que vous trouverez chez votre pépiniériste, sélectionnez les moins vigoureux, car certains parmi les plus courants finissent par occuper de 30 à 40 m² par pied.

'Grey Owl' (1) est une variété de genévrier de Virginie dont la croissance mesurée convient parfaitement. Ses branches fines sont colorées d'un gris légèrement bleuté et changeant avec la lumière.

♣ *Il faut couper les branches du genévrier 'Grey Owl' qui poussent parfois presque verticales.*

Si vous aimez les conifères franchement bleus, optez pour **un genévrier** nommé **'Blue Carpet'**. Ses écailles pointues et piquantes sont d'un bleu soutenu sur le dessus, et presque blanches au-dessous.

♣ *Le genévrier 'Blue Carpet' est très beau mélangé à des lavandes et des rosiers rampants.*

Les pins nains font des sujets très pittoresques quand ils sont plantés sur une pente. Ils y deviennent très tortueux comme dans leurs montagnes d'origine. Dans la mesure où leurs branches basses sont dégarnies, ils gagnent à être entourés de bruyères, de thyms, ou de petites plantes grasses appelées « sédums ».

L'IDÉE FORTE — *PLANTEZ POUR L'HIVER*

Si, à la belle saison, notre attention est attirée dans divers points du jardin, ces talus qui longent les accès sont les seules parties les plus fréquentées pendant l'hiver. Il est donc légitime d'y regrouper des plantes attrayantes à cette saison et de rechercher particulièrement les plus lumineuses, capables d'éclairer les nombreuses journées nuageuses.

DES COUVRE-TALUS TOUJOURS BEAUX

Le cotonéaster horizontal (2) est une très bonne plante pour habiller un talus à condition de le mélanger à d'autres plantes plus rases, comme du lierre ou des pervenches. La disposition de ses branches en arêtes de poisson est attrayante, surtout quand elles restent chargées de petits fruits rouge corail une partie de l'hiver.

2

Parmi les genêts, plusieurs espèces et variétés ont une végétation rampante qui convient bien sur les talus ensoleillés.

Le genêt de Vancouver, par exemple, s'étale sur 80 cm de diamètre et produit, au début de l'été, une multitude de pousses dressées, hautes de 15 cm et couvertes de fleurs jaunes. En hiver, les branches restent d'un vert agréable.

LEUR NOM LATIN

- → **Bruyère d'hiver :** *Erica carnea* 'December Red'
- → **Fusain rampant panaché :** *Euonymus fortunei* 'Emerald'n' Gold'
- → **Genévrier 'Grey Owl' :** *Juniperus* 'Grey Owl'
- → **Genévrier 'Blue Carpet' :** *Juniperus squamata* 'Blue Carpet'
- → **Pin nain :** *Pinus mugho*
- → **Cotonéaster horizontal :** *Cotoneaster horizontalis*
- → **Genêt de Vancouver :** *Genista pilosa* 'Vancouver Gold'

• ASTUCE
Aménagez une petite terrasse horizontale pour installer vos plantes, afin que l'eau de pluie ou d'arrosage ne ruisselle pas, mais pénètre bien dans leurs racines.

• SITUATION
Les conifères rampants, les genêts et les bruyères ont plutôt tendance à descendre un talus, il faut donc les planter sur le haut. Les fusains et les cotonéasters grimpent plus volontiers, il faut donc les planter sur la partie inférieure du talus.

ELLES CONVIENNENT AUSSI

- Bruyère de Darley p. 195, 196
- Corbeille d'argent p. 82, 303
- Cruccianelle p. 86, 255
- Épimède p. 168
- Genêt d'Espagne p. 136

Des fleurs qui occupent vite l'espace

Beaucoup de jardiniers redoutent les fleurs dont les touffes s'accroissent trop vite ou se ressèment trop facilement ; ils craignent l'invasion ! Ces plantes sont pourtant très utiles pour meubler rapidement les massifs. Elles donnent aussi au jardin plus de naturel en effaçant la disposition initiale des plantes et confèrent aux massifs un aspect changeant. Elles semblent en effet se déplacer, disparaissant de l'endroit de plantation pour réapparaître un peu plus loin.

L'IDÉE FORTE

FIXEZ-LEUR DES LIMITES

Si vous craignez que ces plantes colonisent trop de terrain ou concurrencent et étouffent des plantes plus petites ou moins vigoureuses, fixez-leur des limites qu'elles ne pourront pas franchir. Contenez-les comme ici par une bordure de briques ou de pavés parfaitement serrés les uns contre les autres ou, mieux, scellés avec du ciment. Près d'une pelouse, une tonte régulière suffit à limiter la progression des plantes les plus drageonnantes.

N O T R E C H O I X

Le géranium sanguin s'étend lentement, grâce à ses racines épaisses capables de bourgeonner même lorsqu'elles sont coupées. Sa végétation est toutefois peu envahissante et ne dépasse pas 30 cm de haut, mais elle est assez vigoureuse pour alimenter une floraison qui dure tout au long de l'été. Le géranium sanguin ne craint pas la sécheresse, et, au soleil, son feuillage prend en automne de belles couleurs orangées.

♣ *Il en existe à fleurs rose tendre ou blanches.*

La cruccianelle peut former de grands tapis couverts de fleurs roses en juin, juillet et septembre. Ses racines, fines et superficielles, lui permettent de couvrir sans préjudice pour ses voisines la terre nue des massifs.

♣ *Toilettez-la à la fin de la première floraison en coupant toutes ses tiges à 2 ou 3 cm du sol. Ainsi, elle refleurit souvent en septembre.*

DES COLONISATRICES DE TAILLE MOYENNE

Haute de 80 cm à 1 m, **la lysimaque ponctuée (1)** produit en juin et au début de juillet d'innombrables petites fleurs jaunes le long de la moitié supérieure de ses tiges. De nouvelles fleurs apparaissent si on coupe la partie fanée avant que les toutes dernières s'épanouissent.

♣ *Plantez-la en plein soleil en terre humide, à l'ombre ou à mi-ombre en terre ordinaire.*

L'achillée 'La Perle' produit d'innombrables petites fleurs blanches de 1cm de diamètre, qui évoquent de petits pompons. Elles s'épanouissent en juillet-août en bouquets, à l'extrémité de tiges hautes de 60 à 80 cm, qui ploient sous le poids des fleurs. Cette plante pousse bien dans toutes les terres pas trop sèches.

♣ *Coupez les tiges près du sol vers la mi-mai pour que les repousses, plus courtes, supportent mieux les fleurs.*

Les fruits orangés de **l'amour-en-cage** sont produits par une plante très robuste qui occupe un mètre carré, trois ou quatre ans après la mise en terre d'un godet. Il vaut mieux l'installer auprès d'arbustes car elle élimine facilement les végétaux plus faibles. Choisissez-lui un compagnon tout aussi attrayant en automne.

♣ *Pour utiliser les fruits dans la maison, cueillez-les dès que les feuilles sont tombées.*

1

2

DES COLONISATRICES DE GRANDE TAILLE

Les asters de Nouvelle-Belgique (2) existent en une vaste gamme de coloris et de hauteurs, mais les plus grands sont sûrement les plus beaux. Leurs fleurs en marguerite simple ou double présentent d'innombrables nuances de rose, de bleu, et peuvent aussi être blanches.

Les soleils vivaces les plus répandus sont des plantes envahissantes. Leurs fleurs d'un jaune vif éclatant sont superbes en septembre-octobre. Comme nous, implantez les soleils vivaces mélangés à des arbustes attrayants pour leurs fruits tels que les viornes ou les fusains d'Europe.

LEUR NOM LATIN

- → **Géranium sanguin :** *Geranium sanguineum*
- → **Cruccianelle :** *Phuopsis stylosa*
- → **Lysimaque ponctuée :** *Lysimachia punctata*
- → **Achillée 'La Perle' :** *Achillea ptarmica* 'La Perle'
- → **Amour-en-cage :** *Physalis alkekengi*
- → **Aster de Nouvelle-Belgique :** *Aster novi-belgii*
- → **Soleil vivace :** *Helianthus decapetalus*

• VOCABULAIRE
* Systémique : se dit d'un produit qui pénètre dans la plante par les feuilles puis est véhiculé par la sève.

• TAILLEZ-LES !
En mai, supprimez entre la moitié et les deux tiers des tiges, en choisissant les plus faibles. Celles restantes seront alors plus aérées, plus épaisses, plus florifères et moins sensibles aux maladies.

• S'EN DÉBARRASSER ?
Si vous voulez éliminer l'une de ces plantes d'un de vos massifs, essayez d'extraire le maximum de racines. Enlevez les repousses dès qu'elles se montrent. Vous pouvez aussi utiliser un désherbant systémique*.

• ASTUCE
Ces fleurs ont des racines colonisatrices, qui épuisent vite le sol. Celles-ci se déplacent pour chercher leur nourriture et dépérissent là où elles étaient implantées à l'origine. Quand deux plantes de cette nature sont plantées ensemble, la croissance de l'une comble les vides laissés par l'autre.

ELLES CONVIENNENT AUSSI

- Anémone des bois p. 178, 317
- Aster d'été p. 217
- Euphorbe petit-cyprès p. 248, 257, 302
- Grande reine des prés rose p. 251
- Pétasite du Japon p. 171, 189

Des plantes qui peuvent passer l'hiver

Les saisonnières les plus florifères sont presque toutes gélives. Or, une grande partie de ces fleurs achetées fort cher au printemps doit être jetée moins de six mois après l'achat. Les autres demandent un abri chauffé et de nombreuses attentions pour passer l'hiver. En voici quelques-unes bien moins exigeantes, qui restent au jardin avec une simple protection et dont le prix peut ainsi s'amortir sur de nombreuses années.*

L'IDÉE FORTE

PLANTEZ-LES CONTRE LES MURS

Ces plantes qualifiées de « semi-rustiques » ont besoin de beaucoup de chaleur pour pousser et fleurir rapidement après les dernières gelées. Les murs exposés au sud et à l'ouest leur en fournissent facilement, en les protégeant des vents froids du nord et de l'est et en concentrant les rayons du soleil. L'hiver, la terre est mieux drainée ici qu'ailleurs dans le jardin, ce qui accroît les chances de ces plantes de résister au froid.

NOTRE CHOIX

Le fuchsia 'Riccartonii' est probablement le plus rustique* de tous, supportant jusqu'à - 7 °C sans protection. Il fleurit dès le mois de juillet et ne s'arrête qu'avec le gel. Une exposition ouest, moins brûlante et plus humide qu'une orientation plein sud, convient mieux aux souches qui, en grossissant année après année, produisent des tiges de plus en plus hautes.

♣ *Plantez-le en mai pour qu'il puisse bien s'installer avant d'affronter son premier hiver.*

Les fuchsias du Cap hybrides, ou **phygélius**, n'ont aucune parenté avec les vrais fuchsias, mais leurs fleurs tubulaires retombantes, orangées, jaunes, rouges ou bicolores, ont le même charme. Ce sont de vrais petits buissons dépassant 1,20 m en pleine floraison et dont les feuilles luisantes persistent lorsque l'hiver n'est pas trop rude.

DES SOUCHES VIVACES

Une fois plantés, **les penstémons (1)** poussent très vite jusqu'à devenir de petits buissons dont chaque tige porte des dizaines de fleurs en clochette. Leur teinte varie du blanc au bleu foncé, en passant par des rouges très vifs ou de nombreuses nuances de rose, de mauve ou de bleu tendre comme celui-ci nommé 'Blue Springs'.

♣ *Plantez-les en mai, au soleil, dans une terre riche et humide l'été.*

1

Ressemblant aux anthémis des fleuristes, **l'anthémis de Cupani** est plus bas, plus étalé, mais tout aussi florifère. Cultivé en pleine terre, il s'étend très rapidement et épanouit ses marguerites blanches par vagues successives. Réservez-lui un emplacement très ensoleillé dans une terre riche et légère.

♣ *Enlevez régulièrement les fleurs fanées pour que la floraison ne s'interrompe pas.*

Le diascia 'Ruby Field' est aussi une plante basse qui produit un tapis de fleurs roses ne dépassant pas 25 cm de hauteur. On peut conserver la souche en pleine terre dans un endroit bien protégé, surtout si elle est plantée dans des gravillons qui l'isolent de l'humidité.

♣ *Plantée en jardinière, il suffit de l'abriter sous un châssis non chauffé.*

DES SOUCHES ARBUSTIVES

L'abutilon à feuilles de vigne (2) est l'une des espèces les plus rustiques de cette famille de plantes de serre froide. Les grandes fleurs blanches de la variété 'Album' s'épanouissent pendant l'été et se renouvellent si on prend soin de les supprimer au fur et à mesure qu'elles fanent.

2

La véronique arbustive produit de longs épis de fleurs roses, mauves ou violacées en juillet, août et septembre. Elle forme un petit buisson de 1 m de haut et de large et porte de jolies feuilles longues et vernissées qui rappellent celles d'un saule. Elle fleurit sur les jeunes branches, même si les anciennes sont détruites par le gel.

♣ *'Midsummer Beauty', aux fleurs mauves, est l'une des plus belles variétés.*

LEUR NOM LATIN

- → **Fuchsia 'Riccartonii' :** *Fuchsia magellanica* 'Riccartonii'
- → **Fuchsia du Cap hybride :** *Phygelius* x *aequalis*
- → **Penstémon 'Blue Springs' :** *Penstemon heterophyllus* 'Blue Springs'
- → **Anthémis de Cupani :** *Anthemis cupaniana*
- → **Diascia 'Ruby Field' :** *Diascia* 'Ruby Field'
- → **Abutilon à feuilles de vigne :** *Abutilon vitifolium* 'Album'
- → **Véronique arbustive :** *Hebe* 'Midsummer Beauty'

• VOCABULAIRE

* Gélif : qui gèle.

* Rabattu (Rabattre) : couper toutes les branches à quelques centimètres du sol.

* Rustique : qui résiste au gel en hiver.

• BOUTUREZ !

Pour être sûr de ne pas perdre vos plantes semi-rustiques lors d'un hiver plus froid que les autres, prélevez quelques boutures en août, que vous placerez dans un grand pot abrité derrière une fenêtre de la maison (voir bouturer p. 30).

• PROTÉGER OU NON ?

Mieux vaut protéger les racines de ces plantes en recouvrant le sol alentour d'une épaisse couche de feuilles mortes, maintenue en place par du compost bien mûr. Ne mettez surtout pas de plastique qui retient l'humidité et fait souvent pourrir les souches.

• NOTRE EXPÉRIENCE

Il vaut mieux éviter de tailler les branches avant les premiers froids, car cela les rend plus gélives. Couchez-les au sol pour les protéger ou laissez-les pour les couper une fois gelées ou sèches. Attendez toutefois la repousse du printemps pour couper les vieilles branches le plus près possible du sol.

ELLES CONVIENNENT AUSSI

- Arum 'Childsiana' p. 337
- Fatsia du Japon p. 97

Des exotiques résistantes

Qui n'a jamais été tenté de cultiver des plantes exotiques dans nos régions où les hivers sont parfois rigoureux ? L'été tout va bien, mais l'hiver, les maintenir en vie demande une attention suivie.
Chez nous, quelques plantes se montrent autant exubérantes que des plantes tropicales, tout en étant aussi rustiques que les mauvaises herbes locales. Grâce à elles, la terrasse ou le patio se transforment l'été en un petit coin de paradis.*

L'IDÉE FORTE

PLANTEZ SERRÉ

Pour nous, la végétation exotique, c'est avant tout l'exubérance et la luxuriance. N'hésitez donc pas à planter serré. On ne doit jamais voir la terre nue, ni deviner les limites de la plantation. On y parvient facilement en installant les plus grandes plantes au bord des chemins ou des passages.

NOTRE CHOIX

Cette scène luxuriante, située contre le mur de la cuisine est orientée à l'ouest. Les épis de fleurs mauves sont ceux de **l'acanthe de Hongrie** également remarquable pour son feuillage généreux. C'est peut-être la plus rustique des trois espèces disponibles chez les pépiniéristes.

♣ *Elle pousse vite au soleil ou à mi-ombre dans n'importe quelle terre fraîche en été.*

La grande herbe derrière l'acanthe, semblable à de la canne à sucre, est **une eulalie**. Originaire du Japon, elle apprécie une terre riche et fraîche et ne souffre absolument pas du gel. Son feuillage disparaît en hiver mais pousse très vite dès le mois d'avril. En août, elle produit une multitude d'épis argentés qui restent attrayants longtemps. Le moindre courant d'air la fait trembler et elle émet alors un étrange bruit de verdure.

♣ *La plantation ou la division des touffes de l'eulalie s'effectue de préférence au printemps, au départ de la végétation.*

DES FLEURS DE RÊVE

Les grandes fleurs parfumées, blanches ou roses des **crinums (1)** s'ouvrent fin août début septembre par bouquets de 8 à 15. Ses fortes tiges jaillissent au milieu d'une imposante touffe de longues feuilles. Tout cela à partir d'un bulbe volumineux que l'on enfouit au printemps dans une terre riche, humide et humifère, en laissant juste dépasser la pointe.

♣ *Offrez-leur chaque automne un bon paillage de fumier et ils seront de plus en plus spectaculaires.*

1

Avec ses fleurs tubulaires orange, **le fuchsia du Cap** ressemble de loin à certains fuchsias, mais ses hampes* aérées et longues d'un bon mètre sont plus spectaculaires. Il fleurit bien à mi-ombre mais les fleurs sont plus abondantes en plein soleil.

Bien connu chez les fleuristes, **le lis des Incas** gagne peu à peu nos jardins. Ses fleurs sont vivement colorées d'orange, de rose, de vert, de blanc et de beaucoup d'autres nuances. Au soleil, elles durent très longtemps et se renouvellent de la mi-juin au début du mois d'août.

♣ *Les racines du lis des Incas sont très fragiles et n'aiment pas être dérangées. N'achetez que des plantes en godet.*

DES FEUILLAGES LUXURIANTS

Si, dans le Midi, on apprécie le vrai mûrier pour ses grandes feuilles, dans les régions moins favorisées, il vaut mieux planter **le mûrier à papier (2)**. Il forme en trois ans un joli petit arbre aux feuilles curieusement découpées. En vieillissant, son écorce devient remarquable.

2

Les grandes feuilles de **l'angélique en arbre ou aralia** évoquent une immense ombrelle. Sa croissance est très rapide (1,50 m par an), mais elle s'arrête à 4 ou 5 m de hauteur. Des grappes de fleurs blanc crème couronnent la nouvelle pousse au mois d'août.

♣ *Le terrain idéal pour elle est riche, humide et abrité des vents.*

LEUR NOM LATIN

- → **Acanthe de Hongrie :** *Acanthus hungaricus*
- → **Eulalie :** *Miscanthus floridulus*
- → **Crinum :** *Crinum* x *powellii*
- → **Fuchsia du Cap :** *Phygelius capensis*
- → **Lis des Incas :** *Alstroemeria aurantiaca*
- → **Mûrier à papier :** *Broussonetia papyrifera*
- → **Angélique en arbre :** *Aralia elata*

• VOCABULAIRE
* Hampe : inflorescence verticale et étroite.
* Rustique : qui résiste au gel en hiver.

• PENSEZ-Y
Les grandes feuilles sont très sensibles au vent qui les déchire ou les dessèche. N'installez ces plantes que dans des endroits bien abrités.

• SACHEZ QUE
Les racines des aralias et des acanthes bourgeonnent facilement à la moindre blessure. Si vous bêchez au pied de ces plantes, de nombreuses jeunes plantes ne tardent pas à apparaître.

• ALLEZ PLUS LOIN
La présence de plusieurs touffes de bambous suffisent à donner une tonalité exotique à un décor tout au long de l'année. Choisissez-les toutefois avec attention, car certains sont très envahissants. Les plus recommandables sont *Fargesia murielae* et *Fargesia nitida*.

ELLES CONVIENNENT AUSSI

- Bambou doré p. 174
- Eucomis p. 84
- Eulalie argentée p. 271, 273

Des plantes d'intérieur en plein air

Un grand nombre de plantes décoratives dites « d'intérieur » peuvent parfaitement être transférées à l'extérieur pendant toute la période où il ne gèle pas. Leurs couleurs, leur aspect exotique apportent une note de chaleur autour de la terrasse et peuvent tout à fait se combiner aux végétaux installés en pleine terre. De plus, cette période de vie en plein air leur fait souvent le plus grand bien.

NOTRE CHOIX

La cordyline panachée produit un beau bouquet de feuilles linéaires qui s'élève peu à peu sur un tronc au fur et à mesure que la plante vieillit. L'hiver, elle trône près de la fenêtre du salon, éloignée d'un radiateur. L'été, dans le patio, le pot est dissimulé par le feuillage argenté de l'armoise 'Powis Castle' qui pousse en pleine terre.

♣ *La motte de terre doit pouvoir sécher un peu entre deux arrosages, sauf pendant la période de croissance.*

Les feuilles bronze du **lin de Nouvelle-Zélande** atteignent presque deux mètres de hauteur. Cette plante gélive peut être laissée en pleine terre dans de nombreuses régions moyennant une bonne protection de la souche ou du feuillage, mais nous préférons abriter les jeunes plantes dans la véranda, juste maintenue hors gel, où elles ne sont guère plus difficiles à conserver que des pélargoniums.

L'IDÉE FORTE

ENTERREZ LES POTS

Les pots de plastique dans lesquels sont le plus souvent cultivées les plantes d'intérieur sont trop légers pour assurer à celles-ci une bonne stabilité. On peut les glisser dans de lourds cache-pots de terre cuite ou, mieux, les enterrer à moitié parmi les végétaux qui bordent la terrasse. Les feuillages bénéficient de l'abri des autres plantes et si les racines parviennent à s'installer un peu en pleine terre, cela ne peut leur faire que le plus grand bien.

DES PLANTES GRASSES

Le coussin de belle-mère forme une boule parfaite, hérissée d'épines acérées qu'il est difficile de garder propre. Un petit stage dehors en été lui permet de prendre quelques douches bénéfiques et de le débarrasser des poussières et des parasites. Il tient compagnie aux touffes de sédums qui poussent dans les cailloux pour un décor d'inspiration mexicaine.

♣ *Il n'a besoin d'un rempotage que tous les deux ou trois ans.*

Les échevérias (1) de toutes sortes forment une collection de pots sagement alignés sur le rebord de la fenêtre de la cuisine, à l'intérieur en hiver et à l'extérieur en été. S'ils n'ont pas les couleurs tapageuses des pélargoniums, leurs teintes délicates et la forme régulière de leurs collerettes sont toujours très décoratives.

1

♣ *Rempotez séparément les petites rosettes qui se forment autour des plantes pour remplacer la plante mère qui meurt après la floraison.*

DES PLANTES ROBUSTES

La misère violette (2) forme de jolies potées retombantes ou des suspensions qu'elle festonne de ses longues tiges habillées de feuilles d'une curieuse teinte violacée. Facile à bouturer, elle peut même vivre facilement en pleine terre le temps d'un été et être rempotée juste pour rentrer dans la maison.

2

♣ *La misère violette aime une terre riche en terreau de feuilles et toujours humide.*

L'été, **le faux papyrus** trouve naturellement sa place dans le bassin. Le pot presque totalement immergé, de nouvelles tiges ne tardent pas à s'élever tout autour de la touffe et remplacent peu à peu les anciennes qui jaunissent l'une après l'autre.

♣ *N'hésitez pas à retailler les racines qui s'échappent du pot avant de rentrer la plante en automne.*

Juchés sur leurs troncs, **les yuccas d'intérieur** s'amenuisent à cause du manque de lumière. Un été sur la terrasse permet souvent à de nombreux bourgeons d'apparaître sur les troncs nus et d'étoffer la plante. Faites grimper dessus une capucine ou une ipomée bleue pour renforcer encore leur allure exotique.

LEUR NOM LATIN

- **Cordyline panachée :** *Cordyline australis* 'Variegata'
- **Lin de Nouvelle-Zélande bronze :** *Phormium tenax* 'Purpureum'
- **Coussin de belle-mère :** *Echinocactus grusonii*
- **Échevéria :** *Echeveria glauca*
- **Misère violette :** *Tradescantia pallida*
- **Faux papyrus :** *Cyperus alternifolius*
- **Yucca d'intérieur :** *Yucca elephantipes*

• ATTENTION
De nombreuses plantes originaires des régions tropicales très chaudes ne supportent pas la vie en plein air chez nous, même au cœur de l'été : fougères nephrolepis, philodendrons, ficus, dieffenbachias, syngoniums, etc.

• ASTUCE
Ne sortez jamais les plantes d'intérieur directement en plein soleil. Même les cactées ne le supportent pas et leurs feuilles brunissent, victimes de « coups de soleil ». Habituez-les progressivement en les sortant d'abord dans un endroit ombragé, puis en les exposant au soleil du soir. Mais évitez-leur toujours le plein soleil de midi.

• ENTRETIEN
Dès le mois d'avril, commencez à donner de l'engrais « plantes vertes » aux potées destinées à sortir, afin de préparer la nouvelle pousse qui aura lieu en fin de printemps.

Des plantes rustiques insoupçonnées

Nos vacances dans le Midi, ou dans d'autres régions au climat doux, nous font côtoyer bien des plantes jugées impossibles à cultiver sous des latitudes plus septentrionales. En fait, un grand nombre de plantes méditerranéennes sont capables de bien pousser au nord de Paris sans nécessiter de protections très importantes en hiver. Et, pour les plus délicates, on peut parfois trouver des espèces d'apparence similaire mais de rusticité bien plus grande.

N O T R E   C H O I X

Originaires de Nouvelle-Zélande, **les phormiums** forment de grandes touffes de feuilles linéaires très coriaces. On trouve différentes variétés panachées jaunes, roses ou brunes, mesurant entre 50 cm et 2 m de haut. Leur forme et leurs couleurs exotiques valent vraiment la peine de se donner un peu de mal !

♣ *Installés en pleine terre, les phormiums survivent à nos hivers si les racines sont abritées par une épaisse couche de feuilles mortes et les feuilles enveloppées dans des sacs de toile de jute.*

1

Depuis quelques années, **un figuier** pousse dans notre cour et nous réjouit chaque été de son feuillage évoquant les pays chauds. Sa croissance est très rapide et, si ses branches gèlent en hiver, elles sont vite remplacées durant l'été. Des figues se forment. Elles restent petites et peu goûteuses, mais on ne peut pas tout avoir...

♣ *La variété nommée 'Brown Turkey' est réputée la plus rustique.*

L'IDÉE FORTE

DÉPAYSEZ-VOUS

Si vous aimez particulièrement les régions méridionales, pourquoi ne pas essayer de reconstituer chez vous un décor avec une végétation similaire à celle que vous trouvez là-bas ? Choisissez un emplacement bien ensoleillé et abrité des vents froids, par exemple une cour entourée de murs. Installez les végétaux de pleine terre les plus typiques et complétez le décor de plantes plus délicates, abritées dans la maison ou la véranda pendant l'hiver.

DES ARBUSTES ASSEZ RUSTIQUES

L'arbre de Judée fait la gloire des jardins angevins et méditerranéens, mais nous connaissons beaucoup de sujets florifères au nord de la Loire. Si les branches gèlent parfois, l'arbuste repousse très bien depuis la souche.

♣ *Pour le réussir, il faut l'implanter contre un mur chaud et mélanger au trou de plantation deux brouettes de cailloux calcaires.*

Le fatsia se reconnaît à ses grandes feuilles palmées et se trouve facilement chez les fleuristes parmi les plantes vertes. Il peut très bien pousser en pleine terre, là où le thermomètre ne descend pas au-dessous de -15 °C. Il produit en octobre-novembre des fleurs blanc crème regroupées en inflorescences globuleuses.

♣ *Le fatsia aime les situations ombragées et pousse très bien sous un arbre que les branches abritent quelque peu.*

Si les meilleurs raisins se récoltent dans les régions aux étés très chauds, **la vigne (1)** peut être cultivée jusqu'en Belgique et aux Pays-Bas. 'Chasselas de Fontainebleau' parvient ainsi à fructifier à 200 km au nord de Paris s'il est palissé* contre un mur orienté au sud. Des sélections plus rustiques* encore sont distribuées par les pépiniéristes hollandais.

DES VIVACES BIEN ACCLIMATÉES

En juin, les massifs des villes du Midi débordent des grandes ombelles* bleues des **agapanthes (2)**. Celles-là ont des feuilles persistantes et sont très sensibles au gel. Plus au nord, on peut toutefois cultiver leurs cousines à feuilles caduques qui, elles, sont parfaitement rustiques.

♣ *La seule précaution consiste à installer les agapanthes dans une terre peu humide en hiver.*

2

Le figuier de Barbarie est un cactus aux « feuilles » en forme de raquette, familier des régions au climat subtropical. Une espèce très voisine et d'apparence similaire se montre très rustique si elle ne reçoit pas trop d'eau en hiver. Mêlée à des sédums et des joubarbes, elle est, chez nous, la base d'un étonnant décor de plantes grasses.

LEUR NOM LATIN

- → **Phormium jaune :** *Phormium tenax* 'Yellow Wave'
- → **Figuier :** *Ficus carica*
- → **Arbre de Judée :** *Cercis silliquastrum*
- → **Fatsia du Japon :** *Fatsia japonica*
- → **Vigne :** *Vitis vinifera* 'Chasselas de Fontainebleau'
- → **Agapanthe caduque :** *Agapanthus* Headbourne Hybrids'
- → **Figuier de Barbarie rustique :** *Opuntia humifusa*

• VOCABULAIRE

* Drainage : écoulement de l'eau.
* Ombelle : inflorescence où les fleurs sont disposées à la même distance d'un point central et forment une boule.
* Palissé : se dit d'un végétal dont les branches sont orientées dans une direction déterminée.
* Rustique : qui ne gèle pas en hiver.

• C'EST IMPORTANT

Installez ces plantes peu rustiques en pleine terre, au milieu du printemps, dès que les risques de gelées sont définitivement écartés. Encouragez leur implantation en les arrosant bien durant leur premier été. Protégez-les pendant leurs deux premiers hivers.

• ASTUCE

Pour renforcer la rusticité des plantes, améliorez le drainage* de votre terre. Mélangez beaucoup de gravillons, ou, si la terre est vraiment très humide en hiver, installez les plantes dans une couche de 15 à 20 cm de gravillons étalés au-dessus du sol.

• SACHEZ QUE

Dans des climats plus humides que celui de la Méditerranée, il ne faut pas arroser ces plantes durant l'été, sinon elles poussent trop et résistent moins bien aux gelées.

ELLES CONVIENNENT AUSSI

• Arbousier p. 311
• Clérodendron à fleurs roses p. 153

Des plantes du jardin mises en pots

En règle générale, ce sont les plantes cultivées en pots qui finissent un jour ou l'autre par être repiquées au jardin. Ainsi en est-il des hortensias ou du muguet. Mais pourquoi alors ne pas faire l'inverse, et placer quelques plantes du jardin en pots ? Cette pratique vous évitera de devoir acheter trop de fleurs au cours de l'année mais vous permettra aussi de profiter d'un peu plus près de leur floraison ou de leur feuillage...

L'IDÉE FORTE *RÉPÉTITION D'ASSOCIATIONS*

Avec des plantes repiquées dans des pots individuels ou, comme ici, associées par deux dans un même contenant, on peut essayer facilement toutes sortes d'associations, juger de leur effet puis les transplanter ensuite dans le jardin au moment propice. Cette pratique est aussi idéale pour apprendre à insérer des bulbes au cœur des plantes vivaces ou à installer plusieurs plantes au même endroit ; ainsi elles se mettent en valeur ou se complètent.

N O T R E   C H O I X

Le yucca 'Golden Sword' n'atteint pas la grande taille du yucca commun, mais ses feuilles éclairées en leur centre d'une large bande jaune attirent peut-être encore plus les regards. Sa croissance est assez lente, mais il fleurit au bout de quatre à cinq ans. La rosette* principale meurt alors, mais de nombreuses autres petites rosaces apparaissent tout autour.

♣ *En pot, il se montre rustique jusqu'à - 5 °C.*

Le sédum 'Ruby Glow' se multiplie rapidement pour former de jolies bordures toujours nettes. Au printemps, son feuillage est gris cendré, puis il s'empourpre peu à peu pour acquérir cette belle teinte bleutée. Les fleurs rouge foncé qui s'épanouissent en août s'assombrissent encore au cours de la floraison qui semble ne pas se terminer puisqu'elle sèche et reste décorative tout l'hiver.

DES VIVACES DU JARDIN

Un hosta panaché (1) forme une magnifique potée qui peut rester belle pendant plusieurs années sans devoir être rempotée. Cette façon de le cultiver permet de profiter du spectacle des jeunes feuilles qui se déroulent, d'admirer de près la floraison qui, au jardin, passe inaperçue, et de protéger efficacement les feuilles de la voracité des limaces.

♣ *Décorez avec un hosta un endroit peu ensoleillé, exposé au nord ou à l'est.*

1

Le géranium 'Ballerina' produit tout au long de l'été des jolies fleurs rose tendre délicatement veinées de rose plus sombre et joliment valorisées par un cœur noir. Ses petites feuilles cendrées leur servent d'écrin et forment une jolie boule restant bien nette toute la saison.

♣ *Placez-le en plein soleil à l'abri des courants d'air.*

L'hémérocalle 'Stella de Oro' est une championne de la floraison, qui produit tout au long de l'été ses petites fleurs jaune-orangé. Son feuillage fin ressemble à de l'herbe et forme une belle gerbe que l'on peut admirer de tous les côtés. Les endroits chauds favorisent la continuité de sa floraison, mais il lui faut aussi des arrosages abondants et réguliers.

DES ARBUSTES DU JARDIN

L'hortensia panaché offre à la fois une jolie floraison d'hortensia « à tête plate » à partir du mois de juillet, et un feuillage panaché très beau dès le mois d'avril. La marge blanche qui entoure chaque feuille se nuance de jaune-crème et de différents tons de vert à admirer de tout près.

♣ *Profitez-en pour lui donner des fleurs bleues en l'arrosant avec un « engrais bleuissant ».*

Une glycine de Chine (2) peut vivre des années dans un pot sans être incommodée par le manque de place. Bien au contraire, quand ses racines commencent à être serrées, sa croissance se ralentit et elle produit alors des masses de fleurs chaque printemps. Cette espèce est aussi la seule à refleurir toujours un peu durant l'été.

2

♣ *Taillez toutes les jeunes pousses à trois bourgeons de leur base deux fois durant l'été pour faciliter sa floraison.*

LEUR NOM LATIN

- **Yucca 'Golden Sword' :** *Yucca flaccida* 'Golden Sword'
- **Sédum 'Ruby Glow' :** *Sedum* 'Ruby Glow'
- **Hosta panaché :** *Hosta fortunei* 'Francee'
- **Géranium 'Ballerina' :** *Geranium cinereum* 'Ballerina'
- **Hémérocalle 'Stella de Oro' :** *Hemerocallis* 'Stella de Oro'
- **Hortensia panaché 'Tricolor' :** *Hydrangea macrophylla* 'Tricolor'
- **Glycine de Chine :** *Wisteria sinensis*

• VOCABULAIRE

* Rosette : ensemble de feuilles étalées en cercle au niveau du collet.

• DÉPLANTER

Prélevez vos plantes au début du printemps. Tranchez les racines à 10-15 cm autour du pied pour former une motte. Placez-la dans un pot de 7 à 10 cm plus large que la motte et comblez l'espace avec un mélange de 2/3 de terreau et de 1/3 de terre de jardin.

• REPLANTER

Vers le mois de septembre, sortez les mottes du pot et replacez-les en pleine terre en desserrant un peu les racines. Arrosez bien. Entourez les plantes d'une bonne couche de feuilles mortes pour les protéger pendant l'hiver.

ELLES CONVIENNENT AUSSI

- Abélia 'Edward Goucher' p. 137
- Arum 'Childsiana' p. 337
- Bambou doré p. 174
- Diascia p. 74
- Fatsia p. 97

Des jardinières faciles à réussir

Un grand nombre de plantes, vendues au printemps, donnent le meilleur d'elles-mêmes en pots et en jardinières. Gélives pour la plupart d'entre elles, elles peuvent ainsi facilement être abritées pendant l'hiver.*

Ces plantes sont faciles à multiplier et permettent d'apprendre à faire des boutures que l'on peut garder pour agrandir le décor l'année suivante ou pour offrir à ses amis.

1

N O T R E   C H O I X

Les fuchsias offrent une multitude de variétés de couleurs très différentes, douces ou, au contraire, assez vives. En les achetant, demandez bien quel est le port de la plante : buissonnant, dressé ou retombant. Les retombants sont les plus spectaculaires et forment de belles cascades de fleurs que l'on peut suspendre.

♣ *Les fuchsias fleurissent aussi bien à l'ombre qu'au soleil si leur terre reste toujours humide.*

Ces marguerites jaunes sont celles d'une variété moderne de **l'anthémis.** Cette plante devient vite un petit buisson en forme de demi-boule et reste couverte de fleurs tout l'été. Elle existe aussi en rose, à fleurs simples ou semi-doubles, mais c'est en blanc qu'elle est sûrement la plus belle, car son beau feuillage gris joue le rôle d'un écrin.

La troisième plante, au premier plan, est **un géranium-lierre** d'une variété moins florifère que les géraniums décrits à la page suivante.

DES JARDINIÈRES BIEN GARNIES

Le géranium-lierre (1) s'impose comme la vedette incontestée des pots et des jardinières. La variété 'Roi des Balcons' est la plus classique, mais de nouvelles sélections encore plus florifères sont disponibles chaque année.

Depuis quelques années **les pétunias « cascade »** tentent de détrôner les géraniums, mais leurs coloris sont différents, et on préfère les utiliser en suspensions plutôt qu'en jardinières.

♣ *Leurs tiges peuvent dépasser 1,50 m de longueur et leur souplesse leur permet de résister aux petits vents.*

Dans les régions où l'ensoleillement n'est jamais très abondant, **le bégonia retombant** apporte les couleurs vives nécessaires pour égayer les abords de la maison. On peut en acheter des bulbes au début du printemps ou des jeunes plants prêts à fleurir.

L'IDÉE FORTE

UNE SEULE ESPÈCE PAR POT

Ces plantes deviennent vite importantes et ont besoin de beaucoup d'eau et d'engrais pour rester belles. Il est donc préférable de n'en planter qu'une par pot ou plusieurs d'une même espèce mais de variétés différentes dans une grande jardinière. Vous pouvez alors, comme ici, les regrouper comme bon vous semble.

DES POTÉES FLORIFÈRES

Idéales pour des grandes potées, **les verveines**
2 (2) forment vite de beaux volumes de fleurs toujours élégants et légers. Les plus courantes sont rose-mauve, violettes, ou blanches, mais il n'est pas rare de trouver des variantes insolites aux pétales délicatement bordés d'une ligne blanche.

Si son feuillage fin et découpé est similaire à celui des verveines, **le bidens** produit des myriades de fleurs jaunes au cours de l'été. Elles se succèdent sans discontinuer.

♣ *C'est un grand amateur de soleil, mais il ne faut jamais le laisser avoir soif.*

LEUR NOM LATIN

- → **Fuchsia :** *Fuchsia hybride*
- → **Anthémis :** *Anthemis frutescens*
- → **Géranium-lierre :** *Pelargonium* x *hederaefolium*
- → **Pétunia cascade :** *Petunia* 'Surfinia' *et Petunia* 'Million Bells'
- → **Bégonia retombant :** *Begonia* x *pendula*
- → **Verveine :** *Verbena* x *hybrida*
- → **Bidens :** *Bidens ferulifolia*

• **VOCABULAIRE**
* Gélif (ve) : qui gèle en hiver.

• **NOTRE EXPÉRIENCE**
Après avoir disposé 2 ou 3 cm de pots cassés ou de gravillons au fond des pots, remplissez-les à moitié de terre de jardin, puis l'autre moitié avec du terreau du commerce. Ces plantes aiment une terre consistante.

• **PROTÉGEZ-LES**
À partir du début octobre, réduisez les arrosages et enlevez les dernières fleurs ainsi que les feuilles jaunies. Rentrez les pots dans un endroit hors gel et arrosez-les très peu pendant l'hiver.

• **SACHEZ QUE**
Le bégonia forme un tubercule comme une pomme de terre juste sous la surface du sol. Déterrez-le et conservez-le à la cave dans une caisse contenant de la tourbe sèche pour le replanter au printemps suivant.

• **ARROSAGES**
Les pétunias « cascade » ont besoin d'arrosages plus suivis encore que les géraniums.

ELLES CONVIENNENT AUSSI

- Bruyère d'hiver p. 86
- Crocus p. 201
- Muscari p. 201
- Pensées variées p. 210

De belles potées pour la fin de l'été

Mises en place au mois de mai ou de juin, les potées et les jardinières demandent un peu de temps avant de donner le meilleur d'elles-mêmes. Si elles ont été correctement arrosées et nourries, août et septembre sont les mois où elles sont le plus belles : les plantes solitaires ont pris du volume et débordent quelquefois de leur pot. Quand plusieurs variétés cohabitent, elles s'entremêlent alors pour constituer une sorte de gros bouquet jusqu'aux gelées.

1

N O T R E C H O I X

Le géranium 'Mrs. Parker' propose, en plus de sa floraison rose abondante, un feuillage délicatement bordé de blanc qui lui donne une allure bien plus distinguée. Il fleurit tout au long de l'été, mais son coloris prend une intensité particulière avec l'ensoleillement un peu moins fort de la fin de l'été. Les jeunes plantes ont un feuillage mieux marqué, mais les plantes âgées sont plus florifères.

♣ *Conservez-le l'hiver dans la maison, près d'une fenêtre où il continue à fleurir.*

Parmi les géraniums-lierres, **'L'Élégante'** est aussi une variété belle pour sa floraison blanche et son feuillage, délicatement bordé de blanc et ombré de rose. Ses grands pétales un peu froissés donnent une apparence délicate à cette plante robuste et vigoureuse.

♣ *Cultivée seule, une plante recouvre et dissimule complètement les côtés de son pot.*

DES POTÉES DE COULEURS TENDRES

La floraison de **l'anthémis jaune pâle (1)**, sporadique au début de l'été, devient franchement massive en fin de saison, quand elle forme un véritable buisson de 50 à 80 cm de diamètre couvert de belles marguerites. Certains horticulteurs la proposent conduite sur une tige, ce qui permet de planter le pied avec d'autres fleurs, de préférence bleues ou blanches.

♣ *L'anthémis préfère le plein soleil, mais cette variété est très belle aussi à mi-ombre.*

Les corolles des **marguerites du Cap** sont fascinantes avec leur cœur bleuté et leur faculté de se refermer complètement le soir ou par temps couvert. Celles de la variété 'Silver Sparkler' sont blanches et la bordure blanc crème des feuilles qui souligne leurs formes anguleuses les met bien en valeur. Elle pousse en des touffes de 30 à 40 cm de diamètre en un été.

DES POTÉES DE COULEURS VIVES

Le fuchsia 'Genii' fait ressortir ses fleurs rouges en bouton dévoilant ensuite une corolle violacée, sur un feuillage jaune. Ce contraste fort est bienvenu pour réveiller les potées en fin d'été, surtout dans les situations mi-ombragées où la plante révèle toutes ses qualités. Haut et large de 40 à 50 cm, il est presque rustique en pleine terre.

Dans les régions où il ne gèle pas, **les lantanas** forment de vrais buissons de 1 à 2 m de haut, mais ils se contentent très bien d'un pot si on maintient la terre riche et fraîche par de fréquents arrosages. Les fleurs jaunes, orange, roses ou blanches sont groupées en petits bouquets qui s'épanouissent tout l'été à l'extrémité des nouvelles pousses.

Le cuphéa (2) produit ses longues corolles orange en abondance tout au long de l'été ; elles contrastent parfaitement avec les formes de toutes les autres fleurs, en particulier les marguerites. Leur extrémité ornée d'un trait noir et d'un autre blanc, a l'aspect d'un œil. Cette plante constitue un petit buisson au feuillage persistant de 50 cm de haut, d'une largeur un peu supérieure.

♣ *Il se conserve d'une année à l'autre dans un local hors gel.*

2

L'IDÉE FORTE

DISPOSEZ-LES AUSSI DANS LE JARDIN

Les plantes cultivées en pot servent surtout à décorer la terrasse ou les abords immédiats de la maison, mais elles animent également les massifs un peu dégarnis ou épaulent les floraisons tardives. Disposez les plus belles potées sur de petits socles de pierre ou de briques ou enterrez les pots « ordinaires » pour mieux associer les floraisons. N'éloignez pas trop les potées d'un point d'eau pour continuer à bien les arroser.

LEUR NOM LATIN

- **Géranium 'Mrs. Parker' :** *Pelargonium zonale* 'Mrs. Parker'
- **Géranium-lierre 'L'Élégante' :** *Pelargonium* x *hederaefolium* 'L'Élégante'
- **Anthémis jaune pâle :** *Anthemis frutescens* 'Jamaïca Primrose'
- **Marguerite du Cap 'Silver Sparkler' :** *Osteospermum* 'Silver Sparkler'
- **Fuchsia 'Genii' :** *Fuchsia* 'Genii'
- **Lantana :** *Lantana camara*
- **Cuphéa :** *Cuphea ignea*

• C'EST IMPORTANT
Enlevez souvent les fleurs fanées de manière à prolonger la floraison le plus longtemps possible. Supprimez également les feuilles malades ou simplement jaunies afin de garder les plantes vigoureuses et en bonne santé.

• ASTUCE
Si vous ne pouvez pas abriter toutes ces plantes gélives chez vous pour l'hiver, bouturez-les en août de manière à ne rentrer que des petites plantes, qui sont plus faciles et moins encombrantes à conserver que les plantes mères.

• COMMENT LES BOUTURER ?
Coupez 7 à 10 cm de l'extrémité des tiges et ne laissez que les deux feuilles terminales. Piquez les boutures autour d'un pot de 10 à 12 cm de diamètre rempli d'un mélange de tourbe et de terreau.
Arrosez bien, laissez égoutter et enfermez le tout dans un plastique translucide pendant 3 semaines. Gardez-les ainsi à l'abri du gel.

• NOTRE EXPÉRIENCE
Nos potées sont remplies de terre de jardin dans la moitié inférieure.
La partie supérieure, où sont repiquées les plantes, est constituée d'un terreau du commerce enrichi d'environ 1/3 de tourbe.

Des potées pour longtemps

Pots et jardinières sont indispensables pour fleurir les appuis de fenêtres et les endroits pavés. Cependant les plantes fleuries doivent être renouvelées souvent et les arrosages deviennent une vraie corvée durant l'été. Pour ne pas se priver des avantages de cette culture sans subir ses inconvénients, il nous faut rechercher de jolies plantes capables de survivre en pots plusieurs années sans être incommodées par d'épisodiques sécheresses. Ces perles rares existent...

NOTRE CHOIX

L'euphorbe de Corse est une invitée de choix du petit jardin sur graviers où elle se ressème toute seule. Une jeune plante est apparue un jour dans une potée restée vide après les annuelles de l'année précédente. Laissée là, elle y prospère toujours sans jamais recevoir le moindre arrosage. Sa floraison jaune-vert dure d'avril à juillet et, ensuite, son jeune feuillage très bleu est sobre, mais très décoratif.

♣ *Il suffit de lui ajouter un pétunia bleu pour profiter de fleurs tout l'été.*

Comme l'euphorbe, **les joubarbes**, que l'on surnomme souvent « artichauts » possèdent un feuillage épais et cireux à l'allure de plante grasse. Elles poussent jusque sur les toits, offrent à elles seules des dizaines de variétés aux rosettes toutes plus jolies les unes que les autres. Ce sont d'excellentes locataires pour des potées peu profondes.

L'IDÉE FORTE

INSÉREZ LES POTS DANS LA VÉGÉTATION

Chaque fois que c'est possible, rapprochez les potées des plantes poussant en pleine terre. Vous bénéficierez ainsi d'associations inédites, vos potées ne seront plus isolées, et moins exposées au vent et au plein soleil, elles se dessécheront un peu moins vite.

DES PLANTES POUR GRANDS POTS

À l'ombre, ce sont **les hostas** qui font les plus belles potées. Leur feuillage ample, vert ou coloré est admirable du milieu du printemps aux premières gelées, et certaines variétés produisent des fleurs bleues ou mauves très élégantes. Les meilleures ont de longues feuilles qui masquent les pots, 'Francee' est notre préférée.

L'hortensia panaché 'Tricolor' est la variété la plus décorative avec ses fleurs plates, bleues ou roses et ses feuilles bordées de blanc. Quelques heures de soleil sont nécessaires chaque jour pour que ses couleurs s'affirment.

♣ *En saison, deux arrosages par semaine et de l'engrais « hortensias » toutes les deux semaines suffisent à le garder en forme.*

Pour les grandes potées mises en plein soleil, rien ne vaut **l'agapanthe (1).** Ses grands bouquets de fleurs bleues s'épanouissent au-dessus d'une touffe de feuilles longues et épaisses. Les plus spectaculaires, à feuilles persistantes, sont réservées aux climats doux. Ailleurs, les fameux « Hybrides Headbourne » vous donneront des potées chaque année plus belles.

♣ *Les agapanthes ont besoin de beaucoup d'eau et d'engrais pendant leur période de croissance de juin à août. Un apport hebdomadaire d'engrais « spécial tomates » à cette époque garantit de belles floraisons l'année suivante.*

DES PLANTES PLUS FLEURIES

Si vous trouvez que toutes ces plantes ne sont pas assez fleuries, les deux suivantes devraient vous séduire davantage. **Le géranium rose 'Mavis Simpson' (2)** est un hybride vivace qui aime les terres chaudes et bien drainées, ce sont des conditions qu'il trouve facilement en pot. Tout l'été ses longues branches sont couvertes de fleurs rose pâle.

♣ *Après avoir fait passer l'hiver à vos touffes sous un châssis, vous les rempoterez en mars.*

2

Une petite hémérocalle au joli nom de 'Stella de Oro' nous émerveille par sa floraison continue de mai aux gelées. Ses feuilles fines forment des touffes hautes de 40 cm qui ressemblent à de l'herbe, mais sont constellées de fleurs étoilées d'un beau jaune orangé.

♣ *Elle aime le plein soleil et une terre qui reste fraîche.*

LEUR NOM LATIN

- → **Euphorbe de Corse :** *Euphorbia myrsinites*
- → **Joubarbe :** *Sempervivum spp.*
- → **Hosta panaché :** *Hosta fortunei* 'Francee'
- → **Hortensia panaché 'Tricolor' :** *Hydrangea macrophylla* 'Tricolor'
- → **Agapanthe :** *Agapanthus praecox (persistante) et Agapanthus umbellatus (caduque)*
- → **Géranium rose :** *Geranium* x 'Mavis Simpson'
- → **Hémérocalle :** *Hemerocallis* 'Stella de Oro'

• VOCABULAIRE
* Rustique : qui résiste au gel en hiver.
* Substrat : terreau.

• ASTUCE
L'été, mieux vaut arroser les potées en les trempant complètement dans une bassine et laisser le terreau bien s'imprégner. Un ou deux « bains » par semaine suffisent en dehors des journées de canicule.

• PENSEZ-Y
Installez les plantes les plus gourmandes en eau dans des pots en terre cuite et posez-les dans un petit bac, une soucoupe ou un cache-pot avec un fond d'eau. Elles peuvent ainsi s'abreuver à volonté et respirer à travers le pot.

• SACHEZ QUE
Le substrat* de culture doit être à la fois aéré et capable de bien retenir l'eau. Nous mélangeons du terreau du commerce, de la tourbe et de la terre noire de jardin en quantités égales.

• C'EST IMPORTANT
L'hiver, placez tous les pots dans un endroit abrité pour éviter que les racines ne gèlent. Même les plantes très rustiques* sont sensibles au froid lorsqu'elles sont en pot.

ELLES CONVIENNENT AUSSI

• Aster d'été p. 217
• Calament p. 75
• Géranium sanguin p. 88, 255

Des grimpantes peu envahissantes

La maison recouverte de vigne vierge avait beaucoup de charme, mais nous étions astreints à deux ou trois tailles annuelles pour la contenir, toujours pressée d'envahir la toiture. Aujourd'hui, nous les avons remplacées par des plantes grimpantes peu envahissantes.

N O T R E   C H O I X

La vraie vigne n'a rien à envier à sa cousine décorative pour festonner les murs bien exposés, et nous régaler de quelques grappes de raisin en septembre, et de somptueuses couleurs en automne. Sa rusticité est bonne mais, pour une production abondante, il faut sélectionner les variétés adaptées chez les pépiniéristes de la région. On peut guider la vigne sur un seul fil, ou sur un mur entier, et une taille annuelle en fin d'hiver suffit à la garder dans de bonnes proportions.

Nous avons corrigé l'absence de floraison décorative de la vigne en lui associant plusieurs **clématites à grandes fleurs.** Celles-ci sont de vigueur moyenne, et une taille annuelle suffit à les empêcher d'envahir la vigne. Certaines variétés fleurissent en mai puis en août, d'autres préfèrent juin et septembre, d'autres encore attendent le mois de juillet. En mélangeant les trois, nous sommes sûrs de toujours avoir des fleurs. Ici la bleue 'Président' fleurit pour la deuxième fois et relaie la rouge 'Voluceau'.

L'IDÉE FORTE *PLANTEZ-LES PAR COUPLE*

Une seule plante grimpante ne peut être attrayante toute l'année, aussi, nous avons pris l'habitude de les planter par couple ou par trio afin de profiter de plusieurs attraits au même endroit : feuillage, fleurs et fruits notamment. L'idéal est que l'une, au moins, s'accroche toute seule et serve alors de support aux autres.

DES GRIMPANTES À FLEURS

La plus délicieuse des lianes pour entourer une fenêtre ensoleillée est sans doute **le jasmin officinal**. Ses fleurs blanches très parfumées s'épanouissent à plusieurs reprises au cours de l'été et son feuillage léger est pour elle un parfait écrin. Attention, son parfum un peu lourd devient vite entêtant, ne l'installez donc pas près d'une chambre.

Sur les grands murs ombragés, **l'hortensia grimpant (1)** est toujours le meilleur choix. Il s'accroche seul comme le lierre, mais sa vigueur moyenne permet de le garder facilement sous contrôle. Ses fleurs « plates » de couleur crème s'épanouissent en juin et en juillet, puis elles sèchent pour assurer le décor en hiver avec les tiges couleur acajou.

1

DES GRIMPANTES À FEUILLAGES ATTRAYANTS

Les fusains persistants sont peu utilisés comme plantes grimpantes. Pourtant leurs longs rameaux et leurs racines-crampons analogues à celles du lierre leur permettent de tapisser les murs frais. Les multiples variétés, à feuilles vertes, panachées de blanc ou de jaune, s'accommodent de n'importe quelle terre, même pauvre ou sèche.

Chez les plantes les plus classiques, on trouve toujours des variétés plus sages que celles employées d'habitude. C'est le cas chez **les vignes vierges (2)** où plusieurs variétés sont peu envahissantes. Nous aimons particulièrement **'Lowii'** aux petites feuilles crispées évoquant des coquillages. Elles flamboient en automne.

2

Même phénomène chez **le lierre commun** dont plusieurs formes, à petites feuilles ou à feuilles panachées sont bien moins envahissantes que le traditionnel lierre d'Irlande.

LEUR NOM LATIN

- → **Vigne :** *Vitis vinifera*
- → **Clématite à grandes fleurs :** *Clematis x lanuginosa*
- → **Jasmin officinal :** *Jasminum officinale*
- → **Hortensia grimpant :** *Hydrangea petiolaris*
- → **Fusain persistant :** *Euonymus x fortunei*
- → **Vigne vierge :** *Parthenocissus tricuspidata* 'Lowii'
- → **Lierre commun panaché :** *Hedera helix* 'Elegantissima'

• VOCABULAIRE
* Drainé : qui laisse l'eau excédentaire s'infiltrer facilement.

• SACHEZ QUE
Le jasmin officinal est réputé peu rustique, mais ses racines résistent à des températures très basses (-15°C, -20°C) si elles sont plantées dans une terre bien drainée*.

• TAILLEZ LÉGER
Le jasmin fleurit au début de l'été sur les pousses de l'année précédente et en fin d'été sur les pousses de l'année. Si vous devez le tailler, intervenez donc à la fin de la première floraison, et laissez assez de jeunes branches pour les suivantes.

• C'EST IMPORTANT
Les clématites demandent deux ou trois ans pour s'installer et commencer à bien fleurir. Soyez donc patient et n'oubliez pas de disposer quelques granulés anti-limaces autour des plantes dès le mois de mars pour éviter qu'elles ne dévorent les jeunes pousses.

ELLES CONVIENNENT AUSSI

- Chèvrefeuille réticulé p. 307
- Jasmin d'hiver p. 80, 143
- Lierre 'Dentata Variegata' p. 194

Des parfums en hiver

NOTRE CHOIX

Contrairement à certaines idées reçues, l'hiver au jardin n'est pas une saison triste et dépourvue de verdure. Plusieurs arbustes choisissent cette saison pour s'épanouir, profitant peut-être de « l'hibernation » de quelques grands arbres voisins qui ne leur font plus concurrence. Curieusement, la plupart d'entre eux sont très agréablement, mais très fortement parfumés. Ces senteurs suaves, destinées avant tout à attirer les rares insectes qui osent sortir par les belles journées d'hiver, captivent aussi les jardiniers curieux.

Le daphné bois joli est un petit buisson un peu raide et souvent en partie dépouillé en été, mais chacune de ses branches se couvre d'un manchon de fleurs rose-mauve ou blanches à partir de la fin de janvier. Elles produisent un parfum aussi fort que celui du jasmin, mais avec une senteur plus épicée.

♣ *Plantez de jeunes sujets contre un mur exposé au nord ou à l'est.*

En janvier, il plane autour de la porte d'entrée un mystérieux parfum tantôt vanillé, tantôt épicé. C'est celui du **sarcoccoque**, un petit buisson persistant très discret qui se confond presque avec un buis. Ses fleurs dépourvues de pétales ne sont pas très voyantes et sont, de surcroît, dissimulées dans le feuillage. Le sarcoccoque ne dépasse pas 50 cm de haut.

♣ *Comme le buis, il pousse bien un peu partout et sa croissance est très lente.*

L'IDÉE FORTE — *DISPOSEZ CES ARBUSTES AUX ENDROITS STRATÉGIQUES*

Comme on visite rarement le jardin en hiver, il est inutile de disperser ces arbustes aux quatre coins de votre terrain. Mieux vaut les concentrer le long des allées d'accès, près des fenêtres, contre la façade, entre le garage et la maison. Ce sont d'excellents sujets pour agrémenter le jardinet qui sépare la maison de la rue, et pour accueillir vos invités avec originalité.

quet de petites fleurs roses qui blanchissent en vieillissant. Dégageant un subtil parfum de girofle, elles se succèdent tout au long de l'hiver à la faveur des périodes de redoux.

Venu de Chine, **le chimonanthe** produit, sur ses branches les plus âgées, des fleurs discrètes en forme de clochettes teintées d'un jaune sale. Si l'on approche le nez, elles révèlent des senteurs fruitées très agréables.

• SACHEZ QUE
Les daphnés ne vivent guère plus de 12 à 15 ans. Ils produisent de nombreux fruits rouges ou jaunes que les oiseaux dispersent. Apprenez à reconnaître et évitez de déranger les semis spontanés qui apparaissent 3 ou 4 années après la plantation du premier sujet.

DES PARFUMS D'AMBIANCE

Selon les températures, **l'osmanthe (2)** s'épanouit en février, au début de mars, ou attend l'arrivée du printemps. Deux ou trois petites fleurs blanches apparaissent alors à la base de chaque feuille, et transforment le buisson en une masse blanche dégageant de fortes senteurs de jasmin.

2

Le chèvrefeuille d'hiver est un buisson moins spectaculaire que ses cousins grimpants qui fleurissent en été. Pourtant, ses petites fleurs blanc crème dispensent un parfum sucré très fort, qui se diffuse dans tout le jardin comme un nuage invisible.

Connu surtout pour sa croissance rapide et son aptitude à former de belles haies, **le chalef ou éléagnus** dispense aussi un merveilleux parfum de jasmin en novembre-décembre. Ses fleurs minuscules, semblables à des clochettes de muguet, se cachent sous ses grandes feuilles persistantes et ne trahissent leur présence que par leur parfum.

• C'EST IMPORTANT
Les chalefs sont souvent greffés. Prenez soin de former une petite butte de terre améliorée de sable et de tourbe autour de la base de la plante, afin de l'inciter à former ses propres racines.

DES PARFUMS SUBTILS

La viorne d'hiver parfumée (1) forme un arbuste dressé, haut de 2 m, très élégant avec ses fines ramifications et ses feuilles élégamment plissées. Chaque pousse se termine par un bou-

1

LEUR NOM LATIN

- → **Daphné bois joli :** *Daphne mezereum*
- → **Sarcoccoque :** *Sarcococca humilis*
- → **Viorne d'hiver parfumée :** *Viburnum farreri*
- → **Chimonanthe :** *Chimonanthus praecox*
- → **Osmanthe de Burkwood :** *Osmanthus* x *burkwoodii*
- → **Chèvrefeuille d'hiver :** *Lonicera fragrantissima*
- → **Chalef :** *Elaeagnus* x *ebbingei*

ELLES CONVIENNENT AUSSI

- Bruyère arborescente p. 197
- Viorne 'Charles Lamont' p. 276

Des aromatiques à portée de main

On conseille souvent d'installer les plantes aromatiques en plates-bandes le long du potager. Comme beaucoup sont un tantinet envahissantes, il faut souvent les remettre à leur place. Nous trouvons plus astucieux de les planter plus près de la maison en les mélangeant aux autres plantes. Elles participent ainsi au décor, elles sont accessibles à tout moment, et elles n'occupent pas d'emplacement particulier difficile à gérer.

L'IDÉE FORTE

FAITES-EN DES ÉCRINS

Certaines aromatiques aiment coloniser l'espace ou se ressemer partout, laissez-les faire ! Leur couleur met souvent les autres fleurs en valeur, et leur odeur peut, dans certains cas, repousser quelques maladies ou parasites, bref, ce sont de parfaits écrins !

NOTRE CHOIX

Le fenouil bronze est vivace et produit chaque printemps de nouveaux nuages de feuilles filiformes. Sa couleur pourpre bronzé met bien en valeur les tulipes orangées ou jaunes. Plus tard, alors que les tiges s'élèvent, puis fleurissent au cœur de l'été, c'est leur aspect architecturé qui attire l'œil. Mais son atout majeur, c'est le délicieux parfum anisé de son feuillage, qui se marie si bien aux poissons grillés...

Le petit buisson au pied du fenouil est **une sauge officinale à fleurs blanches**. Cette variété a les mêmes propriétés aromatiques et médicinales que la sauge « normale », mais sa floraison blanche est plus remarquable que la bleue qui passe pour « ordinaire ».

♣ *Les sauges poussent bien partout, sauf dans les terrains trop humides en hiver.*

DES BUISSONS AROMATIQUES

Composant indispensable des herbes de Provence, **le romarin (1)** est aussi un très bel arbuste dont les fleurs bleues s'épanouissent au moindre redoux pendant l'hiver. Son port un peu dégingandé en vieillissant peut être critiqué, mais il suffit de quelques coups de sécateur.

♣ *Plantez-le avec des arbustes gris qui aiment comme lui le soleil et les terres sèches.*

1

On ne présente plus **le thym** dont aucune cuisinière ne saurait se passer. Beaucoup essayent d'en planter de longues bordures bien régulières, mais les semis spontanés qui s'empressent de coloniser les allées sont toujours les plus beaux. Laissez-le donc se ressemer où bon lui semble autour de votre terrasse, car ses petites fleurs roses sont très belles et se marient avec toutes les autres fleurs.

♣ *Vous trouverez facilement l'une ou l'autre des multiples variétés de thym à feuillages panachés plus décoratifs encore.*

Cousine du thym, **la sarriette** reste moins utilisée. En cuisine, elle peut le remplacer, mais son parfum est un peu plus fort et, dit-on, plus aphrodisiaque ! Au jardin, on apprécie son beau feuillage bien vert et ses petites fleurs blanches très jolies en été devant des rosiers nains, des agapanthes ou mélangées aux diascias.

DES VIVACES AROMATIQUES

Nous n'avons jamais su où installer l'encombrant **estragon** jusqu'au jour où une touffe s'est enracinée au pied d'un rosier. Depuis, le rosier n'a plus l'air aussi dégarni et il est moins sensible aux maladies. Les roses sont bien mises en valeur par le vert émeraude de l'estragon, et chaque cueillette est un délice.

Avez-vous déjà laissé fleurir votre **ciboulette ? (2)** Non ? Eh bien, essayez cette année, vous ne serez sûrement pas déçu. Chaque touffe produit à la fin mai et en juin, une multitude de petites boules d'un très beau rose qui peuvent même être séchées pour composer des bouquets éternels.

♣ *N'oubliez-pas de la tailler court, dès que les fleurs fanent, pour favoriser la repousse d'un tout nouveau feuillage*

2

LEUR NOM LATIN

- → **Fenouil bronze :** *Foeniculum vulgare* 'Purpureum'
- → **Sauge officinale à fleurs blanches :** *Salvia officinalis* 'Albiflora'
- → **Romarin :** *Rosmarinus officinalis*
- → **Thym :** *Thymus vulgaris*
- → **Sarriette :** *Satureja montana*
- → **Estragon :** *Artemisia dracunculus*
- → **Ciboulette :** *Allium schoenoprasum*

• ALLEZ PLUS LOIN
Beaucoup d'autres plantes aromatiques sont très décoratives par elles-mêmes et ont engendré de multiples variétés aux feuilles ou aux fleurs vivement colorées. Recherchez-les, car ces plantes ont plusieurs raisons de figurer dans vos plantations.

• NOTRE EXPÉRIENCE
Chez les sauges, le feuillage prime d'habitude sur les fleurs, aussi préconise-t-on de les tailler assez court au printemps. Pour la sauge à fleurs blanches, il faut attendre que les fleurs soient fanées pour supprimer à leur base toutes les branches qui les ont portées.

• SACHEZ QUE
Ces plantes aromatiques ont peu de racines, mais elles sont profondes. Il vaut mieux déplacer les semis spontanés quand ils sont tout petits, et bouturer les arbustes qui deviendraient gênants.

ELLES CONVIENNENT AUSSI

- Cerfeuil sauvage pourpre p. 320
- Menthe à fleurs de buddléia p. 351
- Menthe panachée p. 369
- Sauge panachée de jaune p. 369
- Thym citronné doré p. 112

Des plantes douces à toucher

La vue, l'odorat et le goût sont les sens les plus sollicités dans un jardin. Le toucher, lui, est bien plus négligé alors que les sensations, les plaisirs qu'il génère sont aussi riches et agréables que ceux suscités par les autres sens. La variété des textures des feuilles est presque aussi grande que celle de leurs formes et de leurs couleurs. Bien entendu, les plus agréables sont celles densément velues, semblant être recouvertes d'un coton moelleux qui donne irrésistiblement envie de les caresser. Mais il y a bien d'autres surprises à découvrir...

L'IDÉE FORTE

SUSCITER LE TOUCHER

La vue précède le toucher. Les plantes doivent donc signifier leur douceur avant même qu'on les caresse. Pour cela, deux solutions s'offrent à vous : soit vous faites jouer le contraste en juxtaposant par exemple une plante très douce à un chardon décoratif ou à n'importe quelle autre plante épineuse, soit vous jouez la ressemblance en rapprochant des plantes toutes très douces, mais à des degrés divers comme les trois plantes ci-dessous.

NOTRE CHOIX

Les feuilles de **la petite tanaisie grise** ressemblent à des plumes et sont recouvertes d'un duvet soyeux très doux. Persistantes, leur dessin apparaît encore plus nettement en hiver lorsque le givre vient ourler les ramifications des feuilles. Haute de 25 à 30 cm, cette plante s'étale et peut couvrir un demi-mètre carré. Elle ne produit que quelques petites fleurs jaunes sans beaucoup d'intérêt.

♣ *Elle ne persiste bien que dans les terres peu humides en hiver.*

Autour de la tanaisie, **un sédum à feuilles pourpres** vient former un tapis de rosettes de feuilles grasses et rondes. Leur brillance révèle une surface très lisse et également très douce, mais beaucoup plus froide au toucher que celle de la tanaisie.

Les minuscules feuilles du **thym citronné doré** viennent se mélanger à celles du sédum. Comme elles, elles sont lisses et vernissées, donc très douces, mais leur forme bombée et leur multitude donnent l'impression de caresser une surface de petites billes.

DES FEUILLES VELUES

Les fleurs bleu argenté du **géranium de Renard** **(1)** ne s'épanouissent qu'à la fin du mois de mai, durant deux semaines environ. La texture à la fois granitée et très douce de ses feuilles est à elle seule un régal. Le géranium de Renard n'est pas très envahissant et forme des touffes bien rondes et attrayantes que nous conseillons d'associer à une touffe de graminée au détour d'un massif.

1

2

Les feuilles grises et allongées du **stachys** sont recouvertes d'un fin duvet qui les fait ressembler à des « oreilles d'agneaux ». Elles bordent joliment les massifs, surtout au long d'allées étroites qui obligent à les frôler. En juin apparaissent des tiges argentées hautes de 30 à 50 cm. Elles sont encore plus douces et cachent dans leur « laine » des petites fleurs mauves.

DES AROMATIQUES DOUCES

Le faux curry (2) est irrésistible, non seulement pour la douceur incomparable de ses feuilles, mais aussi pour son odeur de curry si caractéristique. Bien rustique, il pousse assez vite et forme un buisson rond. Ses petites fleurs jaunes, apparaissant en juillet, doivent être supprimées pour encourager la croissance de nouvelles pousses plus laineuses, plus douces, mais aussi plus odorantes.

Tout aussi désirable, **le thym laineux** étale sur le sol ses branches très fines portant des petites feuilles grises et duveteuses. Il épouse les roches et les moindres aspérités du terrain et retombe en douces cascades quand on le plante en hauteur. Le meilleur usage consiste à en tapisser une sorte de banc de terre de manière à s'asseoir sur un coussin parfumé et très doux.

LEUR NOM LATIN

- → **Petite tanaisie grise :** *Chrysanthemum densum spp. amani*
- → **Sédum à feuilles pourpres :** *Sedum spurium* 'Atropurpureum'
- → **Thym citronné doré :** *Thymus* x *citriodorus* 'Bertram Anderson'
- → **Géranium de Renard :** *Geranium renardii*
- → **Stachys :** *Stachys byzantina*
- → **Faux curry :** *Helichrysum splendidum*
- → **Thym laineux :** *Thymus praecox pseudolanuginosus*

• SACHEZ QUE
Les feuilles grises et duveteuses sont une adaptation des plantes aux situations sèches et très ensoleillées. C'est en quelque sorte une couche « isolante » qui évite au feuillage d'être brûlé par le soleil et de perdre trop d'eau par transpiration.

• ASTUCE
Disposez les plantes les plus douces à portée de main, au coin de massifs ou au bord de la terrasse par exemple, pour pouvoir les caresser facilement. N'oubliez pas d'en planter en pot ou d'en mêler à vos jardinières de fleurs.

• DÉCOUVREZ
En plantant ou en manipulant des plantes, ou encore en visitant le jardin de vos voisins, pensez à caresser les plantes, vous découvrirez alors toute la richesse de leurs textures qui donnera à vos propres compositions une autre dimension.

• SITUATION
Toutes ces plantes aiment le plein soleil et une terre ne gardant pas trop l'humidité en hiver.

ELLES CONVIENNENT AUSSI

- Armoise rampante p. 366
- Bouillon blanc p. 265
- Chou marin p. 358
- Phlomis de Russel p. 262
- Sauge pourpre p. 369
- Sédum remarquable p. 265

Des fleurs de nuit

D'ordinaire, on admire les fleurs le jour mais, si vous restez dans le jardin à la tombée de la nuit, vous remarquerez certainement l'éclat particulier qui caractérise certaines d'entre elles. Bien entendu, les teintes claires, jaune pâle ou blanches prédominent, mais la luminosité de certains roses ou de certains bleus est parfois encore plus remarquable. Quelques plantes sont même de parfaites noctambules, n'ouvrant leurs corolles qu'au soir pour les refermer peu après l'aube ...

L'IDÉE FORTE

REGROUPEZ-LES PRÈS DE VOTRE TERRASSE

Si vous aimez vous promener au jardin le soir ou la nuit (avec ou sans lune !) vous irez spontanément à la rencontre des fleurs les plus lumineuses dispersées parmi les autres fleurs du jardin. Mais on profite bien mieux de ces beautés nocturnes en les regroupant autour de la terrasse ou de l'endroit où l'on aime s'attarder le soir ou prendre ses repas à l'extérieur. Ensemble, elles constituent un décor presque fluorescent et très étonnant.

N O T R E   C H O I X

D'un bleu-mauve assez banal dans la journée, **le phlox 'Caroline Van den Berg'** est l'un de ceux qui reflètent le mieux la lumière lunaire. Ses grandes corolles regroupées en grosses têtes arrondies se détachent particulièrement bien devant les ombelles plates d'une achillée de même couleur que nous avons trouvée au hasard d'un semis.

♣ *Pour bien fleurir, les phlox ont besoin d'une terre lourde, qui reste humide en été. Il faut aussi diviser les touffes tous les deux ou trois ans.*

Toutes **les éphémères de Virginie** ouvrent leurs fleurs en fin de journée pour les refermer vers 10 ou 11 heures du matin. Celles de la variété 'Osprey' sont blanches voilées de bleu, plus intenses vers le cœur de la fleur où les étamines sont d'un bleu franc remarquable.

♣ *Dans une terre riche et restant humide l'été, cette plante de 30 cm de haut fleurit de mai aux gelées et constitue de jolies bordure.*

1

DES FLEURS JAUNE PÂLE

Parmi **les hémérocalles**, plusieurs variétés ont des fleurs jaunes très pâles, presque blanches. 'Ice Carnival' est la plus courante et, comme celles de bon nombre de variétés anciennes, ses fleurs s'ouvrent en fin d'après-midi pour ne se faner que le surlendemain. Les variétés plus récentes ont un caractère plus diurne.

2

Comme les éphémères, **les belles de nuit (1)** ne s'épanouissent que pendant les heures les plus sombres. Elles se déclinent en des coloris très divers, mais ce sont les variantes à fleurs jaune pâle qui, à notre avis, sont les plus lumineuses. Nous les soupçonnons aussi d'être celles qui émettent le meilleur parfum.

Quand on cite **l'asphodéline de Croatie**, c'est souvent pour sa jolie couleur jaune pâle, plus douce que celle de la plus courante, l'asphodéline jaune. On oublie souvent de décrire le caractère nocturne de ses fleurs qui ne s'ouvrent qu'à partir de 17 heures. Ce n'est pas un inconvénient... quand on recherche vraiment cette caractéristique...

DES FLEURS BLANCHES

À partir de la fin mai, **les juliennes blanches (2)** produisent leurs bouquets de fleurs au sommet de tiges raides de 80 cm à 1 m de hauteur. Le soir, elles illuminent le jardin comme si elles étaient phosphorescentes.

♣ *Elles s'épanouissent pendant une grande partie de l'été si on coupe les fleurs juste fanées et que le sol reste humide en permanence.*

Tous les tabacs d'ornement restent attrayants le soir, en particulier lorsqu'ils diffusent leur parfum si caractéristique, mais nous apprécions particulièrement à ce moment **le grand tabac blanc**. Il atteint 1,20 m de haut et produit de longues fleurs tubulaires qui, de loin, semblent être des petits tubes au néon... délicieusement parfumés.

LEUR NOM LATIN

- → **Phlox 'Caroline Van den Berg' :** *Phlox* x *paniculata* 'Caroline Van den Berg'
- → **Éphémère de Virginie 'Osprey' :** *Tradescantia virginiana* 'Osprey'
- → **Hémérocalle 'Ice Carnival' :** *Hemerocallis* 'Ice Carnival'
- → **Belle de nuit :** *Mirabilis jalapa*
- → **Asphodéline de Croatie :** *Asphodeline liburnica*
- → **Julienne blanche :** *Hesperis matronalis* 'Alba'
- → **Grand tabac blanc :** *Nicotiana sylvestris*

• NOTRE EXPÉRIENCE
Choisissez vos hémérocalles parmi celles dont les fleurs sont le plus haut possible au-dessus du feuillage. Vous aurez ainsi l'impression de voir une nuée d'étoiles flotter dans la pénombre.

• SACHEZ QUE
On fait de très jolies bordures de belles de nuit hautes de 80 cm en les plantant à 50 cm les unes des autres. Leurs racines tubérisées se conservent l'hiver comme celles des dahlias.

• COMMENT SEMER ?
Le grand tabac blanc et les belles de nuit se sèment en pot dans une pièce ou un coffre chauffé, au milieu du printemps. Dès que les jeunes plantes ont deux feuilles, repiquez-les chacune dans un godet de tourbe pressée et mettez-les en place au jardin une fois les dernières gelées passées.

ELLES CONVIENNENT AUSSI

- Œnothère 'Fyrverkeri' p. 247
- Tabac d'ornement p. 221

ARBRES ET ARBUSTES : LA BASE D'UN DÉCOR SIMPLE

Ils forment la véritable structure du jardin contre laquelle viennent s'appuyer toutes les autres plantations. Comme nos jardins sont de plus en plus petits, le choix des arbres doit être judicieux, et combiner un maximum d'attraits pour un minimum d'inconvénients. Ils peuvent s'apparenter aux espèces sauvages des environs ou présenter une silhouette, un feuillage ou une floraison remarquables, mais les meilleurs d'entre eux conjugueront plusieurs qualités. Même commentaire au sujet des arbustes : préférez ceux qui ont de l'intérêt toute l'année à ceux dont la floraison est fugace. Recherchez aussi les plus attrayants durant les périodes les plus creuses du jardin, au cœur de l'été ou durant les longs hivers. Enfin, commencez par les arbustes les plus faciles (qui heureusement sont les plus nombreux !) et gardez les rhododendrons et tous les arbustes délicats pour plus tard, lorsque votre jardin se sera bien étoffé…

Des arbres de nos régions

Parce qu'ils sont par définition parfaitement acclimatés à votre région, les arbres indigènes sont peu sensibles aux maladies, adaptés à la terre, à l'humidité ou à la sécheresse, résistants au gel, aux tempêtes et autres aléas climatiques. Le prix de ces « valeurs sûres » est aussi bien plus bas que celui des autres essences « exotiques ». Et cela ne veut pourtant pas dire qu'elles soient moins attrayantes...*

L'IDÉE FORTE

AGRÉMENTEZ-LES DE FLEURS

Si vous trouvez les arbres de votre région trop tristes, agrémentez-les de plantes grimpantes à fleurs comme les rosiers (ici : 'American Pillar'), les chèvrefeuilles ou les clématites. Plantez celles-ci directement à la base des troncs, comme ici, soit en dehors de la zone couverte par les branches, puis guidez les premières pousses vers leur support.

NOTRE CHOIX

Le bouleau verruqueux est le plus commun des deux espèces indigènes en Europe et se reconnaît aux petites verrues grisâtres sur ses branches. Son écorce blanche, plus ou moins belle selon les sujets, est marquée de crevasses noires au moins à la base du tronc. C'est un très bel arbre décoratif surtout si on le plante en colonies, pour meubler rapidement un grand terrain nu. Il pousse dans n'importe quel type de sol, même de mauvaise qualité.

♣ *Plutôt que de planter un groupe de trois bouleaux, coupez un jeune sujet à 10 cm du sol pour favoriser la pousse de plusieurs troncs naturels.*

Le bouleau pubescent lui ressemble, bien que sa jeune écorce soit longtemps grise ou brune avant de blanchir. Ses feuilles sont velues sur leur face inférieure. Il est plutôt inféodé aux terres acides et humides et doit être préféré au premier dans les régions où il est naturellement très répandu.

DES ARBRES À FLEURS

Complètement supplanté par ses cousins japonais, **le cerisier à grappes (1)** se remarque pourtant de loin lorsqu'il fleurit au début du mois de mai. Ses petites fleurs, réunies en longs épis, évoquent celles du muguet ; il est d'ailleurs surnommé « muguetier » dans de nombreuses régions. Sa floraison marque la fin des gelées.

♣ *Le cerisier à grappes pousse très bien sur les terres lourdes et humides, redoutées des cerisiers plus sophistiqués.*

1

Arbre très populaire dans les régions méridionales, **le frêne à fleurs**, appelé aussi « frêne à manne », déploie à la fin du mois de mai ses bouquets de petites fleurs crème qui dégagent une bonne odeur de miel. Il aime les terres fraîches mais bien drainées et les emplacements chauds où sa floraison est alors optimale.

♣ *Le frêne à fleurs atteint 12 m de hauteur, mais pousse bien plus lentement que le frêne commun.*

D'AUTRES ARBRES DÉCORATIFS

Le saule blanc produit l'un des plus beaux feuillages argentés, surtout remarquable en été. Spontané* sur les terres humides, il pousse aussi très vite sur des sols plus secs. On le maintient facilement dans un jardin moyen en le taillant en têtard, c'est-à-dire en coupant toutes ses branches à leur base tous les deux ans.

Dans le Midi, **le chêne vert** est aussi familier des garrigues que des jardins. C'est un de nos très rares arbres à feuilles persistantes. Sa croissance très rapide dans le jeune âge ralentit quand l'arbre étale ses branches pour former une belle cime arrondie. Peu élevé, il donne un ombrage dense, recherché pendant l'été.

♣ *Le chêne vert peut pousser dans toutes les régions littorales, abrité contre un mur chaud.*

Le sorbier intermédiaire (2) est probablement l'arbre européen à la fructification la plus remarquable. Dès le mois d'août, il se couvre de fruits rouge-orangé, gros et rutilants comme des perles, tellement nombreux qu'ils font ployer les branches. Les feuilles grises au revers blanchâtre les mettent bien en valeur.

♣ *Il pousse bien, même dans les terres calcaires.*

2

LEUR NOM LATIN

- → **Bouleau verruqueux :** *Betula pendula*
- → **Bouleau pubescent :** *Betula pubescens*
- → **Cerisier à grappes :** *Prunus padus*
- → **Frêne à fleurs :** *Fraxinus ornus*
- → **Saule blanc :** *Salix alba*
- → **Chêne vert :** *Quercus ilex*
- → **Sorbier intermédiaire :** *Sorbus x intermedia*

• VOCABULAIRE
* Indigène : se dit d'une plante originaire de la région où elle pousse.
* Spontané : qui pousse naturellement.

• SACHEZ QUE
Les pépiniéristes proposent des variétés de saule au jeune bois coloré de rouge, d'orangé ou de jaune, qui sont à peine plus chères que le saule sauvage, mais tellement plus décoratives en hiver.

• C'EST IMPORTANT
Il est parfois possible de prélever ces arbres spontanés dans un terrain vague, mais il faut être sûr de savoir les reconnaître et n'arracher que des plantes jeunes. On les trouve aussi en pépinière à des prix très bas et leur reprise est garantie.

• PENSEZ-Y
Bien d'autres beaux arbres spontanés font de superbes spécimens à réserver plutôt aux grands jardins : ce sont les tilleuls, érables champêtres, merisiers et cerisiers de Sainte Lucie.

ELLES CONVIENNENT AUSSI

- Aubépine p. 295
- Charme p. 284, 295
- Hêtre p. 295
- Cytise p. 120
- Néflier p. 125

Des arbres d'ornement

Une fois les arbres fruitiers installés, il vous reste peut-être un peu de place pour un ou plusieurs arbres décoratifs. La gamme cultivée aujourd'hui est plus importante que jamais et vous permet de trouver des arbres parfaitement proportionnés à la taille de votre jardin. Choisissez, selon vos goûts, un arbre à fleurs spectaculaires sur une courte période, un arbre à feuillage coloré beau tout l'été ou un arbre à fruits rutilants, en automne.

NOTRE CHOIX

Le cerisier à fleurs 'Accolade' est une variété récente qui allie une floraison impressionnante en avril à des couleurs d'automne rouge-orangé somptueuses. Ses branches principales sont horizontales et très étalées, mais ses petites feuilles ne créent qu'une ombre légère qui permet de cultiver des arbustes au-dessous d'elles. Haut de 4 à 5 m, il s'étend sur 6 à 7 m de diamètre.

Plus vertical, **le cytise** n'est jamais très encombrant. En mai, il se couvre de grappes jaunes très nombreuses et très longues chez la variété 'Vossii'. À la différence de l'espèce type, cette variété ne produit pas les graines rondes, noires et toxiques, dangereuses pour les enfants.

♣ *Il est capable de pousser facilement dans les terres les plus mauvaises.*

L'IDÉE FORTE

ATTENTION À LA FORME

Les vendeurs mentionnent toujours la hauteur d'un arbre, mais rarement le port et la forme de son houppier*. Or, pour une taille équivalente, certains ont une ramure étalée très encombrante et d'autres aux branches verticales n'occuperont jamais beaucoup de place. Avant le choix définitif, sélectionnez d'abord vos arbres préférés en fonction de la surface maximale que leurs branches pourront couvrir dans votre jardin.

1

Les feuilles jaunes du **robinier doré (1)** changent de teinte au fil des mois. Jaune brillant au printemps, elles passent au jaune-vert en été puis prennent des reflets de plus en plus orangés au début de l'automne (photo ci-contre, à gauche). Son ombre est claire et légère, idéale pour abriter un repas en plein air.

♣ *Il atteint de 6 à 7 m de haut pour 3 à 4 m de large. Il pousse partout, mais déteste les courants d'air.*

DES ARBRES À FRUITS DÉCORATIFS

Les sorbiers (2) comptent beaucoup de variétés aux fruits rutilants, comme ceux de ce sorbier intermédiaire, ou plus orangés. Très faciles à cultiver, ils ne deviennent jamais encombrants et leurs fruits attirent beaucoup les oiseaux en hiver. Hauteur en dix ans : 5 m ; largeur : 3 m.

2

♣ *C'est un très bon sujet pour les terres calcaires.*

Le pommier d'ornement 'Evereste' est aussi remarquable pour sa floraison en mai que pour ses nombreuses petites pommes orangées. Elles persistent sur l'arbre de la fin de l'été au milieu de l'hiver. On le trouve greffé sur une tige bien droite, mais les sujets plantés jeunes font des arbres bien plus pittoresques.

♣ *Adulte, sa hauteur et sa largeur varient de 3 à 5 m.*

DES ARBRES À FEUILLES COLORÉES

Si vous aimez les beaux feuillages, la famille des érables saura vous combler. **L'érable plane** possède plusieurs variétés à feuilles pourpres. **'Crimson King'** atteint de 4 à 5 m de haut pour 4 m de diamètre en dix ans. Plantez-le du côté ouest du jardin pour que le soleil couchant joue avec les feuilles translucides comme avec des vitraux.

L'olivier de Bohème est un des plus jolis petits arbres à feuilles grises capable de pousser un peu partout. Son aspect est proche de celui des vrais oliviers, mais il est rustique.

♣ *Adulte, sa hauteur et sa largeur varient de 4 à 5 m.*

LEUR NOM LATIN

- → **Cerisier 'Accolade' :** *Prunus* x 'Accolade'
- → **Cytise :** *Laburnum* x watereri 'Vossii'
- → **Érable plane pourpre :** *Acer platanoides* 'Crimson King'
- → **Olivier de Bohême :** *Elaeagnus angustifolia*
- → **Robinier doré :** *Robinia pseudoacacia* 'Frisia'
- → **Sorbier intermédiaire :** *Sorbus* x *intermedia*
- → **Pommier 'Evereste' :** *Malus* x 'Evereste'

• VOCABULAIRE

* Houppier : ensemble des branches d'un arbre.

• ALLEZ PLUS LOIN

Les tiges bien droites des arbustes, formées par les pépiniéristes, sont un peu raides dans un jardin. Achetez plutôt des jeunes plantes et une fois qu'elles sont bien installées, tuteurez leur tige principale et supprimez peu à peu les branches basses. Il faut ainsi de trois à cinq ans pour former un petit arbre, mais qui sera unique.

ELLES CONVIENNENT AUSSI

- Bouleau pleureur p. 123
- Catalpa boule p. 123
- Cerisier 'Amanogawa' p. 123, 130
- Érable du Japon p. 135, 157
- Noisetier de Byzance p. 123
- Poirier pleureur p. 123, 131
- Pommier 'Golden Hornet' p. 261, 310
- Pommier 'Van Eseltine' p. 122

Des arbres à silhouette remarquable

Pour beaucoup d'entre nous, un arbre, c'est un tronc bien droit avec une cime plus ou moins arrondie. Pour leur donner une forme précise, il faut les tailler. Or, il existe bon nombre d'arbres dont la silhouette est naturellement remarquable. Ces sujets pittoresques, attrayants même dépourvus de feuilles, occupent souvent moins d'espace et n'ont que rarement besoin d'être taillés.

NOTRE CHOIX

Ce pommier érigé* 'Van Eseltine' n'occupe pas plus de 50 cm de diamètre au sol pour une hauteur voisine de 4 m. Sa floraison très abondante au long des rameaux bien verticaux le transforme en une torche rose vers la mi-mai. Plus discret le reste de l'année, il demeure un joli pilier à la pointe de ce massif en servant de support pour une clématite à grandes fleurs.

Le cerisier 'Amanogawa' se comporte exactement de la même manière que le pommier 'Van Eseltine', et possède des mensurations similaires. Ses fleurs rose tendre s'épanouissent un mois plus tôt, vers la mi-avril. Il est remarquable accompagné de spirées de Norvège au port en boule bien régulier. Ses feuilles prennent de jolies couleurs orangées en automne.

♣ *Coupez la pointe des branches qui se plient sous le poids des fleurs ou des feuilles, ce qui leur permet de retrouver leur place et de se fortifier avant de s'allonger à nouveau.*

L'IDÉE FORTE — *OPPOSEZ LES FORMES*

On a toujours tendance à placer un sujet remarquable « isolé » sur la pelouse. Pourtant, c'est en les associant à d'autres arbres de formes bien différentes que l'on souligne leur particularité et que l'on justifie leur plantation dans le jardin. Sur la photo ci-dessus, la forme verticale du pommier est opposée à la masse étalée d'un saule nain et à celle, plus ronde, d'un mahonia.

DES FORMES BIEN RÉGULIÈRES

Le catalpa boule est souvent utilisé pour border les petites rues, mais il est aussi très beau dans un jardin, par exemple planté par paire de chaque côté d'une entrée ou d'une allée. Ses branches, de croissance modérée, forment une cime bien ronde densément habillée de grandes feuilles. Elle s'aplatit légèrement en vieillissant.

La forme du **noisetier de Byzance** est celle d'un cône parfait, haut de 7 à 9 m en quinze ans. Il pousse ainsi naturellement, les branches de la base sont plus longues que celles du sommet, qui, elles, restent bien pointues. Son tronc bien droit est recouvert d'une écorce liégeuse, chaude en hiver.

♣ *Le noisetier de Byzance produit de belles noisettes seulement si plusieurs spécimens poussent près les uns des autres.*

Le charme pyramidal (1) adopte, dès son plus jeune âge, la forme ovoïde et pointue de la flamme d'une bougie. De croissance plus lente qu'un charme ordinaire, il atteint tout de même de 6 à 8 m de haut en 15 ou 20 ans selon la richesse du terrain.

♣ *Attention, selon les origines des plantes, certaines deviennent très larges et d'autres restent étroites de la base. Demandez toujours des précisions à votre pépiniériste.*

1

DES FORMES RETOMBANTES

Avec ses feuilles grises et allongées, **le poirier pleureur (2)** ressemble beaucoup à un saule, et ses branches retombantes ajoutent à la comparaison. Il produit de jolies fleurs blanches au printemps et quelques petites poires dures en automne.

♣ *Le poirier pleureur ne dépasse cependant pas 3 m de haut pour 2 m de large et trouve ainsi sa place dans les jardins petits ou moyens.*

2

Le bouleau pleureur se trouve sous différentes présentations. Il est parfois greffé sur un tronc bien droit haut de 1,80 m et il est alors parfait pour constituer une véritable « salle de verdure ». D'autres le proposent greffé « de pied », ce qui donne un sujet plus bas au tronc tortueux vraiment très pittoresque.

♣ *Quelles que soient ses dimensions, il faut tailler, tous les deux ou trois ans, les pousses retombantes près de leur base pour garder un feuillage abondant et sain.*

LEUR NOM LATIN

- → **Pommier 'Van Eseltine' :** *Malus* 'Van Eseltine'
- → **Cerisier à fleurs 'Amanogawa' :** *Prunus* x *serrulata* 'Amanogawa'
- → **Catalpa boule :** *Catalpa bignonoides* 'Nana'
- → **Noisetier de Byzance :** *Corylus colurna*
- → **Charme pyramidal :** *Carpinus betulus* 'Fastigiata'
- → **Poirier pleureur :** *Pyrus salicifolia* 'Pendula'
- → **Bouleau pleureur :** *Betula pendula* 'Youngii'

• VOCABULAIRE

* Érigé : dressé, étroit et vertical.

• TAILLEZ-LES

Ces arbres réclament peu de taille, mais il faut parfois éliminer une branche mal formée. Taillez alors celle-ci au-dessus d'un œil dirigé vers l'intérieur de la forme.

• TONNELLE NATURELLE

Pour former une tonnelle naturelle avec un arbre pleureur, coupez les branches pendantes juste après le coude qu'elles forment quelques centimètres après leur point de naissance. Vous élargirez ainsi peu à peu le « parapluie ».

• SACHEZ QUE

Deux formes identiques sont idéales pour créer un effet de symétrie, mais un groupe de trois ou cinq, comme le conseillent parfois les paysagistes, n'apporte rien de plus qu'un sujet isolé et encombre bien vite le jardin.

ELLES CONVIENNENT AUSSI

• Hêtre fastigié p. 130
• Sapin de Serbie p. 133, 292
• Thuya occidental doré p. 133

Un arbre, deux usages

Nos habitudes jardinières nous conduisent toujours à séparer les plantes productives des plantes décoratives. Or, la plupart des arbres fruitiers offrent également une floraison souvent aussi attrayante que celle des arbres « d'ornement ». Considérer les arbres fruitiers comme des arbres décoratifs fait économiser quelques sous, mais aussi quelques mètres carrés, toujours très précieux pour un jardinier.

NOTRE CHOIX

Le cognassier forme un petit arbre à la cime arrondie et aux branches retombant sous le poids de ses fruits à la peau mordorée. Les coings restent longtemps sur les branches et ne sont récoltés qu'à l'approche des premiers froids pour faire de délicieuses gelées. Au printemps, les gros boutons rosés s'ouvrent en de grandes fleurs blanches aux pétales nacrés. Les feuilles elles-mêmes sont épaisses, recouvertes d'un doux duvet blanchâtre au revers.

♣ *Peu exigeant sur la nature du sol, le cognassier redoute toutefois les terres trop humides. Il pousse mieux dans un endroit bien abrité du vent.*

Plus classique, **le poirier** a une floraison encore plus spectaculaire au mois d'avril. Beaucoup de poires sont assez discrètes, sauf les variétés à la belle peau jaune comme la 'Beurré Lebrun' ou les surprenantes poires rouges telle la 'Williams Rouge' ou 'Calired'.

♣ *L'arbre pousse plus ou moins haut selon la nature du porte-greffe. Plantez-le dans un endroit abrité des gelées printanières.*

L'IDÉE FORTE

EXPLOITEZ CHACUNE DE LEURS QUALITÉS

La floraison et la fructification de ces arbres sont leurs qualités décoratives les plus évidentes, mais il faut aussi prêter une attention toute particulière à leur silhouette. Elle peut être libre, ou contenue par des tailles répétées, mais veillez toujours à ce qu'elle soit harmonieuse, bien équilibrée, bien aérée, mais surtout pas trop guindée. Un tronc tordu ou presque couché comme celui-ci ajoute beaucoup au charme de ces arbres.

DES FRUITIERS À BEAUX FRUITS

Les pommiers à fruits rouges comme ceux de la variété 'Akane' ou à fruits très clairs comme les 'Transparente Blanche' ou les 'Golden

Delicious' se remarquent de loin. Les arbres qui les portent sont aussi remarquables que les petits pommiers décoratifs ; d'ailleurs, leur floraison rose en bouton puis blanche est tout aussi abondante.

♣ *Plantez des pommiers « demi-tige » dont les fruits seront à hauteur des yeux et surtout… à portée de main.*

Les mirabelliers se couvrent d'une multitude de petites prunes jaune d'or à la fois très belles et délicieuses lorsqu'on les cueille juste à point avant de les déguster. 'Mirabelle de Nancy' est une variété autofertile, capable de produire beaucoup de fruits s'il n'y a pas d'autres pruniers aux alentours.

Un kaki couvert de fruits juste après la chute des feuilles est un spectacle que l'on n'oublie guère. Ce petit arbre atteint 4 à 5 m de hauteur et produit une abondance de fruits semblables à des tomates, mais d'une belle couleur orange. Ils se consomment très murs et sans la peau.

♣ *Plantez-le contre un mur chaud pour que les fruits tardifs ne soient pas victimes des premère gelées.*

DES FRUITIERS À BEAU FEUILLAGE

Essayez de planter **un figuier** dans votre jardin, même si vous n'habitez pas dans une région au climat très doux. Cet agréable petit arbre donnera une ambiance exotique à votre terrasse. À défaut d'être abondantes, les récoltes peuvent être amusantes ou surprenantes.

♣ *Plantez-le contre un mur exposé vers l'ouest ou vers le sud.*

Comme le cognassier, **le néflier** retrouve aujourd'hui la faveur des jardiniers. Ses fruits se consomment en gelées et ses fleurs sont très belles au printemps. Son feuillage, d'un beau vert sombre velouté en été, prend quant à lui de magnifiques teintes orangées en automne. La silhouette de ce petit arbre est tortueuse.

♣ *Très rustique, le néflier pousse partout sans problème. Éclaircissez un peu son branchage, toujours trop dense.*

2

LEUR NOM LATIN

- ➜ **Cognassier :** *Cydonia oblonga*
- ➜ **Poirier :** *Pyrus communis* 'Beurré Lebrun', 'Williams Rouge', 'Calired'®
- ➜ **Pommier :** *Malus communis* 'Akane', 'Transparente Blanche' et 'Golden Delicious'
- ➜ **Mirabellier:** *Prunus domestica* 'Mirabelle de Nancy'
- ➜ **Kaki :** *Diospyros kaki*
- ➜ **Figuier :** *Ficus carica*
- ➜ **Néflier :** *Mespilus germanica*

• ASTUCE

Comme il vaut mieux garder un large cercle sans herbe au pied des fruitiers, réunissez les cercles de plusieurs arbres pour former un massif et garnissez-le de bulbes de printemps et de plantes couvre-sol.

• NOTRE EXPÉRIENCE

Les vieux arbres fruitiers deviennent des hôtes idéaux pour une glycine. Dès que son tronc est bien épais, elle forme un véritable arbre et persiste ainsi même après la mort du fruitier-support.

• IL FAUT SAVOIR

On peut acheter des arbres fruitiers d'un an, appelés scions, qui reprennent et poussent très vite pour un coût 3 à 4 fois inférieur aux jeunes arbres. Précisez toutefois la hauteur des arbres que vous désirez obtenir pour que le pépiniériste vous fournisse des plantes greffées sur le bon porte-greffe.

Des arbres adultes en trois ans

NOTRE CHOIX

Quand le jardin est encore vide, il est difficile de résister à l'achat d'arbres déjà formés, voire de sujets âgés d'une dizaine d'années ou plus. Outre leur coût élevé (ajoutez au prix d'achat celui du transport et de la mise en place) et le risque de non-reprise, ces arbres attendent de trois à cinq années pour reprendre une croissance normale. Il est beaucoup moins onéreux de choisir des petits arbres à croissance rapide, qui, plantés très jeunes, sauront vite donner à votre jardin un air de maturité.

Le saule des coyotes est attrayant grâce à ses feuilles argentées, longues et fines, d'apparence très légère. Il produit plusieurs tiges atteignant trois mètres en deux ans. Coupées au ras du sol pendant leur troisième hiver, celles-ci laissent la place à de nouvelles pousses. Leur ombrage léger est bienvenu près de la maison et abrite des arbres de croissance plus lente.

♣ *Le saule des coyotes n'a pas besoin d'une terre très humide pour pousser.*

Le feuillage presque blanc et la croissance rapide de **l'olivier de Bohême** le font vite ressembler à un véritable olivier. Très bien adapté aux terres sèches et aux endroits ventés, il prend la forme d'un arbre si on coupe progressivement ses branches basses pour dégager son tronc, à l'écorce noire et crevassée.

♣ *Plantez-le très jeune, car ses quelques racines ne supportent pas bien les transplantations.*

L'IDÉE FORTE — *UNE PRÉSENCE TEMPORAIRE*

Ces arbres à croissance rapide et ceux qui vieillissent vite sont également très utiles pour protéger un nouveau jardin des vents et du plein soleil. On les supprime ensuite progressivement pour laisser la place à des essences plus délicate souvent plus chères. C'est le cas ici où le saule a protégé les premières années de croissance d'un *Magnolia* x *loebneri*, qui a désormais atteint une belle taille.

1

DES ÉCORCES VITE CREVASSÉES

Une écorce crevassée et couverte de mousses et de lichens trahit souvent un âge avancé, sauf pour ces arbres à croissance rapide qui l'adoptent dès leur deuxième ou troisième année. Le tronc et les branches principales du **sureau (1)**, spontané ou cultivé, comme la très belle **variété à feuilles de persil**, ont une écorce profondément crevassée dès leur troisième année. On la met en valeur en supprimant toutes les branches basses.

♣ *Le sureau à feuilles de persil pousse dans n'importe quel sol qu'il a la propriété d'enrichir avec ses feuilles abondantes se décomposant très vite.*

Plus lumineux, **le robinier 'Frisia'** se remarque avant tout pour son feuillage doré changeant de nuances selon l'ensoleillement. Il pousse très vite en adoptant un port* tourmenté qui renforce encore l'impression de posséder un vieil arbre.

♣ *Mettez en place un jeune sujet dans un endroit ensoleillé mais abrité des vents forts.*

DES VIEUX TOUJOURS JEUNES

L'aralia (2) est très spectaculaire en été avec ses grandes feuilles composées* d'allure exotique. Ses tiges poussent de 1 à 2 m par an et culminent à 4 ou 5 m de hauteur. Elles ne vivent que quelques années, mais sont rapidement remplacées par des plus jeunes. C'est une plante idéale dans un jardin de ville.

2

Le tamaris d'été produit ses nombreuses fleurs roses sur les jeunes pousses, mais, une fois qu'il a atteint sa taille adulte (de 3 à 4 m), sa floraison diminue. Pour lui conserver une belle silhouette tout en le maintenant florifère, on l'élève sur 3 ou 4 troncs principaux et on coupe l'un d'eux chaque fin d'hiver.

S'accommodant de toutes les terres peu humides, **le cytise** gagne lui aussi à être conduit en cépée*. Ainsi, il n'atteint pas une grande hauteur mais reste très florifère et il a l'air d'être vieux tout en demeurant perpétuellement jeune et florifère.

LEUR NOM LATIN

- → **Saule des coyotes :** *Salix exigua*
- → **Olivier de Bohême :** *Elaeagnus angustifolia*
- → **Sureau à feuilles de persil :** *Sambucus nigra* 'Laciniata'
- → **Robinier 'Frisia' :** *Robinia pseudoacacia* 'Frisia'
- → **Aralia :** *Aralia elata*
- → **Tamaris d'été :** *Tamarix pentandra*
- → **Cytise :** *Laburnum anagyroides*

• VOCABULAIRE

* Cépée : se dit d'un arbre comportant plusieurs troncs partant d'un même point.
* Composée : formée de différents segments plus ou moins identiques.
* Port : silhouette, forme de l'arbre.

• C'EST IMPORTANT

Quand vous supprimerez un sureau, un olivier de Bohême ou un cytise, contentez-vous d'arracher la souche principale mais laissez le plus de racines possible, car, mortes, elles enrichissent le sol.

• NOTRE EXPÉRIENCE

Nous avons planté ces arbres à croissance rapide à proximité de la maison pour lui donner rapidement une atmosphère plus intime, le temps que les haies installées le long des clôtures remplissent leurs fonctions protectrices.

ELLES CONVIENNENT AUSSI

• Érable champêtre p. 295
• Prunus 'Pissardii' p. 296

Des arbres fleuris au printemps

L'immense gerbe de couleur qu'offre un arbre en fleur fait instantanément oublier la mauvaise saison écoulée et remplit le jardin de poésie. Les espèces les plus spectaculaires fleurissent juste avant de déployer leurs feuilles, comme pour mieux nous faire profiter de la beauté de leurs innombrables corolles. En choisissant un arbre à fleurs, préférez cependant un sujet possédant d'autres atouts afin de ne pas être déçu pendant les cinquante semaines où il ne fleurit pas.

L'IDÉE FORTE

MARIEZ-LES BIEN

Il n'est pas aisé de marier deux arbres à fleurs comme ce pommier et ce cerisier du Japon car leurs périodes de floraison, qui ici coïncident, peuvent être décalées de 2 à 3 semaines suivant les conditions météo. Essayez plutôt de les juxtaposer à des arbres ou à des arbustes au feuillage coloré, qui constituent des associés plus fidèles. Ainsi, à la place du pommier rouge qui fait si bien ressortir les fleurs roses, un noisetier pourpre ferait tout aussi bien l'affaire.

NOTRE CHOIX

Le cerisier du Japon 'Shirofungen' produit ses lourds pompons de fleurs rose tendre vers le milieu du mois d'avril. Les bouquets ont un tel poids que les branches âgées plient quelque peu, donnant au petit arbre un port étalé ou pleureur. Son feuillage prend de magnifiques couleurs d'automne oscillant entre l'orange vif et le rouge sombre.

♣ *Les cerisiers japonais (en général greffés sur des merisiers) redoutent les sols trop secs l'été et trop humides l'hiver.*

Le pommier 'Royalty' en pleine floraison juste à l'arrière est l'une des variétés aux fleurs les plus foncées. Celles-ci paraissent encore plus sombres à coté du feuillage pourpre qui se déploie en même temps. Dans les terres lourdes, il est malheureusement sensible à la tavelure, qui tache ses feuilles et réduit sa vigueur. Il vaut mieux alors choisir la variété 'Coccinella'. Ces pommiers forment de gros buissons hauts et larges de 3 à 4 m.

DES ARBRES PLUS PRÉCOCES

Dès le début avril, **le poirier d'ornement 'Chanticleer'** habille toutes ses branches de larges bouquets de fleurs blanches qui résistent honorablement aux petites gelées. Comme le port de cet arbre est étroit et pyramidal, il se transforme en une vraie torche blanche avant son beau feuillage vert brillant.

L'arbre de Judée (1) couvre ses rameaux encore nus de petites fleurs roses semblables à celles d'un petit pois de senteur. Ces fleurs apparaissent même sur les vieilles branches et quelquefois aussi sur le tronc revêtu d'une écorce très sombre, presque noire. Plus tard, ses feuilles rondes, d'un beau vert un peu bleuté, ne manquent pas d'intérêt.

♣ *Ces deux arbres robustes poussent bien dans toutes les terres, même calcaires.*

1

2

DES ARBRES PLUS TARDIFS

Le cytise 'Vossii' (2) déploie ses longues grappes jaunes un peu plus tardivement que les cytises sauvages que l'on rencontre parfois sur le bord des routes. Sa floraison est bien plus belle et dure également plus longtemps.

♣ *Laissez-le pousser sur plusieurs troncs, car il reste ainsi plus petit et plus élégant que lorsqu'il est formé d'un tronc, unique et bien droit.*

Le cerisier à grappes roses remplace avantageusement les cerisiers du Japon dans les terres lourdes et humides où ces derniers poussent mal. Vers la fin d'avril ou le début de mai, chaque branche porte une grappe pointue de petites fleurs rosées, agréablement mises en valeur par les jeunes feuilles pourprées.

Quand ils échappent à la taille, **les lilas** deviennent de beaux petits arbres couverts de gros épis odorants entre la mi-avril et la mi-mai, selon les variétés. Simple, double ou triple, blanc, rose, mauve, bleu ou violacé, vous avez le choix de la variété. Toutes ont à peu près la même vigueur.

LEUR NOM LATIN

- → **Cerisier du Japon 'Shirofungen' :** *Prunus* x *serrulata* 'Shirofungen'
- → **Pommier 'Royalty' :** *Malus* x 'Royalty'
- → **Poirier d'ornement 'Chanticleer' :** *Pyrus calleyriana* 'Chanticleer'
- → **Arbre de Judée :** *Cercis siliquastrum*
- → **Cytise 'Vossii' :** *Laburnum* x *watereri* 'Vossii'
- → **Cerisier à grappes roses :** *Prunus padus* 'Coloratus'
- → **Lilas :** *Syringa vulgaris*

• TAILLEZ-LES
Au début de l'automne, coupez toutes les branches mortes et les fins rameaux qui encombrent le cœur des arbres. Grâce à ce simple entretien, ils resteront sains, florifères et auront une silhouette plus légère.

• PLANTEZ
N'hésitez pas à installer de petits bulbes au pied des arbres en choisissant ceux qui fleurissent à la même époque. Certains peuvent même être plantés dans l'herbe, mais il faudra attendre que leur feuillage soit bien mûr pour tondre.

• ASTUCE
Pour rendre vos arbres à fleurs plus attrayants au cœur de l'été, servez-vous-en comme support pour une ou plusieurs clématites à petites fleurs.

• C'EST IMPORTANT
Essayez de tondre parfaitement votre pelouse juste au début de la floraison des arbres pour que les pétales blancs ou colorés puissent tomber sur un beau tapis bien vert.

ELLES CONVIENNENT AUSSI

- Cerisier à fleurs 'Amanogawa' p. 123, 130
- Cerisier du Japon 'February Pink' p. 143

Des arbres peu encombrants

Par nature, un arbre grandit et occupe beaucoup de place. Aussi, la surface des jardins de plus en plus petite ne permet guère de planter plus d'un ou deux grands sujets. Toutefois, il existe chez la plupart des espèces une ou plusieurs variétés d'encombrement ou de hauteur plus faible. Ce ne sont pas des arbres nains, mais des sujets de forme très précise, étroite, pleureuse ou compacte, qui ne risquent pas de recouvrir le jardin tout entier.

1

N O T R E C H O I X

Cultiver **un hêtre** dans un petit jardin sans avoir à le tailler sans cesse est à la portée de tous, en particulier avec la variété **fastigiée** nommée **'Dawick'**. L'arbre forme un fuseau parfait ne dépassant jamais 1 m de diamètre alors qu'il peut s'élever de 6 à 7 m. De loin, il ressemble à un peuplier d'Italie, mais il possède des racines bien moins envahissantes et un feuillage plus joli, surtout lorsqu'il roussit en automne.

Le cerisier 'Amanogawa' est du même gabarit et fleurit vers la mi-avril. Ses fleurs rose pâle sont groupées en gros bouquets et habillent si densément les branches que celles-ci constituent une sorte de manchon fleuri. En automne, ses feuilles prennent de jolies teintes rouille et orangées.

DES PETITS PINS

Le pin sylvestre 'Watereri' (1) est l'une des formes les plus compactes du pin classique tel qu'on le trouve dans les forêts d'altitude. Plus nain, il atteint seulement de 3 à 4 m de hauteur ; il est aussi plus étroit et ne s'étale pas sur un diamètre supérieur à 3 m. En contrepartie, sa croissance est assez lente dans son jeune âge ce qui justifie le prix élevé des sujets de belle taille.

Plus large, le **pin à petites fleurs** n'est toutefois pas trop encombrant puisque ses branches très clairsemées n'occasionnent pas trop d'ombre. Ses aiguilles bleues sont fascinantes, tout comme ses fleurs rouges qui apparaissent au printemps à l'extrémité des branches. Sa croissance, lente au début, s'accélère quand il est implanté depuis une dizaine d'années.

♣ *Ces deux pins aiment une terre sableuse, légère mais humide en profondeur.*

DE PETITS ARBRES PLEUREURS

Le poirier pleureur possède des feuilles allongées et grises faciles à confondre avec celles d'un saule. Ses branches, d'abord un peu raides, retombent gracieusement jusqu'au sol et forment de ravissantes tonnelles. Il produit des fleurs blanches au printemps et quelques petites poires très dures en fin d'été.

♣ *Il est superbe dans les terres fortes, sèches en été et pas trop mouillées l'hiver.*

Les branches du **sophora pleureur** décrivent un arc de cercle parfait, puis descendent parallèlement au tronc. D'abord étroit, ce petit arbre s'élargit peu à peu si l'on taille chaque branche à l'extrémité de la courbe ; il ressemble alors à une cascade rebondissante. Son feuillage fin reste d'un beau vert frais tout au long de l'été.

2

Pour tous les amateurs de saules pleureurs qui ne disposent ni d'un parc ni d'un lac pour en profiter vraiment, **le saule pourpre pleureur (2)** est l'arbre idéal. Greffé sur une tige bien droite ou laissé à lui-même, il constitue une tonnelle d'environ 2,5 m de large. Ses feuilles sont d'une couleur argent bronze, pourpre lorsqu'elles se déplient. Il n'a pas forcément besoin d'humidité pour bien se développer.

L'IDÉE FORTE

UN ARBRE POUR UN MÈTRE CARRÉ

L'encombrement des branches latérales est souvent plus gênant que la hauteur véritable des arbres. En choisissant des arbres fastigiés* ou colonnaires*, on bénéficie de la grandeur des arbres sans être gêné par leur largeur puisque la plupart, comme ce pommier fastigié, n'occupent pas plus de 1 m² au sol. À l'extrême, il est possible de recréer l'ambiance d'une forêt dans un tout petit espace.

LEUR NOM LATIN

- → **Hêtre fastigié :** *Fagus sylvatica* 'Dawick'
- → **Cerisier 'Amanogawa' :** *Prunus* x 'Amanogawa'
- → **Pin sylvestre 'Watereri' :** *Pinus sylvestris* 'Watereri'
- → **Pin à petites fleurs :** *Pinus parviflora* 'Glauca'
- → **Poirier pleureur :** *Pyrus salicifolia* 'Pendula'
- → **Sophora pleureur :** *Sophora japonica* 'Pendula'
- → **Saule pourpre pleureur :** *Salix purpurea* 'Pendula'

• VOCABULAIRE

* Colonnaire : arbre aux branches courtes et toutes de mêmes dimensions, disposées à angle droit par rapport au tronc.
* Fastigié : arbre dont toutes les branches sont verticales, ascendantes et parallèles au tronc.

• C'EST IMPORTANT

Même s'ils sont petits, ces arbres dépassent 2 m de hauteur et doivent être plantés au moins à 2 m de la clôture du voisin, même s'ils ne font pas d'ombre...

• SACHEZ QUE

Les arbres pleureurs sont en général greffés sur des tiges hautes de 60 cm, 1,40 m, 1,60 m ou 1,80 m. L'effet produit est bien différent pour chacune, et seules les plus hautes conviennent pour créer de belles tonnelles de verdure.

ELLES CONVIENNENT AUSSI

• Cognassier p. 124
• Érable sycomore rose p. 146
• Pommier 'Van Eseltine' p. 122

Des grands conifères

Les pins, les sapins, les cèdres et autres conifères forment des arbres toujours majestueux que l'on a tous rêvé, à un moment ou à un autre, de planter dans son jardin. Toutefois, avant d'agir, une bonne réflexion s'impose, car la plupart d'entre eux deviennent très grands. Il faut bien les choisir pour ne pas regretter un jour de les avoir plantés.

NOTRE CHOIX

Les sapins bleus sont magnifiques à la fin du printemps, quand leurs jeunes pousses leur donnent un aspect métallique, presque irréel. Ils peuvent atteindre 6 ou 8 mètres de hauteur, mais beaucoup moins si on en plante plusieurs spécimens assez rapprochés. Des plantes à feuilles ou à fleurs jaunes les font ressortir, des plantes à feuilles grises permettent de très belles harmonies.

♣ *Les sapins bleus n'aiment pas les terres et les atmosphères trop sèches qui les rendent sensibles aux attaques d'acariens*.*

Le traditionnel **sapin de Noël** ne pousse pas toujours très bien loin des forêts de montagne, mais on en trouve dans presque tous les jardins. C'est un témoin des fêtes et des années qui passent.

♣ *Plantez-le dans un endroit bien abrité des courants d'air et s'il se dégarnit un peu trop en vieillissant, n'hésitez pas à planter une clématite à son pied. Ainsi sa floraison permettra de l'égayer un peu.*

L'IDÉE FORTE

ACCOMPAGNEZ-LES

Pour que les conifères s'insèrent bien dans votre jardin, surtout ne les isolez pas au beau milieu de la pelouse, mais plantez-les dans vos massifs en les accompagnant de toutes sortes d'arbustes et de fleurs. Exploitez la diversité de leurs formes et de leurs couleurs pour former un décor à vos plantations, attrayant en toutes saisons.

DES CONIFÈRES MAJESTUEUX

Si **le cèdre bleu (1)** est l'un des arbres les plus majestueux, sachez qu'il lui faut au moins 1000 m^2 pour étaler ses branches au bout de 30 à 40 ans et qu'il vaut mieux disposer d'un peu de recul pour l'admirer. En bref : pas de cèdre dans un jardin de moins d'un hectare...

♣ *Cela dit, il existe une variété pleureuse 'Glauca Pendula' très pittoresque et qui reste plus petite.*

Même s'il atteint de 10 à 12 m de haut dans un jardin, **le mélèze** est plus facile à intégrer parce qu'il perd ses aiguilles en hiver et qu'il se confond alors avec les arbres feuillus. Comme il laisse passer la lumière au moins une partie de l'année, beaucoup de plantes peuvent pousser sous ses branches.

♣ *Il n'apprécie guère les endroits ventés, ni les terres trop lourdes ou trop sèches.*

1

DES CONIFÈRES EN CHANDELLES

Le sapin de Serbie possède la silhouette caractéristique des sapins, mais sa croissance est bien verticale et sa ramure peu étalée. Idéal pour les petits espaces sous les climats rudes, son port, qui évoque une pagode, se marie aussi très bien à l'architecture moderne.

♣ *Faites très attention à ne pas casser la flèche* d'un jeune sujet, sinon il perdra sa belle forme élancée.*

Les conifères bien verticaux peuvent atteindre de 5 à 10 mètres de hauteur, mais leur encombrement au sol est réduit entre 4 m^2 et 6 m^2 au maximum. Si la place vous est vraiment comptée, choisissez ceux dont les branches sont parfaitement verticales comme c'est le cas chez ces deux thuyas dorés. Celui de gauche est **un thuya occidental**, qui aime les terres et les ambiances fraîches. Celui de droite est **un thuya d'Orient**, qui préfère les terres sèches et les expositions bien ensoleillées.

Observez bien l'apparence des branches, car elle est très caractéristique de chacune des espèces.

♣ *Ces deux thuyas mettent 20 ans à atteindre 3 m de haut et 1 m^2 d'encombrement à la base.*

LEUR NOM LATIN

- → **Sapin bleu :** *Picea pungens* 'Koster'
- → **Sapin de Noël :** *Picea excelsa*
- → **Cèdre bleu :** *Cedrus atlantica* 'Glauca'
- → **Mélèze :** *Larix decidua*
- → **Sapin de Serbie :** *Picea omorika*
- → **Thuya occidental doré :** *Thuya occidentalis* 'Sunkist'
- → **Thuya oriental doré :** *Thuya orientalis* 'Pyramidalis Aurea'

• VOCABULAIRE

* Acarien : minuscule araignée rouge qui se nourrit de la sève des plantes.

* Flèche : pousse principale, terminale, d'un conifère.

• QUAND PLANTER ?

De préférence à la fin de l'été, quand la terre est chaude et humide.

• NOTRE EXPÉRIENCE

Si vous cassez la flèche d'un jeune sapin, tuteurez une des branches de la première couronne. Au bout de deux ans, l'accident ne se verra même plus.

IL CONVIENT AUSSI

• If moyen p. 285

Des arbustes qui deviennent des arbres

Dans le langage courant du jardinier, le mot arbuste désigne indifféremment des buissons ou des arbrisseaux, c'est-à-dire de petits arbres. Or, ces derniers sont assez nombreux parmi les « arbustes » commercialisés. Dans de bonnes conditions de culture, de jeunes plantes adoptent vite l'aspect d'un arbre, avec un ou plusieurs troncs, et leurs proportions sont mieux adaptées à celles d'un petit jardin que celles des arbres.

L'IDÉE FORTE — DES ARBRES PERSONNALISÉS

Parmi les pousses verticales très vigoureuses partant directement du pied des aubépines, il est facile d'en sélectionner une qui deviendra un beau tronc vertical. Le lilas, en revanche, se ramifie beaucoup et plusieurs troncs forment un arbre plus élégant. En plantant ces arbrisseaux, on réalise non seulement une économie, mais on peut aussi modeler ses arbres d'une manière moins standardisée qu'en pépinière, plus naturelle et plus conforme au style de jardin propre à chacun.

NOTRE CHOIX

Les aubépines à fleurs doubles rouge et rose ont disparu un moment des catalogues des pépiniéristes, mais sont aujourd'hui à nouveau disponibles. Elles se couvrent de fleurs en mai pendant une période deux fois plus longue que les variétés à fleurs simples. Leur croissance est rapide et elles atteignent 4 à 6 m de hauteur en cinq à sept années.

♣ *Les aubépines à fleurs doubles poussent en plein soleil, quelle que soit la nature du terrain.*

Depuis cette prise de vue, le gros buisson de **lilas blanc,** intercalé entre les aubépines, est devenu un bel arbre porté par trois troncs tortueux. Il fleurit avant ou parfois après les aubépines, mais exhale toujours son agréable parfum.

♣ *Enterrez les 10 premiers centimètres des branches principales afin qu'elles produisent leurs propres racines.*

DES ARBRES PRÉCIEUX

Les magnolias (1) sont toujours considérés comme des buissons, mais ils deviennent rapidement de beaux arbres, idéaux à proximité de la maison car leurs racines ne sont jamais gênantes. Les branches basses de ce spécimen de la variété 'Lennei' ont été élaguées avant d'atteindre 2 cm de diamètre, pour ne pas laisser de cicatrices sur le tronc.

♣ *Les magnolias n'apprécient ni les terres calcaires ni les endroits venteux.*

1

2

Les variétés les plus courantes de **l'érable du Japon** forment également de beaux petits arbres admirés pour leur feuillage léger, leurs couleurs d'automne et leur port très gracieux. Ils s'adaptent à toutes sortes de terres, sauf celles trop calcaires.

♣ *Recherchez des sujets jeunes multipliés par semis. Peu chers, ils sont aussi les plus robustes.*

Dans les terres calcaires et plutôt sèches, **l'arbre de Judée** offre une floraison rose soutenu, aussi spectaculaire que celle d'un magnolia, et un port aussi attrayant que celui d'un érable japonais. Comme eux, il peut être planté contre la maison ou près de la terrasse.

DES ARBRES INATTENDUS

N'importe quel pépiniériste vous dira que **la boule-de-neige (2)** est un buisson tandis que, dans de nombreux vieux jardins, certains spécimens deviennent souvent arborescents. Leurs branches lourdes de fleurs retombent alors gracieusement en leur donnant un aspect pleureur.

♣ *Une terre humide évite à la boule-de-neige d'être sensible aux pucerons.*

L'hibiscus est souvent cultivé en buisson maintenu petit par une taille régulière. Pourtant, en dégageant la base des branches principales, on obtient un beau petit arbre à la cime régulière.

♣ *Une variété vigoureuse comme 'Russian Violet' convient à merveille.*

LEUR NOM LATIN

- → **Aubépine à fleurs doubles :** *Crataegus oxyacantha* 'Paul Scarlet' et *Crataegus oxyacantha* 'Rosea Plena'
- → **Lilas blanc :** *Syringa vulgaris* 'Mme Lemoine'
- → **Magnolia 'Lennei' :** *Magnolia* x *soulangeana* 'Lennei'
- → **Érable du Japon :** *Acer palmatum*
- → **Arbre de Judée :** *Cercis silliquastrum*
- → **Boule-de-neige :** *Viburnum opulus* 'Roseum'
- → **Hibiscus :** *Hibiscus syriacus*

• SACHEZ QUE

On trouve ces arbrisseaux soit sous forme de jeunes plants au rayon arbustes, soit greffés sur des tiges au rayon arbres. Plus naturels, les premiers poussent plus vite que les seconds et coûtent moins cher.

• ALLER PLUS VITE

Pour former rapidement des arbres à partir de jeunes arbustes, ne gardez qu'une seule branche bien verticale et supprimez à leur base toutes les pousses concurrentes dès qu'elles apparaissent. Tuteurez-la si vous aimez les troncs bien droits.

• NOTRE EXPÉRIENCE

Les jeunes plants ne possédant qu'une ou deux tiges à la base prennent plus facilement la forme d'un arbre que les sujets buissonnants, pourvus de nombreuses pousses dont le développement est difficile à maîtriser.

ELLES CONVIENNENT AUSSI

- Amélanchier p. 291, 361
- Caragana p. 297
- Érable champêtre p. 295
- Houx p. 291, 299
- Néflier p. 125
- Olivier de Bohême p. 121, 126
- Pommier 'Evereste' p. 121, 293
- Sureau noir p. 294
- Tamaris d'été p. 127

Des arbustes florifères et pas chers

Parmi les arbustes à fleurs, certains présentent un bien meilleur rapport qualité/prix que d'autres. Ils se distinguent par une floraison très abondante, parfois dès l'année de leur plantation, par une floraison très fidèle, résistante au gel, ou encore par une floraison remontante. Acheter l'un de ces buissons, c'est faire, à coup sûr, un excellent investissement.*

L'IDÉE FORTE — *UNE BASE ÉCONOMIQUE*

Ces arbustes peuvent garnir rapidement de grands massifs ou rendre le jardin attrayant dès ses premières années. Ils permettent aussi de se « faire la main » et d'apprendre à connaître sa terre et les différentes situations présentes dans le jardin avant d'accueillir des arbustes plus délicats et plus chers.

NOTRE CHOIX

La lavatère arbustive 'Barnsley' se vend aussi bien au rayon des arbustes qu'à celui des plantes vivaces. Sa croissance très rapide et sa floraison abondante tout au long de l'été la rendent précieuse pour étoffer rapidement un massif. Elle vit quelques années et se bouture aussi facilement qu'un pélargonium*.

♣ *Taillez toutes les branches à 15 ou 20 cm du sol, au début du printemps, pour régénérer l'arbuste et le garder florifère.*

Le genêt d'Espagne est tout aussi rapide et généreux que la lavatère, et ses petites fleurs jaune vif ressemblent à des papillons. Ses branches vertes ont l'aspect de joncs et ne portent presque pas de feuilles.

♣ *Plantez-le tout petit en plein soleil, dans une terre bien drainée, et taillez-le uniquement sur les branches vertes.*

DES ARBUSTES INDÉMODABLES

Le seringat (1) fleurit en abondance chaque année en juin, sans demander beaucoup de soins en contrepartie. 'White Rock' est une des variétés récentes les plus attrayantes, même si sa floraison exceptionnellement abondante manque un peu du parfum de fleur d'oranger qui caractérise les variétés simples les plus anciennes.

♣ *En guise de taille, contentez-vous d'enlever une grosse branche de temps en temps.*

1

Les deutzias, à fleurs roses ou blanches, s'épanouissent aussi tout au long du mois de juin sur les branches ayant poussé l'année précédente. Très rustiques, ils donnent cependant les plus belles floraisons après une taille radicale des rameaux juste fanés, suivie d'un bon apport de compost étalé autour du pied.

♣ *La hauteur des deutzias et des seringats varie entre 1 et 2 m. Ils poussent bien dans des terres ni sèches ni trop humides, au soleil comme à mi-ombre.*

DES FLORAISONS REMONTANTES

L'oranger du Mexique produit en mai, à l'extrémité de ses branches, des bouquets de fleurs blanches délicatement parfumées. De nouvelles fleurs apparaissent dès le milieu du mois d'août et éclairent le feuillage vert sombre persistant tout l'hiver. Il atteint 1,50 m de hauteur et de largeur.

♣ *Placez-le contre un mur, sur la terrasse ou de part et d'autre de la porte d'entrée.*

L'aspect un peu grossier des feuilles du **weigélia (2)** s'estompe quand les branches plient gracieusement sous le poids de ses innombrables fleurs. Les clochettes roses de la variété 'Abel Carrière' s'éclaircissent au cours de leur épanouissement. De nouvelles corolles apparaissent souvent en septembre, surtout si l'on taille le tiers supérieur des branches juste après la première floraison.

Les fleurs de **l'abélia** ressemblent à celles du weigélia, tout en étant plus fines. Les feuilles de l'arbuste, semi-persistantes*, évoquent plutôt celles du troène. L'abélia fleurit tout au long de l'été, pourvu que l'on maintienne le sol humide autour de ses racines.

♣ *Plantez-le en plein soleil mais à l'abri du vent.*

2

LEUR NOM LATIN

- → **Lavatère arbustive 'Barnsley' :** *Lavatera* 'Barnsley'
- → **Genêt d'Espagne :** *Spartium junceum*
- → **Seringat 'White Rock' :** *Philadelphus* White Rock ® 'Pepkill'
- → **Deutzia :** *Deutzia* x *scabra*
- → **Oranger du Mexique :** *Choisya ternata*
- → **Weigélia 'Abel Carrière' :** *Weigela* 'Abel Carrière'
- → **Abélia 'Edward Goucher' :** *Abelia* 'Edward Goucher'

• VOCABULAIRE

* Floraison remontante : qui se répète au moins deux fois au cours de la belle saison.
* Pélargonium : véritable nom du géranium mis en pots ou en jardinières.
* Semi-persistant : se dit d'un arbuste qui garde une partie de ses feuilles pendant l'hiver jusqu'à ce que les nouvelles apparaissent.

• ÉCONOMIE

Certains de ces arbustes peuvent être fournis à racines nues (indiqué « R.N. » sur les catalogues). Ils sont alors bien moins chers que ceux cultivés en conteneurs. Ils reprennent aussi plus vite, à condition d'être plantés en automne.

• COMMENT PLANTER ?

Avant de mettre en terre la motte de racines sorties d'un conteneur, laissez-la tremper un quart d'heure dans un seau d'eau et desserrez les racines pour qu'elles puissent facilement s'enfoncer en pleine terre.

ELLES CONVIENNENT AUSSI

- Ajonc p. 298
- Amélanchier p. 291, 311
- Forsythia p. 139
- Fuchsia p. 100
- Genêt à balais p. 298
- Groseiller à fleurs p. 139
- Hortensia 'Annabelle' p. 140, 198, 272
- Spirées p. 138, 140, 153, 259

Les arbustes à fleurs pour débuter un jardin (1)

Au printemps, en faisant vos premiers achats dans une jardinerie, vous tomberez sûrement sous le charme d'un bel arbuste en fleurs. Faites-vous plaisir et n'hésitez pas à acquérir tout de suite vos préférés pour vous éviter bien des recherches l'automne prochain.

NOTRE CHOIX

Le prunier nain à feuilles pourpres produit une multitude de petites fleurs au milieu du mois d'avril. La couleur particulière des feuilles fait bien ressortir les corolles légères, et permet au buisson de rester attrayant toute la belle saison. Il atteint 1,50 m de haut et de large et prend de très belles teintes orangées en automne.

♣ *Coupez chaque année quelques branches près de leur base, juste après la floraison, pour profiter d'un feuillage plus beau encore.*

Le buisson blanc à ses côtés est **une spirée de Norvège**. Plusieurs autres spirées de la même couleur fleurissent en avril, mais aucune ne possède son éclat, son pouvoir florifère et sa rusticité. Elle forme un buisson rond de 1,20 m de haut et de large et son feuillage fin, toujours en mouvement, reste agréable en été.

♣ *N'hésitez pas à façonner les jeunes plantes en forme de boule avec des cisailles pour régulariser leur forme désordonnée.*

L'IDÉE FORTE

RECHERCHEZ LES MOINS ENCOMBRANTS

Comme la surface des jardins diminue sans cesse, considérez toujours la taille adulte des arbustes avant de les installer chez vous. En effet, beaucoup de variétés conviennent mieux à de grands parcs qu'à de petits jardins. Les variétés modernes prennent en compte ce critère et sont toujours plus compactes, pour offrir un maximum d'attraits dans un minimum d'espace.

DES ARBUSTES À FLEURS PRÉCOCES

Les forsythias sont les premiers arbustes à s'épanouir dès le début ou le milieu du mois de mars. Couverts de fleurs jaunes, ils se remarquent de loin quelle que soit leur taille. Les variétés contemporaines 'Week End' et 'Marée d'Or' sont naines, étalées, et peuvent même être cultivées en bac, sur une terrasse.

♣ *On peut leur couper quelques branches dès le mois de janvier pour les faire fleurir dans la maison.*

Juste après les forsythias s'épanouissent **les groseilliers à fleurs (1)**. Leurs fleurs roses ou rouges rassemblées en grappes dégagent un parfum particulier qui rappelle le cassis. Si on les laisse pousser, ils forment de grands buissons de 2,50 m de haut et de large.

1

DES ARBUSTES À FLEURS TARDIVES

Les deux buissons ci-dessous ont été photographiés au début de juin. Le blanc, au premier plan, est **un deutzia nain**, le rose, juste derrière, **un weigélia**. Le premier ne dépasse guère 1 m de haut et de large, l'autre mesure à peu près le double. Leurs longues branches plient sous le poids des fleurs et leur donnent cette silhouette arquée si caractéristique.

♣ *Ils poussent bien un peu partout, mais les fleurs sont plus belles et durent plus longtemps si elles sont abritées du plein soleil.*

La boule-de-neige est un buisson facile à reconnaître avec ses fleurs grosses comme des balles de tennis, et blanches comme du lait, qui s'épanouissent au même moment que les lilas. D'abord vertes, elles s'éclaircissent peu à peu jusqu'à leur fanaison. Les feuilles prennent de très belles teintes pourpres en automne.

♣ *C'est un arbuste capable de s'élever à 3 ou 4 mètres de haut et de former alors un petit arbre plein de charme.*

LEUR NOM LATIN

- → **Prunier nain pourpre :** *Prunus* x *cistena*
- → **Spirée de Norvège :** *Spiraea* x *cinerea* 'Grefsheim'
- → **Forsythia :** *Forsythia* x *intermedia*
- → **Groseillier à fleurs :** *Ribes sanguineum*
- → **Deutzia nain :** *Deutzia* x *gracilis*
- → **Weigélia 'Abel Carrière' :** *Weigela* x 'Abel Carrière'
- → **Boule-de-neige :** *Viburnum opulus* 'Roseum'

• ASTUCE
Quand vous plantez un arbuste, enlevez l'herbe sur un rayon de 50 cm de diamètre tout autour, bêchez bien et repiquez-y des fleurs annuelles. Ainsi vous arroserez toutes les plantes en même temps et ce sera le point de départ d'un futur massif.

• C'EST IMPORTANT
Ces arbustes poussent vite, aussi n'est-il pas nécessaire de les acheter grands. Vous réaliserez ainsi quelques économies ou pourrez en acheter davantage avec le même budget.

• DÉTAIL IMPORTANT
Même si le nom latin vous rebute un peu, sachez que c'est la seule manière de désigner une variété précise. Si vous repérez un arbuste dans un livre ou un magazine, prenez l'habitude de noter son nom sur un carnet pour le retrouver lors de vos achats.

• OÙ PLANTER?
Évitez de planter en plein milieu de la pelouse, mais essayez de rapprocher vos buissons d'une construction ou d'un élément existant avant ; un abri de jardin, un coin de la terrasse, un mur de la maison, l'accès au garage...

ELLES CONVIENNENT AUSSI

- Cerisier 'Accolade' p. 120
- Lilas p. 129
- Seringat 'Belle étoile' p. 151

Des arbustes à fleurs pour débuter un jardin (2)

Comme ceux de la page précédente, ces buissons ne sont guère difficiles à cultiver et ils présentent l'avantage d'être plus beaux chaque année sans demander beaucoup d'attention. « Tous terrains », ils sont capables de prospérer dans des situations très diverses avec le même succès.

L'IDÉE FORTE

SOIGNEZ-LES QUAND MÊME

Parce qu'ils sont résistants, faciles à multiplier, très répandus, souvent utilisés en espaces verts, ces arbustes sont quelque peu dévalorisés aux yeux des jardiniers, qui les oublient une fois plantés. Pourtant, un apport annuel de compost et une taille appropriée qui valorisent, comme ici, l'aspect souple des branches de cette spirée, suffisent pour que leur floraison soit plus belle et plus abondante, en bref, plus spectaculaire.

NOTRE CHOIX

La floraison abondante de **la spirée 'Vanhouttei'**, à la fin du mois d'avril, fait ployer ses branches et donne à la plante entière l'apparence d'un grand parapluie. Ses petites feuilles sont toujours élégantes et elles prennent de très belles couleurs rouille orangé en automne.

♣ *Il suffit d'ôter quelques branches chaque année pour alléger l'arbuste et le garder florifère.*

En été, chaque tige de **l'hortensia 'Annabelle'** porte une grosse boule blanche semblable à celle des hortensias plus classiques. Contrairement à ses cousins, cet hydrangéa est capable de pousser dans tous types de terres et d'expositions pourvu que celles-ci ne soient pas trop sèches. Il fleurit sur ses jeunes pousses, même si des gelées tardives détruisent ses bourgeons au printemps.

♣ *De plus, il se multiplie seul en produisant des drageons* faciles à séparer.*

DES PETITS BUISSONS À FLEURS

Ces trois buissons ne dépassent guère 1,50 m de hauteur, ce qui les rend très polyvalents.

Les fleurs rose-rouge de **la spirée 'Anthony Waterer'** s'épanouissent tout au long de l'été en bouquets aplatis au sommet des tiges. Son feuillage sombre, teinté de rouge durant ses premières semaines, met bien les fleurs en valeur. Ce buisson peut constituer une jolie haie basse.

♣ *Dans les situations trop sèches, les spirées sont sensibles à l'oïdium, une maladie qui couvrent leurs feuilles d'une poudre blanche en été.*

La potentille 'Elizabeth' (1) est souvent associée à la spirée, car elle est tout aussi accommodante et florifère. Ses petites fleurs jaune vif sont pourtant mieux accordées à des fleurs bleues ou à des plantes à feuilles grises. Elle forme un buisson serré et trapu dont la forme nette est idéale pour marquer l'angle d'un massif.

1

Le rosier 'Fru Dagmar Hastrup', reconnaissable à ses feuilles à l'aspect froissé et à ses courtes épines, produit à partir de juin de grandes fleurs simples roses tendre. À la fin de l'été, elles sont accompagnées des premiers fruits, rutilants, de la taille de petites tomates.

DES BUISSONS PERSISTANTS

Laissez de côté les idées reçues et utilisez **l'aucuba** pour sa faculté de pousser dans les endroits les plus difficiles, à l'ombre de grands arbres comme à celle d'un mur exposé au nord. Son feuillage ponctué de jaune, curieux vu de près, n'a pas de rival pour éclairer l'ombre la plus sombre.

Le mahonia à feuilles de houx (2) parvient lui aussi à pousser dans les situations les plus diverses avec la même ténacité. Son feuillage brillant, vert foncé, se colore parfois d'orangé et de rouge sur les parties ensoleillées. En mars-avril, ses bouquets de fleurs jaunes sentent bon le miel.

2

LEUR NOM LATIN

→ **Spirée 'Vanhouttei' :** *Spiraea* x *vanhouttei*
→ **Hortensia 'Annabelle' :** *Hydrangea arborescens* 'Annabelle'
→ **Spirée 'Anthony Waterer' :** *Spiraea japonica* 'Anthony Waterer'
→ **Potentille 'Elizabeth' :** *Potentilla fruticosa* 'Elizabeth'
→ **Rosier 'Fru Dagmar Hastrup' :** *Rosa* x *rugosa* 'Fru dagmar Hastrup'
→ **Aucuba :** *Aucuba japonica* 'Crotonifolia'
→ **Mahonia à feuilles de houx :** *Mahonia aquifolium*

• VOCABULAIRE
* Drageon : pousse produite par les racines à distance du pied d'origine.

• TAILLEZ-LES
'Annabelle', 'Anthony Waterer' et 'Elizabeth' fleurissent plus longtemps si on coupe au printemps deux tiers des branches à leur base et que l'on réduit les autres de la moitié de leur hauteur.

• COMMENT TAILLER ?
Le rosier 'Fru Dagmar Hastrup' reste longtemps sain et florifère si on taille toutes ses tiges à 50 cm de hauteur une année, et à ras du sol l'année suivante.

• FORTES GELÉES
À -15 °C, les aucubas et les mahonias peuvent souffrir, et leurs branches geler plus ou moins complètement. Taillez-les près du sol pour leur permettre de repousser avec vigueur.

ELLES CONVIENNENT AUSSI

• Amélanchier p. 291, 361
• Boule-de-neige p. 135, 139
• Deutzia p. 137, 139
• Forsythia p. 139
• Weigélia p. 137, 139

Des arbustes fleuris dès janvier

Loin d'être le premier arbuste de l'année, le forsythia est largement devancé par quelques buissons qui s'épanouissent longtemps avant lui. Bravant les intempéries, ces derniers ouvrent leurs fleurs dès que les plus grands froids sont passés, et, grâce aux températures encore fraîches, restent attrayants parfois pendant plusieurs semaines. Une petite mise en scène est toutefois nécessaire pour en profiter au mieux depuis le confort douillet de la maison.

L'IDÉE FORTE *DONNEZ-LEUR UN FOND*

Placez ces arbustes de manière à bien les voir depuis les fenêtres de votre maison, en veillant à ce qu'un fond sombre puisse faire ressortir au mieux leur floraison. Des conifères placés plus loin, une haie taillée, un mur ou un claustra de bois font l'affaire, mais, comme cette photo le montre parfaitement, les rayons obliques du soleil à cette époque permettent aussi de sublimer les couleurs de ces petites fleurs.

NOTRE CHOIX

L'hamamélis 'Pallida' est la variété la plus lumineuse, et ses petites fleurs filamenteuses se remarquent de loin, même par temps couvert. Formées de quatre pétales étroits, longs et ressemblant à des rubans froissés, ces fleurs épanouies fin janvier résistent à toutes sortes d'intempéries, y compris aux chutes de neige, mais passent rapidement si le temps est trop clément.

Le rouge-orangé de **'Diane'** est plus difficile à mettre en valeur et seul le soleil peut, comme ici, révéler toute sa splendeur. De croissance lente, cet arbuste finit par former un large buisson étalé de 2 ou 3 m de largueur pour 1,50 à 2 m de hauteur en quinze ans, mais même de très jeunes sujets portent déjà bien des fleurs.

♣ *Les hamamélis poussent dans les mêmes terres que les hortensias, c'est-à-dire peu calcaires. Ils redoutent les situations trop chaudes ou trop exposées aux vents desséchants. Ces deux hamamélis sont accompagnés par les branches blanches d'une ronce décorative.*

D'AUTRES ARBUSTES JAUNES

Le jasmin d'hiver (1) a besoin d'un treillage, d'un mur ou d'un buisson pour supporter ses longs rameaux verts portant des petites feuilles composées durant l'été. Pendant l'hiver, chaque bourgeon porte une fleur, qui ne sent rien mais qu'on remarque de loin grâce à sa couleur vive. La floraison est sporadique en fonction des périodes de redoux, mais, au début de mars, tous les bourgeons non épanouis s'ouvrent d'un coup.

♣ *Le jasmin d'hiver n'a aucune exigence particulière, sauf une terre pas trop sèche.*

1

2

Les petits bouquets d'étamines jaunes du **cornouiller mâle** égayaient autrefois les haies vives. Aujourd'hui, cet arbuste de pays remplace avantageusement les hamamélis dans les terres calcaires où ceux-ci ne peuvent pas bien pousser.

♣ *Le cornouiller mâle atteint 3 à 4 m de haut et de large mais se taille aussi très bien et offre de bons fruits et de jolies couleurs d'automne.*

DES ARBUSTES INATTENDUS

Le petit cerisier du Japon 'February Pink' ouvre ses petites fleurs simples et rose tendre bien avant ses cousins plus connus, ce qui ne l'empêche pas de fournir une éblouissante floraison printanière.

Comme son nom l'indique, **le rhododendron 'Christmas Cheer'** s'épanouit théoriquement pour Noël, mais ses beaux bouquets de fleurs rose tendre s'ouvrent parfois un peu avant ou un peu plus tard, suivant la température du moment.

Selon leur origine, certains **camélias (2)** fleurissent déjà en décembre-janvier, mais la plupart des variétés comme **'Debbie'** attendent le mois de février ou le début de mars pour s'épanouir. Ils comptent parmi les plus beaux arbustes de la mauvaise saison, et sont presque les seuls à pouvoir vivre de longues années en bacs, quand la terre du jardin ne se prête pas à leur culture.

LEUR NOM LATIN

- → **Hamamélis 'Pallida' :** *Hamamelis mollis* 'Pallida'
- → **Hamamélis 'Diane' :** *Hamamelis* x *intermedia* 'Diane'
- → **Jasmin d'hiver :** *Jasminum nudiflorum*
- → **Cornouiller mâle :** *Cornus mas*
- → **Cerisier du Japon 'February Pink' :** *Prunus incisa* 'February Pink'
- → **Rhododendron 'Christmas Cheer' :** *Rhododendron* x 'Christmas Cheer'
- → **Camélia 'Debbie' :** *Camellia* x *williamsii* 'Debbie'

• PENSEZ-Y

Le meilleur emplacement pour l'un de ces arbustes est souvent dans le petit jardinet qui sépare la maison de la rue. C'est en effet un endroit où l'on continue à passer beaucoup en hiver et que l'on a tendance à oublier un peu en été.

• ASTUCE

Installer quelques fleurs d'hiver et plusieurs touffes de bulbes précoces au pied de ces buissons pour former des scènes à la fois raffinées et très colorées.

• NOTRE EXPÉRIENCE

Quand on ne peut pas profiter directement des branches fleuries à cause du mauvais temps, il suffit d'en prélever quelques rameaux et de les placer dans un vase pour donner à la maison un petit air de printemps.

ELLES CONVIENNENT AUSSI

- Abéliophyllum p. 370
- Bruyère carnée p. 194, 196
- Bruyère de Darley p. 195, 196
- Daphné bois-joli p. 108, 371
- Laurier-tin p. 277
- Mahonia du Japon p. 371
- Viorne 'Charles Lamont' p. 276

De bien jolis chatons en hiver

Les chatons qui habillent les branches de divers arbres et arbustes avant la fin de l'hiver sont des inflorescences particulières mais toujours très décoratives. Compacts et argentés, accolés aux branches, ils peuvent être courts ou longs et retomber comme des franges le long des branches. Dans tous les cas, ces fleurs constituent un ornement spectaculaire à part entière du jardin à la fin de l'hiver et sont annonciatrices du printemps.*

NOTRE CHOIX

Parmi les arbres et arbustes à chatons décoratifs, **le saule gracilistyla** est l'un des plus remarquables en hiver, tout en restant très joli avec son feuillage argenté et soyeux en été. Ses chatons mâles sortent d'un gros bourgeon recouvert d'une écaille rouge et gonflent pour atteindre 3,50 cm de long. Quand ils s'épanouissent, leurs anthères* sont rouges puis orange et enfin deviennent jaunes, lorsque le pollen est libéré.

♣ *Il atteint normalement 2 à 3 m de haut et de large, mais une taille annuelle près du sol permet de le garder à moins de 1 m de hauteur.*

Bien plus petit, **le saule 'Wehrhahnii'** ne dépasse guère 1,20 m de haut et de large, et porte, lui aussi, de magnifiques chatons en février-mars. Courts et très argentés, ceux-ci sont parfaitement mis en valeur sur les rameaux brun foncé qui deviennent violacés avec le froid.

♣ *Ces deux saules poussent sur des terres ordinaires, pas trop sèches l'été.*

L'IDÉE FORTE

DES FONDS INÉPUISABLES

À moins de posséder d'autres atouts, les arbustes à chatons ne sont attrayants qu'au moment de leur production. On peut, comme ici, en planter quelques-uns au premier plan d'un massif, mais c'est surtout l'arrière-plan qui est leur meilleure place, là où leur feuillage neutre fera ressortir les fleurs vivaces qui poussent à l'avant. Il n'y a alors aucun scrupule à les tailler très court pour les inciter à produire de nouvelles branches pleines de beaux chatons.

2

1

DES CHATONS LONGS

Les chatons du **noisetier pourpre**, de couleur rougeâtre, sont remarquables lorsqu'on les admire sous le pâle soleil d'hiver. D'abord rouge-rose et compacts, ils s'allongent et semblent se désarticuler en laissant apparaître les petites fleurs chargées de pollen qui le composent. Un buisson âgé resplendit de mille pendeloques pendant plus d'un mois.

♣ *Améliorez la production de vos noisetiers en secouant leurs branches au moment où les chatons libèrent leur pollen.*

Vus de près, les chatons du **garrya (1)** semblent être constitués de cylindres de métal empilés les uns sur les autres. Leur teinte vert plombé a des reflets bleutés ou rosés admirables lorsqu'on observe ces inflorescences à la loupe. D'ailleurs, l'arbuste tout entier est lui aussi remarquable, d'autant que son feuillage, persistant, reste attrayant toute l'année.

♣ *Originaire de Californie, il apprécie une situation chaude, en terre drainée. Bonne rusticité jusqu'à moins 15 °C.*

Surtout admiré pour son feuillage, **l'aulne à feuilles dorées** produit aussi de très beaux chatons orangés d'une teinte identique à celle des jeunes rameaux. Présents dès l'automne, ceux-ci ne s'allongent que vers la mi-mars, où ils métamorphosent véritablement ce petit arbre. Une terre ordinaire mais plutôt fraîche lui convient.

DES FAUX CHATONS

D'un aspect similaire à celui du noisetier, **le corylopsis en épis (2)** ne produit pas de véritables chatons, mais de petites fleurs jaunes regroupées en grappes pendantes qui, de loin, leur ressemblent beaucoup. C'est un bel arbuste précoce qui nous réjouit encore en été avec ses belles feuilles vert bleuté d'apparence délicate.

Les épis du **stachyurus** sont plus longs encore puisqu'ils peuvent atteindre parfois 15 cm. Cet arbuste, d'aspect grossier pendant l'été, est un véritable bijou à la fin de l'hiver. Les chatons sont déjà présents en automne à l'extrémité des pousses de l'année et on les voit s'allonger au fil des périodes de redoux.

LEUR NOM LATIN

- ➜ **Saule gracilistyla :** *Salix gracilistyla*
- ➜ **Saule 'Wehrhahnii' :** *Salix hastata* 'Wehrhahnii'
- ➜ **Noisetier pourpre :** *Corylus maxima* 'Atropurpurea'
- ➜ **Garrya :** *Garrya elliptica*
- ➜ **Aulne doré :** *Alnus incana* 'Aurea'
- ➜ **Corylopsis en épis :** *Corylopsis spicata*
- ➜ **Stachyurus :** *Stachyurus praecox*

• VOCABULAIRE

* Anthère : partie supérieure de l'étamine dans laquelle se forme les grains de pollen.
* Chaton : inflorescence allongée, dréssée ou retombante, regroupant une multitude de petites fleurs unisexuées.

• EN VASE

On profite peut-être mieux des branches chargées de chatons, à l'intérieur de la maison en les coupant au moment où ils commencent à gonfler. Enlevez-les toutefois dès qu'ils commencent à jaunir, signe qu'ils répandent leur pollen, qui peut tacher irrémédiablement les meubles.

• MULTIPLIEZ-LES

Pour multiplier les saules : coupez en novembre des branches longues de 25 à 30 cm de long et grosses comme un crayon, puis enfoncez-les presque jusqu'au sommet, là où vous désirez que vos saules poussent.

• C'EST IMPORTANT

Les garrya, corylopsis et stachyurus craignent les vents desséchants qui grillent leur feuillage en été et leurs bourgeons en hiver. L'idéal est de les placer dans le coin de deux murs orientés vers le nord ou le nord-ouest, ou à l'abri d'une haie d'arbustes persistants. Tous trois redoutent les sols calcaires.

De beaux feuillages de printemps

Au printemps, toutes les couleurs vives ne proviennent pas des fleurs ! Certains buissons et plusieurs plantes herbacées déploient de jeunes feuilles vivement colorées de rouge, de rose, de jaune, et de bien d'autres nuances encore. Aussi remarquables que des arbustes à fleurs, ces buissons restent colorés et attrayants plus longtemps et ne demandent pas de taille particulière. Leurs teintes s'effacent un peu durant l'été, mais plusieurs reviennent en automne.

L'IDÉE FORTE

TENEZ COMPTE DE LA LUMIÈRE

L'éclat et la couleur des feuillages sont différents selon la force et l'incidence de la lumière qui les éclaire. Il faut donc placer ces arbustes avec davantage de soins et d'attentions que pour un arbuste à fleurs. Évitez-leur d'être éclairés par le soleil de midi, mais privilégiez plutôt celui du matin ou du soir. Plus obliques, ses rayons rendent les feuilles transparentes comme les vitraux d'une cathédrale.

NOTRE CHOIX

Les jeunes feuilles de **l'érable sycomore rose** attirent les jardiniers les plus blasés. Certains comparent sa couleur à celle d'une crevette. Cet arbuste greffé soit au pied, soit sur une petite tige pour lui donner la forme d'un arbre est irrésistible en mai et en juin. Ensuite, ses feuilles deviennent d'un jaune moins attrayant, mais que l'on peut égayer d'une clématite à fleurs bleues.

♣ *Il pousse partout où la terre est fraîche et le soleil pas trop cuisant.*

D'un rose un peu plus carné, les grandes feuilles du **cedrela 'Flamingo'** apparaissent vers la fin du mois de mai. Grandes et composées, elles sont regroupées en rosettes larges, de 50 cm à 1 m, d'allure plutôt exotique. Moins vigoureuse que l'espèce sauvage, cette variété se développe plutôt en un buisson que l'on a avantage à tailler un peu au début de l'été pour provoquer l'apparition de nouvelles pousses bien roses.

♣ *Plantez-le à l'abri du vent et des gelées tardives.*

DES FEUILLAISONS ROUGES

Les érables japonais (1) au feuillage léger sont d'ordinaire réputés pour leurs couleurs d'automne, mais plusieurs variétés comme 'Shishio Improved' sont bien plus spectaculaires au printemps. Ses jeunes feuilles rouge rosé sont sûrement les plus vives et les plus lumineuses qui existent. Il peut atteindre 2 m de haut et de large.

♣ *Il aime une terre riche en humus et une exposition fraîche, peu ensoleillée.*

1

Tout aussi séduisants, **les andromèdes du Japon** produisent des pousses plus ou moins orangées ou rouges. 'Forest Flame' produit plusieurs vagues de jeunes feuilles au printemps et en été.

DES FEUILLAISONS DORÉES

'Goldflame' est sans doute la plus connue des **spirées dorées**, mais on en trouve aujourd'hui plusieurs comme 'Gold Princess', 'Gold Mound', ou 'Firelight', très admirées pour leurs jeunes feuilles orangées ou jaune pâle.

Le sureau plumeux (2) a donné une variété à feuilles découpées et dorées considérée comme l'une des plus belles plantes à feuillage doré. 'Plumosa Aurea' est attrayant dès que les bourgeons orangés s'ouvrent, mais il l'est encore deux mois plus tard quand ses feuilles sont d'un beau jaune-vert très lumineux.

2

De loin, nos amis confondent souvent la feuillaison du **physocarpus 'Dart's Gold'** avec la floraison d'un forsythia. Elle en a en effet l'éclat, mais elle dure de trois à quatre fois plus longtemps, du début du mois d'avril à la mi-juin. Ensuite, l'arbuste produit des fleurs blanches et verdit un peu durant l'été. En automne, ses feuilles s'éclairent à nouveau d'un jaune plus orangé.

LEUR NOM LATIN

- → **Érable sycomore rose :** *Acer pseudoplatanus* 'Brillantissimum'
- → **Cedrela 'Flamingo' :** *Toona sinensis* 'Flamingo'
- → **Érable du Japon 'Shishio Improved' :** *Acer palmatum* 'Shishio Improved'
- → **Andromède du Japon :** *Pieris* 'Forest Flame'
- → **Spirée dorée :** *Spiraea japonica* 'Goldflame' et *Spiraea japonica* 'Gold Mound'
- → **Sureau plumeux doré :** *Sambucus racemosa* 'Plumosa Aurea'
- → **Physocarpus 'Dart's Gold' :** *Physocarpus opulifolius* 'Dart's Gold'

• NOTRE EXPÉRIENCE
Tout comme les fleurs, les jeunes feuilles sont très sensibles aux vents desséchants et aux gelées tardives. Plantez-les donc dans un endroit protégé.

• SACHEZ TAILLER
Pour que les feuilles soient plus vives et plus colorées encore, n'hésitez pas à raccourcir quelques branches à la fin de chaque hiver, au moins celles des arbustes à croissance rapide.

• C'EST IMPORTANT
Les feuillages très jaunes au printemps deviennent verts dès la mi-juin et ne craignent plus les fortes insolations.

• SACHEZ QUE
Il existe en fait deux érables à feuilles roses : 'Brillantissimum' à croissance très lente, et 'Prinz Handjery' qui pousse plus vite et se reconnaît au revers pourpré de ses feuilles. Le premier reste un buisson, l'autre devient un arbre.

ELLES CONVIENNENT AUSSI

• Berbéris pourpre p. 265
• Érable 'Flamingo' p. 267, 292
• Mélisse dorée p. 368
• Origan doré p. 366, 368

Des feuillages vifs ou panachés

Certains jours tristes et couverts, les seules sources de lumière proviennent des arbustes à feuilles persistantes et panachées de jaune ou de blanc. Ces feuillages particulièrement vifs attirent le regard comme s'ils étaient éclairés par des rayons de soleil. Qu'il s'agisse de feuillus ou de conifères, ces buissons gagnent à être plantés aux points stratégiques du jardin, bien en vue depuis les fenêtres, pour en profiter même sans mettre le nez dehors.

NOTRE CHOIX

Le houx 'Madame Briot' est une ancienne variété aux feuilles bordées d'une large bande bien jaune. Le vert du centre de la feuille prend des nuances violacées quand il fait froid, ce qui accentue encore la luminosité de la panachure. Cette variété femelle porte des fruits rouge vif à la condition qu'un houx mâle pousse dans les environs.

♣ *Le houx 'Madame Briot' est une des rares variétés à rester bien panachée à l'ombre.*

Le laurier du Portugal à feuilles panachées est un persistant mal connu, pourtant bien plus rustique que le laurier-cerise si communément utilisé en haie. Ses feuilles, vert sombre, sont bordées d'une marge blanche, étroite lorsque l'arbuste pousse en plein soleil, plus large lorsqu'il pousse à l'ombre. Cette bordure contraste bien avec l'écorce rouge sombre des jeunes rameaux.

♣ *Plantez-le au printemps, à l'abri du vent et dans une terre riche.*

L'IDÉE FORTE

FAITES-LES RESSORTIR AVEC DU VERT

Les feuillages persistants panachés se révèlent particulièrement bien en hiver quand tous les autres arbustes sont dénudés. Pourtant, c'est lorsqu'on les mélange à d'autres persistants que l'on apprécie encore mieux leurs couleurs. Ici, ils sont mélangés à des houx 'Alaska' restant bien verts, et à un mahonia dont les feuilles sont plus ou moins pourprées en fonction de l'intensité du froid.

DES FEUILLAGES LUMINEUX

Réservé aux climats doux, **l'alaterne panaché** forme en trois ou quatre années un buisson de 2 m de haut abondamment garni de feuilles allongées, entourées d'une belle ligne blanche. Certaines années, des fruits rouges et brillants ajoutent encore à la vivacité des coloris, tandis que des gelées moyennes (-5 à -10 °C) font quelque peu rosir le feuillage.

♣ *Plantez-le en plein soleil ou à mi-ombre, dans une terre riche et fraîche, mais bien drainée l'hiver.*

Le fusain rampant panaché (1) est un arbuste passe-partout, qui peut aussi bien grimper contre un mur, garnir les branches basses d'une haie ou former un tapis couvre-sol, seul ou, comme ici, en mélange avec des bruyères. Très rustique, sa couleur jaune se nuance de doré ou de bronze en fonction de l'intensité du froid.

1

♣ *Il reste très lumineux dans presque toutes les situations, ombragées ou ensoleillées.*

Pour être plus lumineux que les autres arbustes, **l'éléagnus panaché** recouvre d'une pellicule cireuse ses feuilles marquées d'une grande tache jaune vif, ce qui leur donne un aspect brillant, même durant les jours tristes et sombres. Et quand le vent souffle, c'est le revers argenté de ces feuilles qui scintille comme des guirlandes de Noël.

DES CONIFÈRES DORÉS

Le thuya 'Zebrina' (2) est un conifère de croissance vigoureuse, que l'on a intérêt à tailler régulièrement pour stimuler l'apparition de pousses très colorées. Celles-ci sont alors d'un jaune très pâle et piquetées de taches vertes. L'ensemble forme un fond attrayant tandis que les branches coupées révèlent des détails admirables lorsqu'on les regarde de tout près.

2

Beaucoup moins encombrant, **l'if doré fastigié** forme une colonne étroite qui passe du jaune-vert durant l'été à de belles teintes mordorées pendant l'hiver. Sur les sujets âgés, des fruits rouges, plus ou moins abondants selon les années, animent ce feuillage de la fin de l'été au début de l'hiver.

LEUR NOM LATIN

- → **Houx 'Madame Briot' :** *Ilex aquifolium* 'Madame Briot'
- → **Laurier du Portugal panaché :** *Prunus lusitanica* 'Variegata'
- → **Alaterne panaché :** *Rhamnus alaternus* 'Argenteovariegata'
- → **Fusain rampant panaché :** *Euonymus fortunei* 'Emerald'n Gold'
- → **Éléagnus panaché :** *Elaeagnus pungens* 'Maculata'
- → **Thuya 'Zebrina' :** *Thuya plicata* 'Zebrina'
- → **If doré fastigié :** *Taxus baccata* 'Aurea Fastigiata'

• ASTUCE
Même s'ils sont bien rustiques, tous les arbustes persistants redoutent les vents, en particulier les plus desséchants, ceux qui viennent de l'est. Protégez-les donc durant leurs deux ou trois premiers hivers en les entourant d'un grillage plastifié brise-vent.

• ATTENTION
Les branches vertes qui poussent parfois sur les arbustes à feuilles panachées doivent être enlevées le plus rapidement possible. Au lieu de couper les pousses, arrachez-les d'un coup sec pour éviter qu'elles ne redémarrent.

• NOTRE EXPÉRIENCE
Le fusain panaché peut facilement être palissé sur un grillage et former ainsi une « haie » très étroite, persistante et attrayante tout au long de l'hiver.

ELLES CONVIENNENT AUSSI

- Lierre 'Dentata Variegata' p. 194
- Thuya oriental doré p. 133

Des arbustes fleuris au début de l'été

La popularité des arbustes fleurissant au début de l'été est bien moins grande que celle des arbustes de printemps ou d'automne car ils souffrent de la concurrence des rosiers. Néanmoins, ils s'accommodent de situations moins favorables à ces derniers et apportent des formes, des couleurs et, pour certains, des parfums qui leur donnent un charme bien particulier et finissent par les rendre... indispensables !

L'IDÉE FORTE

COORDONNEZ LES COULEURS

Cette scène nous semble exemplaire pour l'harmonie totale entre la couleur des fleurs du weigélia panaché et celle du *Geranium macrorrhizum* qui forme un tapis couvre-sol en dessous. Cette façon d'associer les plantes permet d'obtenir des scènes ponctuelles inoubliables, auxquelles il ne reste plus qu'à ajouter quelques végétaux attrayants à d'autres moments de l'année.

NOTRE CHOIX

La floraison spectaculaire du **weigélia panaché** est constituée de dizaines de fleurs en forme de clochettes qui s'épanouissent à l'extrémité des rameaux de l'année. Elle commence au début de juin, dure près de trois semaines et, parfois, quelques fleurs apparaissent à nouveau en septembre. Les feuilles, bordées de jaune crème et attrayantes tout l'été, font ressortir les couleurs d'automne des arbustes voisins.

Parfois surnommé « buisson de beauté », **le kolkwitzia** produit des fleurs rose tendre semblables à celle du weigélia, mais plus petites, plus fines. L'arbuste, lui-même plus grêle, adopte une forme plus élancée qui lui donne une grâce particulière. La floraison succède à celle du weigélia, se poursuivant jusqu'au début de juillet. 'Pink Cloud' est une sélection de coloris plus soutenu.

DES ARBUSTES PARFUMÉS

Les fleurs de **l'abélia** ressemblent elles aussi à celles du weigélia et du kolkwitzia, mais elles émettent en plus un délicat parfum, surtout perceptible par temps calme. Très abondantes, elles se succèdent sur les nouvelles pousses jusqu'au début de l'automne. Une fois les corolles tombées, chaque fleur laisse un bouquet de sépales rougeâtres qui reste décoratif pendant plusieurs semaines.

♣ *L'abélia a juste besoin de soleil pour fleurir beaucoup et longtemps.*

Le seringat (1) est bien plus connu pour la force de son parfum qui, chez certaines variétés comme 'Belle Étoile', dévoile des nuances plus ou moins fruitées. Ses grandes fleurs simples, aux pétales à peine teintés de pourpre à la base, se succèdent pendant plus de deux semaines sur les branches de l'année précédente.

♣ *Dans une situation pas trop chaude, la floraison est plus longue.*

1

Le genêt du Maroc est parfois considéré comme un petit arbre, mais sa rusticité moyenne et sa croissance désordonnée le font davantage ressembler à un grand arbuste. Ses fleurs en épis jaunes se développent sur de courts rameaux issus des pousses de l'année précédente. Elles se détachent bien sur le feuillage argenté et soyeux et dégagent un étonnant parfum d'ananas.

DES ARBUSTES PASSE-PARTOUT

Les deutzias poussent tellement bien dans des situations très diverses qu'on les utilise parfois comme « bouche-trou » dans les grands massifs. Ils présentent cependant un joli port élancé et une floraison abondante blanche ou d'un rose tendre très séduisant, comme par exemple chez la variété 'Mont Rose'.

♣ *Très rustiques, les deutzias apprécient la fraîcheur et les situations ombragées.*

2

Au milieu de juillet, **les buddléias (2)** commencent à allonger leurs épis de petites fleurs qui plaisent beaucoup aux papillons. 'Pink Delight' se distingue nettement des nombreuses autres variétés par ses épis bien plus gros et surtout très abondants. Si on supprime les premiers fanés, d'autres leur succèdent jusqu'en septembre.

♣ *Réservez au buddléia un emplacement très ensoleillé en terre bien drainée.*

LEUR NOM LATIN

- → **Weigélia panaché :** *Weigela florida* 'Variegata'
- → **Kolkwitzia 'Pink Cloud' :** *Kolkwitzia amabilis* 'Pink Cloud'
- → **Abélia :** *Abelia* x *grandiflora*
- → **Seringat 'Belle Étoile' :** *Philadelphus* 'Belle Étoile'
- → **Genêt du Maroc :** *Cytisus battandieri*
- → **Deutzia 'Mont Rose' :** *Deutzia* x 'Mont Rose'
- → **Buddléia 'Pink Delight' :** *Buddleia davidii* 'Pink Delight'

• QUAND LES TAILLER ?

♣ Les arbustes qui fleurissent sur les rameaux de l'année précédente (weigélia, kolkwitzia, seringat, genêt du Maroc, deutzia) sont taillés dès que la floraison s'achève.

♣ Les arbustes qui fleurissent sur les nouvelles branches (abélia, buddléia) sont taillés assez courts au début du printemps pour favoriser la croissance de nombreuses nouvelles pousses florifères.

• COMMENT LES TAILLER ?

Supprimez les principales branches qui ont porté des fleurs en les coupant près de leur base, au-dessus d'un bourgeon ou d'une pousse vigoureuse. N'ayez pas peur d'enlever jusqu'à deux tiers des branches de l'arbuste afin qu'il se renouvelle.

• C'EST IMPORTANT

Après la taille, étalez du compost autour des buissons et arrosez-les assez pour que les jeunes pousses soient bien vigoureuses et puissent porter beaucoup de fleurs.

• NOTRE EXPÉRIENCE

Nous éclaircissons le cœur des buissons afin que l'air et la lumière puissent y circuler. Ils sont ainsi plus élégants, mais aussi en meilleure santé.

ELLES CONVIENNENT AUSSI

- Céanothe rose 'Marie Simon' p. 259
- Lavande 'Hidcote' p. 78, 258

Des arbustes fleuris au milieu de l'été

Tandis que nombre d'arbustes épanouis en juillet prolongent leur floraison, en voici d'autres qui attendent une diminution sensible de la longueur des jours pour déployer enfin leurs fleurs. Les hortensias et leurs multiples variantes sont les grandes vedettes parmi ces grands buissons tardifs, mais d'autres, plus ou moins bien connus, sont aussi spectaculaires. Leur floraison s'étend le plus souvent jusqu'à la fin de septembre, ce qui permet d'en profiter bien après les vacances d'été.

L'IDÉE FORTE

PLANTEZ-LES À PLUSIEURS

À la différence des arbustes de printemps, ces buissons s'épanouissent alors que la végétation qui les entoure a atteint sa maturité. Pour qu'ils se remarquent, il vaut donc mieux les regrouper, soit pour constituer de belles bordures (comme par exemple avec les hortensias), soit pour former des groupes dont les fleurs, par leurs couleurs, se mettent en valeur les unes les autres. On peut aussi renforcer leur attrait avec des bulbes ou des vivaces à floraison tardive.

N O T R E   C H O I X

'Geoffrey Chadbund' est une belle variété **d'hortensias à « tête plate »**, caractérisée par sa couleur rouge brique bien soutenue quelle que soit la nature du sol. Les fleurons sont larges et lisses, et les têtes, peu nombreuses sur chaque tige, atteignent en revanche la taille d'une assiette à dessert. Il forme un buisson vigoureux, de 1,20 m de hauteur et de largeur, et préfère les situations mi-ombragées.

♣ *Mélangez beaucoup de compost ou de terreau à la terre lors de la plantation et protégez les jeunes plantes des gelées tardives.*

Le sureau géant du Canada commence ici à déployer ses bouquets circulaires et plats constitués de milliers de petites fleurs blanc crème au délicieux parfum citronné. Chacun peut atteindre 40 à 50 cm de diamètre à l'extrémité de jeunes pousses de 1,50 m à 2 m de hauteur. Cet arbuste vigoureux doit être taillé à 50 ou 60 cm du sol au printemps pour produire des fleurs aussi spectaculaires.

♣ *La terre, riche, ne doit pas sécher durant l'été.*

DES ARBUSTES POUR LA MI-OMBRE

L'hydrangéa paniculé (1) est un cousin de l'hor-tensia aux inflorescences allongées et coniques. Celles de la variété 'Floribunda', une des plus florifères, sont d'abord blanc crème. Elles deviennent peu à peu rosées et verdâtres en fin de floraison et, une fois sèches, restent attrayantes tout au long de l'hiver.

La spirée à feuilles de saule produit des dizaines d'épis rose-rouge à l'extrémité de ses branches, hautes de 1,50 m à 1,80 m. Très prolifique, ce buisson drageonne et s'étend beaucoup, mais ses fleurs se renouvellent presque jusqu'aux gelées et ses feuilles prennent de très belles couleurs d'automne. Cette spirée est idéale associée à des hortensias à tête plate, avec lesquels elle partage les mêmes besoins de fraîcheur.

1

DES ARBUSTES POUR LE PLEIN SOLEIL

Insolite, **le clérodendron à fleurs roses** l'est tout d'abord pour son feuillage violacé dont l'odeur est plutôt curieuse. Il l'est aussi pour ses fleurs rose tendre, regroupées en une demi-sphère à l'extrémité des tiges de l'année. Drageonnant, cet arbuste dressé forme rapidement un fond aux massifs ensoleillés et tient compagnie aux fleurs vivaces tardives comme les asters.

L'hibiscus (2) est bien connu pour ses grandes fleurs d'allure exotique lorsqu'elles sont simples, mais d'apparence très raffinée lorsqu'elles sont doubles, comme chez cette variété nommée 'Speciosus'. De croissance rapide, il fleurit à l'extrémité des jeunes pousses de l'année, et atteint de 1,80 m à 2 m de hauteur.

2

L'oléaria, surnommé « marguerite en arbre », est un buisson à feuilles grises, coriaces et persistantes bien connu pour sa résistance aux embruns salés. Il pousse toutefois très bien à l'intérieur des terres et se couvre de petites marguerites blanches tellement abondantes qu'elles dissimulent les feuilles.

LEUR NOM LATIN

- → **Hortensia 'Geoffrey Chadbund' :** *Hydrangea* x *macrophylla* 'Geoffrey Chadbund'
- → **Sureau géant du Canada :** *Sambucus canadensis* 'Maxima'
- → **Hydrangéa paniculé :** *Hydrangea paniculata* 'Floribunda'
- → **Spirée à feuilles de saule :** *Spiraea salicifolia*
- → **Clérodendron à fleurs roses :** *Clerodendron bungei*
- → **Hibiscus :** *Hibiscus syriacus*
- → **Oléaria :** *Olearia macrodonta*

• SACHEZ QUE
Il vaut mieux laisser les têtes sèches sur les hortensias pendant tout l'hiver, car elles protègent du froid les bourgeons sous-jacents qui fleuriront au printemps suivant.

• ASTUCE
Taillé très court en fin d'hiver, l'hydrangéa paniculé produit des inflorescences moins nombreuses mais presque deux fois plus grandes que lorsqu'on le taille peu.

• NOTRE EXPÉRIENCE
Comme les fleurs du sureau noir, celles du sureau du Canada servent à la confection de très bons beignets.

• ATTENTION
L'hibiscus est toujours le dernier arbuste à déployer ses feuilles au printemps, généralement dans la deuxième quinzaine de mai. Ne désespérez donc pas devant les branches encore nues.

• DÉCOUVREZ
Les *Spiraea douglasii* et *Spiraea* x *watsoniana*, que l'on trouve dans de nombreuses pépinières, ont un aspect très voisin des *Spiraea salicifolia.*

ELLES CONVIENNENT AUSSI

- Pérovskia 'Blue Spire' p. 79, 274
- Véronique blanche p. 275

Des arbustes beaux en automne (1)

Les couleurs dont se parent nombre de feuillages en automne donnent aux arbres et aux arbustes qui les portent un atout supplémentaire venant compléter une floraison attrayante, un beau feuillage coloré, une fructification ou une écorce décoratives.

En s'intéressant d'un peu plus près aux métamorphoses de ces feuillages, on remarque que tous ne se colorent pas en même temps et que l'on peut, en échelonnant judicieusement les espèces, profiter de ce spectacle pendant une longue période.

NOTRE CHOIX

Le bouleau costata colore ses feuilles de ces belles teintes dorées quand la plupart des autres arbres ont déjà perdu les leurs. D'un développement plus lent et plus réduit que celui des bouleaux communs, cet arbre possède aussi une remarquable écorce blanche marquée de stries horizontales crème dont on profite davantage en choisissant un sujet comportant plusieurs troncs.

♣ *Il aime les sols riches et humides et une situation abritée du vent.*

En quelques jours, le feuillage de **l'érable griseum** passe du vert olive au rouge écarlate. Cette métamorphose rapide intervient également très tard, et se remarque donc particulièrement bien. La croissance lente de ce petit arbre et son admirable écorce se déroulant en lambeaux en font un sujet de choix dans les jardins de dimensions réduites.

♣ *Les branches cuivrées, au premier plan, sont celles d'un* Prunus maackii, *et les plus foncées, à droite, sont celles d'un* Prunus serrula.

L'IDÉE FORTE

PLANTEZ LES PREMIERS DEVANT

À côté du bouleau et de l'érable, ainsi que devant eux, on peut distinguer des prunus déjà dénudés. Leurs feuilles ont pris les couleurs d'automne en septembre et ces arbres étaient alors bien mis en valeur par les feuillages encore verts de leurs voisins. Une fois ceux-ci dépouillés, les feuilles du bouleau costata et de l'érable griseum ont pu, à leur tour, commencer leur métamorphose en profitant d'un ensoleillement maximal...

DES ARBUSTES CAMÉLÉON

L'érable du Japon 'Osakazuki' est une des variétés les plus réputées pour ses couleurs d'automne, à la fois tardives et flamboyantes. Ses feuilles, d'un vert légèrement pourpré durant l'été, prennent d'abord une couleur rouge sombre, puis s'éclaircissent pour virer à un orangé lumineux, et enfin devenir chamoisées juste avant de tomber... vers la mi-novembre.

♣ *Cet érable redoute les sols calcaires et préfère une situation mi-ombragée, abritée du vent.*

Le cornouiller doré (1) est apprécié pour son beau feuillage jaune tout au long de la belle saison, et il prend, en automne, de magnifiques couleurs nuancées de rouge, d'orange et de violine, différentes sur chaque feuille. Elles semblent alors s'harmoniser à la couleur rouge framboise de l'écorce des nouveaux rameaux.

1

♣ *Ce cornouiller est plus vigoureux en terre humide, mais ses couleurs d'automne sont plus belles après un été sec.*

Le berbéris 'Wallich Purple' est réputé pour son feuillage adoptant une étrange teinte violacée, très sombre. Ses feuilles allongées et semi-persistantes foncent ainsi dès les premiers froids et intensifient leur couleur au cours de l'hiver. Celle-ci est parfaite pour faire ressortir l'écorce claire des bouleaux.

♣ *Plantez-le en plein soleil pour intensifier ses couleurs.*

DES GRIMPANTES CAMÉLÉON

La vigne vierge 'Veitchii' (2) recouvre rapidement les grands murs de ses larges feuilles qui se superposent un peu comme les tuiles d'un toit. Leur belle couleur vert sombre et brillante évolue graduellement du jaune à l'orangé et au rouge, en commençant par les parties les plus ensoleillées pour finir par celles situées à l'ombre.

2

La vigne de Coignet produit de grandes feuilles atteignant souvent 30 cm de diamètre. Elles passent d'un beau vert tendre à un pourpre lie-de-vin assez surprenant. Les branches s'allongent chaque année de 4 à 5 m !

LEUR NOM LATIN

- → **Bouleau costata :** *Betula costata*
- → **Érable griseum :** *Acer griseum*
- → **Cornouiller doré :** *Cornus alba* 'Aurea'
- → **Érable du Japon 'Osakazuki' :** *Acer palmatum* 'Osakazuki'
- → **Berbéris 'Wallich Purple' :** *Berberis* x *interposita* 'Wallich Purple'
- → **Vigne vierge 'Veitchii' :** *Parthenocissus tricuspidata* 'Veitchii'
- → **Vigne de Coignet :** *Vitis coignetiae*

• SACHEZ QUE

L'intensité des couleurs d'automne varie chaque année en fonction des conditions climatiques. Chez certaines plantes, celles-ci sont plus vives après un été sec ; chez d'autres, elles le sont au contraire après un été humide.

• C'EST IMPORTANT

Les pousses vigoureuses développées après une taille sévère se colorent moins bien que les branches les plus âgées dont la croissance est moins vigoureuse.

• NOTRE EXPÉRIENCE

Durant les deux ou trois années après la plantation, les arbres et arbustes réputés pour leurs couleurs d'automne ne se colorent pas très bien à cause de la vigueur des pousses. Soyez patient...

ELLES CONVIENNENT AUSSI

- Cornouiller 'Winter Beauty' p. 121
- Érable 'Senkaki' p. 121
- Groseiller odorant p. 55
- Groseillier à fleurs p. 49
- Lilas 'Palibin' p. 64

Des arbustes beaux en automne (2)

Recherchés par les jardiniers pour leur seule mais éblouissante prestation automnale, ces arbustes savent tenir la vedette quand la nature s'endort. Tous ne se colorent pas en même temps. Aussi est-il possible de composer dans votre jardin des associations dont la coloration s'échelonnera d'octobre à décembre.

1

NOTRE CHOIX

La forme naine du **fusain ailé** est celle de la boule de feuillage rouge au premier plan. Les feuilles commencent à se colorer dès les premières nuits fraîches du début du mois d'octobre, et leurs couleurs s'intensifient peu à peu jusqu'à leur chute. En terre sèche, ou après un été chaud, les teintes sont parfois franchement roses.

♣ *Il pousse aussi bien en terre calcaire qu'en terre acide*. Les buissons plantés à l'ombre se colorent quand même.*

Le grand arbuste situé derrière le fusain est **un enkianthus**. Il produit en fin de printemps des petites fleurs en clochettes comme celles du muguet qui semblent suspendues au bout de fils très fins. Les couleurs d'automne varient du rouge à l'orange et durent au moins deux semaines.

♣ *Amateur de terre acide, l'enkianthus pousse dans les mêmes situations que les rhododendrons* (voir *pp. 184-185*).

DES COULEURS PRÉCOCES

Les rhus (1) sont des arbustes faciles d'entretien qui poussent n'importe où et qui deviennent parfois envahissants. Mais en automne, leurs longues feuilles composées adoptent des couleurs de feu que l'on ne peut s'empêcher d'admirer. Il existe des variétés à feuilles découpées encore plus remarquables.

♣ *Ne bêchez jamais sous ces buissons, car la moindre racine blessée produit très vite une nouvelle plante.*

Autre compagnon classique des rhododendrons, **le fothergilla** est un buisson caméléon. Ses feuilles épaisses et vert foncé commencent par jaunir puis elles passent à l'orange pour finir rouge écarlate. Parfois, hélas, les températures ou le vent mettent un terme plus rapide que prévu à ces transformations.

DES COULEURS TARDIVES

Pas de surprise avec **le cotinus 'Grace'** : cette variété récente, mais déjà très répandue, prend chaque automne des couleurs rouille très vives. Ses grandes feuilles ovales pourprées en été changent de couleur lentement et restent attachées ainsi plusieurs semaines pour jouer avec les rayons du soleil couchant.

L'IDÉE FORTE — *ASSOCIEZ-LES*

Aussi admirable soit-il, le plus beau des arbustes à couleurs d'automne n'est jamais aussi remarquable qu'un groupe d'arbustes attrayants au même moment. Mais pour réussir vos associations, il faut les composer sur place, avec des plantes effectivement en couleurs. C'est le seul moyen de parvenir à un résultat satisfaisant car, entre le début d'octobre et la mi-décembre, il y a plusieurs « vagues » de colorations qui varient selon les régions et selon les années.

2

Les érables du Japon (2) sont très admirés dans les collections. Beaux et gracieux en toutes saisons grâce à leur port et à leur feuillage léger, certains d'entre eux se colorent magnifiquement en automne. Chez quelques-uns, toutefois, c'est une seule branche qui change de couleur !

Champion toutes catégories, **le berbéris 'Red Jewel'** garde ses couleurs d'automne jusqu'au milieu de l'hiver. En fait, son feuillage est semi-persistant et ne tombe complètement qu'avec l'arrivée des grands froids ou le retour du printemps. Cependant, à partir de novembre, une partie des feuilles pourprées devient orange ou écarlate et reste ainsi quelques semaines avant de tomber.

♣ *Taillez quelques petites branches au cours de l'été pour obtenir des nuances différentes.*

LEUR NOM LATIN

- → **Fusain ailé nain :** *Euonymus alatus* 'Compactus'
- → **Enkianthus :** *Enkianthus campanulatus*
- → **Rhus :** *Rhus typhina*
- → **Fothergilla :** *Fothergilla major*
- → **Cotinus 'Grace' :** *Cotinus* 'Grace'
- → **Érable du Japon :** *Acer palmatum*
- → **Berbéris 'Red Jewel' :** *Berberis x media* 'Red Jewel'

• VOCABULAIRE

* Terre acide : terre dont la valeur du pH* est inférieur à 6,5.
* pH : unité de mesure de l'acidité ou de l'alcalinité. On le connaît en procédant à une analyse rapide à l'aide de rubans spéciaux qui réagissent en fonction de l'acidité.

• SACHEZ QUE

Les arbustes cultivés en conteneur prennent plus facilement des couleurs d'automne que des arbustes de pleine terre. Une fois plantés en pleine terre, il faut parfois attendre plusieurs années avant qu'ils ne renouvellent les performances pour lesquelles on les a achetés.

• ATTENTION

Les tailles sévères effectuées au printemps provoquent des pousses vigoureuses qui, la plupart du temps, ne prennent pas de couleurs d'automne.

ELLES CONVIENNENT AUSSI

• Azalée mollis 'Berryrose' p. 185
• Bouleau costata p. 154
• Érable griseum p. 154
• Érable 'Ozakazuki' p. 155
• Forthergilla p. 157, 159
• Groseillier à fleurs p. 139
• Mélèze p. 133
• Vigne vierge p. 107

Des arbustes pour jardiniers confirmés

Parmi tous les arbustes à fleurs, certains jouissent d'un prestige particulier, peut-être parce qu'ils sont peu fréquents dans les jardins. Cette « rareté » est parfois due à une rusticité moyenne, limitant l'extension des plantes à une culture ou multiplication plus difficiles, ce qui justifie un prix plus élevé que celui des autres arbustes. Aucun de ces critères ne rebute vraiment les jardiniers passionnés qui se doivent de les posséder...*

L'IDÉE FORTE

FAITES-EN DES VEDETTES

À l'inverse de beaucoup d'autres plantes, ces arbustes prestigieux n'ont pas besoin d'être plantés en nombre pour produire un bel effet. Il est préférable d'accorder toute l'attention nécessaire pour réussir parfaitement la culture d'un beau spécimen et le placer à l'endroit où l'on profitera le mieux de sa prestation. Entourez seulement ces arbustes de plantes vivaces qui ne risquent pas de leur ravir la vedette.

NOTRE CHOIX

Les fleurs rouge vif du **rhododendron 'Elizabeth'** le rendent particulièrement remarquable lorsqu'elles sont toutes épanouies, vers le milieu du mois de mai. Ce buisson pousse lentement et adopte un port compact mais étalé qui rend sa floraison très spectaculaire. Il atteint 2 m de hauteur pour 3 à 4 m de largeur.

♣ *Plantez-le dans une terre non calcaire, améliorée de tourbe et de terreau de feuilles. Il supporte le soleil en dehors des heures les plus chaudes.*

La viorne 'Mariesii', plantée juste à côté, est une cousine asiatique de notre boule-de-neige. Elle est aussi remarquable pour son abondante floraison immaculée que pour la disposition horizontale de ses branches, et plus tard, par les couleurs d'automne rouge sombre de son feuillage. Mêmes dimensions que 'Elizabeth'.

♣ *Les plantes obtenues par bouture craignent les terres très calcaires où leur feuillage jaunit. Celles greffées (en général sur la viorne mancienne,* Viburnum lantana*) poussent bien partout.*

DES ARBUSTES DE TERRE ACIDE

L'azalée 'Glowing Embers' (1) semble moins imposante qu'un rhododendron car son feuillage est caduc*. Ses fleurs s'épanouissent sur des branches encore totalement dénudées, ce qui rend la floraison légère et gracieuse.

♣ *Couvrez la terre avec une bonne litière de feuilles mortes chaque automne pour qu'elle reste fraîche et humifère.*

Si **le laurier des montagnes** ressemble une grande partie de l'année à un rhododendron ou à un piéris, il s'en distingue facilement à la fin de mai. Ses boutons, ciselés comme des bonbons, s'ouvrent en corolles hexagonales ou octogonales qui, chez certaines variétés, montrent une teinte intérieure très différente de la couleur extérieure.

Le fothergilla aime lui aussi les sous-bois où la terre est acide. En mai, ses branches encore dénudées portent de gros épis dressés, constitués de petites fleurs blanc crème. L'arbuste semble habillé de centaines de chandelles. Le beau feuillage épais et vert bleuté qui leur succède prend de magnifiques couleurs d'automne.

♣ *Il est très rustique mais craint le vent et a besoin de quelques heures de soleil par jour.*

1

2

DES ARBUSTES DE LÉGENDE

La pivoine arborescente (2) et ses énormes fleurs aux pétales semblant faits de papier crépon reste mythique pour beaucoup de jardiniers. Si le prix d'une jeune plante est élevé et sa croissance lente, sa culture est néanmoins facile et elle forme en une dizaine d'années un buisson de 1,50 m de haut et 1 m à 1,50 de large selon les variétés.

Le bleu magnifique du **céanothe persistant** fait rêver tous ceux qui pensent ne pas pouvoir cultiver cet arbuste réputé gélif, a priori réservé aux régions de climat doux. Pourtant, certaines variétés, comme par exemple 'Puget Blue', sont assez rustiques pour passer les hivers « normaux » de la plupart de nos régions si on prend soin de le planter dans une terre bien drainée.

LEUR NOM LATIN

→ **Rhododendron 'Elizabeth' :** *Rhododendron* x *repens* 'Elizabeth'
→ **Viorne 'Mariesii' :** *Viburnum plicatum* 'Mariesii'
→ **Azalée 'Glowing Embers' :** *Rhododendron* x 'Glowing Embers'
→ **Laurier des montagnes :** *Kalmia latifolia*
→ **Fothergilla :** *Fothergilla major*
→ **Pivoine arborescente :** *Paeonia* x *suffruticosa*
→ **Céanothe persistant 'Puget Blue' :** *Ceanothus* x 'Puget Blue'

• VOCABULAIRE
* Caduc : qui perd ses feuilles en hiver.
* Inflorescence : groupe de fleurs.
* Rustique : qui résiste au gel en hiver.

• NOTRE EXPÉRIENCE
Dès la fin de la floraison, enlevez toutes les fleurs fanées des rhododendrons en les cassant juste à leur base. Prenez soin de ne pas endommager les quelques bourgeons à feuilles qui commencent à se développer au-dessous des inflorescences*.

• C'EST IMPORTANT
Les jeunes pivoines arborescentes sont petites et très fragiles. Une fois plantées, entourez-les d'un cylindre de grillage pour éviter tout choc risquant de dessouder la greffe.

• SACHEZ QUE
N'enlevez pas les fleurs fanées de la viorne 'Mariesii' car, certaines années, des bouquets de fruits orange leur succèdent au milieu de l'été. Quand les oiseaux les épargnent, ils sont presque aussi attrayants que la floraison.

ELLES CONVIENNENT AUSSI

- Camélia d'automne p. 33
- Hychangéa à grandes feuilles p. 171

Des rameaux laqués

Hormis les feuilles persistantes, les fruits épargnés par les oiseaux et quelques fleurs, la seule source importante de couleur au jardin en hiver provient des rameaux de certains buissons.

C'est l'écorce des jeunes branches qui est plus particulièrement colorée et qui, sous le soleil hivernal, semble avoir été recouverte de laque de Chine. En juxtaposant des buissons aux rameaux de couleurs différentes, on peut constituer des scènes qui réchauffent le jardin, même par les plus grands froids.

1

NOTRE CHOIX

'Winter Beauty' est une belle variété de cornouiller à bois orange vif appartenant à une autre espèce, poussant plutôt sur des terrains plus perméables, moins humides. C'est d'ailleurs après un été sec que ses couleurs d'automne, l'autre atout de ce bel arbuste, sont le plus spectaculaires.

Le saule à bois jaune forme un gros buisson de beaux rameaux à l'écorce jaune-vert. Ceux-ci commencent à révéler leur éclat dès la chute des feuilles et semblent s'éclaircir et briller sous le froid et la faible lumière de l'hiver.

DES RAMEAUX BLANCS OU NOIRS

La ronce du Tibet (1) surprend par sa couleur blafarde qui lui donne une apparence presque fantomatique. Ses tiges, revêtues de courtes épines, doivent cette couleur à une pruine blanche qui persiste durant leur premier hiver. Cette espèce est la plus « aimable » des ronces décoratives et on l'admire aussi beaucoup en été grâce à ses petites feuilles argentées qui se marient avec toutes les fleurs des massifs.

Très curieux, les rameaux du **cornouiller 'Kesselringii'** ont une écorce rouge violacé très foncé, qui, au cœur de l'hiver, semble noire. Les feuilles elles-mêmes sont plus ou moins pourprées durant l'été et prennent de très jolies couleurs feu dès le début de l'automne. Cette variété vigoureuse doit être plantée près d'un arbuste à écorce claire, blanche ou jaune, pour de saisissants contrastes.

♣ *C'est au soleil que le feuillage et l'écorce de ce cornouiller adoptent les plus belles couleurs.*

DES RAMEAUX ROUGES OU ORANGE

Le cornouiller de Sibérie produit une écorce très vive dont le brillant semble parfois peu naturel. Mieux vaut planter cette variété moyennement vigoureuse un peu à l'écart des autres, qui risqueraient de l'étouffer, et l'entourer d'hellébores et de bulbes précoces pour lesquels ses branches rouges constituent un fond idéal.

♣ *Taillez-le sévèrement seulement une année sur deux.*

L'érable 'Senkaki' (2) forme un grand buisson ou un joli petit arbre, remarquable pour la couleur rouge corail de ses jeunes rameaux. Son port léger et dressé lui donne une apparence plus raffinée que celle des cornouillers ou des saules, qu'il remplace avantageusement dans les petits jardins de ville.

2

♣ *Facile à cultiver dans une terre non calcaire et riche en terreau de feuilles, il n'a pas besoin d'être taillé pour être bien coloré.*

Le saule à bois rouge forme un houppier de branches qui peut contraster avec celles du cornouiller. Ses rameaux changent de teinte pour passer de l'orangé au rouge carmin foncé au cœur des plus grands froids. En été, cette jolie variété possède un feuillage argenté également remarquable.

♣ *Laissez-le s'implanter pendant deux ou trois ans avant de le tailler près du sol pour favoriser la pousse de nouvelles branches.*

L'IDÉE FORTE

TAILLEZ-LES CHAQUE FIN D'HIVER

Pour produire des rameaux brillamment colorés et garder des proportions raisonnables, ces arbustes doivent être taillés souvent, tous les ans ou tous les deux ans. À la fin de l'hiver, toutes les branches sont coupées près du sol pour les buissons ou près du tronc pour les sujets conduits en « têtards », comme c'est l'usage pour les saules. Pour éviter que cette opération radicale n'épuise les plantes, n'oubliez pas de leur offrir quelques pelletées de compost.

LEUR NOM LATIN

- → **Cornouiller 'Winter Beauty' :** *Cornus sanguinea* 'Winter Beauty'
- → **Saule à bois jaune :** *Salix* x *alba* 'Vittelina'
- → **Ronce du Tibet :** *Rubus thibetanus* 'Silver Fern'
- → **Cornouiller 'Kesselringii' :** *Cornus alba* 'Kesselringii'
- → **Cornouiller de Sibérie :** *Cornus alba* 'Sibirica'
- → **Érable 'Senkaki' :** *Acer palmatum* 'Senkaki'
- → **Saule à bois rouge :** *Salix alba* 'Nova'

• TAILLEZ-LA

Comme celles des framboisiers, les tiges anciennes de la ronce meurent après leur floraison et leur fructification, et doivent être enlevées dans le courant de l'été pour laisser de la place aux nouvelles tiges.

• NOTRE EXPÉRIENCE

Nous employons beaucoup ces arbustes au fond des massifs de plantes vivaces. Leur feuillage vert en été fait ressortir les fleurs, et ils apparaissent dans toute leur splendeur en hiver, lorsque les massifs sont entièrement dépouillés.

ELLES CONVIENNENT AUSSI

- Aulne doré p. 145
- Cornouiller 'Gouchaultii' p. 228
- Érable 'Flamingo' p. 267, 292
- Genêt du Maroc p. 151
- Jasmin d'hiver p. 80, 143

Des rameaux étonnants

À la fin de l'automne, une fois les feuilles des arbres et des buissons tombées, beaucoup de jardiniers considèrent le jardin vide et sans intérêt.
Pourtant, certains rameaux révèlent une écorce richement colorée et brillante comme si elle avait été laquée, d'autres se tordent et tournoient dans toutes les directions ou se parent d'ailettes ressemblant à du liège ou d'épines aussi redoutables que belles.

NOTRE CHOIX

Les rameaux colorés sont notre source principale d'émerveillement pendant la mauvaise saison. La teinte jaune-vert des branches du **cornouiller à bois jaune** change d'intensité avec les températures, mais brille toujours au moindre rayon de soleil. Un peu plus loin, **le cornouiller de Sibérie** produit de jeunes pousses d'un rouge corail très lumineux.

♣ *Ces deux cornouillers poussent vite en terre humide et fraîche.*

Les branches épineuses et blanchâtres sont celles d'**une ronce asiatique**. Aussi vigoureuse que ses cousines européennes, cette ronce asiatique pousse cependant plus dressée et les pousses s'arquent joliment à leur sommet. Elle est parfaite le long d'une clôture que l'on veut rendre infranchissable.

♣ *Coupez toutes les tiges au ras du sol quand les nouvelles ont atteint la moitié de leur hauteur.*

L'IDÉE FORTE

REGROUPEZ-LES

Tous ces détails sont évidemment remarquables pris isolément, mais ils gagnent beaucoup en force si l'on regroupe les plantes concernées. On compose ainsi des scènes avec des rameaux comme avec des fleurs ou avec des feuillages. Les plus faciles à réaliser sont celles mêlant des écorces colorées, mais on peut aussi associer aux rameaux tortueux d'autres rameaux très raides, et à ceux garnis d'ailettes « liégeuses » d'autres entièrement lisses et brillants.

DES RAMEAUX GARNIS

Les rameaux du **fusain ailé** ont une section presque carrée et chaque arête est garnie d'une sorte d'aile évoquant le liège, qui semble toujours chaude quand l'air est très froid.

♣ *Le fusain ailé est un buisson facile à cultiver à mi-ombre.*

C'est plutôt au début de l'été, juste après la floraison, que les branches du **rosier à grandes épines (1)** sont les plus remarquables. Les larges épines en forme de parenthèse sont alors d'un rouge étonnamment translucide.

♣ *Pour en profiter pleinement, il faut placer le rosier à grandes épines face aux rayons du soleil couchant.*

1

DES RAMEAUX TORTUEUX

Le noisetier tortueux (2) semble sorti de l'imagination d'une sorcière. Ses rameaux se contournent parfois à angle droit ou effectuent une boucle complète avant de retrouver leur direction initiale.

♣ *Arrachez les repousses toutes droites qui apparaissent autour du pied.*

2

Plusieurs **saules** produisent des rameaux tout aussi **tortueux**. Le plus commun a une écorce colorée de rouge-orangé, mais d'autres sont teintés de vert, de rouge sombre ou de noir. Ils parviennent cependant à former de petits arbres au port légèrement pleureur et très élégant.

♣ *N'hésitez pas à les tailler souvent.*

LEUR NOM LATIN

- → **Cornouiller à bois jaune :** *Cornus stolonifera* 'Flaviramea'
- → **Cornouiller de Sibérie :** *Cornus alba* 'Sibirica'
- → **Ronce asiatique :** *Rubus cockburnianus*
- → **Fusain ailé :** *Euonymus alatus*
- → **Rosier à grandes épines :** *Rosa sericea pteracantha*
- → **Noisetier tortueux :** *Corylus avellana* 'Contorta'
- → **Saule tortueux :** *Salix* x *sepulcralis* 'Erythroflexuosa'

• ASTUCE
En vieillissant, la plupart des rameaux perdent une grande partie de leur attrait. On a donc intérêt à rajeunir constamment les buissons en supprimant les branches âgées de deux ou trois ans.

• PENSEZ-Y
Les rameaux colorés se remarquent mieux lorsqu'ils se détachent sur un fond sombre comme celui formé par un arbuste persistant ou une haie de conifères.

• NOTRE EXPÉRIENCE
Nous regroupons des crocus et des primevères très précoces autour des buissons à rameaux colorés pour renforcer encore la scène en couleurs.

• SACHEZ QUE
Le noisetier tortueux n'est pas très joli en été car ses feuilles, elles aussi crispées, paraissent malades. Plantez donc près de son pied une clématite à petites fleurs : elle s'en servira comme support.

ELLES CONVIENNENT AUSSI

- Cornouiller 'Winter Beauty' p. 161
- Ronce à bois rouge p. 311

Des troncs en couleurs

Observées de près, les écorces des arbres révèlent toujours des couleurs et des détails insoupçonnés, admirés des jardiniers attentifs. Certaines montrent des teintes infiniment nuancées constituant de véritables marqueteries. D'autres sont plus spectaculaires encore et leur couleur vive se remarque de loin, contribuant d'une manière inattendue au décor de l'hiver. Ces écorces ont, dans notre jardin, autant d'importance que les arbres à fleurs.

L'IDÉE FORTE — *CHOISISSEZ DES CÉPÉES*

Un arbre cultivé en cépée est un sujet possédant plusieurs troncs issus de ramifications juste au niveau du sol. Cette forme se révèle très avantageuse pour les espèces à écorce décorative, car la multiplication des troncs augmente évidemment les surfaces colorées et donc l'attrait de l'arbre. Ainsi cultivés, les arbres deviennent aussi moins hauts que lorsqu'ils poussent sur un tronc unique, et il est plus facile de les rajeunir en coupant à tour de rôle près du sol l'un ou l'autre des troncs.

NOTRE CHOIX

Le bouleau de Jacquemont est probablement l'arbre qui montre l'écorce la plus blanche. Lisse, brillante, celle-ci est juste sillonnée de petites lenticelles ou de plis à la base des ramifications, mais cela ne nuance même pas sa teinte immaculée. Cette écorce se craquelle chaque année, en fin d'été, pour faire place à une « peau » toute neuve, d'abord chamoisée, puis qui s'éclaircit de jour en jour.

♣ *L'arbre est en général greffé sur un bouleau commun et s'adapte à toutes les terres. Il atteint 10 à 12 m de haut.*

Très différent, **le bouleau noir** possède une écorce ocrée et chamoisée durant les 30 premières années de sa vie, avant de devenir très sombre. Au lieu de tomber complètement, l'écorce reste accrochée au tronc, ce qui donne à ce dernier un aspect rugueux et ébouriffé aussi curieux que beau. Cette accumulation de différentes « peaux » enrichit encore la palette des couleurs qu'il nous montre.

DES TRONCS SPECTACULAIRES

L'écorce jaune beurre des jeunes pousses du **frêne à bois jaune** donne à cet arbre une luminosité incomparable, rehaussée à l'automne par la teinte dorée des feuilles avant leur chute. De loin, un beau sujet ressemble à un nuage jaune, tandis que, de près, on admire le contraste entre les bourgeons noirs et les branches claires.

Le tronc du **cerisier de Mandchourie (1)** semble plaqué de cuivre poli tant il resplendit sous le moindre rayon du soleil d'hiver. Cet arbre, presque « idéal », produit en outre une floraison blanche très spectaculaire en mai et se pare de jolies couleurs d'automne précoces, dès la fin du mois de septembre.

1

2

Dans les régions où les hivers ne sont pas trop froids, **l'arbousier andrachne** exhibe ses troncs contournés et crevassés, dévoilant des zones couleur acajou plus ou moins foncé, d'autres plus brunes et d'autres plus ocrées, voire presque jaunes. Ce petit arbre persistant prend en outre un aspect contourné très pittoresque.

♣ *Il pousse très lentement mais finit par atteindre 5 à 6 m de hauteur et presque autant de largeur.*

DES TRONCS MARQUETÉS

Qualifiée de « peau de serpent », l'écorce de **l'érable jaspé (2)** est verte et sillonnée de stries verticales blanches. Le fond vert rougit en fonction de l'intensité du froid, ce qui fait ressortir davantage le beau veinage clair. Les feuilles de ce petit arbre prennent de très belles couleurs mordorées et orangées avant de tomber.

Le stewartia ne dévoile sa belle écorce que lorsqu'il dépasse une douzaine d'années, mais cela vaut bien la peine d'attendre. Cette écorce tombe par plaques irrégulières, à la manière de celles des platanes, dégageant des zones chamoisées ou brunes plus ou moins foncées, les unes rosées, les autres encore montrant des reflets bleutés... Des couleurs qui font bien vite oublier que cet arbre est aussi apprécié pour sa belle floraison estivale.

LEUR NOM LATIN

- → **Bouleau de Jacquemont :** *Betula utilis* var. *jacquemontii*
- → **Bouleau noir :** *Betula nigra*
- → **Frêne à bois jaune :** *Fraxinus excelsior* 'Jaspidea'
- → **Cerisier de Mandchourie :** *Prunus maackii*
- → **Arbousier andrachne :** *Arbutus andrachneoides*
- → **Érable jaspé :** *Acer ruffinerve*
- → **Stewartia :** *Stewartia pseudocamelia*

• ASTUCE
Pour former une belle cépée, achetez vos sujets très jeunes et taillez-les radicalement à 10 cm du sol une fois la plantation effectuée. Durant l'été, sélectionnez 3 à 5 des plus belles nouvelles pousses et supprimez toutes les autres.

• NOTRE EXPÉRIENCE
Après un été humide, les écorces sont souvent recouvertes d'une petite mousse verte qui les rend moins brillantes. Nous nettoyons alors le tronc et la base des branches accessibles avec une brosse et de l'eau claire.

• PENSEZ-Y
Vous pouvez réaliser un très beau massif d'hiver en intercalant des buissons à rameaux colorés entre des arbres à écorce décorative, à condition de planter tous les sujets en même temps. Il est en effet assez difficile d'implanter un nouveau sujet auprès d'un bouleau, d'un prunus ou d'un érable quand leurs racines sont bien installées.

ELLES CONVIENNENT AUSSI

- Bouleau costata p. 154
- Érable griseum p. 154

AU PIED DES ARBRES

Pourquoi négliger l'espace situé sous les arbres alors qu'il peut devenir un joli tapis de feuillages et de fleurs ? Il suffit pour cela de choisir les plantes adaptées aux conditions difficiles imposées par cet endroit. Elles doivent s'accommoder d'un ombrage dense et supporter la présence de racines voraces. Ces dernières ont en général déjà stérilisé une partie du sol et elles puisent la moindre goutte d'eau disponible lorsqu'il ne pleut pas pendant plusieurs semaines.

Contrairement à une idée répandue, de nombreuses plantes intéressantes sont capables de prospérer dans ces conditions difficiles, mais aussi d'y apporter une touche de gaieté et surtout, de lumière. Certaines de ces « super plantes » peuvent également vivre ailleurs dans les massifs, mais l'ombre vous fera découvrir le monde fascinant des fougères, et peut-être aussi celui des rhododendrons et des azalées, parfaits pour ce genre de situation.

Des tapis persistants

Sous les bouleaux dont l'écorce est décorative en hiver, ou sous d'autres arbres à côté desquels on passe souvent pendant la mauvaise saison, il est intéressant d'habiller le sol de plantes qui restent vertes en hiver. En plus de leur aspect plaisant, ces plantes persistantes et tapissantes constituent une couverture très efficace contre les mauvaises herbes.

NOTRE CHOIX

Au pied d'un jeune bouleau, le pâle soleil d'hiver donne un relief particulier aux feuilles crispées **du petit lierre 'Ivalace'**. Elles sont d'un vert très foncé mais luisant, et elles sont métamorphosées par la moindre gelée. De croissance modérée, cette variété occupe le devant de la scène et s'étale vers le cœur du massif où elle se mêle aux autres plantes.

Son compagnon immédiat est **un épimède** dont les feuilles persistantes changent de couleur avec les premiers frimas. Vert tendre au printemps, elles foncent en été puis deviennent rousses au début de l'hiver pour finir pourpres avec les grands froids.

♣ *Les touffes s'accroissent lentement, mais résistent bien aux sécheresses estivales.*

L'IDÉE FORTE

VARIEZ HAUTEURS ET COULEURS

Pour éviter l'ennui d'un tapis uniforme, mélangez des plantes de hauteur et de couleur légèrement différentes. Vous obtiendrez, comme ici, des camaïeux de nuances de verts et de roux, des contrastes de textures trahis par les gelées blanches et de légères variations de hauteur qui donnent un peu de relief. On est bien loin du tapis de lierre uniforme...

DES PERSISTANTES COUVRANTES

La pervenche à petites feuilles pousse vite et cinq plantes parviennent à couvrir 1 m² dans l'année. Il existe de nombreuses variétés à fleurs bleues, blanches ou pourpres mais de toutes c'est **la petite pervenche panachée (1)** qui est la plus utile. Elle égaie les endroits les plus sombres, même au cœur des froids les plus rigoureux.

1

Peu connue, **la waldsteinie** pousse complètement plaquée au sol. Ses longues tiges courent à la surface et s'enracinent de place en place pour former un tapis vraiment impénétrable. Le vert de ses feuilles est un peu triste, mais il est égayé au printemps par des petites fleurs jaunes.

♣ *Elle pousse bien dans les situations les plus difficiles.*

Le pachysandra est un cousin du buis qui forme lui aussi de très beaux tapis d'un vert plus clair et plus brillant que la waldsteinie. Sa croissance est très lente et il faut planter les jeunes godets à 20 cm les uns des autres si l'on veut les voir se toucher en l'espace de deux ans. L'idéal est d'en planter une petite surface et de diviser ensuite les plantes pour couvrir plus d'espace.

♣ *N'hésitez pas à lui donner du compost bien riche à la plantation.*

DES PLANTES PERSISTANTES COLORÉES

Les feuilles du **tellima** sont velues et s'habillent d'un beau rouge en hiver. Cette jolie plante pousse en touffes qui peuvent constituer des tapis si on en plante plusieurs côte à côte, ou si on les laisse se ressemer.

2

Nous plantons toujours **quelques euphorbes pourpres (2)** pour ponctuer les tapis de tellima pourpres et leur donner un peu d'animation. C'est une sélection d'une plante sauvage qui pousse dans les sous-bois et dont le feuillage est d'un beau rouge. Elle produit d'avril à juillet des épis de fleurs verdâtres hauts de 60 cm.

LEUR NOM LATIN

- → **Petit lierre 'Ivalace' :** *Hedera helix* 'Ivalace'
- → **Épimède :** *Epimedium rubrum*
- → **Petite pervenche panachée :** *Vinca minor* 'Variegata'
- → **Waldsteinie :** *Waldsteinia ternata*
- → **Pachysandra :** *Pachysandra terminalis*
- → **Tellima rouge :** *Tellima grandiflora* 'Purpurea'
- → **Euphorbe pourpre :** *Euphorbia amygdaloides* 'Purpurea'

• ASTUCE
Favorisez l'enracinement, et donc la vigueur des plantes rampantes en recouvrant leurs tiges superficielles d'un peu de terreau.

• TAILLEZ-LES
Une fois tous les deux ou trois ans, taillez toutes vos plantes tapissantes près du sol à l'aide d'une cisaille à haie. Profitez-en pour étaler 5 cm de compost afin de fortifier les nouvelles pousses.

• NOTRE EXPÉRIENCE
Pour couvrir un espace de plus de 50 m² sous un bouquet d'arbres rien ne vaut le lierre d'Irlande *(Hedera hibernica)* ou le lamier jaune de Florence *(Lamiastrum galeobdolon 'Florentinum')*.

• ALLEZ PLUS LOIN
Installez sous les plantes couvrantes, des petits bulbes qui fleurissent avant que les arbres n'aient développé leurs feuilles.

ELLES CONVIENNENT AUSSI

- Acaena de Nouvelle-Zélande p. 303
- Consoude naine p. 300
- Euphorbe de Mrs Robb p. 181
- Fusain argenté p. 287
- Ronce rampante p. 287

Des feuillages pour l'ombre humide

Un groupe d'arbres donne bien sûr de l'ombre, mais il fournit aussi un bon abri contre le vent. Si les racines ne sont pas trop nombreuses, la terre enrichie par l'humus des feuilles mortes reste souvent plus humide que dans les endroits exposés. Cette ambiance fraîche et calme est le refuge idéal des plantes à feuilles tendres, sensibles aux insolations et à la sécheresse. Les plus vigoureuses d'entre elles forment de belles colonies imperméables aux mauvaises herbes.

N O T R E C H O I X

Les grandes feuilles brunes sont celles du **rodgersia couleur chocolat**. Elles portent cette teinte curieuse en mai et en juin et sont à la fois gaufrées et brillantes. Elles atteignent ensuite de 60 à 70 cm de diamètre et de 80 à 90 cm de hauteur et forment un tapis continu, juste percé de quelques bouquets de fleurs crème.

♣ *Les rhizomes souterrains se mêlent à ceux de la fougère.*

Les feuilles fines et ciselées de **la fougère « plume d'autruche »** sont d'abord bien verticales et s'arquent ensuite joliment à maturité. Vert tendre, puis vert pomme, elles prennent en automne de magnifiques teintes mordorées.

♣ *Chaque pied produit de longues tiges souterraines qui, de place en place, donnent naissance à de nouvelles plantes.*

L'IDÉE FORTE *OSEZ LES CONTRASTES*

Pour mettre en valeur la diversité des feuillages verts, rien de tel que les contrastes des feuilles fines contre des grandes feuilles. Ici, non seulement les formes s'opposent, mais aussi les couleurs et les textures. Le mélange des deux plantes est plaisant à l'œil et également très efficace puisqu'il assure au sol une couverture complète laissant peu de place aux mauvaises herbes.

DES GRANDES FEUILLES

Quand l'espace ne manque pas et qu'il faut couvrir le sol très vite, **le pétasite du Japon** est plus intéressant que les rodgersias. On aperçoit à droite une de ses feuilles rondes qui dépassent 80 cm de diamètre dans les terres riches. Quelques fleurs vertes amusantes apparaissent en janvier au ras du sol.

♣ *C'est l'une des rares plantes capables d'éliminer les orties.*

L'ombre des arbres est l'endroit préféré de **l'hydrangéa à grandes feuilles (1)**, un cousin « sauvage » des hortensias plus classiques. Ses feuilles longues de 25 à 30 cm sont velues et portées par un buisson qui atteint 2,5 m de large et de haut. Chaque branche se termine par une tête couronnée, rose-mauve en août.

1

DES FEUILLES FINES

Le pigamon (2) est l'une des plantes les plus gracieuses du jardin. Il existe plusieurs espèces qui fleurissent au printemps et en été. Celle-ci s'épanouit fin juillet, en même temps que les astilbes de Chine. Elle forme de grands bouquets très légers portés par des tiges, hautes de 1,50 m, habillées de feuilles très aériennes composées d'innombrables et minuscules folioles.

♣ *Plantez-le près d'un arbuste aux branches basses dans lesquelles les tiges peuvent être maintenues.*

La fougère femelle est aussi haute que la plume d'autruche, mais elle reste en touffes bien sages. Ses frondes sont parmi les plus délicatement dentelées chez les fougères rustiques. Elles sont aussi belles quand elles sont vert tendre au printemps, qu'en automne quand elles prennent des tonalités mordorées.

♣ *Elle forme de belles colonies en se ressemant toute seule.*

Si vous recherchez un peu plus de fleurs et de couleurs, **le pavot du pays de Galles** est pour vous. Ses fleurs jaunes ou orange, simples ou doubles se succèdent du printemps à l'automne.

♣ *Il est vivace par sa racine pivotante, et se ressème en abondance sans gêner les autres plantes .*

LEUR NOM LATIN

- → **Rodgersia chocolat :** *Rodgersia podophylla*
- → **Fougère plume d'autruche :** *Matteucia struthiopteris*
- → **Pétasite du Japon :** *Petasites japonicum*
- → **Hydrangéa à grandes feuilles :** *Hydrangea sargentiana*
- → **Pigamon :** *Thalictrum delavayi*
- → **Fougère femelle :** *Athyrium filix-femina*
- → **Pavot du pays de Galles :** *Meconopsis cambrica*

• PLANTEZ-LES
Plantez en mars-avril ou en septembre, à 40 cm de distance. Faites tremper les mottes et entourez-les de terreau de feuilles ou de tourbe humide.

2

• ASTUCE
Pour multiplier rapidement ces plantes, tranchez dans le sol les tiges souterraines pendant l'été. Des bourgeons sortent au printemps suivant, qu'il suffit alors de séparer.

• NOTRE EXPÉRIENCE
Sous les bouleaux, les marronniers ou les faux acacias, la terre est trop sèche en été. N'y installez pas ces plantes-ci, mais plutôt des « plantes pour l'ombre sèche » (*voir* pp. 180-181).

ELLES CONVIENNENT AUSSI

- Darmera p. 347
- Darmera nain p. 338
- Dicentra de Formose p. 177
- Ronce odorante p. 319

Des plantes qui éclairent l'ombre (1)

L'ombre est sombre. Alors il faut l'éclairer ! Les plantes à fleurs claires, blanches, rose tendre ou jaune pâle remplissent ce rôle à merveille, mais elles sont plutôt éphémères. Les plantes à feuillage panaché de blanc sont plus efficaces.
C'est même là qu'elles révèlent toute leur beauté alors qu'au soleil elles grillent misérablement. Certaines feuilles sont bordées de blanc, d'autres ont le centre blanc, d'autres encore sont piquetées ou éclaboussées de blanc sur toute leur surface...

1

NOTRE CHOIX

Il existe **des hostas aux feuilles bordées de blanc** de toutes les tailles. Celle-ci, qui ne dépasse pas 10 cm de haut s'appelle 'Ginko Craig'. Sa végétation est étalée et les touffes s'accroissent rapidement pour former de belles bordures. Elle produit en juillet des tiges portant chacune une dizaine de fleurs bleu violacé.

Le lamier 'White Nancy' qui l'accompagne est aussi apprécié pour la beauté de ses feuilles blanc argenté que pour ses petites fleurs blanches. Ici, il est trop à l'ombre pour fleurir beaucoup, mais son feuillage est de toute beauté. Il existe des variantes à fleurs rose pâle ou rose foncé.

♣ *Pour que le feuillage soit dense et bien coloré, il faut étaler un peu de terreau sur les tiges rampant sur le sol au printemps.*

L'IDÉE FORTE

VARIEZ LES MOTIFS

Deux panachures identiques placées côte à côte se nuisent. On ne distingue plus les plantes, mais une masse de feuilles bigarrées. Pour obtenir l'effet le plus lumineux possible, tout en gardant la personnalité de chaque plante, il suffit de mélanger des panachures différentes comme ici, une plante bordée de blanc avec une autre aux feuilles presque entièrement blanches.

DES ARBUSTES PANACHÉS

Bien plus petit, **le corète panaché (1)** n'est pas moins gracieux. Ses premières petites feuilles qui apparaissent avec ses fleurs jaunes ont l'air mal formé mais sont déjà lumineuses. Celles qui se développent ensuite sur les nouvelles pousses

2

sont bien plus longues et donnent au buisson l'apparence d'un petit nuage.

Les arbustes les plus communs prennent une autre dimension à l'ombre. C'est le cas du **sureau panaché** que nous trouvons quelconque lorsqu'il est au soleil, mais qui, ici, illumine l'ombre dense de plusieurs sapins de Noël. C'est le seul à assurer son rôle aussi bien dans des conditions si difficiles.

Le troène panaché est lui aussi très différent à l'ombre. Il est aussi peu exigeant que le sureau. Ses feuilles sont larges et tenues parfaitement horizontales donnant à l'arbuste un port très aérien et bien plus gracieux que lorsqu'il pousse au soleil et qu'il est taillé.

DES VIVACES PANACHÉES

La monnaie-du-pape à feuilles panachées (2) n'est pas vraiment vivace mais, comme elle se sème souvent toute seule, elle ne disparaît jamais complètement d'un jardin. La première année, ses premières feuilles sont simplement éclaboussées de blanc, puis elles verdissent. La deuxième année, les tiges montent pour fleurir et portent une panachure plus ou moins différente sur chaque feuille.

La radiaire est, par nature, une belle plante d'ombre aux curieuses fleurs blanchâtres qui rappellent la texture du papier. Chez une de ses variétés, les feuilles sont bordées d'une marge jaune crème, qui, peu à peu, devient blanche. Au moment où les fleurs apparaissent à la mi-juin, les feuilles verdissent et la plante se fait plus discrète.

LEUR NOM LATIN

- → **Hosta:** *Hosta* 'Ginko Craig'
- → **Lamier argenté:** *Lamium maculatum* 'White Nancy'
- → **Corète panaché:** *Kerria japonica* 'Picta'
- → **Sureau panaché:** *Sambucus nigra* 'Marginata'
- → **Troène panaché:** *Ligustrum ovalifolium* 'Argenteum'
- → **Monnaie-du-Pape panachée:** *Lunaria annua* 'Variegata'
- → **Radiaire panachée:** *Astrantia major* 'Sunningdale Variegated'

• C'EST IMPORTANT
Chez les plantes panachées, une nouvelle pousse apparaît parfois toute verte. Il faut la couper au plus vite, car cette partie est toujours plus vigoureuse que la panachée et se développerait à son détriment.

• NOTRE EXPÉRIENCE
La panachure n'est jamais au mieux de sa forme l'année de la plantation. L'effet est toujours plus joli la deuxième, voire la troisième année.

• PENSEZ-Y
Plantes panachées de blanc et fleurs blanches se marient très bien. Voilà un bon thème pour décorer un sous-bois ombragé.

• ASTUCE
Les plantes à feuilles panachées de crème ont besoin de plus de lumière que celles panachées de blanc pur. Elles sont parfaites pour un emplacement éclairé entre les arbres.

ELLES CONVIENNENT AUSSI

- Fusain argenté p. 287
- Grande consoude panachée p. 320
- Grande pervenche panachée p. 180
- Hortensia panaché 'Tricolor' p. 99, 105
- Hosta panaché p. 99, 105
- Pulmonaire p. 301

Des plantes qui éclairent l'ombre (2)

Autour d'un groupe d'arbres, on trouve des situations ombragées soumises à l'influence des branches et des racines, mais ensoleillées quelques heures par jour le matin ou l'après-midi, selon l'orientation. On a donc besoin, ici, de plantes lumineuses mais également assez résistantes au soleil, qui peut être assez fort pour brûler des feuillages trop fragiles. Les plantes idéales ont des feuilles dorées ou panachées de jaune.

L'IDÉE FORTE — *DOREZ VOS PLANTATIONS*

Un arbuste ou des plantes vivaces à feuilles jaunes, perdus au milieu d'autres plantes vertes, passent pour des plantes malades ou anémiques. Si, en revanche, on regroupe plusieurs plantes à feuilles dorées ou panachées de doré, on obtient des compositions très lumineuses que les rayons du soleil animent au cours de leur périple.

NOTRE CHOIX

Le sureau plumeux doré est remarquable dès l'ouverture de ses bourgeons. Le bord des jeunes feuilles orangées est denté, puis se découpent des franges de plus en plus longues et fines leur donnant l'aspect de plumes. Les fleurs crème s'épanouissent au printemps et sont suivies de fruits rouges.

♣ *Il préfère les sols peu calcaires et humides en été.*

Le seringat à feuilles dorées reste pimpant, alors que tous ses congénères paraissent bien tristes une fois leurs fleurs blanches fanées. Ses feuilles rondes verdissent un peu durant l'été, mais s'illuminent à nouveau en automne. Notons que la floraison est aussi abondante et aussi parfumée que chez les sujets à feuilles vertes.

Le bambou doré haut d'environ 1,20 m se faufile entre les buissons. C'est avec le pavot du pays de Galles que l'on aperçoit de-ci de-là un très bon bouche-trou.

DES ARBUSTES DORÉS

Le physocarpus 'Dart's Gold' (1) cache, sous son nom compliqué, une certaine ressemblance avec un groseillier. À leur naissance, les feuilles sont d'un jaune très brillant et, de loin, l'arbuste ressemble à un forsythia. Des fleurs blanc crème apparaissent au début de l'été, mais on n'y prête guère attention.

Parmi les nombreuses variétés de **cornouillers**, il en existe plusieurs à feuilles bordées de jaune, et une à feuilles complètement **dorées**. Elles passent du jaune acide au vert pomme pour se parer de teintes orangées en automne. L'arbuste reste attrayant en hiver grâce à l'écorce de ses branches couleur framboise.

♣ *Sa végétation est plus vigoureuse quand la terre reste fraîche en été.*

1

2

DES VIVACES DORÉES

Plusieurs hostas (2) ont de magnifiques feuilles jaunes. Certaines sont lumineuses au printemps puis verdissent ensuite, d'autres sont vertes puis se dorent pendant l'été. 'Wogon' est une des plus constantes qui reste bien colorée même après sa floraison de juillet. Sa taille réduite (30 cm) la rend accessible à n'importe quel jardin.

Pour tapisser le sol entre les arbustes et les vivaces importantes, nous utilisons **le lamier à feuilles dorées**. Ce cousin de l'ortie ne pique pas, et chacune de ses petites feuilles triangulaires est barrée d'un trait blanc. Curieusement, ses fleurs roses sur fond de feuilles jaunes ne choquent pas.

Dans les endroits où la terre reste quelque peu humide en été, **la Reine-des-prés à feuilles dorées** devient rapidement une attraction. Elle forme des touffes hautes de 60 à 70 cm habillées de feuilles échancrées. L'intensité du jaune diminue un peu après la floraison en juin, mais se réveille en fin d'été et en automne.

LEUR NOM LATIN

- ➜ **Sureau plumeux doré :** *Sambucus racemosa* 'Plumosa Aurea'
- ➜ **Seringat doré :** *Philadelphus coronarius* 'Aureus'
- ➜ **Bambou doré :** *Arundinaria auricoma*
- ➜ **Physocarpus :** *Physocarpus opulifolius* 'Dart's Gold'
- ➜ **Cornouiller doré :** *Cornus alba* 'Aurea'
- ➜ **Hosta dorée :** *Hosta* 'Wogon'
- ➜ **Lamier doré :** *Lamium maculatum* 'Aureum'
- ➜ **Reine-des-prés dorée :** *Filipendula vulgaris* 'Aurea'

• TAILLEZ-LES
Pour que les feuilles soient toujours bien grandes et colorées, n'hésitez pas à couper court quelques branches des arbustes dorés chaque année au début du printemps.

• C'EST IMPORTANT
Ces feuillages ne sont beaux que s'ils sont abrités du vent. Celui-ci est aussi maléfique qu'un soleil trop cuisant.

• NOTRE EXPÉRIENCE
Quelques plantes à feuilles pourpres intercalées entre les feuillages dorés permettent des jeux de couleurs intéressants. La mi-ombre tempère, de toute façon, les contrastes trop violents.

ELLES CONVIENNENT AUSSI

• Carex doré p. 345
• Houblon doré p. 307
• Spirée dorée p. 147
• Thym citroné doré p. 112
• Tolmiéa doré p. 267, 301

Des fleurs qui aiment l'ombre

Malgré tous ses défauts, l'ombre est indispensable à certaines plantes. Elle préserve leurs fleurs délicates ou leurs coloris trop tendres qui seraient détruits ou dénaturés par une exposition trop ensoleillée. La plupart des plantes dites « de terre de bruyère » préfèrent cette situation à toute autre plus dégagée. Les arbustes précoces y trouvent une protection contre les gelées et les vivaces apprécient l'abri contre les variations de température.

NOTRE CHOIX

Épanouies en février, **les** fleurs de nos premiers **corylopsis** étaient souvent victimes des gelées matinales. Celui-ci, qui est encore un bien jeune sujet, est installé sous un grand érable du Japon et parvient à fleurir chaque année. Ses petites fleurs en grelots jaune pâle sont suivies de très belles feuilles vert glauque qui évoquent celles des noisetiers mais en plus distingué.

De nombreuses hellébores et primevères se ressèment tout autour, mais les petites **hépatiques bleues** n'ont pas encore réussi à se naturaliser. Leurs fleurs précoces sont très attendues surtout quand elles sont synchronisées avec celles du corylopsis.

♣ *Après quelques années en place, les touffes commencent à grossir et peuvent être divisées.*

L'IDÉE FORTE

DES SCÈNES PLEINES DE DOUCEUR

Puisque l'ombre est le refuge des couleurs délicates, profitez-en pour composer des scènes pleines de douceur. Les teintes pâles éclairent l'ombre de la même manière que les feuillages panachés. Les fleurs sont plus clairsemées sur les branches, ce qui donne aussi un aspect beaucoup plus aérien et plus léger aux arbustes.

1

DES ARBUSTES POUR L'OMBRE

Pendant l'été, l'ombre est le refuge des **hortensias (1)** aux coloris délicats. Les roses les plus tendres et les bleus les plus précieux gardent ici toute leur fraîcheur et s'épanouissent pendant des semaines. Nous préférons dans cette situation les variétés **« à tête plate »** comme 'Mariesii' ou 'Blue Bird' dont l'aspect est beaucoup plus naturel que celles « en boule ».

Cousines des rhododendrons, les azalées à feuilles caduques sont souvent plus faciles à cultiver. Notre préférée est **l'azalée jaune**, qui s'accommode de nombreux terrains (sauf ceux trop calcaires). Ses fleurs épanouies en mai durent deux fois plus longtemps en situation ombragée et sont aussi délicieusement parfumées que celles des chèvrefeuilles.

♣ *On la multiplie en séparant des pousses enracinées.*

DES VIVACES POUR L'OMBRE

Le dicentra de Formose est une très jolie plante aux curieuses fleurs roses ou blanches évoquant celles de son cousin le « cœur de Marie ». Au lieu de pousser en touffes, celui-ci s'étend peu à peu dans la litière de feuilles mortes pour former des petites colonies. Ses feuilles tendres sont aussi finement découpées que celles de certaines fougères.

Parmi tous les lis, beaucoup apprécient l'ombre et la protection d'un sous-bois. **Le lis martagon** en particulier puisque c'est là où il pousse dans la nature. Haut de 80 à 90 cm, il forme en mai-juin de grands bouquets de petites fleurs aux pétales récurvés. La variété blanche est, bien sûr, particulièrement lumineuse à l'ombre.

D'un aspect tout aussi délicat, **les fumeterres (2)** forment des touffes hautes et larges de 30 cm, couvertes de fleurs jaunes ou blanches du printemps à l'automne.

♣ *Les fumeterres ne sont pas parfaitement vivaces, mais leurs graines se dispersent et germent facilement.*

2

LEUR NOM LATIN

- ➜ **Corylopsis :** *Corylopsis pauciflora*
- ➜ **Hépatique :** *Hepatica nobilis*
- ➜ **Hortensia à tête plate :** *Hydrangea macrophylla* 'Mariesii' et *Hydrangea serrata* 'Blue Bird'
- ➜ **Azalée jaune :** *Rhododendron luteum*
- ➜ **Dicentra de Formose :** *Dicentra formosana*
- ➜ **Lis martagon :** *Lilium martagon* et *Lilium martagon* 'Album' (blanc)
- ➜ **Fumeterre :** *Corydalis lutea* (jaune) et *Corydalis ochroleuca* (blanc)

• VOCABULAIRE

* Terre acide : terre dont la valeur du pH* est inférieure à 6,5.

* pH : unité de mesure de l'acidité ou de l'alcalinité. On le connaît en procédant à une analyse rapide à l'aide de rubans spéciaux qui réagissent en fonction de l'acidité.

• SACHEZ QUE

Le lis martagon est un des rares à pouvoir fleurir pendant des années à la même place sans rien demander en retour. S'il se plaît, il peut se ressemer tout seul.

• PENSEZ-Y

La couleur des fleurs d'hydrangéas dépend de la nature du sol. Elles sont bleues en terre acide*, et roses en terre un peu calcaire.

• NOTRE EXPÉRIENCE

Les forsythias, les groseilliers à fleurs et les deutzias peuvent aussi pousser dans des endroits ombragés, ils y fleurissent moins mais sont infiniment plus gracieux.

ELLES CONVIENNENT AUSSI

- Ancolie commune p. 209, 327
- Anémone japonaise p. 80, 269
- Camélia p. 81
- Hydrangéa à grandes feuilles p. 171

Les premières fleurs de l'année

La lumière est pour les plantes un élément vital, ce qui explique pourquoi elles sont peu nombreuses à pouvoir se développer dans l'ombre épaisse engendrée par les arbres.
Certaines pourtant ont développé un petit stratagème : elles parviennent à pousser, à fleurir et à former leurs graines avant que toutes les feuilles des arbres ne viennent leur porter ombrage.

1

L'IDÉE FORTE

OPTEZ POUR UN DÉCOR CHANGEANT

Il est parfois inutile de vouloir habiller en toutes saisons le pied des arbres situés loin de la maison. Mieux vaut, comme dans la nature, concentrer le maximum de floraisons au début du printemps, époque où on a besoin de couleurs, puis se contenter de la fraîcheur de l'ombre en été, des teintes d'automne et de la silhouette des arbres en hiver.

N O T R E   C H O I X

Une partie du jardin jouxte un petit bois voisin et **les anémones des bois** y forment de grands tapis au mois d'avril. Blanches à certains endroits, elles sont parfois rosées ou bleutées ailleurs. Nous avons trouvé plusieurs autres sélections chez des pépiniéristes et elles ont aussi bien proliféré que les sauvages. En juin, leur végétation a complètement disparu.

Les anémones des bois sont accompagnées **de jacinthes des bois** sauvages que l'on distingue facilement des variétés cultivées à leurs fleurs plus foncées regroupées toutes du même côté. Toutes ensembles, elles dégagent un parfum très caractéristique à la mi-avril. Il existe de très jolies variantes blanches ou roses.

DES PLANTES PRÉCOCES

Aucune plante précoce n'est aussi attendue que **la rose de Carême (1)**. Dès la mi-janvier, on guette la sortie de terre des bourgeons pourpres ou rosés, puis, tout à coup, elle est là, au cœur de février, bravant les dernières intempéries. Des spécialistes en proposent désormais de très jolies couleurs sélectionnées, mais rien n'est plus plaisant qu'un semi-naturel montrant une infinité de tonalités différentes.

Il y a une plante bien plus précoce que toutes les autres qui se réveille et déploie ses jolies feuilles dès que les arbres perdent leurs feuilles en automne. **L'arum d'Italie** a, en effet, un cycle de végétation inversé et nous offre des feuilles en forme de lance aux nervures blanches admirablement soulignées.

DES TAPIS FLEURIS

Tout le monde connaît **le muguet**, mais rares sont les jardiniers qui l'implantent délibérément pour son pouvoir tapissant. Il forme pourtant, au milieu du printemps de très jolis tapis au parfum typique. Parfois, au milieu des touffes blanches apparaissent quelques brins de fleurs roses.

♣ *On peut très bien commencer en repiquant une potée offerte le premier mai.*

Au début du printemps, les sous-bois sont souvent émaillés **de primevères (2)** aux fleurs jaune pâle, que l'on surnomme coucou dans beaucoup de nos régions. L'espèce acaule* a été fortement transformée par les horticulteurs, mais lorsque ces potées à grandes fleurs se ressèment, elles retrouvent leur caractère un peu sauvage avec quelques couleurs en plus. Elles forment naturellement des tapis multicolores.

2

Autrefois, nos grands-mères plaçaient des petits bouquets **d'aspérule odorante** entre les piles de linge pour leur donner une agréable odeur de foin. Cette plante forme de très jolis tapis vert tendre couverts de fleurettes blanches en mai.

♣ *Les feuilles et les tiges dégagent leurs parfums quand on les piétine ou quand on les fait sécher.*

LEUR NOM LATIN

- → **Anémone des bois :** *Anemone nemorosa*
- → **Jacinthe des bois :** *Hyacinthoides non scripta*
- → **Rose de Carême :** *Helleborus x orientalis*
- → **Arum d'Italie :** *Arum italicum* 'Pictum'
- → **Muguet :** *Convalaria majalis*
- → **Primevère acaule :** *Primula acaulis*
- → **Aspérule odorante :** *Gallium odoratum*

• VOCABULAIRE

* Acaule : sans tige, les fleurs naissent directement au cœur des touffes de feuilles.

• COMMENT PLANTER ?

Pour que les tapissantes colonisent bien le pied des arbres installés, donnez-leur un bon départ. Creusez un trou de 40 x 40 cm pour chaque pied ; enlevez les petites racines et améliorez la terre en y mélangeant du compost ou du fumier bien décomposé.

• C'EST IMPORTANT

Évitez que la terre ne se dessèche pendant les deux premiers étés. Ensuite, les plantes sauront assurer leur survie.

• ATTENTION

L'arum d'Italie produit des graines rouges très attirantes en juillet-août alors que les feuilles ont disparu. Veillez à ce que les enfants n'y touchent pas car elles sont toxiques.

ELLES CONVIENNENT AUSSI

• Fritillaire pintade p. 349
• Jacinthe d'Espagne p. 200

Des plantes pour l'ombre sèche

Les bouleaux, faux acacias, marronniers, hêtres et tilleuls possèdent des racines denses et voraces. Rien ne semble vouloir pousser sous leur ombre à part quelques rares herbes et un peu de mousse. Pour égayer cet endroit, on a besoin de plantes à la fois robustes et frugales, capables de se contenter de peu de nourriture et de faire des réserves d'eau au moment où elle est abondante.

NOTRE CHOIX

Les fleurs rose-pourpre sont celles du **géranium de Cambridge**. Elles s'épanouissent en mai, plus ou moins nombreuses selon l'éclairement. Ses feuilles lustrées sont semi-persistantes et prennent de très jolies teintes rouges en automne.

♣ *Les tiges et les rhizomes forment rapidement un tapis haut de 15 à 20 cm, très dense, et quasiment impénétrable.*

La marge blanc crème qui entoure chaque feuille de cette variété de **la grande pervenche** égaye le pied des arbres tout au long de l'année. Elle parvient à s'insinuer dans le tapis des géraniums ce qui donne de très jolis jeux de couleurs variant selon les saisons. Ses grandes fleurs bleues, en mai-juin, sont un attrait supplémentaire.

♣ *Ses longues tiges s'enracinent quand l'extrémité touche le sol.*

DES FOUGÈRES RÉSISTANTES À LA SÉCHERESSE

Quelques fougères s'accommodent très bien des fortes sécheresses si on prend soin de les installer dans un bon terreau. **La fougère mâle (1)** est la plus grande et déploie ses frondes* de 80 à 90 cm de long au milieu du printemps.

♣ *Ses frondes sèchent parfois en partie, mais elle ne les perd jamais toutes avant l'automne.*

Le polypode est la plus petite des fougères, il mesure 30 cm, mais ses frondes coriaces sont bien persistantes. Elles se déroulent tard au printemps et parfois seulement au milieu de

1

l'été, selon l'humidité ambiante. Il faut juste avant cette époque couper toutes les anciennes frondes pour que les touffes soient plus belles. Cette espèce forme à la longue de très jolis tapis.

L'IDÉE FORTE

N'OUBLIEZ PAS LES COULEURS

La plupart des plantes capables d'accepter cette situation ont un feuillage persistant et coriace, mais d'un vert à la longue triste et ennuyeux. Celles qui apportent de la couleur par leur feuillage ou par des fleurs sont donc les bienvenues. Parfois, une plante sauvage, comme la véronique à fleurs bleues, sur la photo page de gauche, vient compléter les compositions. Il faut donc en tirer parti et la laisser s'installer.

DES PLANTES AUX COULEURS ATTRAYANTES

L'hellébore fétide (2) n'est pas aussi coloré que ses cousins d'Orient, mais il forme un petit buisson habillé d'un feuillage élégant. Ses gros bouquets de fleurs vert tendre sont très lumineux et très attrayants à la fin de l'hiver. Chaque corolle est délicatement bordée d'un filet rouge.

Nous avons installé, parmi les géraniums, quelques touffes de **l'euphorbe de Mrs Robb**. Hautes de 30 cm, ses tiges sont habillées de feuilles étroites et longues d'un beau vert foncé et luisant. Elles se prolongent, en avril, mai et juin, de grands bouquets de petites fleurs verdâtres comme celles des hellébores.

Un iris aux feuilles d'un très beau vert émeraude vient ponctuer les plantations sous les arbres. C'est **l'iris gigot**, surnommé ainsi à cause de l'odeur de viande qu'il dégage quand on coupe ses feuilles coriaces et persistantes. Ses fleurs ne sont pas très voyantes, contrairement à ses gros fruits qui en s'ouvrant laissent entrevoir les graines d'un bel orange rutilant.

♣ *Les graines de l'iris gigot germent facilement.*

LEUR NOM LATIN

- **Géranium de Cambridge :** *Geranium x cantabrigiense*
- **Grande pervenche panachée :** *Vinca major* 'Variegata'
- **Fougère mâle :** *Dryopteris filix-mas*
- **Polypode :** *Polypodium vulgare*
- **Hellébore fétide :** *Helleborus foetidus*
- **Euphorbe de Mrs Robb :** *Euphorbia amygdaloides* var. *robbiae*
- **Iris gigot :** *Iris foetidissima*

• VOCABULAIRE

* Fronde : feuille des fougères.

• QUAND PLANTER ?

En septembre, quand l'air et la terre redeviennent humides. Les feuilles mortes formeront très vite un tapis protecteur et nourricier.

2

• ASTUCE

Inutile de couper les racines autour des gros arbres et de bêcher le sol. Élevez plutôt le niveau de la terre en étalant là où vous voulez planter, une couche d'au moins 10 cm de compost bien mûr. Recouvrez vos plantations d'une couche de feuilles mortes.

ELLES CONVIENNENT AUSSI

- Arum d'Italie p. 179, 281
- Cotonéaster horizontal p. 87, 278, 286
- Fusain argenté p. 287
- Lamier jaune de Florence p. 300
- Ronce rampante p. 287

Des fougères

Avec leurs frondes plus ou moins découpées, les fougères sont un peu les dentelles du jardin. Elles ne produisent pas de fleurs, mais elles n'en ont pas besoin pour nous séduire. Leur monde est vert, même si quelques-unes sont un peu colorées.*
Elles constituent la plus belle et la plus simple des parures des jardins ou des patios ombragés, où rien de ce qui est commun aux autres jardins ne semble vouloir pousser. Leur présence donne même à ces endroits une atmosphère bien particulière.

L'IDÉE FORTE

VARIEZ LES FRONDES

Là où seules les fougères veulent bien pousser, il ne faut pas se contenter d'en installer une seule espèce ou une seule variété, mais essayer de mettre à profit la diversité des frondes en rapprochant des plantes d'aspects assez différents. Les frondes les plus fines n'apparaissent jamais aussi délicates que devant des frondes épaisses et vice versa.

NOTRE CHOIX

Nous aimons beaucoup **la fougère sensitive**, car ses frondes sont teintées d'un vert un peu particulier et très changeant. Rougeâtre, puis vert tendre au printemps, il devient un peu glauque ou bleuté à certains moments de l'été, puis jaunit, et enfin rouille aux prémices de l'automne. Les frondes disparaissent en hiver, mais quelques frondes fertiles et raides comme des petits candélabres persistent çà et là.

♣ *Haute de 30 à 40 cm, elle s'étend en grandes colonies dans les terres humides.*

La fougère femelle apparaît très légère à côté de la masse des sensitives au bord de laquelle elle est venue s'installer. Celle-ci formera, en deux ou trois années, une touffe de 80 à 90 cm de haut et de large. D'un vert tendre émouvant au printemps, elle est encore plus étonnante en automne quand elle prend de magnifiques teintes rousses.

DES FOUGÈRES SPECTACULAIRES

De l'avis de tous, **l'osmonde royale (1)** est la plus belle des fougères. C'est surtout la plus grande, car les frondes des plantes âgées dépassent souvent 1,50 m de longueur. Au printemps, elles ne sont encore que des crosses*, mais leur déroulement qui s'effectue en quelques jours est, à lui seul, très spectaculaire.

♣ *Un sol très humifère et très humide est nécessaire pour qu'elle atteigne de belles dimensions.*

Au printemps, les crosses des **polystiques** sont également très attrayantes, car elles sont recouvertes d'écailles cuivrées qui, selon leur position, reflètent ou absorbent la lumière. Ces fougères ont un port plutôt étalé et leurs frondes, magnifiquement ciselées, restent intactes au moins jusqu'au milieu de l'hiver.

Une des multiples variétés de **la fougère femelle,** l'*Athyrium filix-femina* 'Fritzelliae' possède des frondes curieuses sur lesquelles les divisions secondaires sont réduites à une sorte de demi-cercle d'environ un centimètre de diamètre. Leur disposition donne aux frondes un aspect légèrement frisé. De loin, cette fougère ressemble presque à une touffe d'herbe !

1

2

DES FOUGÈRES COLORÉES

La fougère cuivrée (2) est une pure merveille. Ses jeunes frondes se déroulent en une couleur hésitant entre le rouge, le rose et le jaune ocré, mais toutes ces teintes s'unissent ensuite pour lui donner une incroyable couleur cuivre. Elle la conserve tout l'été et au-delà de l'hiver, car les frondes sont encore présentes quand les nouvelles se déroulent assez tard, au mois de juin.

Les amateurs de beaux feuillages ne tarissent pas d'éloges sur **la fougère peinte**. Les frondes de cette fougère japonaise sont teintées d'un camaïeu de gris clair, de gris foncé, de blanc argenté, et de bronze, alors que les jeunes frondes sont presque roses.

LEUR NOM LATIN

- → **Fougère sensitive :** *Onoclea sensibilis*
- → **Fougère femelle :** *Athyrium filix-femina*
- → **Osmonde royale :** *Osmunda regalis*
- → **Polystique :** *Polystichum setiferum*
- → **Fougère femelle frisée :** *Athyrium filix-femina* 'Fritzelliae'
- → **Fougère cuivrée :** *Dryopteris erythrosora*
- → **Fougère peinte :** *Athyrium nipponicum* 'Pictum'

• VOCABULAIRE

* Crosse : jeune fronde encore enroulée sur elle-même.
* Fronde : feuille des fougères.

• COMMENT PLANTER ?

Faites bien tremper la motte et desserrez le réseau très dense de fines racines. Entourez-les de tourbe très humide dans le trou de plantation.

• C'EST IMPORTANT

♣ Coupez les frondes sèches en hiver ou juste avant que les nouvelles ne se déroulent.

♣ Étalez une couche de feuilles mortes autour des plantes.

• LA TERRE

Les fougères aiment le terreau de feuilles, mais beaucoup se contentent de n'importe quelle terre de jardin pas trop sèche.

ELLES CONVIENNENT AUSSI

- Fougère « plume d'autruche » p. 170, 228
- Fougère scolopendre p. 303

Des rhododendrons et des azalées

Les rhododendrons et les azalées, étroitement apparentés, ont besoin d'une terre acide, d'ombre et d'une atmosphère calme et humide pour prospérer. Si votre jardin réunit ces conditions particulières, il peut accueillir un bon échantillonnage de ce genre. Ces plantes qui semblent exigeantes sont en fait simples à cultiver une fois leurs besoins élémentaires satisfaits.*

1

N O T R E C H O I X

'Pink Pearl' est une variété de **rhododendron** très répandue, car elle pousse vite et produit de très grosses fleurs, même quand les plantes sont jeunes. Peu d'entre nous se doutent pourtant qu'un buisson puisse atteindre la taille d'une maison en trente ans si les conditions de culture sont favorables. Les boutons sont rose foncé, presque rouges, puis les corolles pâlissent pour finir juste rosées avant de tomber.

♣ *C'est une variété test. Si elle pousse mal chez vous, abandonnez l'idée de cultiver des rhododendrons.*

Devant le rhododendron pousse **une azalée japonaise** dont les fleurs ont exactement le même ton que les boutons de 'Pink Pearl'. De croissance très lente, les feuilles de ces plantes ne sont pas tout à fait persistantes ; une partie tombe durant l'hiver parfois après avoir adopté de très jolies couleurs.

♣ *Moins exigeantes que les grands rhododendrons hybrides, elles se cultivent facilement en pots dans une cour ou un patio pas trop ensoleillé.*

DES RHODODENDRONS PRÉCOCES

'Blue Tit' épanouit ses fleurs d'un bleu profond au mois d'avril. Elles recouvrent alors complètement le petit dôme haut de 1 m de feuilles coriaces semblables à celles du thym mais un peu bleutées.

♣ *Ce rhododendron supporte des situations plus ensoleillées que la plupart de ses congénères.*

'Praecox' (1) s'épanouit en février, avec quatre mois d'avance sur la plupart des autres rhododendrons. Haut et large au maximum de 1,50 m, il se couvre de fleurs simples d'un joli mauve qui apparaît parfois rosé.

♣ *Évitez de le planter en plein courant d'air.*

Le rouge vibrant du **rhododendron 'Elisabeth'** ne passe jamais inaperçu, car c'est l'une des teintes les plus vives de la mi-avril. Ses feuilles tendrement veloutées sont d'un joli vert tendre qui renseigne très vite sur la nature du sol : elles deviennent jaunes si la terre n'est pas assez acide, trop sèche ou trop humide.

DES RHODODENDRONS CADUCS

Les arbustes caducs* habituellement désignés sous le nom d'azalées sont, d'un point de vue botanique, des rhododendrons. Chez **les azalées « mollis »,** la floraison est parfois plus spectaculaire que celle des rhododendrons persistants, car elle intervient alors que les feuilles ne sont pas encore développées. Un bouquet de 5 à 10 fleurs simples, ou quelquefois doubles, couronne l'extrémité de chaque rameau. Celle-ci s'appelle **'Berryrose' (2),** elle change de nuance au cours de sa floraison.

2

Un autre groupe d'azalées hybrides, **les azalées « occidentales »,** fleurit un peu plus tard alors que les feuilles sortent déjà. Leurs fleurs, plus petites et de coloris plus doux, sont agréablement parfumées, surtout chez la variété nommée **'Delicatissimum'**. Ces plantes, trop peu répandues à notre avis, sont pourtant bien plus faciles à vivre encore que les précédentes, car leur principal parent est un rhododendron d'Amérique du Nord peu exigeant.

L'IDÉE FORTE

DÉPLACEZ LES COULEURS

Les fleurs des rhododendrons ont souvent des couleurs vives difficiles à marier. Par bonheur, leurs racines sont fines et fibreuses ce qui permet de déplacer facilement les buissons, même lorsqu'ils sont en fleurs. C'est ainsi que l'on parvient à réaliser des harmonies aussi réussies que celle-ci.

LEUR NOM LATIN

- **Rhododendron hybride 'Pink Pearl' :** *Rhododendron* x 'Pink Pearl'
- **Azalée japonaise 'Hinodegiri' :** *Rhododendron* x 'Hinodegiri'
- **Rhododendron 'Blue Tit' :** *Rhododendron* x 'Blue Tit'
- **Rhododendron 'Praecox' :** *Rhododendron* x 'Praecox'
- **Rhododendron 'Elisabeth' :** *Rhododendron* x *repens* 'Elisabeth'
- **Azalée mollis 'Berryrose' :** *Rhododendron* x 'Berryrose'
- **Azalée occidentale 'Delicatissimum' :** *Rhododendron* x 'Delicatissimum'

• VOCABULAIRE

* Caduc : qui perd ses feuilles en hiver.
* pH : unité de mesure de l'acidité ou de l'alcalinité. On le connaît en procédant à une analyse rapide à l'aide de rubans spéciaux qui réagissent en fonction de l'acidité.
* Terre acide : terre dont la valeur du pH* est inférieure à 6,5.

• COMMENT PLANTER ?

Les rhododendrons ont des racines superficielles qui s'étalent beaucoup. Creusez des trous larges (1 m au minimum) et peu profonds (30 cm). Mélangez beaucoup de terreau de feuilles à la terre.

• QUAND PLANTER ?

N'importe quand, en dehors des périodes de gel et des périodes très sèches. Avril et septembre sont cependant les mois les meilleurs.

• PROTÉGEZ-LES

Sous les rhododendrons gardez toujours le sol couvert d'une épaisse couche de feuilles mortes pour protéger et nourrir les racines superficielles.

ELLES CONVIENNENT AUSSI

- Azalée 'Glowing Enbers' p. 159
- Azalée jaune p. 177
- Bruyères pp. 196-197
- Enkianthus p. 156
- Érable du Japon p. 135, 157
- Fothergilla p. 157, 159
- Pernettya p. 278
- Rhododendron x 'Christmas Cheer' p. 143

LES PLUS BEAUX MASSIFS DE FLEURS

Comme les jardiniers passent de plus en plus de temps dans leur jardin tout au long de l'année, il nous a paru judicieux de proposer des mariages de plantes variés qui permettent aux massifs d'être attrayants à chaque saison. Pour faciliter vos choix, les pages suivantes rassemblent les plantes les plus intéressantes en hiver, au printemps, en été et en automne. Loin de représenter un inventaire exhaustif et rébarbatif des plantes saison par saison, ces pages mettent l'accent sur des groupes « clefs » qui permettent de réaliser tout de suite de jolis massifs harmonieux ou de compléter les plantations existantes. Les bulbes y tiennent une place importante car on en trouve toute l'année et ils permettent souvent d'apporter de belles masses de couleur sans occuper beaucoup d'espace.

De vraies fleurs d'hiver

Il suffit de plusieurs jours avec des températures au-dessus de zéro pour voir pointer les boutons de quelques fleurs vivaces intrépides, prenant le risque de s'épanouir à cette période de l'année a priori peu propice pour elles. Parfaitement rustiques*, elles restent épanouies et résistent longtemps aux petites gelées survenant après leur ouverture. Et si, par malheur, un froid plus intense vient à les décimer, de nouveaux boutons sont prêts à prendre le relais.*

L'IDÉE FORTE

REGROUPEZ-LES

De petite taille, ces fleurs d'hiver sont plutôt discrètes dans le jardin. Les rassembler par petits groupes permet d'en tirer un meilleur parti et de jouer avec les couleurs pour qu'elles se mettent en valeur. Plantez ceux-ci à des emplacements stratégiques du jardin, qui restent fréquentés malgré les intempéries : le long du chemin d'accès, près de la porte d'entrée, de part et d'autre de la porte de la cuisine, etc.

N O T R E   C H O I X

Selon l'origine des plantes, **la rose de Noël** s'épanouit entre le début de décembre et la fin du mois de janvier, ou même plus tard si les conditions météo ne sont pas favorables. Les premières fleurs, d'un beau blanc pur, rosissent plus ou moins intensément au fil des semaines, mais restent attrayantes pendant plus de deux mois. Coupées, elles durent aussi plus de deux semaines en bouquet.

♣ *Elle apprécie une terre riche et fraîche, à mi-ombre, et déteste être déplacée ou divisée plus d'une fois tous les cinq ans.*

Sa cousine **la rose de Carême,** ou **hellébore d'Orient,** ne commence à ouvrir ses boutons qu'à partir de fin janvier-début février. Les corolles, plus ou moins larges et plus ou moins retombantes, peuvent être blanches, roses ou pourpres, unies ou à reflets verdâtres, ou encore ornées de taches rouge pourpre, d'intensité et de répartition variables.

♣ *Les fleurs durent trois mois à l'extérieur et seulement quelques heures dans l'eau d'un vase.*

DE BELLES FLEURS BLEUES

Peu connue, **l'hépatique (1)** déploie toujours ses fleurs d'un bleu profond avant la fin de février. D'une intensité rare, bienvenue auprès des fleurs pâles des hellébores, celles-ci forment de petites touffes hautes et larges de 15 cm, dont la croissance n'est pas très rapide, mais qui se ressèment facilement quand l'endroit leur plaît.

♣ *Peu exigeante, elle pousse à l'ombre des arbres caducs, entre les racines, même si la terre y est très sèche en été.*

D'un bleu plus clair mais tout aussi vibrant, l'**iris d'Algérie** produit d'étonnantes fleurs aux larges pétales marqués de jaune et de noir à la base. Hautes de 10 à 15 cm, les fleurs restent épanouies entre un et trois jours, mais les souches bien installées en produisent régulièrement du début janvier jusqu'à la mi-mars.

♣ *Plantez-le au printemps, dans un endroit très ensoleillé, dans une terre plutôt pauvre et caillouteuse.*

DE BELLES FLEURS VERTES

Les petites fleurs sans pétales du **pétasite du Japon (2)** sont réunies en bouquets gros comme une balle de tennis et entourés de larges sépales* vert clair. Ces fleurs poussent en solitaire ou regroupées, à ras de terre encore nue. La plante produit plus tard de grandes feuilles rondes qui couvrent parfaitement le sol à 70 cm de hauteur.

D'une taille beaucoup plus modeste et de croissance très lente, **l'hacquetia** forme des touffes de 15 à 20 cm de haut et de large. Ses petites fleurs jaunes constituent une petite boule jaune sertie au centre d'une feuille presque ronde. L'ensemble ne manque pas de charme et se marie très bien avec l'hépatique.

♣ *C'est aussi une plante d'ombre capable de vivre dans des conditions difficiles, mais de croissance plus rapide en sol humide et riche.*

L'hellébore fétide constitue un petit buisson haut et large de 50 cm. Ses feuilles en forme de main ont des segments longs et fins, toujours élégants. Les fleurs vertes en clochettes et délicatement ourlées de rouge sombre sont réunies en grandes grappes qui font beaucoup d'effet au pied des arbres.

1

2

LEUR NOM LATIN

- **Rose de Noël :** *Helleborus niger*
- **Rose de Carême :** *Helleborus x orientalis*
- **Hépatique :** *Hepatica nobilis*
- **Iris d'Algérie :** *Iris stylosa*
- **Pétasite du Japon :** *Petasites japonicus*
- **Hacquetia :** *Hacquetia epipactis*
- **Hellébore fétide :** *Helleborus foetidus*

• VOCABULAIRE

* Drageonnante : se dit d'une racine s'allongeant sous la surface du sol et produisant des pousses à distance de la plante d'origine.
* Rustique : qui résiste au gel en hiver.
* Sépale : sorte de feuille entourant et protégeant le bouton floral.
* Vivace : plante qui perd toutes ses tiges et ses feuilles en hiver, mais qui repousse au printemps suivant grâce à ses racines perpétuelles.

• ASTUCE

Les roses de Noël sont souvent abîmées par la pluie ou les éclaboussures de terre. Pour qu'elles restent parfaites, entourez les plantes de feuilles mortes et recouvrez-les d'une plaque de verre maintenue par quatre pierres.

• NOTRE EXPÉRIENCE

Nous ajoutons du sable et du terreau finement tamisé autour des plants d'hépatique et ne remuons pas le sol, de manière à favoriser le développement des mousses. Les graines d'hépatique y trouvent le meilleur des lits pour germer.

ELLES CONVIENNENT AUSSI

• Arabette p. 192
• Bergénia à feuilles grasses p. 193
• Pulmonaire 'Dora Bielefeld' p. 193

Des bulbes fleuris en janvier

Entre fin janvier et début mars, selon la rigueur de l'hiver, nous attendons tous les perce-neige et leurs petits grelots blancs. Ils ne restent pourtant pas longtemps seuls car, avant qu'ils ne fanent, beaucoup d'autres espèces, toutes aussi pressées d'en finir avec l'hiver, poussent leurs boutons et leurs feuilles hors de terre pour s'épanouir à leur tour. Il leur suffit parfois de moins de trois jours sans gelées pour sortir de terre et nous réjouir.

NOTRE CHOIX

Le narcisse des prés est un des premiers de sa famille à s'épanouir, en dehors de quelques espèces fragiles réservées aux spécialistes. Il ouvre ses corolles en général avant la fin février, quand les roses de carême sont au summum de leur beauté. Cette espèce qui se naturalise facilement n'est pourtant pas toujours disponible dans le commerce, 'February Gold', qui est un de ses plus proches hybrides, peut la remplacer.

De taille plus petite, **l'helléborine** ou **éranthe** éclaire de jaune d'or les couleurs, parfois un peu ternes, des autres premières fleurs. Sertie au milieu d'une collerette de feuillage vert tendre, sa corolle évoque celle du bouton-d'or. Haute de 5 à 8 cm, elle se ressème facilement pour constituer de jolies petites colonies.

♣ *Plantez-la entre les grosses racines d'un arbre caduc, où elle fera beaucoup d'effet sans craindre la concurrence de l'herbe.*

L'IDÉE FORTE

PLANTEZ-LES EN GRANDE QUANTITÉ !

Outre leur floraison précoce, ces petits bulbes ont de multiples atouts : ils ne coûtent pas très cher et leur petite taille permet de les insérer entre les plantes vivaces ou au pied des arbustes, en attendant que les unes et les autres se développent à leur tour. En revanche, leurs fleurs, elles aussi petites, doivent être très nombreuses pour faire un maximum d'effet. N'hésitez donc pas à les acheter par multiples de 100, quantité qui vous permettra d'obtenir un prix intéressant.

DES BORDURES DE PETITS BULBES

L'iris réticulé (1) fleurit avec la plus grande fidélité en quelques jours, et ses fleurs, aux segments plus ou moins larges selon les variétés, dégagent un délicieux parfum de miel. Les feuilles qui se développent ensuite ressemblent à de la ciboulette, ce qui nous incite à planter les bulbes en compagnie de ces belles aromatiques.

♣ *Il aime une terre riche et un emplacement ensoleillé.*

Les touffes d'**iphéons,** placées le long de l'allée, produisent leurs feuilles fines et vert tendre comme de l'herbe parfois dès l'automne. Chaque bulbe ne porte qu'une seule fleur de 3 à 4 cm de diamètre, le plus souvent bleu pâle, mais cette plante est tellement prolifique qu'une touffe installée fleurit pendant plus d'un mois.

Rendons grâce tout de même au **perce-neige,** que tout le monde connaît. Nous vous invitons à découvrir la variété à fleurs doubles, certes moins gracieuse, mais qui a l'avantage de rester épanouie deux à trois fois plus longtemps, c'est-à-dire plus de deux semaines. Comme ce perce-neige ne se ressème pas, on le multiplie facilement en divisant les touffes.

DES TAPIS DE PETITS BULBES

Les crocus hybrides de C. chrysanthus (2) ont des fleurs plus petites mais plus précoces que les crocus hollandais. Ils sont aussi plus prolifiques et constituent rapidement des colonies de fleurs dans les massifs ou sous un tapis de plantes couvre-sol rases comme les corbeilles-d'argent. Ils se mêlent aussi très bien aux premières fleurs vivaces et aux bruyères.

Les fleurs de **la scille de Sibérie** sont de toutes petites clochettes réunies sur des tiges courtes de 10 cm de haut. Leur couleur bleu violacé, nuancée de turquoise, est toutefois si lumineuse que l'on remarque la moindre corolle.

♣ *Comme cette scille se ressème facilement, elle constitue vite de belles colonies sous les branches basses des arbres ou des arbustes.*

LEUR NOM LATIN

- → **Narcisse des prés :** *Narcissus pseudonarcissus*
- → **Helléborine :** *Eranthis hyemalis*
- → **Iris réticulé :** *Iris reticulata*
- → **Iphéon :** *Ipheion uniflorum*
- → **Perce-neige à fleurs doubles :** *Galanthus nivalis* 'Plenus'
- → **Crocus hybride de C. chrysanthus :** *Crocus* x *chrysanthus*
- → **Scille de Sibérie :** *Scilla sibirica*

• COMMENT PLANTER ?
Tous ces petits bulbes s'installent entre 3 et 5 cm de profondeur.

• ASTUCE
Pour plus d'effet dès le premier printemps, plantez les bulbes par groupes de 5 à 10 dans le même trou. Ils formeront alors de petites touffes qui s'étendront ensuite par semis naturel ou par dédoublement des bulbes.

2

• QUEL SENS ?
Les bulbes d'helléborines ressemblent à de petits cailloux : il est difficile d'en déterminer le sens. Ne vous en souciez pas, même plantées à l'envers, les pousses parviennent toujours à trouver le chemin vers la lumière.

ELLES CONVIENNENT AUSSI

• Fritillaire pintade p. 349
• Jacinthe des bois p. 178

Des messagères du printemps

Même quand le jardin est abondamment garni de plantes attrayantes en hiver, nous sommes tous impatients de découvrir les véritables signes de l'arrivée prochaine du printemps. Quelques plantes printanières, dont la pleine période de floraison se situe d'ordinaire en avril, poussent parfois l'audace de produire quelques fleurs bien avant l'heure. En voici plusieurs pour lesquelles ce comportement est si habituel qu'on les inclut quelquefois parmi les fleurs hivernales.

L'IDÉE FORTE — *PLANTEZ-LES BIEN À L'ABRI*

Avec un peu d'attention, on repère bien vite quelques endroits privilégiés du jardin où les gelées d'hiver sont moins fortes qu'ailleurs et celles de printemps quasi inexistantes. S'ils ne sont pas déjà occupés par des plantes fragiles, ce sont des endroits privilégiés pour ces plantes de printemps qui y trouvent toutes les conditions pour s'épanouir un peu avant l'heure.

NOTRE CHOIX

Les primevères élevées groupent leurs petites fleurs au sommet de tiges hautes de 10-12 cm, ce qui leur confère une allure très distinguée. Jaune pâle ou jaune vif à l'état sauvage, elles s'hybrident facilement avec les autres primevères plus colorées du jardin pour donner des teintes plus ou moins inédites comme celles-ci.

♣ *On les obtient aisément par semis effectué en juin, les jeunes plantes étant mises en place à mi-ombre, en septembre.*

L'arabette, parfois appelée « corbeille-d'argent », est une des plantes « de bordure » ou « de rocaille » les plus classiques. Sa floraison dure tout le mois d'avril, mais elle commence souvent bien avant par quelques corolles qui ne manquent pas d'intérêt.

♣ *La plupart du temps, l'arabette se ressème d'elle-même, dans les endroits où la terre reste fraîche.*

Le myosotis du Caucase est une plante vivace indispensable pour garnir les espaces mi-ombragés sous les arbres. Ses bouquets de petites fleurs bleues apparaissent très tôt et, quelquefois, le froid les fait virer un peu au rose. Plus tard, la plante forme un vrai brouillard bleu.

♣ *Plantez-le de préférence en automne pour qu'il soit déjà bien vigoureux au printemps suivant.*

DES MESSAGÈRES ODORANTES

La violette sauvage (1) apparaît souvent sponta-nément dans les coins mi-ombragés du jardin épargnés par les bêchages, là où l'épaisseur

1

2

des feuilles mortes n'est pas trop importante. Les années propices, ses petites fleurs plus ou moins odorantes forment même de véritables tapis sous les arbres, voire dans la pelouse.

♣ *Apprenez à reconnaître ses jeunes feuilles pour éviter de les désherber lors de vos grands nettoyages d'automne.*

La primevère auricule, surnommée « oreille-d'ours » par nos grands-mères, fleurit normalement fin avril-début mai, mais certaines variétés s'épanouissent beaucoup plus tôt. On profite alors de son délicat parfum rappelant parfois celui des fleurs d'oranger qui, a lui seul, évoque le début de la belle saison.

♣ *Elle aime une terre riche, fraîche et bien drainée. On l'obtient par semis ou par variétés sélectionnées chez quelques spécialistes.*

DES MESSAGÈRES BIEN COLORÉES

Le bergénia à feuilles grasses, surnommé « plante des savetiers » ou « oreilles-d'éléphant », déploie ses gros bouquets de fleurs rose tendre souvent très tôt, au risque de les voir détruites par les giboulées de mars. Si une gelée les menace, placez les bouquets en vases, où ils tiennent près d'une semaine. Les grandes feuilles ovales et coriaces persistent tout l'hiver.

♣ *Il se plaît dans tous types de sols à exposition pas trop ensoleillée.*

La pulmonaire 'Dora Bielefeld' (2) est une variété récente, remarquable pour sa longue floraison rose qui débute très tôt, dès que les gros bourgeons des tiges florales affleurent la surface du sol. Plus tard, ses feuilles tachées d'argent forment de larges touffes qui constituent un excellent couvre-sol étanche aux mauvaises herbes.

LEUR NOM LATIN

- → **Primevère élevée :** *Primula x elatior*
- → **Arabette :** *Arabis caucasica*
- → **Myosotis du Caucase :** *Brunnera macrophylla*
- → **Violette sauvage :** *Viola canina*
- → **Primevère auricule :** *Primula auricula*
- → **Bergénia à feuilles grasses :** *Bergenia crassifolia*
- → **Pulmonaire 'Dora Bielefeld' :** *Pulmonaria saccharata* 'Dora Bielefeld'

• PROTÉGEZ-LES
Si le gel menace ces petites fleurs épanouies un peu trop tôt, couvrez-les le soir d'une feuille de journal maintenue par quelques cailloux. Cette protection suffit pour des températures de - 2 à - 3°C.

• SITUATION
Les endroits non exposés au soleil du matin sont les plus protégés. En effet, s'il survient après une nuit de gel, le réchauffement brutal des fleurs leur est souvent fatal.

• PENSEZ-Y
Pour garder ces plantes florifères, coupez tous les 3 ou 4 ans, après la floraison, les grosses tiges noires s'étalant à la surface du sol et replantez-les en les enterrant dans une terre enrichie de compost. Ne laissez dépasser du sol que la dernière rosette de feuilles.

• EN POTS
Les primevères auricules se cultivent très bien en pots qui, abrités sous un simple châssis non chauffé, fleurissent très tôt, dès le milieu de l'hiver. On peut alors les rentrer dans la maison, qu'elles embaument de leurs senteurs délicates.

ELLES CONVIENNENT AUSSI

- Anémone des bois p. 178
- Muguet p. 179
- Primevère acaule p. 179

Des tapis colorés de fleurs et de feuillages

Pourquoi faudrait-il attendre l'arrivée du printemps pour profiter de tapis de couleurs de fleurs ou de feuillages ? Plusieurs plantes tapissantes, dont les fameuses bruyères, fleurissent en abondance ou produisent déjà de nouvelles feuilles alors que l'hiver est encore là pour quelques semaines. Ces parterres de couleurs, très spectaculaires, révèlent encore mieux leur beauté s'ils s'étalent au pied d'arbustes à floraison précoce.

L'IDÉE FORTE — *ANIMEZ LE PIED DES ARBRES*

Utilisez, comme nous, ces plantes en priorité au pied des arbres à feuilles caduques. Il est en effet plus important d'animer ces emplacements bien dégagés à la fin de l'hiver qu'en été, lorsque la présence de l'arbre lui-même est telle qu'on ne prête aucune attention à ce qui peut pousser au-dessous. Les bruyères fleurissent mieux du côté ensoleillé alors que les autres colonisent indifféremment les espaces plus ou moins ombragés durant l'été.

NOTRE CHOIX

La bruyère carnée produit ses innombrables clochettes entre décembre et mars, selon les variétés. '**Myretoun Ruby**', rouge et photographiée ici, porte la couleur la plus intense, tandis que **'Springwood White'**, la blanche, est la plus florifère parmi toutes les variétés de ce coloris. Il existe beaucoup de nuances de rose, parmi lesquelles 'Springwood Pink' et 'Winter Beauty' sont les plus belles et les plus courantes.

♣ *Cette bruyère pousse dans tous les types de sols riches en terreau de feuilles.*

Le lierre 'Dentata Variegata' s'utilise d'habitude sur des murs ou pour couvrir une souche d'arbre, mais c'est aussi un excellent couvre-sol, surtout remarquable quand ses feuilles panachées de jaune se mélangent comme ici à d'autres plantes tapissantes. Il suffit de couper les branches trop envahissantes pour garder un aussi bel effet de tapisserie que celui produit ci-contre.

♣ *Plantez-le de préférence au printemps, en recouvrant d'un peu de terre ses branches étalées dans toutes les directions.*

DES TAPIS DE FLEURS

La bruyère de Darley est environ deux fois plus haute que la bruyère carnée (40 à 60 cm), mais fleurit également tout au long de l'hiver en tapissant fort bien le sol. Elle permet de donner davantage de relief aux parterres de couleurs.

♣ *Aussi facile que la bruyère carnée, elle demande juste une petite taille en fin de floraison pour rester bien compacte.*

La pulmonaire à feuilles étroites (1) est la première de son genre à épanouir ses fleurs qui, à la différence des autres espèces plus connues, ne changent pas de couleur. Elles restent d'un magnifique bleu violacé, très lumineux avec le rose des bruyères. Ses feuilles, d'un beau vert sombre uniforme, disparaissent au début de l'été.

L'omphalode d'hiver produit des petites fleurs bleues qui évoquent celles du myosotis et qui commencent à s'épanouir en mars. Cette plante, haute de 10 cm, tapisse le sol de ses feuilles vert foncé, qui restent élégantes pendant toute la saison et une partie de l'hiver, s'il n'est pas trop froid.

1

DES TAPIS DE FEUILLES ET DE FLEURS

Cousin de l'ortie, **le lamier (2)** ne pique pas et ses feuilles persistantes, barrées d'une longue tache blanche, se renouvellent dès les premiers beaux jours. **'Shell Pink'** est une sélection à fleurs rose tendre très précoces, épanouies dès les premiers jours de mars, soit 3 à 4 semaines avant les autres. C'est une des variétés les plus florifères.

2

La petite pervenche panachée est un couvre-sol indispensable, très joli sur de petites surfaces. Ses feuilles persistantes, marbrées et marginées de blanc crème restent lumineuses toute l'année, et des fleurs bleu-mauve les animent dès que les températures dépassent les 3 ou 4 °C. Plantez-la autour des roses de carême.

♣ *Tous les deux ans, taillez les tiges au ras du sol et étalez du compost en surface pour que le tapis reste dense.*

LEUR NOM LATIN

- ➜ **Bruyère carnée :** *Erica carnea*
- ➜ **Lierre 'Dentata Variegata' :** *Hedera colchica* 'Dentata Variegata'
- ➜ **Bruyère de Darley :** *Erica* x *darleyensis*
- ➜ **Pulmonaire à feuilles étroites :** *Pulmonaria angustifolia*
- ➜ **Omphalode d'hiver :** *Omphalodes verna*
- ➜ **Lamier 'Shell Pink' :** *Lamium maculatum* 'Shell Pink'
- ➜ **Petite pervenche panachée :** *Vinca minor* 'Variegata'

• ATTENTION
Ne laissez pas s'accumuler les feuilles mortes des arbres sur les touffes de bruyère, car cela entraîne rapidement la mort du feuillage.

• ENTRETIEN
Pour garder longtemps de belles bruyères bien florifères, étalez environ un demi-seau d'un mélange de tourbe et de terreau de feuilles chaque printemps au cœur des touffes. Les branches basses s'y enracinent rapidement, ce qui accroît la vigueur des plantes.

• ASTUCE
Glissez quelques petits bulbes précoces en dessous du tapis de pervenches ou d'omphalodes pour créer d'autres jeux de couleurs.

ELLES CONVIENNENT AUSSI

- Arabette p. 192
- Pulmonaire 'Dora Bielefeld' p. 193

Des bruyères

Les quelques bruyères que l'on plante pour colorer un peu le jardin en hiver ne donnent qu'un tout petit aperçu de la palette d'espèces et de variétés que contient ce genre. Il existe en effet des bruyères qui fleurissent à toutes les périodes de l'année.
Toutes ne sont pas des plantes basses et tapissantes, certaines deviennent aussi grandes que des arbustes. Et les unes comme les autres poussent avec autant de facilité. Alors pourquoi ne pas les adopter afin de prolonger les floraisons dans votre jardin à des époques où les fleurs se font plus rares ?

L'IDÉE FORTE

MÉLANGEZ-LES AUX AUTRES PLANTES

On voit souvent de très belles photos de bruyères plantées en tapis denses et serrés, parfois multicolores quand plusieurs variétés sont mélangées. Mais ces étendues sont l'apanage des grands jardins ou des jardins situés sur les landes pauvres et acides. Nous préférons mélanger les bruyères aux autres plantes afin qu'elles les accompagnent comme celle placée à côté de l'euphorbe, ou qu'elles les complètent en fleurissant à une autre époque.

N O T R E   C H O I X

Cette bruyère de Darley commence à fleurir vers la fin de l'hiver. Cette variété, nommée 'Arthur Johnson', qui est l'une des plus florifères, reste souvent épanouie de début janvier jusqu'à Pâques et accompagne les premières fleurs d'une grande euphorbe.

♣ *Sa bonne vigueur lui permet d'atteindre 50 cm de haut et de large en quatre ou cinq ans dans des terres pas trop sèches et riches en humus.*

Les bruyères carnées ou **bruyères des Alpes** sont un peu plus basses et sont disponibles en de nombreuses teintes de roses et de rouges ainsi que de blanc pur. Les premières commencent à fleurir fin novembre et les dernières attendent le mois de mars pour s'épanouir, ce qui assure entre quatre et cinq mois de floraison.

♣ *Nous vous conseillons les bruyères d'hiver 'December Red' en rouge, 'Vivelli' et 'Springwood White' en blanc.*

Parmi toutes les espèces, **les callunes (1)** sont les plus attrayantes pour nos jardins, car beaucoup ont un joli feuillage coloré de gris ou de jaune qui leur donne un attrait supplémentaire hormis leur longue période de floraison. D'autres, comme 'H. E. Beale', produisent des fleurs doubles qui restent épanouies très longtemps du mois d'août au début de l'hiver.

1

DES GRANDES BRUYÈRES POUR LE PRINTEMPS

Un peu plus hautes que les bruyères de Darley, **les bruyères de Méditerranée** forment des buissons arrondis de 80 cm à 1 m de haut et de large qui fleurissent de mars à mai.

♣ *Malgré leur origine, les bruyères de Méditerranée supportent des températures de l'ordre de -15°C et poussent très bien dans les terres calcaires.*

2

Les **bruyères arborescentes (2)** atteignent de 2 à 4 mètres de haut. Dès la fin de l'hiver et jusqu'à la fin de mai, leurs longues pousses verticales sont couvertes de petites fleurs blanches ou rosées qui répandent pour la plupart un délicieux parfum de miel.

♣ *Les bruyères arborescentes ne prospèrent bien que dans les régions où le thermomètre ne descend pas au-dessous de -10°C.*

DES BRUYÈRES POUR L'ÉTÉ

Les bruyères vagabondes s'épanouissent tour à tour en juillet jusqu'aux premières gelées. Il en existe à fleurs blanches ou rose tendre, mais les plus remarquables sont d'un rouge groseille comme 'Mrs D. F. Maxwell'.

♣ *Les bruyères vagabondes fleurissent si on taille l'extrémité des pousses au début du printemps.*

La bruyère à grelots se distingue par ses fleurs nettement plus grandes, comparables à des clochettes de muguet. Elles sont produites à l'extrémité des branches et prennent, quand elles fanent, une jolie couleur chamoisée qu'elles gardent tout l'hiver. 'Alba', aux fleurs blanches est, à notre avis, la plus belle.

• DISTANCES
Laissez un espace de 30 à 50 cm de diamètre pour qu'elles puissent s'épanouir sans être gênées (2 m pour les bruyères arborescentes les plus vigoureuses).

• SITUATION
Toutes les bruyères aiment les endroits dégagés et ensoleillés. Les feuilles mortes des arbres les endommagent.

• TAILLEZ-LES
Sans être systématique, une petite taille visant à épointer les pousses de l'année précédente permet de garder les plantes compactes plus longtemps.

LEUR NOM LATIN

- → **Bruyère de Darley :** *Erica* x *darleyensis*
- → **Bruyère carnée des Alpes :** *Erica carnea*
- → **Bruyère vagabonde :** *Erica vagans*
- → **Bruyère à grelots :** *Daboecia cantabrica*
- → **Callune :** *Calluna vulgaris*
- → **Bruyère de Méditerranée :** *Erica erigena*
- → **Bruyère arborescente :** *Erica arborea*

• QUAND PLANTER ?
En septembre ou en avril, quand la terre est bien humide.

ELLE CONVIENT AUSSI

• Bruyère d'hiver p. 86

Des plantes accroche-givre

Les premières gelées couvrent de givre le jardin et donnent aux plantes une apparence très différente de celle à laquelle nous sommes habitués. Même si le froid ne vous incite pas trop à sortir, n'hésitez pas à parcourir votre jardin au petit matin pour découvrir un décor étonnant, et des plantes complètement métamorphosées. Peut-être remarquerez-vous, comme nous, que les cristaux de glace semblent s'accrocher de préférence sur certaines plantes...

NOTRE CHOIX

L'hortensia 'Annabelle' produit en juillet et en août de belles « têtes » bien rondes, teintées de blanc crème. Elles verdissent au fil des semaines puis brunissent peu à peu tandis que leur texture devient comparable à celle du papier. La moindre gelée blanche les charge de cristaux qui leur donnent presque l'éclat d'une seconde floraison.

♣ *Cet hortensia très rustique ne craint pas le calcaire et fleurit tous les ans, quelles que soient les rigueurs de l'hiver.*

Le sorbaria est un buisson à feuillage léger dont les grandes inflorescences terminales blanches ressemblent à de longs plumets. Une fois les branches dépouillées de leurs feuilles, les panaches de couleur brun rouille blanchissent à nouveau à la fin de l'automne et au début de l'hiver dès que les températures nocturnes tombent au-dessous de zéro.

L'IDÉE FORTE — *PLANTEZ-LES AUX ENDROITS LES PLUS FROIDS*

Vous aurez certainement déjà remarqué dans votre jardin des endroits où le givre persiste plus longtemps qu'ailleurs. Ce sont en général des lieux ombragés par un mur, un buisson persistant ou une haie et que le soleil n'atteint pas du tout de la matinée ou de la journée. Installez donc ces plantes accroche-givre de préférence dans ces endroits les plus froids, cela vous permettra d'en profiter, sans devoir vous lever aux aurores.

1

DES FEUILLES GIVRÉES

Le tellima à feuilles pourpres (1) se remarque à la fois pour la couleur de ses feuilles qui passe du vert émeraude pendant l'été au pourpre cuivré en hiver, des teintes rehaussées par celle presque noire des nervures. La texture velue des feuilles accroche irrésistiblement la moindre gelée, dont la blancheur contraste magnifiquement avec les couleurs de fond.

♣ *C'est une excellente plante pour border les allées ombragées.*

La bordure frisée des feuilles du **lierre 'Parsley Crested'** attire les cristaux de givre comme un aimant des paillettes métalliques. Elle contraste encore plus avec le centre du limbe* qui, étant plus lisse, ne fixe pas bien la glace. Les froids intenses changent le vert tendre habituel en une teinte brun-rosé du plus bel effet.

Tous les conifères resplendissent sous le givre, en particulier **le pin nain 'Mops'**, une variété compacte aux branches courtes et serrées qui lui confèrent naturellement la forme d'une boule. Ses aiguilles disposées tout autour des rameaux prennent, grâce au givre, un relief attrayant, semblable à celui d'un sapin de Noël sous de la fausse neige.

DES FRUITS GIVRÉS

2

Après fanaison, **la monarde (2)** laisse, comme beaucoup d'autres fleurs vivaces d'été, des fruits qui, une fois secs, deviennent attrayants sous l'effet de la moindre petite gelée. Pour en profiter, il suffit de ne pas raser toutes les tiges des massifs lors du nettoyage d'automne, mais d'enlever seulement celles moins bien disposées.

Connu et cultivé pour la confection de bouquets secs, **le lilas de mer** reste également très décoratif au jardin durant tout l'hiver. Séché sur pied, il garde l'aspect d'un nuage cendré, devenant d'un beau blanc pur sous l'action du gel. Plusieurs plantes poussant côte à côte produisent un joli moutonnement...

LEUR NOM LATIN

- ➜ **Hortensia 'Annabelle' :** *Hydrangea arborescens* 'Annabelle'
- ➜ **Sorbaria :** *Sorbaria sorbifolia*
- ➜ **Tellima à feuilles pourpres :** *Tellima grandiflora* 'Purpurea'
- ➜ **Lierre 'Parsley Crested' :** *Hedera helix* 'Parsley Crested'
- ➜ **Pin nain 'Mops' :** *Pinus mugho* 'Mops'
- ➜ **Monarde :** *Monarda didyma*
- ➜ **Lilas de mer :** *Limonium latifolium*

• VOCABULAIRE

* Limbe : partie plane de la feuille.

• SACHEZ QUE

Garder « sur pied » les tiges sèches des plantes vivaces pendant tout l'hiver a plein d'avantages : une partie des graines nourrit les oiseaux, tandis que l'autre se disperse naturellement. Les branchages secs protègent également la souche contre le froid humide.

• NOTRE EXPÉRIENCE

Toutes les inflorescences d'hortensias retiennent aussi très bien le givre et c'est une des raisons qui nous incite à les laisser sur les buissons durant tout l'hiver.

ELLES CONVIENNENT AUSSI

- Arabette p. 192
- Heuchères p. 229, 342
- Mahonia du Japon p. 371
- Osmanthe de Burkwood p. 109, 373
- Pulmonaire à feuilles étroites p. 195
- Thym serpolet p. 211

Les bulbes de printemps indispensables

Les premières plantations d'automne commencent par quelques bulbes de crocus, de tulipes ou de jonquilles. Ces concentrés de plantes contiennent toutes les promesses d'un printemps riche en fleurs et en couleurs et il est vraiment exceptionnel de ne pas les réussir.

1

NOTRE CHOIX

Les tulipes à fleurs de lis comptent parmi les plus belles variétés. Leur forme très élégante se remarque de loin si bien qu'il n'est pas nécessaire d'en planter de grandes quantités pour faire beaucoup d'effet. Elles existent en de nombreux coloris unis qu'il vaut mieux ne pas mélanger.

♣ *Les autres tulipes multicolores ou de couleurs vives – rouge, jaune ou orange – se plantent plutôt par petits groupes de cinq à dix bulbes.*

Au contraire, il faut plus de 50 bulbes de **jacinthes d'Espagne** pour constituer des touffes dignes d'intérêt. Cette cousine de la jacinthe des bois un peu plus grande et plus florifère est idéale pour habiller le pied des arbres ou les fonds de massifs juste avant que les feuilles ne se développent.

♣ *Les bulbes se multiplient ensuite d'eux-mêmes et repoussent chaque année plus nombreux.*

DES BULBES QUI FONT MASSE

Les narcisses et **les jonquilles (1)** se déclinent en une multitude de variétés grandes, petites, simples ou doubles. Nous préférons les plus petits et les plus précoces à fleurs simples, comme celui-ci nommé **'February Gold'** qui s'épanouit en février-mars. Elles forment très vite de belles colonies sous les arbres et les arbustes caducs*.

♣ *Tous peuvent rester en place pendant des années.*

Plus tard, au mois d'avril, **les muscaris** colorent d'un beau bleu roi leurs petites grappes de clochettes serrées les unes contre les autres. Prolifiques, on peut les installer au long des bordures (avec les vivaces* basses) ou sous l'un des arbustes de printemps (la spirée de Norvège).

♣ *Son feuillage disparaît en juin, mais repousse en août. Ne le confondez pas avec une touffe d'herbe !*

DES BULBES DE CHOIX

Si vous aimez les curiosités, essayez au moins **une fritillaire impériale**. Chaque bulbe produit une grande tige épaisse, haute de 60 à 80 cm, et terminée par un bouquet de grosses fleurs en clochettes retombantes, orange ou jaunes.

♣ *Elle n'a pas besoin de tuteur, mais plantez-la tout de même bien à l'abri du vent.*

L'IDÉE FORTE

ACHETEZ MALIN

Établissez votre budget « bulbes » et divisez-le en deux. Avec la première moitié, achetez les tulipes qui vous font le plus envie. Investissez l'autre moitié dans des petits bulbes, pas chers, vendus en grande quantité (minimum 100, d'une espèce ou d'une variété). Ainsi vous profiterez tout de suite de masses généreuses de fleurs pour mettre en valeur les variétés plus choisies.

Rien n'est plus réconfortant que de voir les calices **des crocus (2)** s'ouvrir dès les premiers beaux jours. Quelle que soit leur couleur, blanche, jaune, bleue, unie ou striée, ils sont généreux et produisent plusieurs fleurs par bulbe.

♣ *Plantez-les par petits groupes de 5 à 10 bulbes à un endroit stratégique comme le seuil d'une porte.*

2

Les amateurs de parfum plantent toujours quelques **jacinthes**. Pour vraiment en profiter au jardin, il faut en planter au moins 10 dans un endroit ensoleillé proche de la maison. Mais dans un pot sur le rebord de la fenêtre, trois suffisent ! Replantez les jacinthes forcées offertes à Noël, elles recommenceront à fleurir dans deux ou trois ans.

♣ *Leur bulbe n'aime pas être enterré trop profond (de 5 à 7 cm) aussi, matérialisez leur emplacement avec un petit bâton pour éviter de les blesser en travaillant le sol.*

LEUR NOM LATIN

- → **Tulipe à fleur de lis :** *Tulipa* 'China Pink'
- → **Jacinthe d'Espagne :** *Hyacinthoides hispanicas*
- → **Narcisse 'February Gold' :** *Narcissus* 'February Gold'
- → **Muscari :** *Muscari* x *armeniacum*
- → **Fritillaire impériale :** *Fritillaria imperialis*
- → **Crocus :** *Crocus* x *vernus*
- → **Jacinthe :** *Hyacinthus* x *orientalis*

• VOCABULAIRE

* Caduc : arbre ou arbuste qui perd ses feuilles en hiver.
* Vivace : plante qui perd toutes ses tiges et ses feuilles en hiver, mais qui repousse au printemps suivant grâce à ses racines « perpétuelles ».

• NOTRE EXPÉRIENCE

Un plantoir « spécial bulbes » ne sert à rien. Creusez des trous assez grands (30 x 30 cm), ameublissez bien le fond, rebouchez jusqu'à la profondeur de plantation requise en mélangeant de 2 à 3 poignées de terreau et disposez plusieurs bulbes (entre 5 et 30) avant de reboucher complètement.

• PROFONDEUR

Chaque bulbe se plante à une profondeur précise. En général, elle est indiquée sur le paquet et correspond à 2 ou 3 fois la hauteur du bulbe.
La profondeur indiquée est celle de la base du bulbe (d'où sortent les racines).

• C'EST IMPORTANT

Marquez l'endroit de vos plantations avec un petit bâton pour éviter de venir planter autre chose à la même place.

ELLES CONVIENNENT AUSSI

- Ipheon p. 191
- Iris réticulé p. 191
- Narcisse 'Hawera' p. 207
- Perce-neige à fleurs doubles p. 191

Les bulbes de mai

Les derniers bulbes « de printemps » s'épanouissent de la mi-mai à la mi-juin, avec un peu d'avance ou de retard selon les années. Ce sont, par exemple, des variétés tardives qui permettent d'allonger la période d'intérêt des tulipes, ou des espèces moins habituelles qui ne s'épanouissent qu'à cette époque. Leur impact est toutefois assez différent de celui des bulbes les plus précoces, car beaucoup d'autres fleurs leur font concurrence ou leur tiennent compagnie…

L'IDÉE FORTE

ASSOCIEZ-LES AUX FLEURS VIVACES

Plantez ces bulbes en automne en les considérant comme des plantes vivaces à part entière. Groupez-les donc pour qu'ils forment des touffes en les disposant presque à touche-touche dans un même trou de plantation. Nous essayons toujours de les placer devant des fleurs épanouies à la même époque et derrière des plantes qui s'étaleront sur leur emplacement une fois que les bulbes seront fanés.

NOTRE CHOIX

La tulipe 'Texas Gold' fleurit de manière étonnante, se transformant de jour en jour. Les grandes corolles, d'un beau jaune doré, ont d'abord une forme parfaite, classique. Le bord des pétales se frange peu à peu, puis ceux-ci se déforment en adoptant une teinte de plus en plus orangée. Avant qu'ils ne tombent, ils sont presque rouges. Cette transformation dure une dizaine de jours.

♣ *Plantez-la en septembre-octobre, à 15 cm de profondeur.*

L'ail de Hollande est un hybride décoratif portant de belles boules de fleurs pourpre brillant au sommet de tiges bien droites de 50 à 60 cm de hauteur. Peu cher, il peut être planté en quantité pour un effet spectaculaire. Les feuilles, qui apparaissent tôt au printemps, sèchent déjà lorsque la plante fleurit et doivent être dissimulées par des plantes un peu plus basses.

♣ *Robuste, cet ail, planté à 10 ou 12 cm de profondeur, demande juste du soleil et une terre peu humide.*

DES GRANDS BULBES

Les iris bulbeux (1) produisent de très belles fleurs qui durent presque deux semaines lorsque les températures ne sont pas trop élevées. Il existe de nombreuses variétés, mais celles de couleur pure, bleu, jaune ou blanc, sont plus faciles à marier aux autres fleurs de printemps. Toutes possèdent un beau feuillage bleu argent.

♣ *Plantez les bulbes à 10 cm de profondeur dans une terre pas trop sèche.*

1

Avec ses grelots blancs, **la nivéole** a l'air d'un perce-neige géant aux feuilles semblables à celles des narcisses. Chaque tige porte de 2 à 6 clochettes, qui s'épanouissent l'une après l'autre ou simultanément, selon les températures. Les bulbes prolifiques forment rapidement de belles touffes généreuses.

♣ *La nivéole se développe plus vite là où la terre reste humide une grande partie de l'année. Plantez-la le plus tôt possible en septembre, à 15 cm de profondeur.*

Toujours le dernier à s'épanouir, **le narcisse des poètes** termine la saison en beauté avec ses grandes corolles blanc pur rehaussées d'une petite couronne orange. Celles-ci dégagent un parfum suave, rappelant celui du jasmin. Fleurs et parfums s'associent bien aux fleurs du lilas qui, certaines années, fleurissent tout aussi tardivement.

DES PETITS BULBES

La dame-d'onze-heures produit des dizaines de petites fleurs blanches marquées d'une bande verdâtre au revers des pétales. La plante doit son surnom au fait qu'elle ne s'ouvre que durant les heures les plus ensoleillées de la journée, restant parfois fermée quand la lumière ou la chaleur ne sont pas suffisantes.

♣ *Plantez-la en touffes, en plaçant 10 ou 15 bulbes dans le même trou entre 5 et 10 cm de profondeur, à une exposition bien ensoleillée.*

L'incarvillée (2) ressemble à une fleur exotique avec ses grandes corolles roses ornées d'un cœur jaune. Les fleurs s'épanouissent en mai et se succèdent jusqu'à la fin de juin sur des tiges de 20 à 30 cm, produites au milieu d'une touffe de feuilles épaisses et découpées. Le « bulbe » est une sorte de carotte que l'on plante à la verticale, le sommet affleurant la surface du sol.

♣ *Du soleil et une bonne terre sont ses seules exigences.*

2

LEUR NOM LATIN

- → **Tulipe 'Texas Gold' :** *Tulipa* 'Texas Gold'
- → **Ail de Hollande :** *Allium* x *hollandicum*
- → **Iris bulbeux :** *Iris* x *xiphioides*
- → **Nivéole :** *Leucojum aestivum*
- → **Narcisse des poètes :** *Narcissus poeticus*
- → **Dame-d'onze-heures :** *Ornithogalum umbellatum*
- → **Incarvillée :** *Incarvillea delavayi*

• DIVISEZ-LES

Au bout de 4 ou 5 années, les touffes des bulbes prolifiques deviennent très serrées et ne fleurissent plus très bien. Arrachez-les quand leurs feuilles jaunissent. Laissez-les sécher et conservez-les à l'abri des rongeurs pour les replanter au début de l'automne, ou divisez-les en groupes de 10 à 12 bulbes et remettez-les aussitôt dans une terre enrichie de compost.

• NOTRE EXPÉRIENCE

Certains bulbes comme ceux des ails, des narcisses, ou des incarvillées font fuir les rongeurs qui se délectent des souches de plantes vivaces comme celles des hostas. Rapprocher les deux types de plante permet donc de belles associations mais préserve aussi l'existence de ces vivaces.

• PENSEZ-Y

Tous ces bulbes tardifs donnent de très bonnes fleurs à bouquets. Grâce à leur prix modique lorsqu'ils sont proposés en mélange de coloris, les iris peuvent même être plantés à cette fin dans un coin du potager. Les inflorescences des ails décoratifs se sèchent facilement, suspendues la tête en bas, mais elles ne gardent pas leur couleur.

Des bulbes à laisser en place

Contrairement à une idée reçue très tenace, il n'est pas nécessaire de renouveler les bulbes de printemps ou d'été chaque année. Beaucoup d'entre eux peuvent en effet rester en terre et prospérer, l'année suivante, pour former des touffes de plus en plus belles, comme des plantes vivaces. Ces variétés sont souvent moins sophistiquées, mais pas forcément moins belles que les autres. Leur prix n'est en général guère plus élevé, et vous conserverez ces bulbes longtemps.

L'IDÉE FORTE

INTÉGREZ-LES À VOS MASSIFS

On plante d'ordinaire les bulbes en ligne le long des bordures ou par grosses taches comme des vivaces. En fait, il est préférable de les intégrer aux massifs en les rapprochant de plantes compagnes. Les scilles peuvent, par exemple, coloniser l'espace sous un arbuste à floraison printanière (un forsythia) et le feuillage linéaire des narcisses disparaît complètement lorsqu'il se mêle comme ici aux longues feuilles des hémérocalles.

NOTRE CHOIX

Le narcisse des prés est l'un des premiers à célébrer le printemps avec ses trompettes d'un jaune plus ou moins doré. Ne dépassant pas 25 cm de hauteur, il n'est pas aussi spectaculaire que les grands hybrides* à bouquets, mais il colonise hardiment les massifs où il s'installe entre les plantes vivaces. Ses feuilles étroites jaunissent et disparaissent très vite sans porter le moindre préjudice aux plantes voisines.

♣ *Achetez-le par 100, cela vous coûtera moins cher et vous donnera une floraison tout de suite spectaculaire.*

Encore plus précoces que les narcisses, **les scilles de Sibérie** ressemblent à de minuscules jacinthes d'un étonnant bleu porcelaine assez soutenu. Elles fleurissent en février, quelques jours après les grandes gelées, et disparaissent en mai après avoir dispersé leurs graines. Ces bulbes très prolifiques peuvent en quelques années constituer de grands tapis dans un massif ou dans l'herbe, sous un arbre.

♣ *Plantez vos premiers bulbes par groupe de 10 dans un même trou.*

2

1

DES BULBES DE PRINTEMPS

'Heart's Delight' est l'une des nombreuses **tulipes (1)** que l'on trouve dans les catalogues à la rubrique « tulipes botaniques ». Ce ne sont pas des plantes sauvages, mais des variétés peu sophistiquées qui refleurissent chaque année un peu plus. Celles-ci sont petites et précoces, mais d'autres tulipes botaniques sont plus hautes et plus tardives.

♣ *Elles ont besoin du plein soleil pour bien fleurir.*

Le crocus de Tommasini multiplie ses fines corolles bleu tendre ou violacées d'année en année pour former de véritables tapis. Au lieu de dégénérer comme les gros crocus hollandais, il prospère dans des situations très variées, y compris entre les racines des arbres caducs.

♣ *'Ruby Giant' est la variété la plus courante et aussi la plus recommandable.*

Les jacinthes d'Espagne n'ont certes pas le parfum des jacinthes hybrides, mais elles ont infiniment plus de grâce et colonisent les endroits les plus déshérités, comme l'ombre des grands arbres. Leur bleu inimitable accompagne beaucoup de beaux arbustes de printemps, en particulier les boules-de-neige.

♣ *Par quantité (de 200 à 300), leur prix est vraiment très bas.*

DES BULBES D'ÉTÉ

Le crocosmia (2) est souvent comparé à son cousin le glaïeul, mais il est beaucoup plus élégant et surtout, bien plus rustique. Il pousse en plein soleil, dans une terre légère, ne gardant pas trop d'humidité en hiver. Les variétés les plus courantes sont de couleur orangée, mais il en existe également des rouges et des jaunes superbes, qui valent la peine d'être recherchées.

♣ *Marquez leur emplacement d'un petit bâton pour ne pas les bêcher pendant l'hiver.*

Le lis royal prospère des années au jardin alors que beaucoup de lis hybrides disparaissent au cours de leur premier hiver. Il ne demande pas beaucoup de soins en contrepartie de son abondante floraison blanche très parfumée. Il suffit de maintenir le sol libre de végétation autour de lui et de nourrir la terre en y déposant une couche de compost après la floraison.

LEUR NOM LATIN

- → **Narcisse des prés :** *Narcissus pseudonarcissus*
- → **Scille de Sibérie :** *Scilla siberica*
- → **Tulipe 'Heart's Delight' :** *Tulipa* 'Heart's Delight'
- → **Crocus de Tommasini :** *Crocus tommasinianus*
- → **Jacinthe d'Espagne :** *Hyacinthoides hispanica*
- → **Crocosmia :** *Crocosmia masoniorum*
- → **Lis royal :** *Lilium regale*

• VOCABULAIRE
* Hybride : résultat d'un croisement entre deux espèces différentes.

• COMMENT PLANTER ?
Les bulbes se plantent en général à une profondeur équivalente à deux ou trois fois leur hauteur.

• PENSEZ-Y
Laissez les graines de narcisses et de jacinthes d'Espagne mûrir, même si cela n'est pas très beau durant quelques jours. Leurs groupes grossiront ainsi plus vite en se propageant par semis naturels.

• LA TERRE
Si votre terre est lourde et collante, déposez deux à trois poignées de sable en dessous des bulbes pour éviter qu'ils ne pourrissent à cause de l'humidité hivernale. N'oubliez pas de mélanger quelques pelletées de compost à la terre d'origine, cela facilite le grossissement des bulbes et leur multiplication par éclatement naturel.

ELLES CONVIENNENT AUSSI

- Arum 'Childsiana' p. 337
- Narcisse 'Geranium' p. 207
- Narcisse 'Hawera' p. 207
- Tulipe 'Fusilier' p. 207
- Tulipe tarda p. 207

Des bulbes multiflores

1

Si les petits bulbes produisent des quantités de fleurettes qui forment de beaux tapis colorés à peu de frais, les bulbes à grandes fleurs sont censés n'avoir qu'une seule belle corolle* par plante. Quelques variétés font cependant exception et s'épanouissent en deux à cinq, voire sept fleurs par tige, quand ce n'est pas plusieurs tiges par bulbe. Pour une même quantité de bulbes achetés, l'effet est donc bien plus spectaculaire...

NOTRE CHOIX

Les jacinthes multiflores qui fleurissent au début d'avril ont une apparence bien plus légère que les grosses jacinthes hybrides. Elles libèrent un parfum aussi fort, et si chaque tige ne porte que 10 à 15 fleurs, chaque bulbe produit de 5 à 12 tiges, se transformant en une véritable touffe de fleurs comme le montre cette scène réalisée avec seulement 5 bulbes de chaque couleur.

♣ *Elles sont très prolifiques et les touffes peuvent être divisées tous les trois ans après la floraison.*

Un mois plus tôt, **le crocus multiflore** produit lui aussi près de cinq à six fleurs par plante plutôt que l'une ou les deux habituelles. Au lieu de s'épanouir toutes ensemble, elles se succèdent et offrent ainsi une période de floraison deux à trois fois plus longue que celle des crocus « normaux ».

♣ *Comme ils sont souvent vendus en mélanges, plantez d'abord les crocus en pots avant de les disposer au jardin en associant leurs couleurs à celles des autres fleurs précoces.*

DES TULIPES MULTIFLORES

Parmi les dernières tulipes, **'Angélique' (1)** se démarque par ses fleurs pleines, d'un très beau rose tendre devenant presque blanc en quelques jours. Elles restent épanouies longtemps, car les tiges produisent de nouvelles fleurs pour remplacer les premières fanées.

♣ *Ce caractère multiflore est plus affirmé en terre riche.*

La tulipe tarda est l'une des plus faciles à cultiver parmi les « botaniques », toujours classées à part dans les catalogues. Chaque bulbe produit 4 à 5 tiges de 20 cm de hauteur terminées par une fleur au cœur jaune, à la pointe des pétales blanche et au revers vert. Très précoce, celle-ci est déjà épanouie fin mars-début d'avril.

♣ *Plantez-la dans un endroit chaud et bien drainé, comme dans une étendue de gravier.*

La variété **'Fusilier'** vient juste après, en avril, épanouissant ses 4 ou 5 fleurs rouge-orangé portées par une seule tige. Les boutons pointus sont déjà très élégants avant la floraison proprement dite. Ils allongent ainsi la période d'intérêt de cette variété à près de trois semaines.

♣ *Haute de 20 à 25 cm, son feuillage serré constitue un bel écrin pour les fleurs et mûrit rapidement après la fanaison.*

L'IDÉE FORTE

INTÉGRATION PLUS FACILE

En dehors de l'aspect financier, le jardin tire deux avantages de l'utilisation de bulbes multiflores. Les massifs souffrent moins du problème des feuilles des bulbes après la floraison car, pour un même effet, il en faut moins et ils sont donc plus faciles à mélanger aux autres plantes. De plus, comme les fleurs sont plus nombreuses, elles sont plus petites et leur aspect est beaucoup plus naturel.

DES NARCISSES MULTIFLORES

'Hawera' (2) est un petit narcisse qui ne passe pas inaperçu grâce à ses multiples fleurs jaune pâle délicatement parfumées. S'épanouissant fin avril, elles durent deux semaines, plus si le temps n'est pas trop chaud. En revanche, le bulbe apprécie une terre bien sèche et bien chaude en été, comme celle qui se trouve au pied d'un mur orienté au sud ou à l'ouest.

♣ *Haut de 20 cm, il est très joli en compagnie d'aubriettes bleues ou pourpres.*

2

Les fleurs de **'Geranium'** ont une large corolle blanche, presque ronde et illuminée d'un petit cœur orange qui distille un très agréable parfum. Groupées par 5, et quelquefois par 7 en haut de tiges robustes hautes de 30 à 40 cm, elles constituent autant de petits bouquets tout faits, aussi attrayants au jardin qu'en vase.

♣ *Sa floraison dure près de deux semaines, à partir de la mi-avril.*

LEUR NOM LATIN

- → **Jacinthe multiflore :** *Hyacinthus orientalis* 'Borah' (bleue) et 'Sneeuwitje' (blanc)
- → **Crocus multiflore :** *Crocus* x *vernus multiflore*
- → **Tulipe 'Angélique' :** *Tulipa* 'Angélique'
- → **Tulipe tarda :** *Tulipa tarda*
- → **Tulipe 'Fusilier' :** *Tulipa praestans* 'Fusilier'
- → **Narcisse 'Hawera' :** *Narcissus* x *triandrus* 'Hawera'
- → **Narcisse 'Geranium' :** *Narcissus* 'Geranium'

• VOCABULAIRE
* Corolle : ensemble des pétales d'une fleur.

• SACHEZ QUE
Ces bulbes n'ont pas besoin d'être arrachés après leur floraison, ils peuvent rester en place pendant des années. La seule condition pour les garder longtemps est de les planter dans une terre pas trop mouillée en hiver.

• NOURRITURE
Pour qu'ils puissent assurer leur performance durant des années, n'oubliez pas de nourrir vos bulbes en déposant chaque automne une couche de 4 à 5 cm de compost bien mûr au-dessus de leur emplacement, après avoir griffé le sol.

• DISTANCES
Vous pouvez écarter davantage ces bulbes en laissant deux à trois fois plus de distance entre eux qu'entre des bulbes normaux, soit 20 à 30 cm.

ELLES CONVIENNENT AUSSI

• Crocosmia p. 205
• Lis royal p. 205

Les premières fleurs d'avril

NOTRE CHOIX

Si les températures du mois d'avril sont favorables, le muguet et quelques autres fleurs traditionnelles du début du mois de mai s'épanouissent bien avant la date prévue. Ce décalage difficilement prévisible permet de mélanger des fleurs qui d'ordinaire se succèdent. Cette abondance de fleurs n'est pas sans risques puisqu'une petite gelée peut tout anéantir en une nuit, mais il est toujours agréable d'anticiper un peu sur le véritable retour des beaux jours.

Les iris intermédiaires fleurissent, comme leur nom l'indique, entre les premiers petits iris surnommés « liliput » et les grands iris des jardins. Leur taille moyenne en fait de bien meilleures plantes à mélanger aux massifs de plantes vivaces, car ils sont assez grands pour ne pas se laisser étouffer et assez petits pour rester discrets après leur floraison.

♣ *Plantez-les en plein soleil, de préférence entre début juillet et mi-septembre, pour qu'ils fleurissent bien dès l'année suivante.*

Avec sa couleur lavande et l'odeur aromatique de son feuillage, **le népéta rampant** évoque déjà l'été mais s'épanouit souvent très tôt au printemps. Il tient ainsi compagnie aux iris et aux premiers ails d'ornement autour desquels il tapisse le sol sans les concurrencer. Il se ressème facilement, ce qui est une aubaine car on ne possède jamais assez de plants.

L'IDÉE FORTE

PROFITEZ DE CES FLEURS PLUS LONGTEMPS

Certains endroits du jardin sont plus chauds que d'autres, et ces microclimats sont encore amplifiés lors d'une année où la belle saison est quelque peu avancée. Profitez de ce phénomène pour disposer vos plantes préférées en plusieurs emplacements très différents. Vous les verrez ainsi fleurir avec deux, trois ou parfois quatre semaines d'écart et vous en profiterez ainsi beaucoup plus longtemps.

1

DES FLEURS AUX COULEURS VIVES

Le doronic du Caucase (1) met à profit sa petite taille (30 à 40 cm) pour s'épanouir une à deux semaines avant les autres espèces et variétés. Ses grandes marguerites paraissent très élégantes avec leurs pétales fins. Leur couleur jaune brillant est aussi belle tempérée par le bleu froid d'un muscari ou exacerbée par les teintes chaudes d'un cognassier du Japon.

♣ *Cette plante fleurit mieux en terrain riche avec une division des touffes chaque année, en septembre.*

La benoîte de Boris est une plante discrète qui sait pourtant attirer l'œil en ce début de belle saison. Ses fleurs, comparables à celles des fraisiers, sont teintées d'un bel orange chaud. Elles se succèdent pendant trois à quatre semaines, et reviennent en septembre, après une période de pluie. Les feuilles plissées, plaquées au sol, prennent aussi de belles teintes automnales.

L'anémone « œil-de-Paon » surprend par ses larges corolles rouge vermillon au cœur cerclé de blanc et de noir. Elle se déploie unique, au sommet d'une tige duveteuse, remarquable dès sa sortie de terre. On l'achète en automne, sous forme de racine charnue que l'on plante à 4-5 cm de profondeur à un endroit très ensoleillé et bien drainé. Elle s'y multiplie ensuite toute seule.

♣ *Elle craint les grands froids humides, mais surtout les petites gelées printanières.*

DES FLEURS TRÈS ATTENDUES

L'ancolie (2) est une fleur charmante, pas tout à fait vivace, mais qui se ressème souvent avec beaucoup de générosité pour assurer sa descendance. Il en existe beaucoup de variétés de formes et de coloris divers, munis ou non d'éperons à l'arrière.

♣ *Celle-ci, nommée 'Munstead White', se propage fidèlement par semis, à condition d'être isolée d'autres coloris.*

2

Le cœur-de-Marie ne met pas plus d'une semaine pour sortir de terre et déployer ses petites fleurs en forme de cœur, alignées sur une tige gracieusement arquée. Les touffes bien implantées n'ont cure des dernières gelées qui détruisent les premières pousses, mais les jeunes plantes doivent en être protégées le temps de bien s'enraciner.

LEUR NOM LATIN

- ➜ **Iris intermédiaire :** *Iris* x *intermedia*
- ➜ **Népéta rampant :** *Nepeta mussinii*
- ➜ **Doronic du Caucase :** *Doronicum plantagineum*
- ➜ **Benoîte de Boris :** *Geum* x *borisii*
- ➜ **Anémone « œil-de-Paon » :** *Anemone* x *fulgens*
- ➜ **Ancolie :** *Aquilegia* x *vulgaris*
- ➜ **Cœur-de-Marie :** *Dicentra spectabilis*

• DIVISEZ-LES
Le feuillage de la doronic disparaît totalement pendant l'été. N'oubliez pas de placer une étiquette pour éviter de détruire la souche en voulant planter autre chose à la place.

• NOTRE EXPÉRIENCE
Gardez vos iris longtemps vigoureux et florifères en supprimant les pousses en surnombre, celles qui chevauchent les autres, etc., de manière à ne garder que les pousses les mieux réparties et les plus solidement enracinées.

• ASTUCE
Pour que les jeunes ancolies soient vigoureuses, sélectionnez les fruits produisant les graines. Ne gardez qu'un seul fruit par tige, si possible le plus gros.

ELLE CONVIENT AUSSI

• Giroflée p. 213, 222

Des étendues de fleurs basses

Quelques journées bien ensoleillées font s'épanouir les plantes tapissantes, étalées en larges coussins entre les rochers de la rocaille ou semblant s'écouler des murets de pierres sèches. Des bisannuelles leur tiennent compagnie pour transformer ces endroits en tapis aux couleurs brillantes, le plus souvent contrastées.
Tout l'art du jardinier consiste à y planter un grand nombre de variétés afin de prolonger cette féerie de couleurs le plus longtemps possible.

L'IDÉE FORTE

LAISSEZ JOUER LEUR GÉNÉROSITÉ

Lorsqu'elles se plaisent, ces plantes ont tendance à devenir envahissantes et à se mélanger les unes aux autres. Laissez-les faire, car leurs mariages offrent souvent des combinaisons de couleurs inédites, et la terre, plus densément protégée, ne se couvre pas de mauvaises herbes. Essayez cependant de couper les fleurs fanées dès qu'une touffe se défraîchit afin que l'ensemble ait toujours une apparence impeccable.

NOTRE CHOIX

Les pensées variées ont un cycle de végétation bisannuel : les jeunes plantes naissent à la fin de l'été pour fleurir au printemps suivant. Celles-ci se sont abondamment ressemées parmi les autres plantes basses entre lesquelles elles se faufilent. Leurs fleurs multicolores égayent ce talus situé sur le côté nord de la maison jusqu'au mois d'août.

♣ *Installez des plantes achetées en septembre, dans une terre enrichie de terreau. Pour qu'elles se ressèment facilement, évitez de bêcher ou de biner autour des plantes.*

Les aubriettes violacées sont des plantes typiques des rocailles, mais elles peuvent vivre également sur une terre dépourvue de cailloux, où leur végétation est même plus vigoureuse. Leurs petites feuilles vert bleuté disparaissent sous un tapis de fleurs pendant plus d'un mois.

DES FLEURS DE SOLEIL

Le céraiste (1) est bien connu pour son très beau feuillage gris argenté, présent presque toute l'année. Il se couvre en outre de belles fleurs blanches à la fin d'avril ou au début de mai. Sa végétation vigoureuse envahit facilement les plantes voisines, qu'il vaut mieux choisir en conséquence. Il est parfait pour habiller le pied d'une haie, au bas de laquelle il sait se faufiler.

♣ *N'hésitez pas à couper l'ensemble de la plante au ras du sol après la floraison.*

L'hélianthème (2) est presque un petit arbuste, haut de 30 à 40 cm et large de 50 cm, qui fleurit abondamment une première fois en avril-mai, et une seconde à partir de la mi-août. Ses petites fleurs simples ou doubles aux teintes vives (jaunes, orange, roses) sont quelquefois bicolores ; chez certaines variétés, le feuillage est d'un beau gris bleuté.

♣ *Une taille courte dès la fin de la première floraison favorise la seconde.*

1 2

Beaucoup plus ras, **le thym serpolet** prend la relève en couvrant son feuillage vert, étroitement plaqué au sol, de petits bouquets de fleurs roses, rouges ou blanches, selon les variétés. Planter celles-ci mélangées côte à côte donne un magnifique tapis de couleurs et de senteurs, qui transforme radicalement le moindre talus ensoleillé.

♣ *Plantez-le en septembre, quand le sol est encore chaud.*

DES FLEURS DE MI-OMBRE

La véronique gentiane (3) allonge ses épis de petites fleurs bleu ciel dès le milieu d'avril. Peu connue, cette plante est pourtant très utile car cette teinte douce est peu présente à cette époque. Les feuilles vert sombre, épaisses et brillantes, forment un joli tapis le reste de l'année et sont encore plus belles si on étale un peu de terreau sur le sol autour d'elles.

♣ *Évitez de la placer en plein soleil, qui fait pâlir les fleurs.*

3

Le saxifrage mousse forme des coussinets de feuillage constitués de dizaines de petites rosettes serrées les unes contre les autres. Il se couvre de fleurs simples, roses, rouges ou blanches, généralement épanouies pour Pâques, et dont la floraison se prolonge pendant 3 à 4 semaines.

♣ *Plantez-le en septembre et coincez les « coussins » entre des pierres pour éviter qu'ils ne s'écartent trop.*

LEUR NOM LATIN

- → **Pensée :** *Viola* x *wittrockiana* 'Géante de Suisse'
- → **Aubriette :** *Aubrietia deltoidea*
- → **Céraiste :** *Cerastium tomentosum*
- → **Hélianthème :** *Helianthemum* x *nummularium*
- → **Thym serpolet :** *Thymus serpyllum*
- → **Véronique gentiane :** *Veronica gentianoides*
- → **Saxifrage mousse :** *Saxifraga* x *arendsii*

• SACHEZ QUE
Le céraiste décrit ici est l'une des trois plantes communément appelées « corbeilles-d'argent » à cause de son feuillage argenté. L'arabette en est une autre, tandis que la troisième est l'ibéris *(Iberis sempervirens)*, reconnaissable à ses petites feuilles vertes, allongées et persistantes.

• ENTRETIEN
Quand les tiges des pensées s'allongent trop, coupez-les près du cœur de la plante. Souvent, cette opération favorise la naissance de nouvelles pousses.

• LA TERRE
Prenez l'habitude d'étaler tous les deux ans, en septembre, un mélange de sable et de tourbe au cœur des touffes de vos plantes rampantes. Leurs tiges sont ainsi plaquées au sol où elles s'enracinent plus facilement, ce qui fortifie les plantes.

• DIVISEZ-LA
La véronique gentiane se multiplie très facilement par division en août-septembre. Il suffit de séparer des rosettes de feuilles et d'enterrer leurs tiges jusqu'à la base des feuilles dans un sol enrichi de terreau.

ELLES CONVIENNENT AUSSI

- Benoîte de Boris p. 209
- Benoîte 'Mrs Bradshaw' p. 213
- Népéta rampant p. 208, 249

De belles associations de couleurs

La fraîcheur des nouvelles fleurs et la belle lumière du mois de mai permettent des associations de couleurs audacieuses. Ainsi, quelques plantes aux coloris divers permettent de composer des bordures « arc-en-ciel » très attrayantes. Des plantes vivaces ou des bisannuelles aux teintes éclatantes, voire acides, se révèlent aussi belles et toniques à côté de fleurs aux tons chauds qu'en compagnie d'inflorescences aux nuances tendres.*

L'IDÉE FORTE

RÉVEILLEZ VOS PLATES-BANDES !

Le jeu des couleurs de ces plantes aux teintes vivifiantes permet de marquer véritablement l'arrivée des beaux jours. Nous utilisons ces audacieuses pour des effets très sporadiques : il s'agit soit de fleurs épanouies pendant peu de temps, soit de fleurs présentes par petites touches, qui « révèlent » l'éclat des autres végétaux. Leur usage est, à vrai dire, très proche de celui des épices en cuisine.

NOTRE CHOIX

Les iris des jardins existent en d'innombrables variétés dont certaines portent des fleurs composées de plusieurs couleurs. Nous préférons les tons unis, que nous mélangeons volontiers les uns aux autres pour créer des bordures multicolores. Cette profusion de teintes est d'autant plus admirée qu'elle est de courte durée.

♣ *Pour rester florifères, les iris doivent être divisés tous les deux ans, en juillet, bénéficier du plein soleil et d'une terre bien drainée.*

Les lupins de Russell, faciles à obtenir par semis, offrent une palette de coloris incomparable, mêlant souvent deux ou trois nuances par épi. Comme ils se marient assez mal aux autres plantes à cause de leur forte végétation, nous trouvons préférable de les cultiver en lignes bordant les limites d'une allée.

♣ *Même s'ils peuvent rester vivaces plusieurs années, mieux vaut les considérer comme des bisannuelles et les couper à ras de terre, en fin de floraison.*

DES VIVACES VIVIFIANTES

L'euphorbe polychrome (1) porte à l'extrémité de chacune de ses tiges une inflorescence* légèrement bombée, d'une belle couleur jaune acide presque fluorescente. Ces fleurs apparaissent assez tôt, alors que les tiges ne mesurent encore que quelques centimètres de haut, mais restent attrayantes jusqu'à la fin juin, quand les touffes atteignent 50 cm de haut et de large.

♣ *Vivace très rustique, elle vit aussi bien à l'ombre qu'au soleil, dans une terre pas trop sèche en été.*

1

Au contraire du **bergénia** précoce, **l'hybride 'Abendglüt'** produit des fleurs de couleur très vive, d'un rose fuchsia assez brillant. Cette teinte avive particulièrement le bleu un peu éteint du myosotis et les roses tendres des tulipes tardives comme 'Angélique'. Ses feuilles persistantes constituent de belles bordures.

DES BISANNUELLES TONIQUES

Très souvent vendue comme une plante vivace, **la benoîte 'Mrs. Bradshaw'** fleurit surtout beaucoup l'année qui suit le semis, après quoi il vaut mieux remplacer les plants. Ses fleurs, en pompons rouge-orangé sont produites en grand nombre au bout de tiges très fines paraissant invisibles.

Méconnu, **le pavot d'Islande (2)** offre une gamme de couleurs chaudes et toniques, inégalée chez les autres coquelicots. Le coloris de chaque fleur est uniforme, mais un semis de graines « en mélange » permet d'obtenir une véritable palette de nuances qui, bien qu'a priori peu compatibles, voisinent sans se heurter.

2

Les giroflées offrent une belle gamme de couleurs chaudes, orange, jaunes ou rouges, dans des nuances plus ou moins soutenues. On les marie traditionnellement aux tulipes tardives, mais elles s'accordent aussi aux iris et aux brillantes plantes de murets et de rocailles où, d'ailleurs, elles se ressèment toutes seules.

LEUR NOM LATIN

- → **Iris des jardins :** *Iris germanica*
- → **Lupin de Russell :** *Lupinus* x *polyphyllus* 'Russell Hybrids'
- → **Euphorbe polychrome :** *Euphorbia polychroma*
- → **Bergénia 'Abendglüt' :** *Bergenia* x 'Abendglüt'
- → **Benoîte 'Mrs. Bradshaw' :** *Geum* x *chiloense* 'Mrs. Bradshaw'
- → **Pavot d'Islande :** *Papaver nudicaule*
- → **Giroflée :** *Cheiranthus cheiri*

• VOCABULAIRE

* Bisannuelle : se dit d'une plante qui, semée une année, se développe, fleurit et meurt l'année suivante.

* Inflorescence : groupe de petites fleurs donnant l'illusion d'une fleur unique.

• PENSEZ-Y

Si, dans un semis de coloris mélangés, une couleur vous plaît particulièrement, multipliez-la en bouturant des jeunes pousses prélevées à la base des tiges. Coupez-les alors qu'elles n'ont que deux feuilles et faites-les s'enraciner dans un pot enfermé pendant deux semaines dans un plastique.

• LA TERRE

Les iris adorent le calcaire, qui intensifie encore leur coloris. Donnez-leur-en au cours de l'hiver, en saupoudrant la terre ameublie de chaux éteinte ou de débris de plâtre.

Des fleurs de nos grands-mères

Un bon nombre de fleurs sont appréciées depuis longtemps dans les jardins mais paraissent souvent trop communes. Ces plantes ont le mérite d'être très robustes et se transmettent parfois de génération en génération. Si l'on vous en offre quelques-unes, accueillez-les volontiers dans votre jardin. Dans le cas contraire, n'hésitez pas à les acheter, car leur « banalité » les rend peu onéreuses. Elles resteront pour tous, et pour longtemps encore, des valeurs sûres.

NOTRE CHOIX

La pivoine survit souvent à la personne qui l'a plantée, et les touffes âgées produisent toujours des quantités de fleurs à la fin du printemps. Cette plante doit sa longévité à ses racines profondes qui la garantissent des aléas du climat. Pour la propager, il suffit de prélever en septembre un morceau de la souche muni de quelques feuilles, comme on coupe un quartier de tarte.

L'érigéron est très apprécié dans les jardins de fleurs à couper, car il fleurit tout l'été sans discontinuer. Mais pour le maintenir vigoureux et florifère, il faut diviser les plantes régulièrement, ce qui donne toujours une bonne occasion d'en offrir quelques éclats.

♣ *Les fleurs bleues sont celles de la scabieuse 'Butterfly Blue', une plante vivace couverte de fleurs tout l'été.*

L'IDÉE FORTE

FAITES-EN LA BASE DE VOS MASSIFS

Placez ces végétaux bien connus aux points stratégiques de vos massifs, aux angles ou en bordure, ou en rythme régulier. Profitez de leur prix avantageux ou de leur disponibilité chez des voisins pour en faire la base de vos plantations. Ne gardez que quelques emplacements libres pour des végétaux plus délicats ou plus rares.

DE BONNES FLEURS PRÉCOCES

Le cœur-de-Marie (1) possède, comme la pivoine, une racine très profonde qui bourgeonne chaque année, tôt au printemps. Les tiges se développent très vite pour déployer une chaîne de petits cœurs, roses ou blancs, selon les variétés. Il apprécie les endroits frais et entre en repos en juillet si l'été est trop sec.

♣ *Pour le multiplier, coupez au début du printemps des bourgeons pourvus d'un fragment de racine.*

1

Les grands doronics sont connus pour leurs marguerites jaunes, épanouies en avril et en mai. Tiges et fleurs disparaissent dès que la terre sèche en été, mais de nouvelles feuilles sortent souvent avant l'hiver. Entre-temps, une touffe d'asters, plantée tout près, peut occuper l'emplacement libre.

♣ *On ignore souvent qu'elles fleurissent très bien dans l'ombre légère des arbres.*

Même si **les pavots d'Orient** sont éphémères, leurs fleurs sont aussi belles que celles des pivoines. 'Goliath' est la variété à grandes fleurs rouges à la fois la plus vive et la plus généreuse. Il suffit de déterrer un morceau de racine en septembre et de le repiquer aussitôt pour propager une plante installée depuis longtemps.

♣ *Attendez le printemps pour mettre en pleine terre les jeunes plantes cultivées en godet.*

DE BONNES FLEURS TARDIVES

Le phlox 'Red Indian' (2) est une variété particulièrement robuste et florifère. Cette plante met deux à trois ans pour bien s'installer, mais elle fleurit et prospère ensuite pendant des années. Les touffes se divisent tous les trois ou quatre ans pour rester florifères.

♣ *Il apprécie une « terre forte », c'est-à-dire riche et argileuse.*

2

Les rudbeckias 'Goldsturm' sont d'autres marguerites jaunes qui attendent la mi-août pour déployer leurs grands pétales. Dans une terre riche et pas trop sèche en été, quatre éclats plantés au printemps peuvent donner un mètre carré de fleurs en septembre. Leur jaune lumineux est bien mis en valeur par le cœur noir proéminent.

♣ *Plus la terre est riche, plus ils fleurissent.*

LEUR NOM LATIN

- → **Pivoine :** *Paeonia officinalis* 'Rubra Plena'
- → **Érigéron :** *Erigeron* x 'Rosa Jewel'
- → **Cœur-de-Marie :** *Dicentra spectabilis*
- → **Grand doronic :** *Doronicum plantagineum*
- → **Pavot d'Orient 'Goliath' :** *Papaver orientale* 'Goliath'
- → **Phlox 'Red Indian' :** *Phlox paniculata* 'Red Indian'
- → **Rudbeckia 'Goldsturm' :** *Rudbeckia fulgida* var. *sullivantii* 'Goldsturm'

• PLANTER LES PIVOINES

Si vous pouvez planter vos pivoines en août ou avant la mi-septembre, les plantes ont le temps de s'installer et gardent toutes leurs chances de fleurir au printemps suivant. N'enterrez pas les bourgeons à plus de 2 cm sous le niveau de la terre.

• ENTRETIEN

Les vieilles touffes de phlox sont souvent porteuses de vers microscopiques (des nématodes) qui causent le dessèchement des feuilles basses et de tiges entières. Ne contaminez pas votre jardin avec ces plantes. Prélevez plutôt des racines en novembre et placez-les dans une petite tranchée remplie de sable. De jeunes plantes saines apparaîtront dès le printemps suivant.

ELLES CONVIENNENT AUSSI

- Achillée 'La Perle' p. 89, 319
- Aster d'été p. 217
- Campanule à feuilles de pêcher p. 243
- Echinops p. 249
- Œillet mignardise p. 83
- Soleil vivace p. 89

Des fleurs à retrouver chaque printemps

Pour ne pas avoir à renouveler vos massifs chaque année, on préconise d'installer des fleurs vivaces. Elles sont certes perpétuelles, mais il faut quand même les arracher et les diviser régulièrement pour les garder vigoureuses et florifères. Certaines sont pourtant capables de rester pendant des années à la même place sans réclamer d'interventions particulières. Ces plantes mettent plus de temps à s'installer et à devenir florifères, mais cela vaut la peine d'être un peu patient.

NOTRE CHOIX

Dès la fin du mois de mai, **les asphodélines jaunes** épanouissent leurs corolles vives sur des tiges solides de 80 cm de hauteur. Chacune ne dure qu'un ou deux jours, mais elles se renouvellent pendant plus d'un mois. Après fanaison, il se forme des fruits noirs attrayants, une fois secs. En hiver, le fin feuillage bleuté et persistant évoque une touffe de graminée.

À la même époque, **les valérianes rouges** leur tiennent déjà compagnie, mais elles vont continuer de fleurir tout l'été sans jamais devoir être arrosées. Les jeunes plantes s'installent très vite et commencent à fleurir dès leur premier été. Elles renouvellent leur performance chaque année jusqu'à épuisement. Une fois disparues, de nombreux semis naturels prendront le relais.

♣ *Des plantes à fleurs blanches apparaissent parfois dans les semis naturels. Pour les multiplier, on peut les semer ou bouturer les jeunes pousses à l'étouffée quand elles mesurent moins de 10 cm.*

L'IDÉE FORTE

STRUCTUREZ VOS MASSIFS

Ces plantes vivaces permanentes jouent presque le même rôle que les arbustes. Placées aux endroits stratégiques des massifs, elles lui donnent une structure. Plantez-les donc de préférence aux angles, ou placez-les les unes à côté des autres pour former une sorte de « colonne vertébrale » sur laquelle viendront s'appuyer les plantes plus éphémères.

1

2

DES FLEURS POUR LE CŒUR DE L'ÉTÉ

Les achillées sont connues comme des plantes vivaces à la fois envahissantes et peu durables. Quelques hybrides sont tout le contraire et forment de belles touffes qui refleurissent chaque année. 'Cloth of Gold' et 'Golden Plate' sont jaune d'or et mesurent de 80 à 90 cm, 'Moonshine' est plus naine (50 cm) et d'un jaune citron très lumineux.

Pour contraster avec les achillées, nous utilisons les épis bien verticaux **des molènes**. D'habitude ces « bouillons blancs » sont bisannuels, mais une espèce indigène aux fleurs jaunes ou blanches ornées d'un cœur pourpre est bien vivace. Hautes de 80 cm à 1,20 m, ses nombreuses tiges raides résistent très bien au vent.

L'aster d'été (1) est une plante vivace idéale. Très florifère, pas envahissant et résistant aux maladies, il forme des touffes hautes et larges de 80 cm couvertes de fleurs à partir de la fin juillet. Sa végétation est tardive et laisse la place pour des petits bulbes de printemps.

DES FLEURS POUR LA FIN DE L'ÉTÉ

Pour relayer les molènes, rien ne vaut les tiges élancées **des kniphofias (2)**. Les touffes fortes des « tisons de Satan » sont idéales pour marquer l'angle d'un massif. Les fleurs culminent entre 50 cm et 1,20 m et s'épanouissent entre la mi-juin et la fin septembre. Les variétés jaune pâle comme 'Percy's Pride' sont les plus faciles à associer, notamment au bleu des asters.

Les lilas de mer forment de gros coussins de petites fleurs mauves, un peu à la manière du gypsophile. Les bouquets sèchent sur place et restent attrayants jusqu'aux gelées.

♣ *Comme ils ne sont pas très hauts, il vaut mieux les placer en bordure de massif, intercalés avec des petites plantes de printemps.*

LEUR NOM LATIN

- → **Asphodéline jaune :** *Asphodeline lutea*
- → **Valériane rouge :** *Centranthus ruber*
- → **Achillée :** *Achillea filipendulina* 'Cloth of Gold' *Achillea* 'Golden Plate' et *Achillea* 'Moonshine'
- → **Molène :** *Verbascum nigrum* (jaune) et *Verbascum nigrum* 'Album' (blanc)
- → **Aster d'été :** *Aster* x *frikartii* 'Mönch'
- → **Kniphofia :** *Kniphofia* 'Percy's Pride'
- → **Lilas de mer :** *Limonium latifolium*

• MULTIPLIEZ-LES
Le revers de la médaille est que ces vivaces se divisent difficilement. Les jeunes pousses de valérianes, les achillées, molènes et asters se bouturent au mois de mai. Pour l'asphodèle, le tritoma et le lilas de mer, on prélève des jeunes pousses autour de la touffe mère.

• PENSEZ-Y
Comme elles doivent rester longtemps à la même place, plantez-les avec soin. Ameublissez bien la terre et mélangez du compost. Pour les achillées et les asters, incorporez du sable à votre terre si elle est trop humide et collante en hiver.

• ALLEZ PLUS LOIN
Le point commun entre toutes les plantes qui n'ont pas besoin d'être divisées souvent est qu'elles possèdent peu de racines. En revanche, elles sont puissantes et s'enfoncent profondément dans le sol.

ELLES CONVIENNENT AUSSI

- Acanthe de Hongrie p. 92
- Fuchsia du Cap hybride p. 90
- Népéta rampant p. 255
- Pivoine p. 214

Des semis faciles

Sans être un jardinier expérimenté, chacun peut facilement semer des fleurs annuelles, parmi les plus faciles, au lieu de les acheter en petits plants. L'économie réalisée est évidente puisque le prix d'un paquet de graines équivaut à celui de trois ou quatre plants. Un simple châssis non chauffé convient à ces fleurs robustes, et quelques-unes préfèrent même être semées directement en pleine terre ou dans les pots qu'elles fleuriront tout l'été.

L'IDÉE FORTE — PARSEMEZ VOS MASSIFS

Ces deux touffes d'annuelles permettent de bien mettre en valeur ce petit rosier et montrent qu'il n'est pas nécessaire de prévoir de grandes masses de fleurs pour faire de l'effet. C'est ainsi, parsemées dans les massifs de plantes vivaces et d'arbustes, plantées ou semées dans les espaces libres au-dessus des bulbes ou des fleurs précoces, que les annuelles révèlent le mieux leur personnalité et leur éclat.

NOTRE CHOIX

Le tabac d'ornement est plus fin et plus gracieux que son cousin le pétunia et se montre aussi bien moins exigeant. De plus, ses fleurs, en particulier celles de couleur claire, exhalent un délicieux parfum le soir. Semées sous châssis fin avril, les jeunes plantes peuvent être repiquées en place fin mai et fleurissent dès la mi-juin jusqu'en automne.

♣ *La variété 'Domino', illustrée ci-contre, propose un beau mélange de couleurs et ne dépasse pas 50 cm de hauteur.*

Parent des œillets d'Inde, **le tagète simple** surprend toujours pour l'abondance de sa floraison mise en valeur par un feuillage extra-fin. On peut le semer sous châssis comme le tabac, ou en pleine terre après les dernières gelées. La floraison ne commence alors qu'à la mi-juillet, mais c'est justement à cette époque que l'orangé de ses fleurs est du meilleur effet.

♣ *Récoltez quelques fruits en fin d'été pour ressemer cette fleur avec vos propres graines.*

DES SEMIS EN PLACE

L'élégance des **cosmos (1)** vient à la fois de la simplicité de leurs fleurs, perchées au bout de longues tiges souples, et de la qualité de leur feuillage en dentelle. Semez-en quelques graines vers la mi-mai entre les feuilles des bulbes défleuris et ces plants occuperont leur place tout l'été sans compromettre leur future floraison.

♣ *La variété à fleurs blanches se marie parfaitement à toutes les autres fleurs.*

D'aspect plus lourd, **la lavatère** est cependant tout aussi florifère. Ses grandes fleurs en entonnoirs roses ou blancs ont une texture soyeuse qui est rehaussée, chez certaines variétés, par un reflet argenté. Un groupe de quatre ou cinq plants peut occuper l'espace d'un arbuste le temps d'un été.

Les zinnias reviennent à la mode avec leurs grandes fleurs en forme de marguerite plus ou moins double selon les variétés. Ces plantes aux tiges robustes doivent être mélangées à d'autres très fines ou à des graminées décoratives pour révéler toute leur beauté.

♣ *Les fleurs durent longtemps mais fanent mal, il faut régulièrement les couper.*

1

2

DES SEMIS EN POTS

Les phlox de Drummond (2) sont encore plus florifères en pots qu'en pleine terre, car on peut les arroser plus souvent pour stimuler leur floraison. Il est aussi plus facile d'admirer les nuances vives de leurs fleurs. Semés en mai directement dans leur pot, ils fleurissent à partir de juillet.

♣ *La variété 'Phlox of Sheep', illustrée ici, se démarque par ses fleurs aux couleurs pastel.*

Les fleurs des **sanvitalias** sont de minuscules marguerites jaunes au cœur noir, mais elles sont tellement nombreuses qu'il est bien difficile d'apercevoir le feuillage. La plante pousse plutôt étalée ou un peu retombante, et si on ne la cultive pas seule, il vaut mieux la disposer sur le bord pour qu'elle orne le pot de ses festons dorés.

LEUR NOM LATIN

→ **Tabac d'ornement 'Domino' :** *Nicotiana alata* 'Domino'
→ **Tagète simple :** *Tagetes signata* 'Pumila'
→ **Cosmos :** *Cosmos bipinnatus*
→ **Lavatère :** *Lavatera trimestris*
→ **Zinnia :** *Zinnia elegans*
→ **Phlox de Drummond :** *Phlox drummondii*
→ **Sanvitalia :** *Sanvitalia procumbens*

• PENSEZ-Y
Lors des semis directs, en pleine terre ou en pots, on a toujours tendance à semer trop serré. Éclaircissez en arrachant les plantes les plus faibles pour ne laisser qu'un sujet tous les 15 à 20 cm de distance en tous sens.

• ASTUCE
Les terreaux du commerce se révèlent souvent trop légers pour retenir l'eau et servir de support aux annuelles. Commencez donc par remplir le fond de vos potées avec de la terre du jardin jusqu'à environ 1/3 de la hauteur. Ensuite, terminez avec du terreau.

• ARROSAGES
En pleine terre, évitez d'arroser les grandes annuelles comme les cosmos et les lavatères en les aspergeant. Mouillez plutôt le sol au pied des plantes, sans humidifier leur feuillage.

• PENSEZ-Y
Les catalogues de graines dont nous vous donnons les adresses à la fin de ce livre débordent de fleurs faciles, florifères et souvent insolites et surprenantes. Si vous avez déjà cultivé les plantes que nous décrivons, n'hésitez pas à en découvrir d'autres...

ELLES CONVIENNENT AUSSI

- Capucine des canaris p. 305
- Ipomée p. 305

Les annuelles à repiquer

Quelques fleurs achetées en mars ou en avril, sur un marché ou dans une jardinerie, sont souvent le début d'un jardin, et parfois d'une nouvelle passion, de la découverte d'un nouveau monde.
Cultivées dans de petits pots en plastique et commercialisées en barquettes, ces fleurs reprennent aussi bien en pleine terre qu'en pots ou en jardinières. Elles constituent un décor presque instantané, qui fleurit tout l'été, et qui disparaît avec les premières gelées.

L'IDÉE FORTE — *PLANTEZ-LES EN GROUPES*

Pour profiter au mieux de vos fleurs, plantez-les à moins de 20 cm les unes des autres, afin qu'elles forment vite des sortes de bouquets colorés. Ces groupes font plus d'effet que des plantes espacées dans le but de couvrir une surface plus grande. Installez ces fleurs le plus près possible de la maison ou de votre terrasse ou, comme ici, pour habiller le pied d'une haie.

NOTRE CHOIX

Les pétunias aux grandes corolles en trompette existent dans toutes les couleurs, unies, ou bariolées comme sur la scène ci-contre. Longues de 25 à 30 cm, leurs tiges souples (et fragiles) se faufilent au travers des plantes voisines. On trouve aujourd'hui des variétés à petites fleurs bien plus élégantes et florifères que celles à très grandes corolles.

Les petites fleurs blanches sont celles de **l'alysse odorante**. Cette petite plante ne dépasse pas de 5 à 6 cm de haut, mais chaque plant s'étale sur un diamètre de 15 à 20 cm. Elle dégage un délicieux parfum de miel, surtout le soir. Vous aurez souvent le choix entre plusieurs variétés de couleur bleue, rose, rougeâtre ou abricot.

Les feuilles grises sont celles du **cinéraire maritime**. Ses fleurs ne sont guère attrayantes, mais c'est la beauté de son feuillage argenté qui est intéressante, car il met bien en valeur toutes les autres fleurs, quelle que soit leur couleur.

♣ *Toutes ces plantes poussent en plein soleil. Leur floraison est plus abondante si on les arrose chaque soir.*

UNE FLEUR ANNUELLE PARFUMÉE

Les tabacs d'ornement (1) ressemblent un peu aux pétunias, mais leurs fleurs sont plus petites. Chacune ne dure qu'un ou deux jours, mais elles sont sans cesse renouvelées. Certaines variétés sont naines et ne dépassent pas 35 cm tandis que d'autres atteignent 1 m de haut en fin d'été. Ils exhalent un parfum fort agréable le soir, en particulier les variétés à fleurs blanches.

♣ *Les tabacs d'ornement aiment une terre riche qui ne sèche pas trop pendant l'été : n'oubliez pas de les arroser !*

1

DES ANNUELLES TRÈS COLORÉES

Les œillets d'Inde se reconnaissent facilement à leurs fleurs en pompons orange ou jaunes de 2 à 5 cm de diamètre (les plus grosses sont des « roses d'Inde » !) qui durent très longtemps. L'odeur des feuilles découpées, comme celle du persil, est très particulière. Plantés à 15 cm d'écartement, ils constituent de très belles bordures fleuries tout l'été.

Si toutes les plantes précédentes poussent bien en plein soleil, les petits **bégonias** sont, en revanche, idéaux pour fleurir un coin ombragé. Les fleurs rouges, roses ou blanches, sont bien mises en valeur par des feuilles vert foncé ou pourpres et d'apparence coriace. Cependant, les variétés actuelles ne souffrent pas d'être plantées au soleil.

Parmi toutes les couleurs vives, le bleu de **l'agératum (2)** apporte un peu de douceur. Différentes variétés proposent une gamme de bleu du plus clair au plus foncé, mais les plantes ont toutes besoin d'être groupées au minimum par trois pour faire de l'effet. Les plus récentes sont naines et compactes, idéales pour être plantées devant un groupe de fleurs plus hautes.

2

LEUR NOM LATIN

→ **Pétunia :** *Petunia* x *hybrida*
→ **Alysse odorante :** *Alyssum maritimum*
→ **Cinéraire maritime :** *Senecio cineraria*
→ **Tabac d'ornement :** *Nicotiana* x *affinis*
→ **Œillet d'Inde :** *Tagetes patula*
→ **Bégonia :** *Begonia* x *semperflorens*
→ **Agératum :** *Ageratum houstonianum*

• VOCABULAIRE
* Annuelle : qui ne vit qu'une année. En plein air, ces plantes sont détruites par le gel.

• COMMENT PLANTER ?
♣ Bêchez la terre et affinez-la bien.
♣ Faites tremper les pots dans une bassine pendant dix minutes.
♣ Creusez un petit trou et disposez deux poignées de terreau au fond.
♣ Enlevez le godet de plastique et placez la motte pour que sa surface soit juste un peu enterrée.
♣ Arrosez avec un arrosoir sans la pomme.

• ASTUCE
Les fleurs annuelles fleurissent bien mieux si on enlève, tous les deux jours, les fleurs fanées.

• C'EST IMPORTANT
Donnez-leur un peu d'engrais « spécial jardinières » toutes les deux semaines.

Les bisannuelles

Ces plantes se cultivent sur deux années. Semées en été, elles forment juste quelques feuilles pour passer l'hiver, puis fleurissent entre le début du printemps et celui de leur deuxième été, après quoi elles produisent des graines et meurent. Faciles à produire ou à repiquer, elles apportent de la couleur quand les autres fleurs ne sont pas encore épanouies.

L'IDÉE FORTE *UTILISEZ-LES COMME BOUCHE-TROUS*

Nous avons tendance à considérer les bisannuelles comme des plantes complémentaires et donc nous ne leur prévoyons jamais d'emplacement précis dans les plates-bandes. Elles sont repiquées là où il y a de la place. Par exemple, ces pensées et ces giroflées ont été repiquées là en octobre à la place d'une touffe de dahlias tout juste arrachée.

N O T R E   C H O I X

Les pensées sont disponibles en plantes fleuries dès le mois d'octobre dans les jardineries car certaines nouvelles variétés parviennent à fleurir durant l'hiver. Elles sont aussi très faciles à obtenir par semis qui donnent des couleurs souvent plus bariolées mais toujours très gaies.

Sur la gauche, une touffe d'**œillets des poètes** s'apprête à fleurir. Ses petites fleurs groupées en « bouquets tout faits » au sommet des tiges ont un parfum très particulier. Celles-ci ont fleuri rose tendre, mais d'autres du même semis ont donné des fleurs rouge-pourpre et même bicolores.

Juste à côté, **la giroflée** a presque l'allure d'un buisson. Ses fleurs toujours colorées de teintes chaudes sentent très bon le soir lors des belles journées de printemps. Elle est capable de vivre et de fleurir abondamment dans des endroits très secs et caillouteux, et elle se ressème parfois dans des endroits où il y a très peu de terre.

♣ *Plus les jeunes plantes sont repiquées longtemps avant l'hiver, plus elles sont robustes et florifères.*

DES BISANNUELLES POUR TERRAIN FRAIS

Indispensable bouche-trou, **le myosotis (2)** produit des myriades de petites fleurs bleues, mais aussi roses ou blanches toujours parfaites pour accompagner les bulbes de printemps. C'est d'ailleurs dans les trous de plantation de ces derniers que nous les installons.

♣ *Il faut bien arroser les semis pour obtenir une levée abondante.*

Quand elles se ressèment au jardin, **les primevères des fleuristes (1)** produisent des fleurs plus petites et aux coloris plus variés. Certaines fleurissent en bouquets très parfumés perchés en haut d'une tige.

♣ *Les primevères des fleuristes préfèrent les endroits humides et ombragés pour bien s'épanouir.*

2

DES GRANDES BISANNUELLES

À la différence de toutes ces plantes basses, **la digitale** élève ses hampes* florales entre 1,50 m et 2 m de hauteur. Elles sont garnies de grosses clochettes roses ou blanches épanouies en juin. Plantez-la plutôt en compagnie d'arbustes en fleurs au même moment, comme les deutzias ou les weigélas.

♣ *Attention, toutes les parties de la plante sont toxiques.*

La rose trémière produit aussi de grandes hampes qui dépassent souvent 2 m de haut. Ses corolles circulaires sont simples et aplaties, ou au contraire très doubles comme des pompons mais toujours dans de très jolies couleurs chaudes.

♣ *Plantez-les de préférence au pied d'un mur dans une terre allégée avec du sable ou des cailloux.*

LEUR NOM LATIN

- ➜ **Pensée :** *Viola* x *wittrockiana* 'Géante de Suisse'
- ➜ **Œillet des poètes :** *Dianthus barbatus*
- ➜ **Giroflée :** *Cheiranthus cheiri*
- ➜ **Myosotis :** *Myosotis alpestris*
- ➜ **Primevère des fleuristes :** *Primula* x *elatior*
- ➜ **Digitale :** *Digitalis purpurea*
- ➜ **Rose trémière :** *Alcea rosea*

• VOCABULAIRE
* Hampe : longue tige verticale portant des fleurs sur toute sa longueur.

• PROTÉGEZ-LES
Les plantes du commerce sont souvent abritées sous serre. Ne les repiquez pas directement si le temps est froid. Gardez-les en pots pour les sortir dans la journée et les abriter le soir. Profitez d'une période plus douce pour les planter.

• SEMEZ-LES
Semez, en juin, en pleine terre dans un coin de votre petit potager. Ne laissez qu'une seule plante tous les 10 cm et repiquez-les à leur place définitive le plus tôt possible, mais avant les gelées. Pour réussir à les prélevez avec une petite motte de terre, arrosez la veille.

• SACHEZ QUE
Ne vous inquiétez pas si le feuillage est un peu endommagé en hiver, les plantes repartent du pied, au printemps.

• NOTRE EXPÉRIENCE
Certaines bisannuelles vivent parfois une année de plus.

ELLES CONVIENNENT AUSSI

• Camomille dorée p. 227
• Monnaie-du-pape p. 173, 273

Des buissons couverts de fleurs

Aucun autre moment de l'année n'est aussi riche en arbustes à fleurs que le mois de mai. Qu'ils produisent de grandes ou de petites corolles, ils fleurissent tous avec la même générosité. Il y en a de toutes les couleurs, toniques ou douces, permettant des associations en harmonie avec des fleurs de teintes voisines ou de chauds contrastes avec des bulbes ou des bisannuelles de couleurs vives. En voici quelques-uns, choisis parmi les plus spectaculaire...

L'IDÉE FORTE

DE L'HARMONIE ET UNE TOUCHE DE CONTRASTE

Chacun de ces buissons en pleine floraison est à lui seul très spectaculaire, mais la compagnie d'autres végétaux, bulbes, plantes vivaces ou bisannuelles, renforce leur effet. Nous privilégions souvent, comme ici, l'harmonie de couleurs, en ajoutant toutefois une touche contrastée avec quelques fleurs d'un ton radicalement différent.

NOTRE CHOIX

Le lilas 'Palibin' est un charmant petit buisson à fleurs roses, regroupées en épis parfumés et qui restent épanouies pendant deux semaines. Ces épis émergent d'un feuillage serré se colorant de très belles teintes rouille orangé en automne. Le buisson adopte naturellement la forme d'une boule mais s'étale peu à peu en produisant des drageons*.

♣ *Plantez-le au soleil, dans une terre pas trop sèche en été. Ici, il est accompagné des épis roses de* Polygonum bistorta *et de* Brimeura amethystina *bleus et blancs.*

Dans les régions de climat chaud et sec, **le ciste pourpre** produit à partir de la mi-mai de nombreuses grandes fleurs rose soutenu, marquées de taches brunes et jaunes à la base des pétales. Chaque corolle née avec le jour se fane au milieu de l'après-midi, mais de nouvelles leur succèdent dès le lendemain et ainsi jusqu'à la mi-juillet.

♣ *Plantez de jeunes sujets, dans une terre parfaitement drainée et avec une exposition très ensoleillée et protégée du gel.*

2

1

DES BUISSONS IMMACULÉS

Surnommé « buisson de la mariée », **l'exochorda nain (1)** produit une grande quantité de belles fleurs blanc pur, bien mises en valeur par son feuillage vert tendre un peu bleuté. Malgré sa belle vigueur, l'arbuste ne dépasse pas 1,50 m de haut et de large, et ses longs rameaux lui donnent une apparence pleureuse.

♣ *Facile à cultiver un peu partout, il déteste toutefois les situations trop chaudes, trop ensoleillées ou trop sèches.*

La spirée 'Snowmound' attend la mi-mai, voire la fin du mois, pour couvrir ses rameaux de l'été précédent de minuscules fleurs blanc crème étroitement serrées les unes contre les autres. Haute et large de 1,50 m environ, la spirée 'Snowmound' reste élégante tout l'été grâce à ses petites feuilles rondes resplendissant de couleurs éclatantes en automne.

DES BUISSONS JAUNES

Le genêt 'All Gold' (2) est une des variétés les plus répandues et les plus florifères d'un groupe de buissons offrant de belles gerbes de couleurs chaudes. Sa croissance rapide fait de lui un buisson idéal pour meubler un nouveau massif que ses tiges vertes garnissent en toutes saisons, au même titre que les arbustes à écorce décorative.

♣ *Amateur de soleil, il reste plus compact dans une terre pauvre, plutôt sèche en été.*

Les branches du **berbéris de Wilson** se couvrent de petites fleurs jaune tendre en même temps qu'apparaissent les petites feuilles vert clair, légèrement bleutées. Leur masse produit un effet spectaculaire et dégage un intense parfum de miel. Chaque corolle se change en fruit verdâtre devenant rouge-orange en automne.

La coronille à feuilles bleues produit d'innombrables bouquets de petites fleurs jaune vif, abondantes du milieu du printemps à celui de l'été, et se poursuit parfois au-delà. Son élégant feuillage est bien bleuté sur les jeunes pousses, que l'on a intérêt à favoriser en taillant fortement les vieilles tiges durant l'hiver.

LEUR NOM LATIN

- ➜ **Lilas 'Palibin' :** *Syringa meyeri* 'Palibin'
- ➜ **Ciste pourpre :** *Cistus* x *purpureus*
- ➜ **Exochorda nain :** *Exochorda* x *racemosa* 'The Bride'
- ➜ **Spirée 'Snowmound' :** *Spiraea nipponica* 'Snowmound'
- ➜ **Genêt 'All Gold' :** *Cytisus* x *praecox* 'All Gold'
- ➜ **Berbéris de Wilson :** *Berberis wilsoniae*
- ➜ **Coronille à feuilles bleues :** *Coronilla glauca*

• VOCABULAIRE

* Drageon : pousse produite par les racines à quelque distance de la plante d'origine.

• PENSEZ-Y

En séparant les drageons de lilas 'Palibin' et en les replantant à 40 cm de distance les uns des autres, vous obtiendrez facilement une haie basse délicatement parfumée et ne nécessitant que très peu d'entretien.

• TAILLEZ-LES

Une taille permettant d'éliminer les branches encombrant l'intérieur des buissons de l'exochorda, de la spirée et du berbéris de Wilson mettra envaleur les longues tiges arquées qui se couvrent de fleurs. Faites ce nettoyage juste après la floraison et complétez l'opération en automne.

• SURVEILLEZ

Dans une terre riche, les genêts poussent trop et se déforment. Une taille sévère, supprimant deux tiers de la longueur des rameaux juste défleuris, lui évite d'adopter un port trop désordonné.

ELLES CONVIENNENT AUSSI

- Céanothe persistant 'Puget Blue' p. 159
- Viorne 'Mariesii' p. 158

Des feuilles aux coloris éclatants

Les couleurs du printemps ne proviennent pas uniquement des fleurs. Les feuilles aux tons vert tendre ou aux coloris éclatants participent aussi à la fête du renouveau et semblent vouloir rivaliser d'éclat avec la vivacité des corolles. Certains feuillages sont tellement remarquables que la tentation est grande de les cultiver pour leur seule beauté. Pourtant, c'est en compagnie des fleurs que leur splendeur se révèle le mieux.

L'IDÉE FORTE

MÉLANGEZ FEUILLES ET FLEURS

Cette scène pourrait être tout aussi belle et colorée sans la présence des primevères, pourtant, remarquez comme elles relèvent la teinte des feuilles et leur donne un éclat plus vif encore. N'hésitez pas, à cette époque de l'année, à rapprocher les feuillages les plus colorés de fleurs les plus vives, quitte à composer des contrastes qui, à une autre époque, paraîtraient trop violents. Nous sommes au début du printemps, et la couleur est un besoin !

NOTRE CHOIX

Les jeunes feuilles de **l'hosta 'Mediovariegata'** sont largement éclairées d'une grande tache blanche avec laquelle les rayons du soleil jouent comme à travers un vitrail. Cette panachure persiste jusqu'au début de l'été, moment où survient la floraison. Ensuite, le feuillage verdit quelque peu. Les feuilles gardent toujours cet aspect tourmenté, particulier à cette espèce.

Le millet doré est une des plus belles herbes décoratives du printemps. Ses petites touffes de feuilles, d'un beau jaune blond, jaillissent du sol dans des endroits souvent inattendus car la plante se ressème facilement toute seule. Ses tiges et ses épis s'élèvent dès le mois de mai et sont magnifiquement révélés par leur teinte claire. Ce beau millet apprécie les situations ombragées, en terre humifère.

♣ *Les grandes fleurs verdâtres sont celles d'une rose de Noël et la petite primevère grenat s'appelle* Primula x pruhoniciensis *'Wanda'.*

DES FEUILLES DE VIVACES

Le ruban de bergère (1) est une herbe panachée de blanc et de rose au printemps, qui a la bonne idée de se développer au même moment que les pousses rouge pourpre des pivoines. Il est plus vigoureux que le millet, ses racines drageonnent et étendent rapidement les touffes qui, dans les terres humides, peuvent se montrer envahissantes.

La camomille dorée est une petite plante annuelle ou bisannuelle autrefois cultivée pour la composition des mosaïques de fleurs. Ses feuilles qui persistent en hiver et se renouvellent très tôt au printemps, sont colorées d'un jaune vif, un peu acide, qui s'harmonise avec les narcisses ou relève avec brio toutes les teintes des tulipes.

Le jeune feuillage léger et translucide des **astilbes** est soit d'un très beau vert brillant, soit d'un rouge-pourpre remarquable pour son aspect translucide. Les premières pousses très rouges s'éclaircissent un peu pour adopter une magnifique teinte bronze qui s'efface en général quand les fleurs en plumets roses ou rouges s'épanouissent. **'Erika'** est, à notre avis, une des variétés les plus remarquables pour son jeune feuillage pourpre.

1

2

DES FEUILLES D'ARBUSTES

Quand **le physocarpus 'Dart's Gold' (2)** déploie ses feuilles jaune vif, beaucoup le confondent avec un forsythia tant celles-ci sont voyantes et lumineuses. En fait, il peut le remplacer avantageusement dans les terres humides ou les endroits ombragés, qu'il anime pendant toute la belle saison au lieu des 10 jours de l'habituelle floraison.

Le seringat à feuilles dorées est tout aussi éclatant dès le premier printemps et se montre ainsi bien plus précieux que ses cousins « ordinaires ». Ses feuilles gardent leur teinte jaune doré jusqu'au moment de la floraison en juin, par ailleurs tout aussi abondante et parfumée que chez les sujets verts. Elles sont ensuite plus discrètes.

LEUR NOM LATIN

- ➜ **Hosta 'Mediovariegata' :** *Hosta undulata* 'Mediovariegata'
- ➜ **Millet doré :** *Millium effusum* 'Aureum'
- ➜ **Ruban de bergère :** *Phalaris arundinacea* 'Picta'
- ➜ **Camomille dorée :** *Chrysanthemum parthenium* 'Aureum'
- ➜ **Astilbe 'Erika' :** *Astilbe* x *arendsii* 'Erika'
- ➜ **Physocarpus 'Dart's Gold' :** *Physocarpus opulifolius* 'Dart's Gold'
- ➜ **Seringat doré :** *Philadelphus coronarius* 'Aureus'

• ASTUCE
Le ruban de bergère a tendance à verdir à partir de juin, renouvelez son éclat en rasant complètement les touffes pour les inciter à produire de nouvelles feuilles.

• PENSEZ-Y
Les jeunes plants de camomille dorée, déjà bien colorés quand les roses de carême s'épanouissent, sont très utiles pour faire ressortir les variétés à fleurs rouge sombre.

• NOTRE EXPÉRIENCE
Ces feuillages sont très précieux pour accompagner les bulbes printaniers dont ils mettent en valeur les fleurs et font oublier le feuillage le temps qu'il mûrisse.

ELLES CONVIENNENT AUSSI

- Dicentra de Formose p. 177
- Érable 'Shishio Improved' p. 147
- Euphorbe 'Chameleon' p. 267

Des feuillages éblouissants

Émerveillés par les opulentes floraisons, nous oublions souvent de prêter attention aux feuillages qui, pourtant, offrent une gamme de formes et de couleurs aussi riche que celle des fleurs. Si, en avril, les premières feuilles doivent leur beauté à une certaine transparence, les feuillages plus remarquables prennent en mai des teintes qui perdureront pendant les deux mois suivants. Ils sont irremplaçables pour donner le ton à toute une plantation.

L'IDÉE FORTE

DONNEZ-LEUR LE RÔLE PRINCIPAL

Parmi les différents constituants d'un massif, les feuillages sont le plus souvent négligés. Donnez-leur, pour changer, le rôle principal en leur confiant la couleur dominante, comme ici le jaune, présent sur les feuilles de l'arbuste et que l'on retrouve dans le vert tendre des fougères. Il suffit ensuite d'harmoniser les floraisons successives et fugaces à la couleur permanente des feuillages pour que les massifs paraissent toujours bien plantés et bien colorés.

NOTRE CHOIX

Le cornouiller 'Gouchaultii' est toujours très admiré pour ses feuilles bordées d'une large marge jaune, variant, du printemps à l'automne, d'une teinte acide à une nuance franchement rosée. Il pousse vite et reste attrayant toute l'année grâce à ses rameaux couverts d'une belle écorce rouge framboise. Après un été sec, ses couleurs d'automne sont étonnantes, d'un rose presque rouge.

♣ *Il forme un buisson de 2 à 3 m de haut et de large avec autant de facilité en terrain sec qu'en terrain humide.*

La teinte remarquable des jeunes frondes* de **la fougère « plume d'autruche »** fonce un peu en été, mais reste toujours d'une nuance tendre qui tempère le jaune parfois jugé trop brillant du cornouiller. Après avoir accompagné les marguerites blanches, l'ensemble peut servir de fond pour des fleurs d'été très vives comme des montbrétias ou des alstroémères de couleur orange.

♣ *La fougère « plume d'autruche » a besoin d'une terre toujours humide.*

DES ARBUSTES À FEUILLES VIVES

Le piéris 'Bert Chandler' (1) forme un buisson persistant haut et large d'environ 1,50 m dont la floraison est rare. Celle-ci est remplacée par les feuilles qui naissent colorées d'un rose saumoné très chaud, changeant peu à peu pour devenir jaune crème, puis blanc avant de verdir.

La couleur dorée du **chèvrefeuille arbustif 'Baggesen's Gold'** reste brillante tout au long de l'année, car les petites feuilles vernissées sont presque persistantes. L'arbuste peut, à l'occasion, constituer des haies basses, bien que ce soit en massif, et en compagnie de fleurs orange, qu'il est à notre avis le plus joli.

La couleur insolite du **rosier à feuilles bleues**, d'une teinte presque métallisée sur la face supérieure et pourprée sur la face inférieure, se révèle très intéressante pour mettre en valeur toutes les plantes à fleurs roses. Ses propres fleurs, assez éphémères, sont elles-mêmes d'un joli rose tendre, et suivies en automne de petits fruits rouges appréciés des oiseaux, qui en dispersent les graines.

♣ *Les jeunes plantes se repèrent vite à leur teinte inhabituelle et se transplantent facilement si elles sont gênantes.*

1

2

DES VIVACES À BELLES FEUILLES

Le bleu de **l'hosta 'Halcyon' (2)**, un des plus denses que l'on puisse trouver chez les feuillages, doit peut-être son intensité à la texture épaisse de ses feuilles. Cette robustesse leur vaut aussi d'être épargnées par les limaces. Les touffes atteignent 60 cm de haut et de large en trois ou quatre ans, mais sont belles tout de suite.

L'heuchère 'Palace Purple' produit de belles feuilles d'une couleur pourpre chocolat, rare chez les plantes vivaces. Les touffes hautes et larges de 40 cm, spectaculaires dès l'apparition des premières feuilles, produisent de nombreuses tiges portant des myriades de petites fleurs blanches.

LEUR NOM LATIN

- → **Cornouiller 'Gouchaultii' :** *Cornus alba* 'Gouchaultii'
- → **Fougère « plume d'autruche » :** *Matteucia struthiopteris*
- → **Piéris 'Bert Chandler' :** *Pieris japonica* 'Bert Chandler'
- → **Chèvrefeuille arbustif 'Baggesen's Gold' :** *Lonicera nitida* 'Baggesen's Gold'
- → **Rosier bleu :** *Rosa glauca*
- → **Hosta 'Halcyon' :** *Hosta* x *tardiana* 'Halcyon'
- → **Heuchère 'Palace Purple' :** *Heuchera* x *micrantha* 'Palace Purple'

• VOCABULAIRE
* Fronde : « feuille » de la fougère.

• ASTUCE
Si vous taillez toutes les branches du cornouiller à 10 cm du sol une année sur deux, en fin d'hiver, il produira à la fois des feuilles plus grandes, mieux colorées, et des rameaux à l'écorce d'un rouge plus vif. N'oubliez pas de lui apporter un peu de fumier pour qu'il reste vigoureux.

• DIVISEZ-LES
Tous les 3 ou 4 ans en fin d'hiver, déterrez les touffes d'hosta et d'heuchères pour les diviser chacune en quatre nouvelles parties. Repiquez chacune d'elles à un autre emplacement bien enrichi de compost et vous obtiendrez des feuillages plus beaux encore.

• MULTIPLIEZ-LES
Au printemps, maintenez les branches basses du chèvrefeuille arbustif 'Baggesen's Gold' plaquées au sol à l'aide de pierres. L'automne suivant, les branches auront formé assez de racines pour être séparées de la plante d'origine et former de nouvelles plantes.

ELLES CONVIENNENT AUSSI

- Houblon doré p. 307
- Rodgersia chocolat p. 170
- Seringat doré p. 174, 227

Les rosiers classiques

Les rosiers sont des plantes très faciles qui poussent vite et fleurissent déjà quelques mois après leur plantation.
Les variétés sont cependant tellement nombreuses qu'il est bien difficile de choisir lesquelles planter en premier dans le jardin.
Nous vous proposons de commencer avec les rosiers les plus classiques, qui sont souvent aussi les plus beaux.

L'IDÉE FORTE

TESTEZ-LES

À moins d'avoir une idée très précise sur les rosiers, considérez vos premiers achats comme des essais. Choisissez un échantillon de variétés les plus différentes les unes des autres : une haute, une basse, une à grosses fleurs, une à fleurs en bouquets, etc. Après deux ou trois ans de tests, vos goûts se seront affirmés et il ne vous restera plus qu'à trouver d'autres variétés aussi belles que vos préférées.

NOTRE CHOIX

'Iceberg' est l'une des meilleures variétés à fleurs blanches. Ses petites roses composent de gros bouquets comptant parfois jusqu'à vingt-cinq fleurs. La floraison commence vers la mi-juin et se prolonge tardivement en automne, parfois même jusqu'à Noël.

Les beaux rosiers jaunes ne sont pas très nombreux. En voici deux, aux fleurs presque similaires, mais qui forment des buissons de tailles bien différentes. Le plus grand s'appelle **'Golden Shower'** (1,40 m) et le plus petit (80 cm) **'Yellow Hammer'**. Tous les deux possèdent un superbe feuillage foncé et sain qui fait bien ressortir les fleurs solitaires ou en bouquets.

♣ *Si les rosiers sont bien distancés, on peut cultiver beaucoup d'autres plantes à leur pied comme ici des violettes, des fougères et un fusain panaché de jaune.*

DES ROSIERS À FLEURS ROSES

Cette couleur est pour nous la plus naturelle des roses, et habille les plus belles variétés. Parmi les plus florifères, vous trouverez **'Queen Elizabeth'**, un grand rosier bien vigoureux et bien droit qui produit tout l'été de grandes fleurs rose moyen. Idéal pour les bouquets, il est pourtant un peu raide au jardin et mérite d'être entouré d'autres fleurs.

'Centenaire de Lourdes' (1) lui ressemble, mais ses fleurs plus petites ont une couleur plus chaude. Ses branches, plus longues, se plient naturellement et lui donnent un port arqué très caractéristique. Vigoureux et florifère, son feuillage épais et rouge au printemps reste bien sain tout au long de l'été.

♣ *Il faut très peu le tailler, juste supprimer les bouquets de roses fanées et les branches gênantes.*

1

DES ROSIERS « FANTAISIE »

Les couleurs jaunes et roses de **la rose 'Madame A. Meilland'** se fondent en une harmonie rare. Cette vieille variété « moderne » a peut-être été la plus vendue au monde, mais on apprécie toujours ses très grosses fleurs (15 cm de diamètre) et son parfum subtil. L'arbuste manque un peu de tenue, mais les roses sont très belles en bouquets.

Votre pépiniériste vous conseillera très certainement d'essayer **'Yves Piaget' (2)**, une grosse rose bien double qui ressemble à une pivoine. Cette très belle variété récente est un peu chétive, mais les fleurs sont réellement de toute beauté. Plantez-la plutôt dans un coin réservé aux fleurs à couper.

2

♣ *Pour obtenir des roses somptueuses, ne gardez que le bouton de fleur terminal et supprimez les boutons latéraux.*

LEUR NOM LATIN

- ➜ **Rosier 'Iceberg' :** *Rosa* 'Iceberg'
- ➜ **Rosier 'Golden Shower' :** *Rosa* 'Golden Shower'
- ➜ **Rosier 'Yellow Hammer' :** *Rosa* 'Yellow Hammer'
- ➜ **Rosier 'Queen Elizabeth' :** *Rosa* 'Queen Elizabeth'
- ➜ **Rosier 'Centenaire de Lourdes' :** *Rosa* 'Centenaire de Lourdes'
- ➜ **Rosier 'Mme A. Meilland' :** *Rosa* 'Mme A. Meilland' ou *Rosa* 'Peace'
- ➜ **Rosier 'Yves Piaget' :** *Rosa* 'Yves Piaget'

• QUAND ET COMMENT PLANTER ?

♣ L'époque idéale est la première moitié de l'automne.
♣ Creusez de grands trous pour ameublir la terre, mais placez le rosier la base des branches juste au-dessus du sol.
♣ Arrosez beaucoup plutôt que de tasser avec le pied.
♣ Disposez un tapis de feuilles mortes tout autour de la plante.

• ENTRETIEN

Coupez les fleurs fanées juste au-dessus de la première feuille que vous rencontrez en descendant le long de la tige.

• ARROSAGES

Arrosez pendant le premier été, uniquement au pied. Évitez de mouiller le feuillage.

• C'EST IMPORTANT

Ne coupez pas de longues tiges, cela épuise inutilement le rosier. Fendez le bas de la tige pour que l'eau soit facilement absorbée.

• SACHEZ QUE

Les rosiers en pots peuvent être plantés tout l'été. Faites-les bien tremper avant la mise en terre et arrosez ensuite tous les deux jours.

ELLES CONVIENNENT AUSSI

• Rosier 'Mozart' p. 233
• Rosier 'Smarty' p. 233

Les rosiers arbustes

S'ils produisent d'excellentes fleurs à bouquets, les rosiers classiques sont rarement de beaux buissons capables de garnir un coin du jardin ou de se mêler aux autres fleurs. Pour cela, les grands rosiers, ceux que l'on appelle aussi « rosiers arbustes » ou « rosiers paysages » sont bien plus appropriés. Ce sont des variétés anciennes ou modernes qui toutes ont en commun une robustesse et une qualité de floraison exceptionnelles.

1

NOTRE CHOIX

Les nouveaux rosiers dits « anglais » sont juste un peu plus hauts – de 1,20 m à 1,50 m – que les rosiers classiques, mais leurs branches souples leur donnent une très jolie forme arrondie et buissonnante. **'Abraham Darby'** est l'un des plus jolis, aux fleurs rose-orangé devenant plus pâles en vieillissant. Les fleurs très doubles, évoquent des roses anciennes, mais le rosier est vigoureux et sain comme les plus modernes.

♣ *Ils poussent ici en compagnie des hauts épis des digitales, des géraniums vivaces* roses et de l'alchémille jaune-vert.*

Les rosiers qualifiés « hybrides musqués » ont des qualités équivalentes. Leurs fleurs sont plus petites mais plus abondantes, recouvrant entièrement les buissons à plusieurs reprises au cours de l'été. Leur feuillage est rarement malade et leur parfum est léger mais agréable. Ils mesurent environ 1,5 m de haut et de large et se taillent peu. **'Buff Beauty'** est d'une couleur proche de celle 'd'Abraham Darby'.

L'IDÉE FORTE

UN ROSIER À LA FOIS

Ces grands rosiers ont assez de personnalité pour être plantés isolés les uns des autres. Cela permet de mieux apprécier le caractère propre de chacun, mais cela évite aussi de trop grands vides quand leur saison d'intérêt est passée. Ils ont cependant besoin d'être accompagnés de fleurs vivaces et de bulbes capables d'assurer le décor avant, pendant et après la floraison.

DES ROSIERS ARBUSTES PARFUMÉS

Un seul plant de **'Roseraie de l'Haÿ' (1)** forme un buisson de 2 m de haut et de large en quatre années et produit, tout au long de l'été, ses grandes fleurs pourpres au parfum très fort. Leur grand avantage est d'être à portée des yeux et du nez.

♣ *Très rustique*, il peut fleurir à mi-ombre et se passer de taille pendant plusieurs années.*

Le jour où, comme nous, vous rencontrerez **'Albertine'**, vous tomberez vous aussi sous le charme de son parfum indescriptible mais unique, et de sa générosité. Les nombreuses fleurs rose tendre, un peu saumonées, pâlissent le deuxième jour de leur existence.

♣ *Il ne fleurit qu'une fois, fin juin et début juillet.*

DES ROSIERS ARBUSTES SAUVAGEONS

Il faut le regarder deux fois pour reconnaître dans **'Mozart'** un rosier. Ses fleurs, petites, mais groupées par bouquets de 30 à 50 ont des corolles blanc rosé entouré d'un liseré rose-rouge. Les bouquets se succèdent tout l'été et si on laisse les derniers, ils se transforment en grappes de petits fruits orange.

2

♣ *Il ne dépasse pas 1,5 m de haut et de large.*

'Complicata' (2) est exactement l'inverse de son nom : très simple. Ses grandes fleurs rose vif, blanches au milieu sont comme de superbes églantines qui s'épanouissent en juin. La floraison époustouflante est, hélas, de courte durée.

♣ *Sa grande taille (2 x 2 m) justifie sa place plutôt dans un rideau d'arbustes.*

Les fleurs de **'Smarty'** mesurent au moins 8 cm de diamètre et portent chacune un dégradé de rose saumoné très délicat. Les fleurs d'âge différent et donc de teintes différentes se côtoient sur l'arbuste tout au long de l'été.

♣ *Il forme un buisson de 1,70 m de haut et de large bien mis en valeur par son feuillage foncé.*

LEUR NOM LATIN

→ **Rosier anglais 'Abraham Darby' :** *Rosa* 'Abraham Darby'
→ **Rosier musqué 'Buff Beauty' :** *Rosa* x *moschata* 'Buff Beauty'
→ **Rosier 'Roseraie de l'Haÿ' :** *Rosa* x *rugosa* 'Roseraie de l'Haÿ'
→ **Rosier 'Albertine' :** *Rosa* 'Albertine'
→ **Rosier 'Mozart' :** *Rosa* 'Mozart'
→ **Rosier 'Complicata' :** *Rosa gallica* 'Complicata'
→ **Rosier 'Smarty' :** *Rosa* 'Smarty'

• VOCABULAIRE
* Remontant : qui refleurit durant l'été et l'automne.
* Rustique : qui ne gèle pas en hiver.
* Vivace : plante non arbustive, perpétuelle, capable de fleurir chaque année au même endroit.

• ENTRETIEN
Pour favoriser l'apparition de nouvelles fleurs sur les rosiers remontants* ou pour allonger la floraison des non remontants, enlevez les fleurs fanées tous les deux jours. Effectuez cette taille en juillet, aussitôt après la première floraison importante.

• TAILLEZ-LES
Très simple, il suffit, comme pour un autre arbuste à fleurs, de couper chaque année une ou deux vieilles branches pour éclaircir les buissons et quelques branches gênantes parmi les plus jeunes.

• ALLEZ PLUS LOIN
On peut constituer une très belle haie en plantant un rosier arbuste par mètre. Mieux vaut ne pas mélanger plusieurs variétés.

ELLES CONVIENNENT AUSSI

• Rosier 'Centenaire de Lourdes' p. 231
• Rosier 'Iceberg' p. 230
• Rosier 'Salet' p. 239
• Rosier bleu p. 229, 235

Des rosiers jamais malades

La sensibilité des rosiers aux maladies est influencée par la qualité de la terre, la fertilisation, la météo ou la situation dans le jardin. Cependant la robustesse du rosier lui-même compte aussi beaucoup. Et comme souvent, les plus connus et les plus courants ne sont pas toujours les plus résistants. À l'inverse, plantés dans de mauvaises conditions, les rosiers réputés les plus robustes peuvent devenir sensibles aux maladies. En voici quelques-uns qui nous ont offert toutes satisfactions dans différentes situations considérées comme peu favorables aux rosiers.

L'IDÉE FORTE

CONSIDÉREZ VOS ROSIERS COMME DES ARBUSTES

Au lieu de considérer les rosiers comme des plantes à massifs et de les planter par dix, vingt ou cinquante, laissez-les s'exprimer comme des arbustes. Plantez-les en isolés ou par petits groupes de trois au milieu d'autres fleurs et taillez-les moins sévèrement. Vous serez charmés du résultat.

NOTRE CHOIX

Les rosiers rugueux, reconnaissables à leurs feuilles plissées, sont les plus robustes que nous connaissons. Cela vaut aux variétés à fleurs simples d'être abondamment plantées au bord des autoroutes. Les plus belles sont toutefois celles à fleurs doubles, souvent très parfumées, ou celles à fleurs d'œillet que l'on voit sur la grande photo ci-contre.

♣ *Ils forment de grands buissons ou de très belles haies.*

Cette vue, prise dans le jardin d'un ami pépiniériste, montre aussi des rosiers grimpants vigoureux surnommés « **rosiers lianes** ». Ils sont plantés contre les troncs de gros arbres sur lesquels ils s'accrochent et fleurissent abondamment chaque été. Aucune taille ni traitement n'est jamais nécessaire, ils se débrouillent seuls.

DES ROSIERS MODERNES

Les rosiers modernes sont souvent décrits dans les catalogues comme « résistants », mais il n'est pas rare que leur santé se dégrade au bout de la deuxième année de culture. **'Emera'**® et **'Opalia'**® sont les deux variétés actuelles les moins exigeantes, elles fleurissent généreusement sur un feuillage foncé, luisant et très résistant aux maladies. Ces rosiers ne demandent qu'une taille

légère et des apports de compost réguliers pour alimenter leur végétation continuelle.

Parmi les plus récents, **'Bonica'**® **(1)** se démarque particulièrement avec ses fleurs bien régulières et d'un beau rose tendre qui pâlit un peu en vieillissant. Sa végétation est moyenne.

DES ROSIERS BOTANIQUES

Les plus résistants de tous les rosiers sont ceux que l'on qualifie de « botaniques », c'est-à-dire les espèces telles qu'on les trouve dans la nature. Leurs fleurs, simples et élégantes, ne ressemblent pas toujours aux autres roses. Elles sont plus éphémères, mais ces arbustes ont souvent d'autres atouts. Pour certains, par exemple, c'est la teinte inhabituelle du feuillage comme chez **le rosier à feuilles bleues (2)**.

♣ *N'hésitez pas à le tailler chaque année pour que son écorce soit encore plus colorée.*

2

Pour d'autres, c'est une abondante fructification comme chez **le rosier du Révérend Moyes**. Ces deux qualités apportent au moins autant de couleur que des rosiers plus classiques et à des époques où ces derniers ne sont pas toujours au mieux de leur forme.

LEUR NOM LATIN

➜ **Rosiers rugueux :** *Rosa rugosa*
rosier à fleurs pourpre double parfumé 'Roseraie de l'Haÿ' : *Rosa* 'Roseraie de l'Haÿ'
rosier à fleurs d'œillets : *Rosa* 'F. J. Grootendorst' et *Rosa* 'Pink Grootendorst'

➜ **Rosiers lianes :**
rosier 'American Pillar' : *Rosa* 'American Pillar' (rouge)
rosier 'Bobbie James' : Rosa 'Bobbie James' (blanc)

➜ **Rosiers modernes :**
rosier 'Emera'® : '*Rosa* 'Emera'®
rosier 'Opalia'® : *Rosa* 'Opalia'®
rosier 'Bonica'® : *Rosa* 'Bonica'®

➜ **Rosiers botaniques :**
rosier à feuilles bleues : *Rosa glauca*
rosier du Révérend Moyes : *Rosa moyesii*

• ASTUCE
Les rosiers grimpants comme 'American Pillar' (rose-rouge sur la grande photo, au centre), souvent malades s'ils sont palissés contre un mur, sont beaucoup plus résistants dans une situation dégagée et aérée.

• TAILLEZ-LES
Les rosiers botaniques et les grands buissons se passent très bien de taille, mais pour les rajeunir, il suffit de les tailler très court une fois tous les cinq ans en fin d'hiver.

• AFFRANCHISSEZ-LES
Ces rosiers sont vendus greffés. Une fois plantés, apportez un peu de terre et de tourbe pour former une butte autour de la base des tiges. Elles vont peu à peu s'enraciner et le porte-greffe finira par disparaître. Les buissons n'en seront que plus vigoureux.

ELLES CONVIENNENT AUSSI

• Églantier p. 333
• Rosier anglais 'Abraham Darby' p. 232
• Rosier 'Iceberg' p. 230

Des rosiers faciles à bouturer

Parce que les rosiers sont toujours multipliés par greffe et que cette opération manuelle coûte cher, leur prix est de plus en plus élevé, au point que trois plants coûtent parfois le prix d'un bel arbre. Or, la plupart des rosiers anciens et classiques se multiplient facilement par boutures dont les plus simples s'effectuent en pleine terre à la fin du mois d'août. Les rosiers bouturés demandent un peu de temps pour démarrer mais sont ensuite tout aussi vigoureux que les rosiers greffés.

L'IDÉE FORTE *BOUTUREZ-LES SUR PLACE !*

Début août, ameublissez le sol et enrichissez-le comme si vous alliez y planter un rosier classique. Rebouchez complètement en ajoutant, dans les 15 derniers centimètres, deux seaux de sable-gravier de rivière. Entre le 15 et le 30 août, piquez 3 à 5 boutures dans le sol en les enterrant presque totalement. Arrosez et couvrez d'une cloche à laitue pendant un mois et demi en aérant un peu s'il fait du soleil.

N O T R E C H O I X

Les grandes fleurs blanc rosé de **'Cornelia'** au cœur teinté de doré, se succèdent presque sans discontinuer tout au long de l'été. Elles s'harmonisent particulièrement bien avec le jeune feuillage pourpré au printemps, mais aussi avec les nouvelles pousses qui se développent vigoureusement tout autour du buisson.

'Penelope' lui ressemble beaucoup, mais ses fleurs cuivrées en bouton perdent rapidement leur nuance rosée et apparaissent plus blanches, plus lumineuses avec leur cœur jaune. Ce rosier forme un buisson de 1,50 m de hauteur et de largeur, bien ramifié, et dont le branchage se renouvelle sans cesse.

♣ *Bien plantés, dans une situation aérée, ces deux rosiers de la famille des « hybrides musqués » comptent parmi les rosiers les moins sensibles aux maladies.*

DE GRANDS ROSIERS

'Alchemist' (1), comme son nom le laisse supposer, change de couleur au cours de sa floraison. Les roses s'épanouissent dans une teinte jaune d'or, nuancée d'orangé au cœur, puis elles pâlissent en adoptant une couleur rosée qui devient rose-crème.

♣ *Non remontant, l'arbuste produit des pousses de 2 à 3 m et peut être utilisé comme grimpant.*

Les grandes fleurs simples de **'Nevada'** sont très abondantes et recouvrent presque entièrement les branches lors de la floraison principale au mois de mai. Blanc-crème, les corolles pâlissent au fil des jours et rosissent en fin de floraison, surtout si le temps est chaud. C'est un beau buisson à planter à mi-ombre.

♣ *Enlevez vite les fleurs fanées pour bénéficier d'une floraison supplémentaire.*

'Sarah van Fleet' est un hybride de *Rosa rugosa* très robuste et résistant aux maladies. Ses grandes fleurs parfumées, rose tendre, en forme de coupe aplatie, ne couvrent jamais l'arbuste mais s'épanouissent avec une grande régularité tout au long de l'été. Ce rosier drageonne* un peu comme pour faciliter sa multiplication.

1

2

DES ROSES ANCIENNES

'Cardinal de Richelieu' (2) est une belle rose pleine, dont la couleur s'assombrit au fil des jours. Appartenant à la famille des « roses galliques », elle drageonne un peu, ce qui permet de l'utiliser en haie basse (1,20 m) ou en mélange avec des fleurs vivaces.

♣ *Ce rosier apprécie une terre bien riche et une taille sévère juste après la floraison.*

'Madame Alfred Carrière' est depuis longtemps le meilleur rosier grimpant à fleurs blanches. Ses grandes fleurs en coupe, blanc-crème avec une pointe de rose, se succèdent sur une très longue période et dispensent un agréable parfum de rose thé. Les pousses très vigoureuses atteignent 5 à 6 m de long.

LEUR NOM LATIN

- ➜ **Rosier 'Cornelia' :** *Rosa* x *moschata* 'Cornelia'
- ➜ **Rosier 'Penelope' :** *Rosa* x *moschata* 'Penelope'
- ➜ **Rosier 'Alchemist' :** *Rosa* 'Alchemist'
- ➜ **Rosier 'Nevada' :** *Rosa* 'Nevada'
- ➜ **Rosier 'Sarah van Fleet' :** *Rosa* x *rugosa* 'Sarah van Fleet'
- ➜ **Rosier 'Cardinal de Richelieu' :** *Rosa* 'Cardinal de Richelieu'
- ➜ **Rosier 'Madame Alfred Carrière' :** *Rosa* 'Madame Alfred Carrière'

• VOCABULAIRE
* Drageonner : se dit d'une plante qui produit des pousses à quelque distance du pied d'origine.

• LA TERRE
Les boutures, enracinées ou non, doivent profiter d'un sol très riche pour pousser vigoureusement. Mélangez par trou de plantation soit trois à quatre fourches de fumier décomposé, soit deux à trois seaux de compost bien mûr.

• BOUTUREZ-LES
Prélevez vers la mi-août une branche de rosier de l'épaisseur d'un crayon de papier, à l'écorce encore verte mais de texture déjà bien rigide. Coupez la base au-dessous d'un bourgeon et le sommet, 20 cm plus haut, au-dessus d'une feuille. Épargnez cette dernière et enlevez toutes les autres. Fichez la bouture dans le sol jusqu'à la base de la dernière feuille.

• ASTUCE
Si l'unique feuille jaunit et tombe au bout de dix à vingt jours, c'est bon signe : la bouture reprend. Si elle sèche, c'est raté ! Recommencez!

ELLES CONVIENNENT AUSSI

- Rosier 'Felicia' p. 292
- Rosier 'Fru Dagmar Hastrup' p. 141

Les roses anciennes

Les vieilles roses ont un charme fou qu'elles communiquent sans retenue aux jardins qui les abritent. Beaucoup d'entre elles ne fleurissent qu'une fois et n'ont pas la tenue des rosiers d'aujourd'hui. Elles possèdent pourtant d'autres qualités, dont la plus importante est un parfum intense qu'aucune rose moderne n'a jamais pu reproduire. Les spécialistes les regroupent en familles en fonction de leur généalogie.

NOTRE CHOIX

Au premier plan, **'Fantin-Latour'** est au début de sa floraison, quand ses fleurs ont une couleur foncée. Peu à peu, elles s'éclaircissent pour devenir d'un rose très pâle en fin de floraison. Elles ont la forme typique des rosiers dits « à Centfeuilles », bien ronde et aux pétales très odorants. Les longues branches sont peu épineuses et les feuilles d'un vert plutôt foncé.

♣ *Laissez ses branches s'allonger et se courber, elles produisent ainsi davantage de fleurs.*

Derrière, la tendre couleur carnée est celle de **'Cuisse de Nymphe'**. Connue depuis le XVe siècle, cette rose doit une grande popularité à son nom, mais aussi à sa vigueur moyenne et à son abondante floraison. L'arbuste disparaît complètement sous les fleurs en juin et dispense un parfum rappelant certains bonbons. Malheureusement, comme beaucoup d'autres rosiers « Alba », les fleurs sont assez sensibles à la pluie.

♣ *Pensez à enlever régulièrement les fleurs et les boutons endommagés par les averses afin qu'ils ne pourrissent pas.*

L'IDÉE FORTE

ENCADREZ-LES BIEN

À notre avis, la meilleure façon de mettre en scène les rosiers anciens consiste à les planter dans un cadre strict, bien dessiné, éventuellement géométrique, attrayant, toute l'année. En bordant les massifs « à l'ancienne » avec du buis ou, comme ici, des ifs, on évite aussi que les roses alourdies ne traînent à terre et ne soient éclaboussées lors des pluies d'orage.

DES ROSIERS ANCIENS REMONTANTS

'Honorine de Brabant' (1) suscite toujours de nombreux commentaires la première fois que l'on découvre ses grosses fleurs blanc rosé striées de rose-rouge. Ce rosier de la famille des « Bourbons » fleurit en juin et en septembre et un peu entre ces deux périodes. Il forme un buisson vigoureux et sain, haut et large d'environ 2 m, capable de fleurir dans un endroit peu ensoleillé.

♣ *Coupez les fleurs fanées pour stimuler celles à venir.*

1

Chez **'Paul Neyron'**, c'est la couleur pourpre presque fluorescente comme celle de certaines pivoines qui attire irrésistiblement l'œil. C'est l'une des roses anciennes les plus lumineuses, mais, hélas, son parfum est moyen. Les fleurs s'épanouissent aussi en deux vagues, au début et à la fin de l'été, et un peu entre les deux sur un buisson plus haut (1,50 m) que large.

'Salet' est un rosier dit « moussu » parce que le sommet de ses tiges et les sépales qui protègent ses boutons sont curieusement recouverts d'excroissances qui évoquent de la mousse. Elles produisent d'ailleurs une odeur particulière qui relève le parfum des fleurs. Les roses, bien pleines de pétales très pâles, s'épanouissent presque les unes après les autres au long de l'été.

DES ROSIERS ANCIENS EXUBÉRANTS

Personne ne connaît bien l'origine de **'Félicité et Perpétue'**. Ses pousses annuelles de 3 mètres de long et son feuillage presque persistant* lui permettent de recouvrir très vite n'importe quel support. C'est l'un des rosiers non remontants* les plus tardifs qui ne se couvre de petites fleurs pleines, d'un joli blanc crème, qu'au milieu du mois de juillet.

'Pompon de Paris' (2) possède le même type de végétation, mais un peu plus mesurée de 2 à 3 m de haut au maximum. Lui fleurit très tôt, en mai et quelquefois en avril. Ses petites fleurs rouge rosé mais peu parfumées inaugurent chez nous l'époque des rosiers.

2

LEUR NOM LATIN

- ➜ **Rosier 'Fantin-Latour' :** *Rosa* x *centifolia* 'Fantin-Latour'
- ➜ **Rosier 'Cuisse de Nymphe' :** *Rosa* x *alba* 'Cuisse de Nymphe'
- ➜ **Rosier 'Honorine de Brabant' :** *Rosa* x *borboniana* 'Honorine de Brabant'
- ➜ **Rosier 'Paul Neyron' :** *Rosa* x 'Paul Neyron'
- ➜ **Rosier 'Salet' :** *Rosa* x *centifolia muscosa* 'Salet'
- ➜ **Rosier 'Félicité et Perpétue' :** *Rosa* x *sempervirens* 'Félicité et Perpétue'
- ➜ **Rosier 'Pompon de Paris' :** *Rosa* x *chinensis* 'Pompon de Paris'

• VOCABULAIRE

* Remontant : qui refleurit durant l'été, après la floraison principale de juin.
* Persistant : qui garde ses feuilles en hiver.

• COMMENT TAILLER ?

Il suffit d'enlever chaque année une ou deux vieilles branches.

• SACHEZ QUE

Contrairement à une idée répandue, certains rosiers anciens sont très sensibles aux maladies. Parfois, le seul recours possible consiste à couper toutes les branches près de la souche pour le régénérer totalement.

ELLES CONVIENNENT AUSSI

• Rosier 'Albertine' p. 233
• Rosier 'Complicata' p. 233
• Rosier 'Roseraie de l'Haÿ' p. 233, 235

Les bulbes d'été

Au printemps, les graineteries et les rayons spécialisés des jardineries débordent de bulbes d'été. Ces plantes sont la providence des jeunes jardins car, à l'instar des annuelles, elles font de l'effet très rapidement et certaines occupent beaucoup de place dès leur premier été. Le revers de la médaille, c'est que peu d'entre elles sont vraiment rustiques et capables de rester l'hiver en pleine terre. Il faut donc les arracher et les stocker à l'abri du gel.*

NOTRE CHOIX

La couleur de ce gros dahlia à fleurs de cactus était bien difficile à marier aux autres fleurs du jardin jusqu'au jour où l'on se rendit compte qu'elle était identique à celle des **montbrétias**. Ces derniers sont des cousins des glaïeuls qui se multiplient ainsi très vite et forment de grosses touffes faciles à diviser au printemps.

♣ *Ils sont capables de rester en pleine terre si on les protège d'une bonne couche de paille et de feuilles mortes.*

Les dahlias, eux, existent en une multitude de formes, de tailles et de couleurs. Des simples aux très doubles et des petites fleurs aux plus volumineuses il y en a pour tous les goûts. On les plante à la fin du mois d'avril dans une terre bien ameublie et enrichie de compost ou de terreau. Ils commencent à fleurir à la mi-juillet. Mais c'est en septembre qu'ils sont les plus beaux.

♣ *Avec quelques bons arrosages, ils poussent presque à vue d'œil.*

L'IDÉE FORTE *MARIEZ-LES ENTRE EUX*

Ce mélange de dahlias et de montbrétias orange est exemplaire pour l'association des deux couleurs identiques. Elle nous apprend aussi que les meilleurs compagnons des bulbes d'été sont d'autres bulbes d'été. En effet, mieux vaut installer au même endroit des plantes que l'on devra arracher ou protéger de la même manière. Quand elles sont dispersées dans le jardin, on en oublie toujours au moment de les rentrer.

DES BULBES POUR LES PLATES-BANDES

Les glaïeuls possèdent une gamme de coloris au moins aussi étendue que celle des dahlias, mais leur port raide les rend très difficiles à marier aux autres fleurs des plates-bandes. Cette raideur disparaît un peu quand on plante de 5 à 8 bulbes dans le même trou afin de donner l'effet d'une touffe.

Les lis (1) sont, en général, des plantes rustiques et n'ont pas besoin d'être abrités pendant l'hiver, mais certaines variétés horticoles peu onéreuses doivent être renouvelées souvent. Ce n'est pas le cas de ce lis trompette à fleurs jaune-orangé qui peut fleurir plusieurs années de suite si on le plante dans une terre riche et fraîche en été.

1

Les amateurs de plantes insolites aiment beaucoup **les galtonias**. Ses tiges hautes d'un mètre se terminent par une sorte de grande jacinthe aux clochettes d'un blanc laiteux. Elles fleurissent pendant plus d'un mois entre juillet et août.

♣ *Plantez-les à 20 cm de profondeur dans une terre riche et fraîche.*

DES BULBES SPECTACULAIRES

Avec leurs feuilles ressemblant à celles des bananiers et leurs fleurs de couleurs vives, jaunes, rouges ou orangés, **les cannas** ont un aspect exotique indéniable. Les plantes mesurent de 80 cm à 2 m selon les variétés.

♣ *Les cannas ont besoin d'une terre riche pour alimenter leur végétation exubérante et les racines doivent être arrachées et abritées dès les premières petites gelées.*

Les grosses touffes d'**arums blancs (2)** font à juste titre la fierté de ceux qui les possèdent. Plantez vos premiers bulbes à 20 cm de profondeur dans une terre enrichie de compost. Ils produisent quelques fleurs l'année même et davantage chaque année si vous les laissez en terre et les protégez du gel par une bonne litière de paille.

♣ *En terre humide, ils fleurissent en plein soleil. En terre plutôt sèche, ils trouvent la fraîcheur à l'ombre, mais fleurissent un peu moins.*

2

LEUR NOM LATIN

- → **Montbrétia :** *Crocosmia* x *crocosmiflora*
- → **Dahlia :** *Dahlia* x *hortensis*
- → **Glaïeul :** *Gladiolus* x *hybridus*
- → **Lis trompette jaune :** *Lilium regale* 'African Queen'
- → **Galtonia :** *Galtonia candicans*
- → **Canna :** *Canna* x *generalis*
- → **Arum blanc :** *Zantedeschia aethiopica*

• VOCABULAIRE
* Rustique : qui ne gèle pas en hiver.

• NOTRE EXPÉRIENCE
Achetez vos bulbes dès leur arrivée dans les magasins, mais, s'il y a encore des risques de gelées importants, placez-les dans des caissettes remplies de tourbe humide, dans un endroit frais, afin qu'ils ne démarrent pas trop vite.

• C'EST IMPORTANT
Attendez une petite gelée pour arracher les bulbes fragiles. Laissez-les sécher une journée avant de les ranger dans une caissette contenant de la tourbe sèche. Remisez-la à l'abri du gel et surveillez les dégâts des rongeurs.

ELLE CONVIENT AUSSI

• Lys royal p. 205

Les fleurs de plate-bande

Une fois le printemps terminé, les bordures plantées le long des chemins perdent une grande partie de leur intérêt. En les élargissant un peu, elles deviennent de véritables plates-bandes dans lesquelles il est facile d'insérer des fleurs vivaces d'été. Parmi ces plantes, le choix est vaste et tout l'art consiste à les choisir pour qu'elles se succèdent tout au long de la belle saison.*

L'IDÉE FORTE

REGROUPEZ-LES PAR SAISON

Si vous plantez un assortiment de fleurs vivaces, repérez, dès leur premier été, celles qui s'épanouissent chez vous au même moment. À l'automne ou au printemps suivant, rapprochez-les de manière à former comme ici des groupes de trois ou quatre plantes. Leur effet est toujours plus fort que celui d'une plante isolée.

N O T R E C H O I X

Dans ce coin de plate-bande fleurie en août, les gros bouquets rouge cerise des **phlox** et les épis bleus des **aconits d'automne** assurent l'essentiel du spectacle. Leur floraison simultanée dure de quatre à six semaines à partir de la mi-août.

À leur pied, deux belles touffes de **sédums** commencent à rougir. Les bouquets aplatis de ces plantes grasses sont d'abord verts, puis ils rosissent et enfin rougissent au cours de l'automne. Ils attirent beaucoup les papillons.

Au bout de la plate-bande, une touffe d'**anémones du Japon** commence à fleurir. Elle annonce la floraison prochaine de **l'aster à petites fleurs** qui, pour l'instant, n'est encore qu'un fin feuillage. Ces deux plantes, épaulées par le sédum, vont constituer avec le rosier remontant le dernier groupe de fleurs qui rendront la plate-bande attrayante après les phlox et les aconits, et ce jusqu'aux gelées.

DES FLEURS POUR JUIN

Un peu après les vivaces de bordure et les bulbes de printemps s'épanouissent les campanules aux corolles en clochettes bleues ou blanches. **La campanule à feuilles de pêcher (1)** est l'une des plus belles.

♣ *Elle se ressème souvent toute seule quand l'endroit lui convient. Haute de 40 à 60 cm, elle accompagne à merveille les rosiers classiques ou arbustifs.*

Pendant les quelques jours durant lesquels ils fleurissent, **les pavots d'Orient** focalisent tous les regards. Les plus ordinaires, rouges ou orange, sont déjà très spectaculaires, mais il existe aussi de nombreuses autres couleurs du blanc pur au bordeaux en passant par différentes tonalités de roses. Il leur faut simplement du soleil.

1

DES FLEURS POUR JUILLET

Connues de tous, les grandes **marguerites blanches** s'étagent de 60 cm à 1,50 m de haut. Bien entendu, les plus grandes sont assez sensibles au vent et doivent être tuteurées. Leur floraison dure trois semaines environ.

♣ *La floraison est deux fois plus longue si l'on prend soin d'arroser les touffes chaque jour après avoir enlevé les fleurs fanées.*

Avec leur allure de lis, les fleurs des **hémérocalles (2)** paraissent un peu sophistiquées, mais la vigueur et la générosité des touffes estompent ce jugement hâtif. On trouve couramment une dizaine de variétés jaunes, rouges, orange ou roses, mais il en existe de milliers. 'Susie Wong', représentée ici, a l'avantage d'être parfumée.

2

♣ *Les fleurs se mangent en salade.*

LEUR NOM LATIN

- **Phlox rouge cerise :** *Phlox paniculata* 'Kirchenfürst'
- **Aconit d'automne :** *Aconitum arendsii*
- **Sédum 'Herbstfreude' :** *Sedum* 'Herbstfreude'
- **Anémone du Japon :** *Anemone* x *hybrida* 'Prinz Heinrich'
- **Aster à petites fleurs :** *Aster pringlei* 'Monte Cassino'
- **Campanule à feuilles de pêcher :** *Campanula persicifolia* 'Alba'
- **Pavot d'Orient :** *Papaver orientalis*
- **Marguerite blanche :** *Leucanthemum maximum*
- **Hémérocalle :** *Hemerocallis* 'Susie Wong'

• VOCABULAIRE
* Vivace : plante non arbustive, perpétuelle, capable de fleurir chaque année au même endroit.

• LA TERRE
Toutes ces plantes apprécient des conditions de culture similaires à savoir du soleil et une terre riche, aérée et fraîche pendant l'été.

• COMMENT PLANTER ?
Avant de planter une plate-bande, il faut bêcher la terre profondément de manière à la décompacter. Effectuez ce travail au début de l'automne pour planter au milieu du printemps.

• PENSEZ-Y
Pour soutenir les plus grandes plantes, modelez des fers à béton en arc de cercle. Fichez chaque extrémité de part et d'autre de la touffe.

• DISTANCES
Pour laisser à chaque plante la place de se développer, espacez-les de la moitié de leur hauteur. Si deux plantes de hauteurs différentes doivent être voisines, additionnez les deux et divisez par deux pour trouver la distance idéale.

ELLES CONVIENNENT AUSSI

- Achillée millefeuille p. 317, 322
- Iris des jardins p. 212

Des vivaces très florifères

Après les rosiers, les « vivaces» sont les plantes qui apportent le plus de fleurs et de couleurs au jardin durant plusieurs années consécutives. Certaines se révèlent toutefois plus florifères que d'autres et sont donc toutes désignées pour accompagner les rosiers ou les arbustes possédant aussi une longue période de floraison. Leur présence tout au long de l'été permet également de les utiliser pour constituer la base des massifs et des bordures.*

L'IDÉE FORTE

LA BASE DE VOS MASSIFS

Au lieu de trop échantillonner les plantes de vos massifs, choisissez plutôt des valeurs sûres, comme ces plantes vivaces qui vous garantiront un été bien fleuri. Elles prennent le relais des bulbes et des vivaces de printemps et assurent l'essentiel du décor, en compagnie de vos rosiers et arbustes préférés, jusqu'à la fin de l'été. Mais gardez quand même une petite place pour des essais de plantes nouvelles...

N O T R E C H O I X

Les fleurs de **l'hémérocalle** ressemblent à s'y méprendre à celles d'un lis, mais les corolles éphémères sont remplacées chaque jour par des nouvelles. Malgré cela, la floraison d'une touffe bien installée se prolonge entre 3 et 8 semaines, davantage même chez les variétés les plus récentes, considérées comme « remontantes* ». Toutes forment de belles touffes de feuillage rubané, qui persiste parfois partiellement en hiver.

♣ *Les terres riches et fraîches, ainsi que les expositions ensoleillées ou mi-ombragées lui conviennent.*

La campanule à fleurs de lait est encore trop méconnue, alors que c'est une des espèces les plus florifères de sa famille. Ses corolles bleu pâle, roses ou blanches sont rassemblées en bouquets plus ou moins gros au sommet de tiges de 50 cm à 1,20 m de hauteur selon la variété. La souche, constituée de racines épaisses, peut rester des années à la même place sans avoir besoin d'être divisée.

DES VIVACES CLASSIQUES

Les phlox que l'on aperçoit sur la grande photo à l'arrière de l'hémérocalle et des campanules sont des fleurs d'été faciles et très colorées. La multitude des variétés hautes de 50 cm à 1,50 m offre une belle gamme de couleurs vives ou tendres, assurant plus de trois mois de floraison. Leurs tiges, rigides, se passent de tuteurs.

Les leucanthèmes (1) constituent des touffes généreuses couvertes de grandes marguerites blanches pendant une bonne partie de l'été. Les fleurs, le plus souvent simples, peuvent également être doubles ou présenter un aspect frisé, ébouriffé très amusant. Les variétés les plus hautes ont besoin d'être soutenues par des branches de noisetiers piquées au milieu des touffes au printemps.

♣ *Régénérez les touffes tous les trois ans en les divisant.*

Très florifères, les touffes de **scabieuses du Caucase** s'épuisent parfois à produire leurs fleurs à la fois très grandes (6 à 7 cm de diamètre) et très nombreuses de la mi-juin à la fin août. Les variétés les plus courantes sont bleu pâle, mais de très belles sélections blanches ou bleu soutenu sont désormais disponibles.

DES VIVACES À DÉCOUVRIR

Le géranium d'Arménie (2) fait partie de ces « nouvelles » plantes qui séduisent de plus en plus les jardiniers, car elles sont faciles et floribondes. Ses fleurs magenta ornées d'un œil noir sont produites en abondance sur des touffes occupant rapidement 1 m^2. Elles s'associent très bien à toutes les fleurs rose tendre ou jaune pâle.

♣ *Une terre riche, pas trop humide en hiver, suffit à son bien-être.*

L'asclépias tubéreuse a conquis depuis peu tous les catalogues, car c'est une plante très florifère, aussi utile au jardin qu'en vases. Ses petites fleurs, orange, sont groupées au sommet de tiges de 50 à 60 cm de haut, habillées de belles feuilles vert-bleu. Elles se succèdent une grande partie de l'été, surtout si on coupe des tiges pour les bouquets.

♣ *L'asclépias a juste besoin de beaucoup de soleil et craint les terres très humides en hiver.*

1

2

LEUR NOM LATIN

- ➜ **Hémérocalle :** *Hemerocallis*
- ➜ **Campanule à fleurs de lait :** *Campanula lactiflora*
- ➜ **Phlox :** *Phlox paniculata*
- ➜ **Leucanthème :** *Leucanthemum maximum*
- ➜ **Scabieuse du Caucase :** *Scabiosa caucasica*
- ➜ **Géranium d'Arménie :** *Geranium psilostemon*
- ➜ **Asclépias tubéreuse :** *Asclepias tuberosa*

• VOCABULAIRE

* Remontante : qui fleurit à nouveau une ou plusieurs fois après la période « normale ».
* Vivace : plante qui perd toutes ses tiges et ses feuilles en hiver, mais qui repousse au printemps suivant grâce à ses racines perpétuelles.

• SACHEZ QUE

La campanule et l'asclépias possèdent des racines épaisses et charnues qu'il vaut mieux ne pas déranger une fois qu'elles sont bien installées. Pour les multiplier, laissez faner une branche pour récolter des graines ou bouturez les jeunes pousses au printemps alors qu'elles ne mesurent que 5 à 6 cm de long.

• ASTUCE

Si vous trouvez que la couleur du géraniumd'Arménie est trop vive au soleil, placez celui-ci à mi-ombre. Il y reste quand même très florifère et sa couleur y est bien mieux supportable.

• NOTRE EXPÉRIENCE

Une fois la floraison d'une touffe d'hémérocalle achevée, nous préférons raser complètement le feuillage pour qu'il se renouvelle. Un apport de compost et deux bons arrosoirs d'eau facilitent la repousse.

ELLES CONVIENNENT AUSSI

- Alchemille p. 254, 257
- Diascia 'Ruby Field' p. 91, 257
- Népéta géant p. 75, 256

Des plantes qui se développent vite

La plupart des plantes vivaces cultivées en petits godets demandent deux ou trois ans pour atteindre leur complet développement. Pour un effet plus rapide, les vendeurs préconisent des plantations serrées, entraînant un prix de revient élevé au mètre carré. Certaines plantes à la végétation expansive mais aux racines non envahissantes, peuvent toutefois couvrir près d'un demi-mètre carré en une saison. Elles se révèlent très économiques pour garnir de grandes surfaces.

L'IDÉE FORTE

PLANTEZ-LES AU-DESSUS DES BULBES

Ces plantes à la végétation bien plus étalée que les racines sont idéales pour couvrir l'emplacement laissé vide par des bulbes de printemps et dissimuler leurs feuilles jaunissantes. Plantez les géraniums et autres plantes expansives d'été au-dessus des petits bulbes les plus précoces (perce-neige, crocus, etc.), et les plantes d'automne au-dessus des bulbes tardifs (narcisses, tulipes, etc.).

N O T R E   C H O I X

Dans une bonne terre, un godet de **géranium d'Arménie** planté en avril donne une plante de 60 à 70 cm de diamètre et dépassant souvent 1 m de diamètre l'année suivante. Ses larges feuilles se couvrent de fleurs couleur magenta au cœur noir, en juillet et en août.

♣ *Plantez le géranium d'Arménie plutôt à mi-ombre, ses fleurs dureront plus longtemps.*

Les proportions de son cousin, **le géranium 'Wargrave Pink'**, sont un peu plus modestes, mais trois plantes suffisent à couvrir un mètre carré en trois mois de végétation. Ses petites fleurs rose saumoné s'épanouissent tout au long de l'été et sont plus belles abritées du plein soleil.

♣ *Quand les fleurs d'une branche sont presque toutes fanées, tirez dessus d'un coup sec. Maintenez la terre humide et une nouvelle floraison se produira.*

DES PLANTES D'ÉTÉ

L'anthémis 'Sauce Hollandaise' déploie ses marguerites jaune pâle à partir de la fin juin et jusqu'à la fin de l'été. Une petite touffe de feuilles, semblables à celles du persil, plantée en avril, donne une gerbe de fleurs de 70 cm de hauteur et de largeur en juillet.

♣ *Plantez-la en plein soleil, dans une terre drainée mais pas trop sèche.*

Dans les terres humides, **la renouée campanulée (1)** s'élève à 1,20 m et porte de la mi-juillet aux gelées de novembre une grande quantité de petites fleurs blanc rosé. Des tiges horizontales agrandissent rapidement les touffes en s'enracinant au sol, mais elles sont très faciles à arracher si elles deviennent gênantes.

1

L'œnothère 'Fyrverkeri' est une bonne vivace qui ne garde que quelques petites rosettes de feuilles visibles en hiver. Au cœur de l'été, il forme une touffe presque ronde de 50 cm de diamètre, couverte de fleurs jaune d'or contrastant avec les boutons et les fruits rouges. Sa couleur vive est superbe en plein soleil.

♣ *L'œnothère redoute les terres trop humides en hiver.*

DES PLANTES D'AUTOMNE

Les fleurs de **l'aster 'Monte Cassino'** sont petites mais tellement nombreuses qu'elles font plier les tiges presque à l'horizontale. Une touffe qui n'occupait que 30 à 40 cm de large peut alors s'étaler sur 1,20 m de diamètre et disparaître sous une nuée de fleurs blanches.

Le chrysanthème des jardins 'Clara Curtis' (2) ouvre ses premières fleurs roses dès la mi-août et prolonge sa floraison jusqu'à la fin d'octobre. Une simple bouture en avril peut alors couvrir un mètre carré, car cette variété produit tellement de fleurs que ses tiges plient et se plaquent au sol.

♣ *Protégez le cœur des touffes en hiver avec des fougères sèches.*

2

LEUR NOM LATIN

- → **Géranium d'Arménie :** *Geranium psilostemon*
- → **Géranium 'Wargrave Pink' :** *Geranium endressii* 'Wargrave Pink'
- → **Anthémis 'Sauce Hollandaise' :** *Anthemis tinctoria* 'Sauce Hollandaise'
- → **Renouée campanulée :** *Polygonum campanulatum*
- → **Œnothère 'Fyrverkeri' :** *Oenothera fruticosa* 'Fyrverkeri'
- → **Aster 'Monte Cassino' :** *Aster pringlei* 'Monte Cassino'
- → **Chrysanthème des jardins 'Clara Curtis' :** *Chrysanthemum* 'Clara Curtis'

• UN BON DÉPART
Pour que ces plantes vivaces donnent le meilleur d'elles-mêmes, plantez-les dès le mois de septembre ou en mars. Glissez une pelletée de terreau ou de compost bien mûr au fond du trou et ne les laissez pas avoir soif durant les trois premiers mois.

• FAIRE FI DES DENSITÉS
Si vous voulez faire des économies, négligez les conseils concernant les densités de plantation indiquées sur les étiquettes (par exemple : 6/m²). Il vaut mieux raisonner plutôt plante par plante que mètre carré par mètre carré.

• ENTRETIEN
Après les premières gelées, coupez toutes les pousses de vos plantes juste autour du pied et étalez sur le sol laissé nu une bonne couche de feuilles mortes et vos dernières tontes de gazon. Ainsi, au printemps suivant, leurs tiges ne s'étaleront plus directement sur la terre mais sur un confortable matelas.

ELLES CONVIENNENT AUSSI

- Anthémis de Cupani p. 91
- Crucianelle p. 88, 255
- Diascia 'Ruby Field' p. 91, 257
- Mimulus jaune p. 77
- Penstémon 'Blue Springs' p. 91
- Rudbeckia 'Goldsturm' p. 215

Des fleurs qui se passent d'arrosage

L'eau est chère et souvent trop rare au moment où les fleurs du jardin en ont le plus besoin... Pourtant, une fois bien installées, certaines variétés peuvent se passer d'arrosage. Pensez toujours à en introduire quelques-unes dans vos massifs, vous allégerez vos factures d'eau tout en gardant votre jardin attrayant tout au long de l'été. Dans les régions à tendance sèche, faites en sorte que ces variétés constituent l'essentiel de vos plantations.

NOTRE CHOIX

Le tritoma 'Safran Vogel' est très apprécié pour sa couleur saumonée très douce. Il pousse en plein soleil et supporte plusieurs semaines de sécheresse qui, au pire, ne font qu'interrompre quelque temps sa longue floraison continue de juillet à fin septembre.

♣ *Ce tritoma 'Safran Vogel' atteint sa taille définitive, (50 à 60 cm) après trois ans de culture.*

L'euphorbe petit-cyprès, qui l'accompagne ici, produit des inflorescences jaune verdâtre attrayantes de la fin avril jusqu'au milieu de l'été. Feuilles et tiges hautes de 30 cm disparaissent après une belle couleur d'automne jaune beurre.

Le sédum panaché qui pousse à côté ne craint pas non plus les sécheresses temporaires, même si sa croissance est plus rapide dans une terre un peu humide. Sa teinte s'harmonise aux fleurs de sa voisine, sa forme en boule contraste avec la végétation de celle-ci.

L'IDÉE FORTE

ASSOCIEZ LES RACINES

Dans une terre sèche, il faut penser davantage à associer les racines des plantes que leurs fleurs ou leurs feuillages. On ne peut rapprocher de manière durable que des variétés dont les racines sont très différentes. Ici, par exemple, une plante à racines profondes comme le tritoma est entourée d'une euphorbe petit-cyprès aux racines superficielles. Ainsi, pas de concurrence pour l'eau.

DES PLANTES À RACINES SUPERFICIELLES

La germandrée (1) forme un tapis de tiges de 15 à 20 cm de haut, serrées les unes contre les autres. Habillées de petites feuilles vert foncé, luisantes et presque persistantes, elles portent en été des fleurs rose foncé, évoquant celles du thym. Ses racines colonisent les cinq à sept premiers centimètres du sol.

♣ *Disposez la germandrée à raison d'une jeune plante en godet tous les 20 cm.*

Le népéta rampant s'étale en l'espace d'une saison sur un diamètre de 30 cm environ et dispense à plusieurs reprises de jolies fleurs bleues bien mises en valeur par de petites feuilles gris cendré. Ses courtes racines ne gênent jamais les plantes voisines.

1

♣ *Plantez le népéta rampant en plein soleil, de préférence au début du printemps.*

DES PLANTES À RACINES PROFONDES

2

Avec ses allures d'agave, **le yucca (2)** apporte un peu d'exotisme loin du climat méditerranéen. Cette plante sait faire face aux grandes sécheresses grâce à ses racines d'autant plus profondes que le sol est meuble. La floraison provoque la mort de la couronne adjacente et la naissance de nombreuses nouvelles pousses faciles à détacher.

♣ *Plantez de jeunes éclats (de préférence offerts !) aux angles de vos massifs pour éviter que votre chien ne les piétine sans cesse.*

L'échinops est cultivé chez tous les jardiniers amateurs de bouquets secs, qui apprécient ses fleurs de chardon bien bleues. Les jeunes plantes demandent deux à trois ans pour bien s'installer, mais ensuite, plus rien ne les dérange.

♣ *Si votre terre est très argileuse, plantez l'échinops sur une petite butte de terre et de sable-gravier à parts égales.*

LEUR NOM LATIN

- → **Tritoma 'Safran Vogel' :** *Kniphofia* x 'Safran Vogel'
- → **Euphorbe petit-cyprès :** *Euphorbia cyparissias*
- → **Sédum panaché :** *Sedum alboroseum* 'Mediovariegatum'
- → **Germandrée :** *Teucrium* x *lucidrys*
- → **Népéta rampant :** *Nepeta mussinii*
- → **Yucca :** *Yucca gloriosa*
- → **Échinops :** *Echinops ritro*

• DISTANCES
Plantez l'euphorbe petit-cyprès autour de plantes plus hautes et plus robustes, car sa végétation peut, dans certains terrains, devenir envahissante.

• ATTENTION
Comme toutes les plantes de sa famille, l'euphorbe petit-cyprès peut causer avec sa sève blanche des brûlures cutanées aux personnes sensibles ou allergiques.
Ce phénomène se remarque surtout par temps chaud et sec.

ELLES CONVIENNENT AUSSI

- Anthémis jaune pâle p. 103
- Romarin p. 111
- Sédum remarquable p. 265

Des grandes fleurs (1)

Avec leur stature verticale et élancée, les fleurs perchées sur de hautes tiges comme les delphiniums ou les roses trémières permettent d'alléger un peu les massifs qui, sans elles, paraissent lourds et plats.
Orages et coups de vent ne leur laissent pas souvent l'occasion d'assumer leur rôle tout l'été et il faut se résigner à les tuteurer ou à les couper. À moins d'adopter des fleurs aux tiges assez robustes...

L'IDÉE FORTE DONNEZ-LEUR LA VEDETTE

Ce n'est pas parce qu'elles sont grandes que ces plantes doivent obligatoirement être reléguées au fond des massifs. Bien au contraire, disposées près de la bordure du massif ou isolées au milieu de plantes plus basses, elles prennent une importance toute particulière. Notre exemple montre une autre possibilité : regroupez plusieurs grandes plantes ensemble.

N O T R E   C H O I X

Ces grandes fleurs d'automne relayent les bulbes et petites fleurs de printemps dans un de nos massifs.

L'armoise à fleurs de lait est la première à s'épanouir en août. Ses fleurs en grands plumets lui donnent un air un peu sauvageon, mais elle n'est guère envahissante.

Le soleil à petites fleurs s'ouvre en second, mais on remarque bien avant ses tiges laquées de noir. Sa végétation robuste rappelle ses cousins les topinambours sans leur exubérance.

L'ensemble ne s'éclaire vraiment qu'à l'arrivée des fleurs rose vif de **l'aster de Nouvelle-Angleterre**, en septembre. On reconnaît ce type d'asters à ses feuilles velues. Ils sont bien plus résistants aux maladies et aux intempéries que leurs cousins à feuilles lisses.

♣ *Toutes trois poussent au soleil dans une terre riche et fraîche et ne s'arrêtent de fleurir qu'avec les gelées.*

DES GRANDES FLEURS POUR L'ÉTÉ

Tous ceux qui ont côtoyé un jour **la grande reine des prés rose (1)** sont charmés par sa prestance. Ses tiges raides portent des feuilles élégantes et composées ; elles sont terminées d'une sorte de « barbe à papa » rose tendre.

♣ *C'est sur les terres humides et riches qu'elle atteint sa taille moyenne de 1,80 m.*

1

2

Il suffit de trois ou quatre plants de **macléaya** installés au printemps dans une terre riche pour obtenir dès l'été un écran haut de deux mètres. Un grand panache rosé couronne chaque tige en juillet-août mais, bien avant cette apothéose, les feuilles bleutées et curieusement découpées attirent l'attention. Pour en profiter davantage, mieux vaut donc l'installer près des endroits de passage.

♣ *Ne cherchez pas à la déplacer une fois installée, car ses racines oubliées donnent de nouvelles plantes.*

DES GRANDES FLEURS POUR L'AUTOMNE

Tous **les chrysanthèmes (2)** ne sont pas des fleurs fragiles bichonnées par les horticulteurs. Celui-ci, originaire des marais américains, pousse et colonise le sol tout seul sans demander d'autres soins qu'un éclaircissage occasionnel. Les enfants aiment se perdre dans ces touffes de marguerites vraiment géantes.

Ils aiment tout autant se faufiler dans **les sylphiums**. Ces plantes impressionnent plus par leur robuste végétation et leurs grosses tiges carrées que par les soleils jaunes qui les couronnent et qui, en comparaison, semblent bien petits. C'est aussi une plante de bonne nature qui paraît n'avoir jamais besoin de rien.

LEUR NOM LATIN

- → **Armoise à fleurs de lait :** *Artemisia lactiflora*
- → **Soleil à petites fleurs :** *Helianthus microcephalus*
- → **Aster de Nouvelle-Angleterre :** *Aster novae-angliae* 'Rudelburg'
- → **Grande reine des prés rose :** *Filipendula rubra* 'Venusta Magnifica'
- → **Macléaya :** *Macleaya cordata*
- → **Chrysanthème des marais :** *Chrysanthemum serotinum*
- → **Sylphium :** *Sylphium perfoliatum*

• SACHEZ QUE
En terre sèche, les plus belles verticales sont celles de la molène argentée, *(Verbascum bombycife-rum)*. Elle n'est pas vraiment vivace, mais elle se ressème toute seule sans être envahissante.

• NOTRE EXPÉRIENCE
Quand les touffes vieillissent, les tiges sont de plus en plus nombreuses et plus fines, donc moins robustes. Nous enlevons alors deux tiges sur trois au printemps pour que celles qui restent soient assez vigoureuses.

• ASTUCE
Les grandes plantes doivent être plantées entre 1 m et 1,20 m les unes des autres. L'espace entre les plants peut être occupé par des vivaces de printemps dont le feuillage disparaît en été (pavots d'Orient, primevères, etc.)

• PENSEZ-Y
Si vous ne voulez pas voir toutes les fleurs perchées au même niveau, coupez certaines tiges au cours de leur croissance, les fleurs apparaissent alors un peu plus bas et s'étagent sur toute la hauteur de la touffe.

ELLES CONVIENNENT AUSSI

- Digitale p. 223, 252, 326
- Eulalie argentée p. 271, 273
- Eupatoire pourpre p. 346
- Fenouil bronze p. 110, 267
- Scabieuse géante p. 330

Des grandes fleurs (2)

Hormis les rosiers grimpants, la plupart des autres variétés forment des buissons plus ou moins arrondis ou étalés dont l'aspect manque souvent de légèreté. Pour compenser cette apparence un peu lourde, que l'on retrouve aussi chez beaucoup d'autres arbustes fleurissant en été, il s'avère judicieux de les accompagner de plantes à la silhouette élancée, en particulier de fleurs groupées sur des épis ou de hautes hampes verticales.*

L'IDÉE FORTE JOUEZ AVEC LES FORMES

Au-delà de leur couleur ou de leur parfum, les fleurs ont une forme dont il faut tenir compte pour rendre encore plus riches leurs associations. Il n'est toutefois pas nécessaire de considérer toutes les formes des corolles, infiniment variées. Distinguez simplement les floraisons « plates », « en boules » ou « en fusées » et juxtaposez-les en contraste ou, comme ici, en harmonie.

NOTRE CHOIX

Les delphiniums sont les compagnons les plus distingués que l'on puisse donner aux rosiers. Leurs belles hampes portent des fleurs bleu, clair ou foncé, mais pouvant aussi être blanches ou roses, simples ou doubles, ornées d'un cœur blanc ou noir. Vivaces, ils ont toutefois besoin de soins réguliers pour vivre et fleurir longtemps avec la même vigueur.

♣ *Un semis en avril-mai permet d'obtenir une palette de coloris pour l'année suivante.*

Les digitales semblent plus légères encore avec leurs tiges effilées dépassant souvent 2 m de hauteur. Leurs fleurs en clochettes d'un rose plus ou moins foncé s'épanouissent de la fin mai à la mi-juillet. Il faut ensuite laisser mûrir quelques fruits et disperser les fines graines à l'ombre des plus grands rosiers pour profiter de leurs belles hampes l'année suivante.

DES FUSÉES POUR L'ÉTÉ

La rose trémière (1) a un caractère aussi bon enfant que la rose, et, comme elle, produit des variétés à fleurs simples ou doubles. Les premières sont plus légères, mieux adaptées pour alléger les buissons de roses. Elles se succèdent durant tout l'été, les dernières, à l'extrémité de la hampe, culminant souvent à plus de 2 m de hauteur.

♣ *Plantez-les dès la fin de l'été dans une terre bien drainée pour que les plantes soient fortes et très florifères l'été suivant.*

1

La molène est attrayante dès le printemps car chaque plante forme une rosette de grandes feuilles, qui, si elles n'étaient pas aussi velues, feraient penser à un chou. Les hampes s'élèvent et s'épanouissent durant le deuxième été de la plante. Elles portent le long de leurs 2 m de haut des corolles simples, jaune doré ou jaune pâle selon les sélections, et des feuilles plus ou moins grises.

♣ *La molène pousse en plein soleil, dans une terre peu humide l'hiver.*

DES FUSÉES BLEUES

Avec ses fleurs bleues regroupées au sommet d'une hampe, **l'aconit,** ou casque de Jupiter est souvent confondu avec un delphinium, même s'il n'en a pas tout à fait l'éclat ni la taille. Haut de 1 m à 1,20 m, il est capable en revanche de pousser dans les terres humides ou ombragées, où c'est un bon compagnon des deutzias ou des weigelas, qui fleurissent en même temps.

♣ *Enrichissez le sol de compost pour que les touffes grossissent vite.*

Parfois confondu avec le lupin, **le baptisia** possède un feuillage plus gracieux, d'un beau vert bleuté, et ses longs épis bien moins serrés sont souvent considérés comme plus élégants. C'est aussi une véritable plante vivace, pouvant rester des années à la même place, les touffes grossissant lentement comme celles des pivoines.

♣ *Soleil et terre fraîche bien drainée suffisent à son bonheur.*

La véronique en épis (2) fleurit, selon la variété, de début juin à fin août. Sa taille varie de 30 cm à 1,20 m et la couleur, normalement bleu soutenu, peut aussi être blanche ou d'un rose plus ou moins affirmé. La floraison se prolonge tout l'été si l'on prend soin de supprimer les premiers épis fanés. Cette véronique est indispensable dans les massifs et dans les bouquets.

♣ *Plantez-la dans une terre pas trop sèche en été pour éviter que son feuillage ne soit victime de l'oïdium (feutrage blanc).*

2

LEUR NOM LATIN

- → **Delphinium 'Pacific Giant' :** *Delphinium* x 'Pacific Giant Hybrids'
- → **Digitale :** *Digitalis purpurea*
- → **Rose trémière :** *Alcea rosea*
- → **Molène :** *Verbascum olympicum*
- → **Aconit :** *Aconitum napellus*
- → **Baptisia :** *Baptisia australis*
- → **Véronique en épis :** *Veronica spicata*

• VOCABULAIRE
* Hampe : tige verticale portant des fleurs.

• C'EST IMPORTANT
Les delphiniums ont besoin d'une terre riche, bien drainée mais restant humide tout l'été. Quelques granulés antilimace évitent aux jeunes pousses d'être dévorées, et la suppression régulière des feuilles ou tiges tachées protège les plantes de l'invasion de maladies. Un tuteur est nécessaire pour chaque tige afin qu'elle reste bien droite malgré le vent.

• SACHEZ QUE
Le baptisia demande deux à trois ans pour s'installer et commencer à bien fleurir. Ensuite, ne le dérangez plus, car ses racines profondes supportent mal d'être coupées.

Des plantes à intercaler

Les mauvaises herbes guettent le moindre espace de terre nue pour s'y installer, aussi faut-il leur en laisser le moins possible. Cependant, on ne peut pas trop serrer les plantes les plus importantes au risque de leur faire perdre leur « personnalité » ou de nuire à leur floraison.
La solution consiste à intercaler entre les plantes hautes et moyennes des plantes plus basses à la végétation tapissante. Elles participent au décor et facilitent beaucoup son entretien.

L'IDÉE FORTE — *UNIFIEZ VOS MASSIFS*

Ces plantes couvrantes ont aussi un rôle esthétique : elles contribuent à donner une certaine unité aux massifs, surtout s'ils sont plantés de nombreuses espèces et variétés de plantes différentes. Pour une réussite parfaite, mieux vaut n'utiliser qu'une ou deux plantes liantes par massif et les choisir d'une couleur facile à marier.

N O T R E   C H O I X

L'alchemille est la première plante qui nous vient à l'esprit pour ce rôle délicat. Elle produit des masses de petites fleurs jaune-vert réunies en bouquets légers comme ceux du gypsophile. Cette couleur étrange se marie avec toutes les autres, même avec le rose délicat du rosier 'Cornelia'. Ses feuilles veloutées d'un beau vert tendre assurent le même rôle.

♣ *Elle apprécie les mêmes terres que les rosiers et s'y ressème souvent toute seule.*

Nous laissons se ressemer aussi **la camomille à fleurs simples** ou celle à fleurs doubles. Cette charmante plante n'est pas vraiment tapissante, mais elle se ressème également dans le moindre espace libre sans être trop envahissante. Ses fleurs blanches viennent souvent à point pour tempérer des couleurs vives. Son feuillage aromatique tient les parasites à distance.

DES PLANTES BLEUES TOUTE L'ANNÉE

Dans les massifs très ensoleillés, ce sont **les népétas rampants** qui remplissent ce rôle à merveille. Eux aussi sont très florifères et sont attrayants toute la belle saison. Comme ils ne dépassent pas 10 cm de haut, et que leur feuillage est léger, on peut les utiliser pour couvrir l'emplacement des bulbes printaniers.

Dans les jardins anglais, on rencontre souvent **des violettes (1)** aux petites fleurs qui se faufilent partout entre les plantes, plus gracieuses que les grosses pensées. Celles de couleur bleue sont à notre avis les plus utiles.

♣ *Elles sont bien vivaces et sont capables de fleurir presque toute l'année si le sol est assez riche et frais.*

DES PLANTES ROSES

Connaissez-vous **la cruccianelle (2)** ? 2
Elle doit son nom à la disposition de ses feuilles en forme de croix. Ses fleurs ressemblent à de petites balles de ping-pong d'un joli rose. Elle parvient à se faufiler partout et parfois même à grimper dans les branches basses des buissons, ce qui donne de surprenantes associations.

D'un aspect plus strict, **la petite renouée** regroupe ses fleurs en épis dressés qui la font surnommer « queue-de-rat ». D'abord d'un beau blanc rosé, ils deviennent de plus en plus foncés et se terminent par un superbe rose carminé.

♣ *Fleurie du printemps aux gelées, cette charmante plante ne demande qu'un peu de fraîcheur.*

La plante la plus passe-partout du jardin est sans doute **le géranium sanguin**. Il forme de gros coussins de feuilles rondes et dentées rarement sans fleurs entre mai et fin septembre. Au soleil ou à mi-ombre, il s'étend et se ressème seul sans être envahissant. Il est aussi désirable dans sa version « sauvage » rose magenta que dans ses sélections rose pâle ou blanches.

LEUR NOM LATIN

- ➜ **Alchemille :** *Alchemilla mollis*
- ➜ **Camomille :** *Chrysanthemum parthenium*
- ➜ **Népéta rampant :** *Nepeta mussinii*
- ➜ **Violette :** *Viola* 'Prince Henry'
- ➜ **Cruccianelle :** *Phuopsis stylosa*
- ➜ **Petite renouée :** *Polygonum affine* 'Superbum'
- ➜ **Géranium sanguin :** *Geranium sanguineum*

• DISTANCES
Ne vous préoccupez pas des traditionnelles distances de plantation. Introduisez ces plantes liantes entre les plus grandes dans le moindre espace libre. Répartissez-les comme si elles s'étaient semées toutes seules.

• SACHEZ QUE
Le rôle des plantes liantes est temporaire et elles disparaissent souvent quand les touffes des plantes plus importantes se rejoignent.

• ASTUCE
Ces plantes se multiplient facilement, mais il faut quelques années pour remplir tous les espaces libres d'un grand massif. En attendant, semez des fleurs annuelles basses comme des alysses, ou des sanvittalias.

ELLES CONVIENNENT AUSSI

- Acaéna de Nouvelle-Zélande p. 303
- Calament p. 75
- Diascia p. 74
- Érigéron à fleurs de pâquerettes p. 74
- Fumeterre jaune p. 177

Des brouillards de petites fleurs

En ajoutant toujours une tige ou deux de gypsophile à votre bouquet de roses, le fleuriste applique un principe très simple de composition qui permet de mieux mettre en valeur les grandes fleurs en les mêlant à d'autres fleurs bien plus petites. L'effet obtenu, toujours élégant et réussi, peut être facilement transposé au jardin, en entourant les rosiers de plantes vivaces dont la floraison vaporeuse prend l'apparence d'un fin brouillard.*

N O T R E   C H O I X

Le népéta géant est la plante idéale à associer aux rosiers. Haut et large de 40 à 50 cm, il fleurit du début de juin à la fin de l'été, accompagnant les roses tout au long de leur floraison. Ses fleurs, d'un bleu plus ou moins intense selon la luminosité, se marient avec toutes les roses, de couleur vive ou pastel. Son feuillage, gris bleuté, est aromatique.

♣ *Plantez-le en plein soleil, dans une terre peu humide en hiver. Attention ! Certains chats aiment se rouler sur les touffes.*

La linaire pourpre produit elle aussi de beaux épis bleu pourpré pendant tout l'été, mais sur des tiges raides, hautes de 60 à 80 cm, ce qui leur permet de se faufiler entre les branches et de voisiner directement avec les fleurs. Cette jolie plante n'est pas tout à fait vivace, mais elle se ressème en abondance et repousse spontanément dans les endroits les plus inattendus.

♣ *Elle aime le plein soleil et les terres pas trop sèches en été. Il existe aussi une très belle variante à fleurs roses, nommée 'Canon Went'.*

1

L'IDÉE FORTE

ADOPTEZ DES COULEURS PASSE-PARTOUT

La couleur des roses n'est pas toujours facile à marier, certaines étant d'un éclat et d'une vivacité inégalés chez les autres fleurs. Il vaut donc mieux les entourer de petites fleurs aux teintes douces, à base de bleu, ou de rose et de jaune-vert. Le blanc peut aussi convenir, à condition d'être associé à une couleur douce ; l'alliance roses rouges et gypsophile blanc, superbe en bouquet, n'est pas toujours très heureuse au jardin.

DES BROUILLARDS ROSES

La saxifrage produit des rosettes de feuilles coriaces et persistantes et centre, une tige portant quelques fleurettes roses. Les touffes bien installées ou les bordures constituées de dizaines de rosettes forment en juin et juillet une nappe rose parfaite pour les associations en camaïeu avec les roses anciennes.

Rares sont les plantes qui, comme **le diascia 'Ruby Field',** fleurissent sans discontinuer de mai à la fin de l'été. Ses petites fleurs, d'un beau rose saumoné soutenu, se succèdent sur des tiges n'excédant pas 30 cm de hauteur et forment des touffes d'environ 50 cm de largeur. Il est rustique jusqu'à -7 à -10 °C.

'Rosenschleier' (1) est pour nous la plus belle variété de **gypsophile** pour le jardin. Moins chère et plus robuste que les traditionnelles plantes greffées, elle fleurit tout au long de l'été, renouvelant plusieurs fois ses branches couvertes de petites fleurs doubles teintées d'un joli rose. Haut de 25 à 30 cm, ce gypsophile convient parfaitement au pied de rosiers bas comme 'The Fairy' ou 'Swanny'.

♣ *Plantez-le au soleil dans une terre allégée par un apport de sable.*

DES BROUILLARDS JAUNE-VERT

La teinte particulière des froufrous jaune-vert de **l'alchemille** s'accorde avec toutes les autres couleurs, vives ou tendres. Fleuris en même temps que les premières roses, ses bouquets de 40 à 50 cm de haut les accompagnent tout l'été, puisque de nouveaux apparaissent si on prend soin d'ôter les précédents.

L'euphorbe petit-cyprès (2) est de la même couleur. Haute de 30 cm, elle colonise rapidement les sols secs, empêchant la croissance des mauvaises herbes au pied des arbustes ou des rosiers. Ses petites fleurs, vert clair en été, se colorent de rouge-orangé en automne et le feuillage devient jaune beurre avant de disparaître.

2

LEUR NOM LATIN

- → **Népéta géant :** *Nepeta* 'Six Hill's Giant'
- → **Linaire pourpre :** *Linaria purpurea*
- → **Saxifrage :** *Saxifraga* x *urbium*
- → **Diascia 'Ruby Field' :** *Diascia* x 'Ruby Field'
- → **Gypsophile 'Rosenschleier' :** *Gypsophila* x 'Rosenschleier'
- → **Alchemille :** *Alchemilla mollis*
- → **Euphorbe petit-cyprès :** *Euphorbia cyparissias*

• VOCABULAIRE
* Vivace : plante qui perd toutes ses tiges et ses feuilles en hiver, mais qui repousse au printemps suivant grâce à ses racines perpétuelles.

• ATTENTION
Comme chez toutes les euphorbes, le feuillage de l'euphorbe petit-cyprès peut causer des réactions allergisantes chez certaines personnes. Les démangeaisons qui en découlent durent environ une semaine mais sont heureusement sans gravité.

• C'EST IMPORTANT
Pour que ces plantes puissent bien se développer entre les rosiers, il faut laisser entre ces derniers au moins 1,50 m à 2 m. Cet écartement est aussi nécessaire à la croissance des rosiers eux-mêmes, pour leur santé et l'abondance de leur floraison.

• NOTRE EXPÉRIENCE
Il n'y a jamais assez d'alchemille au jardin, aussi laissons-nous toujours quelques bouquets faner pour qu'ils puissent produire des graines et se ressemer.

ELLES CONVIENNENT AUSSI

- Géranium vivace rose p. 327
- Heuchère 'Palace Purple' p. 229

Des boules de fleurs

Au début de l'été s'épanouissent nombre de petits buissons de forme compacte et arrondie. La floraison les transforme en boules de fleurs pendant quatre à cinq semaines, pour certains plus longtemps encore. Faciles à cultiver, ils sont très utiles pour habiller le pied d'arbustes printaniers, pour border un groupe de rosiers ou pour marquer les coins des massifs. Essayez aussi de les mélanger aux plantes vivaces dont ils peuvent très bien adopter le mode de culture.*

NOTRE CHOIX

La lavande 'Hidcote' est la variété qui produit les fleurs les plus foncées, d'un beau bleu-violet. Sa végétation compacte lui confère à la fois une grande rusticité et un caractère très florifère. Elle s'accorde parfaitement aux rosiers devant lesquels elle forme de jolies bordures. Elle contribue à les protéger contre les invasions de pucerons grâce à la forte odeur de ses fleurs et de son feuillage.

♣ *Plantez-la au printemps, en plein soleil, dans une terre bien perméable.*

Les mêmes épis bleu-violet terminent chaque pousse de **l'hysope officinale**. Seul son feuillage bien vert (et par ailleurs bien persistant) évite de la confondre avec une lavande. Connue pour ses vertus aromatiques, elle peut aussi être plantée dans les massifs aux côtés de la lavande 'Hidcote' dont elle assure le relais de floraison, puisqu'elle commence à fleurir une fois celle-ci fanée.

♣ *L'hysope officinale se multiplie très aisément par semis réalisé au printemps.*

L'IDÉE FORTE

CULTIVEZ-LES COMME DES VIVACES

Ces arbustes fleurissent sur les pousses de l'année et peuvent donc être taillés presque au ras du sol en fin d'hiver pour faciliter le renouvellement des branches et augmenter la floraison. Ce mode de culture, semblable à celui des plantes vivaces, permet de mieux intégrer ces arbustes avec les fleurs car, ainsi, leurs végétations se développent en même temps et s'entremêlent plus facilement.

DES BOULES ROSE TENDRE

Le céanothe 'Marie Simon' produit d'innombrables bouquets de fleurs rose tendre dont la légèreté n'a d'égale que leur beauté. Apparaissant à l'extrémité des rameaux, elles transforment le buisson en un gros nuage rose d'environ 1,20 m de haut et de large. Mariez-le à un beau rosier arbustif comme 'Albertine'.

♣ *La terre qu'il préfère doit être riche et fraîche, peu humide en hiver et exposée en plein soleil.*

La potentille 'Pretty Polly' (1) fournit une touche de délicatesse à cette famille de plantes robustes connue surtout pour ses variétés à fleurs jaunes. Les petites corolles rose tendre, un peu saumonées en terre peu calcaire, se succèdent durant tout l'été sur un petit buisson de 60 cm de hauteur et de largeur.

1

La spirée 'Little Princess' est la compagne rêvée de la lavande 'Hidcote'. Ses fleurs rose tendre, regroupées en petits bouquets aplatis, contrastent bien avec les épis violacés. Un buisson arrondi dans son jeune âge a tendance à s'étaler en vieillissant, formant un bon couvre-sol. Son feuillage prend de belles couleurs en automne et ses tiges gardent une teinte cuivrée en hiver.

♣ *Éviter de la planter dans une terre trop sèche, où elle sera sensible à l'oïdium.*

2

DES BOULES DE COULEUR VIVE

La spirée à feuilles crispées (2) est belle dès le début du printemps, quand ses jeunes feuilles se déplient, montrant leurs bords crénelés et leur teinte bordeaux foncé. Les fleurs rouge-rose disposées en corymbes* à l'extrémité des tiges s'accordent bien à la teinte des feuilles. Haute et large de 80 cm, elle est vraiment plus belle si on la taille à ras de terre chaque hiver.

Le millepertuis 'Hidcote' renouvelle ses fleurs durant tout l'été. Le jaune vif des corolles en forme de coupe est rehaussé par le gros bouquet d'étamines qui semble illuminer leur cœur. Cet arbuste très florifère est aussi passe-partout : sa floraison, abondante en plein soleil, est également attrayante dans les situations ombragées.

LEUR NOM LATIN

- → **Lavande 'Hidcote' :** *Lavandula angustifolia* 'Hidcote'
- → **Hysope officinale :** *Hyssopus officinalis*
- → **Céanothe rose 'Marie Simon' :** *Ceanothus* x *pallidus* 'Marie Simon'
- → **Potentille 'Pretty Polly' :** *Potentilla fruticosa* 'Pretty Polly'
- → **Spirée 'Little Princess' :** *Spiraea japonica* 'Little Princess'
- → **Spirée à feuilles crispées:** *Spiraea japonica* 'Crispa'
- → **Millepertuis 'Hidcote' :** *Hypericum* 'Hidcote'

• VOCABULAIRE

* Corymbe : groupe de petites fleurs situées toutes dans le même plan.
* Vivace : plante qui perd toutes ses tiges et ses feuilles en hiver, mais qui repousse au printemps suivant grâce à ses racines perpétuelles.

• ASTUCE

Chez les spirées et la lavande 'Hidcote', la suppression des fleurs dès leur fanaison stimule l'apparition de nouvelles corolles. Elles accompagneront les fleurs de fin d'été et les rosiers remontants.

• NOTRE EXPÉRIENCE

Avant l'hiver, nous donnons aux lavandes et à l'hysope une belle forme nette, en boule en coupant juste à la base des inflorescences fanées, sans entamer le feuillage. Bien compacts, ils résistent aux hivers les plus froids.

IL CONVIENT AUSSI

• Abélia p. 151

Des fruits très colorés

Il est rare de penser que des fruits peuvent participer au décor du jardin. Pourtant, beaucoup sont remarquables dès le mois d'août, et restent attrayants jusqu'aux premières gelées ou parfois bien au-delà. Leurs couleurs vives, brillantes et gaies accompagnent les fleurs de fin d'été et se mêlent aux couleurs flamboyantes des feuillages d'automne. Leur seul « inconvénient » est que certains, très appréciés des oiseaux, sont parfois pillés dès leur maturité.

1

NOTRE CHOIX

La viorne compacte produit après son abondante floraison blanche, au mois de mai, une grande quantité de fruits de la taille et de la couleur des groseilles. Beaux dès le début d'août, ils se remarquent toutefois davantage quand les feuilles tombent, et plus tard encore car ils persistent tout l'hiver en devenant juste un peu plus translucides.

♣ *Cette viorne ne dépasse guère 2 m de haut et de large en toute terre pas trop sèche.*

Dès que les premières fleurs sont fanées, **le rosier rugueux** les transforme en gros fruits orange qui atteignent la taille des tomates cerises et prennent leur belle couleur rouge cramoisi. Mûrs à partir du milieu de l'été, ils voisinent avec les fleurs plus tardives, qui continuent à s'épanouir jusqu'aux derniers jours de l'automne.

♣ *Ce rosier atteint de 80 cm à 2 m de haut selon les variétés et pousse dans les situations les plus diverses, pourvu qu'il bénéficie de soleil.*

DES FRUITS JAUNES

Le pommier 'Golden Hornet' (1) plie sous le poids des innombrables petites pommes, répliques parfaites de 2 cm de diamètre des véritables pommes 'Golden'. Bien colorées dès la fin du mois d'août, elles mûrissent lentement pour ne s'attendrir qu'avec les premières gelées, époque à laquelle elles font le régal des oiseaux. Sa floraison blanche est très spectaculaire en mai.

Les bouquets de baies du **pyracantha à fruits jaunes** sont tellement gros et nombreux qu'ils dissimulent parfois le feuillage des plantes maintenues en haies ou palissées contre des murs. Leur couleur claire et lumineuse devient plus orangée avec les gelées, mais ces baies persistent en hiver car les oiseaux n'y touchent pas.

Plus grande que la viorne compacte (2,50 m de haut et de large), **la viorne à fruits jaunes** est tout aussi fructifère. Ses fruits d'une belle teinte dorée dès le début de septembre prennent avec les gelées une magnifique nuance semblable au miel. Délaissés des oiseaux, ils persistent sur les arbustes du milieu de l'été jusqu'à l'apparition des premières feuilles.

♣ *Plantez-le au-devant de conifères pour faire ressortir ses fruits.*

L'IDÉE FORTE — *CHOISISSEZ DES FRUITS QUE LES OISEAUX N'AIMENT PAS !*

Même si on aime les oiseaux, il est toujours dommage de voir ses arbustes à fruits décoratifs pillés au moment où ils commencent à être attrayants. Bien des buissons sont toutefois ignorés des volatiles. La plupart produisent des fruits de couleur autre que le rouge ou l'orange, c'est-à-dire jaunes, blancs, roses ou violacés. Certains fruits rouges, pourtant très attractifs comme ceux de la viorne compacte, sont aussi miraculeusement épargnés.

DES FRUITS INSOLITES

Les fruits violacés du **callicarpa 'Profusion' (2)** se remarquent à la fois pour leur aspect insolite et leur brillance. Ils sont groupés en petites boules tout au long des pousses de l'année et ne se révèlent bien qu'à la tombée des feuilles, qui intervient tôt, souvent avant la fin de septembre. Cet arbuste souple peut aisément être palissé aux côtés d'un pyracantha à fruits jaunes.

2

♣ *Haut et large de 1,50 à 2 m, il fructifie mieux au soleil.*

Les branches souples de **la symphorine à fruits blancs** ne supportent pas le poids des grappes de boules qui naissent à leur extrémité et dépassent souvent 1 cm de diamètre. Haut de 1 m à 1,20 m, cet arbuste drageonnant* est parfait pour habiller le pied d'une haie ou d'un groupe d'arbustes à fruits ou à couleurs d'automne.

LEUR NOM LATIN

- → **Viorne compacte :** *Viburnum opulus* 'Compactum'
- → **Rosier rugueux :** *Rosa rugosa*
- → **Pommier 'Golden Hornet' :** *Malus* 'Golden Hornet'
- → **Pyracantha à fruits jaunes :** *Pyracantha* 'SaphyrJaune'®
- → **Viorne à fruits jaunes :** *Viburnum opulus* 'Xanthocarpum'
- → **Callicarpa 'Profusion' :** *Callicarpa bodinieri* 'Profusion'
- → **Symphorine à fruits blancs:** *Symphoricarpos* 'White Hedge'

• VOCABULAIRE
* Drageonnant : se dit d'une plante dont les racines produisent des pousses à quelque distance de la plante mère.

• PENSEZ-Y
La floraison abondante du pommier 'Golden Hornet' peut être mise à profit pour polliniser des pommiers fruitiers poussant dans son environnement proche. Sa seule présence suffit à augmenter la production de pommes.

• SACHEZ-QUE
Si les symphorines deviennent trop touffues, coupez toutes leurs branches au ras du sol en hiver. Elles repousseront vite et seront bien plus belles l'année suivante.

• DÉCOUVREZ
Les fruits des rosiers rugueux peuvent être, comme ceux des autres rosiers, transformés en délicieuses confitures très riches en vitamines C. Les petites pommes 'Golden Hornet' cueillies au début d'octobre font, quant à elles, de très bonnes gelées, d'autant plus faciles à réaliser qu'elles n'ont pas besoin d'être épluchées.

ELLES CONVIENNENT AUSSI

• Cognassier du Japon p. 299
• Houx 'Mme Briot' p. 148
• Poncirus p. 373

Des fleurs aux formes étonnantes

Demandez à l'un de vos enfants ou à l'un de vos amis de vous dessiner une fleur : ce sera presque toujours une marguerite. Il existe pourtant des dizaines d'autres formes de fleurs, des plus simples aux plus compliquées. Quelques-unes sont particulièrement étonnantes et curieuses parce qu'elles n'évoquent rien de vraiment botanique, ou encore parce qu'elles semblent obéir à une géométrie dont la rigueur nous paraît bien étrange.

L'IDÉE FORTE

GROS PLAN

Le meilleur moyen de remarquer la complexité d'une fleur est de l'observer de très près. Les photos en gros plan traduisent d'ailleurs cet état de fait. Essayez donc de disposer les plantes les plus remarquables à hauteur des yeux. Placez les plus petites sur une butte ou un massif surélevé. Isolez à l'extrémité d'un massif les plantes surprenantes comme ce phlomis pour que l'on ne puisse jamais rater la forme insolite de leurs tiges florales.

NOTRE CHOIX

Ces fleurs en forme de brochettes sont **des phlomis de Russel**, qui sont les représentants les plus rustiques de toute la famille. En fait, chaque boule est un bouquet de petites fleurs jaunes dont on n'aperçoit que la partie supérieure la plus longue. Elles se succèdent pendant deux mois, en juin et en juillet, puis les tiges sèchent et restent décoratives durant l'hiver.

♣ *Comme tous les phlomis, le phlomis de Russel aime le plein soleil et une terre bien drainée.*

Une variété d'**oreille d'ours** nommée 'Cotton Ball' regroupe aussi ses petites fleurs mauves dans des sortes de boules. Toute la tige recouverte de poils blanchâtres très doux est très décorative une fois sèche et peut servir à la confection de bouquets.

DES FLEURS INSOLITES

La lavande papillon ne fait rien comme les autres. D'abord elle fleurit très tôt, au milieu du mois de mai, et ses épis de fleurs bleues sont surmontés de deux longues pièces florales allongées. Lorsque la touffe est animée par le vent, on croirait voir une nuée de petits papillons bleus.

♣ *Plantez-le dans une terre sableuse, à l'abri du gel.*

L'hortensia 'Ayesha' (1) est une étrange variété dont les fleurs ressemblent beaucoup à celles d'un lilas et émettent même un parfum délicat. En dehors de cette particularité, il pousse tout à fait comme les autres et forme un buisson de 1,50 m de haut et de large.

♣ *L'hortensia 'Ayesha' est assez sensible aux gelées tardives et ne donne de belles floraisons que dans les endroits bien abrités.*

Le surnom de « **rince-bouteilles** » donné au **callistemon** décrit très bien à quoi ressemblent ses inflorescences. Ce sont en fait des épis de longues étamines de couleurs vives serrées les unes contre les autres. Le plus courant fleurit au printemps, mais d'autres espèces s'épanouissent durant l'été.

♣ *Le callistemon est très résistant à la sécheresse, mais il est sensible aux gelées.*

1

2

DES FLEURS GÉOMÉTRIQUES

Trois feuilles, trois sépales*, trois pétales*, trois pistils* et six étamines*, voilà comment se décline l'inventaire des organes aériens du **trillium (2)**. L'espèce la plus courante, à fleurs blanches, fleurit au mois de mai.

♣ *C'est une petite plante bulbeuse originaire des sous-bois américains.*

Épanouies en septembre-octobre, les fleurs du **tricyrtis** semblent construites sur le même modèle, mais autour du chiffre 6. Les trois sépales sont colorés de la même manière que les pétales, et les six stigmates apparents sont le résultat de la division de chacun des trois pistils. Les étamines sont en revanche au nombre de six.

LEUR NOM LATIN

- → **Phlomis de Russel :** *Phlomis russeliana*
- → **Oreille d'ours 'Cotton Ball' :** *Stachys byzantina* 'Cotton Ball'
- → **Lavande papillon :** *Lavandula stoechas* spp. *pedunculata*
- → **Hortensia 'Ayesha' :** *Hydrangea* 'Ayesha'
- → **Rince-bouteilles :** *Callistemon rigidus*
- → **Trillium :** *Trilium grandiflorum*
- → **Tricyrtis :** *Tricyrtis hirta*

• VOCABULAIRE

* Étamine : organe mâle formé d'un filet et d'une anthère, sorte de sac contenant le pollen.
* Pétale : organe coloré de la fleur.
* Pistil : organe femelle, généralement central, formé du style et terminé par le stigmate sur lequel se dépose le pollen.
* Sépale : sorte de feuille verte qui protège le bourgeon floral.

• NOTRE EXPÉRIENCE

N'installez pas de jeunes trilliums directement en pleine terre ; mieux vaut laisser les plantes grossir un peu en conteneur pour ne pas risquer de les perdre.

• ATTENTION

La lavande papillon fleurit sur les pousses de l'année précédente ; il ne faut donc pas la tailler à la sortie de l'hiver comme les autres lavandes, mais après la floraison.

• SACHEZ QUE

Les callistemons vivent très bien en pots et peuvent être facilement cultivés comme plantes de véranda dans les régions où les gelées sont importantes.

ELLES CONVIENNENT AUSSI

• Grand acore p. 343
• Arum blanc p. 241
• Bégonia p. 221
• Éphémère de Virginie 'Osprey' p. 114
• Euphorbe de Corse p. 104

Des plantes à papillons

De tous les insectes butineurs, les papillons semblent les plus délicats, car ils ne viennent se poser que sur des fleurs bien spécifiques. Qu'ont-elles de particulier : un nectar plus abondant, plus sucré ? Nous ne le savons pas. En revanche, le ballet de ces petits insectes volants nous réjouit et leur abondance dans notre jardin étonne toujours nos visiteurs. Il faut dire que nous laissons leurs chenilles se nourrir de leurs plantes préférées...

L'IDÉE FORTE

DES MASSIFS À PAPILLONS

Comme les papillons ont tendance à disparaître de nos campagnes, en même temps que les fleurs sauvages qu'ils préfèrent, chaque jardin représente pour eux un véritable refuge. Nous avons donc pris l'habitude de regrouper la plupart des fleurs sur lesquelles ils viennent butiner afin de leur constituer de vastes « bistrots à nectar ». Cet «œil de bœuf » et cette lavande animent le début de l'été, mais la plupart ne s'épanouissent qu'à l'approche de l'automne.

NOTRE CHOIX

Cette marguerite jaune-orangé, surnommée **« œil de boeuf »**, pousse encore à l'état naturel dans les régions de basse montagne, mais elle est tellement florifère qu'elle mérite une place dans nos jardins. Ses premières fleurs éclosent vers la mi-juin et se succèdent jusqu'aux gelées.

♣ *Le jour de cette prise de vue, le temps était froid et nuageux, ce qui explique l'absence de lépidoptères sur ces fleurs que pourtant ils adorent.*

Toutes **les lavandes** attirent beaucoup les insectes, abeilles et papillons et, si l'on échelonne bien les variétés, on peut toujours admirer quelques plantes fleuries entre la mi-mai et la fin de septembre. Celle-ci nommée 'Munstead' est l'une des plus précoces parmi les variétés les plus rustiques et débute sa floraison vers la mi-juin.

♣ *Taillez rapidement les épis fanés car certaines années de nouveaux épis se développent et fleurissent à la fin de l'été.*

DES FLEURS PLUS TARDIVES

Élégantes des bords de l'eau, **les salicaires** ouvrent leurs petites fleurs mauves vers la fin du mois de juillet. Elles sont regroupées le long d'épis dressés comme des chandelles entre 1,20 m et 1,50 m de hauteur.

♣ *La salicaire se ressème toute seule, mais les plantes les plus florifères doivent être bouturées.*

Comme le fer sur un aimant, les papillons sont irrésistiblement attirés par **le sédum remarquable (1)**. Haut de 40 à 50 cm, ce dernier produit au sommet de ses tiges, habillées de feuilles grasses, des fleurs rose tendre qui, selon les variétés, foncent un peu au fil de la saison. Cette variété-ci se nomme 'Carmen'.

Les papillons doivent considérer **les asters** comme de véritables desserts car, en septembre et en octobre, ils se pressent sur leurs innombrables corolles. Toutes les variétés semblent avoir le même pouvoir attractif, mais nous ne gardons que les variétés peu sensibles aux maladies comme celle nommée, à juste titre, 'Idéal'.

1

DES FLEURS POUR LES CHENILLES

Chaque année, en juin, nos **bouillons blancs (2)** sont pris d'assaut par des chenilles verdâtres ornées de points orange et noirs. Nous ignorons leur identité, mais après avoir transformé quelques grandes feuilles en dentelle, elles disparaissent vers la mi-juillet, sûrement pour se métamorphoser. Les dégâts ne nuisent pas à la floraison.

2

En début d'été également, **les berbéris pourpres** sont souvent dépouillés de leurs feuilles. Les coupables sont de minuscules chenilles. Les berbéris pourpres n'en souffrent pas trop et nous leur devons sûrement quelques papillons de plus en automne.

♣ *Il suffit d'un bon arrosage pour que de nouvelles feuilles apparaissent.*

LEUR NOM LATIN

- ➜ **Œil de bœuf :** *Buphtalmum salicifolium*
- ➜ **Lavande 'Munstead' :** *Lavandula angustifolia* 'Munstead'
- ➜ **Salicaire :** *Lythrum salicaria*
- ➜ **Sédum remarquable :** *Sedum spectabile* 'Carmen'
- ➜ **Aster 'Idéal' :** *Aster cordifolius* 'Idéal'
- ➜ **Bouillon blanc :** *Verbascum* x *olympicum*
- ➜ **Berbéris pourpre :** *Berberis thunbergii* 'Atropurpurea'

• ATTENTION
Le sédum 'Herbstfreude' (sédum 'Autumn Joy'), qui est la variété de sédum remarquable la plus recherchée pour ses couleurs, est curieusement boudée par les papillons. Pourquoi ? Mystère !

• SACHEZ QUE
À part quelques plantes « exotiques » capables d'attirer toutes sortes de papillons, ce sont en général les plantes sauvages qui sont capables d'attirer les papillons les plus spécifiques à votre région. On ne trouvera pas les jolies espèces inféodées aux bruyères des Alpes ou à l'ajonc du littoral, à Paris, même si ces plantes y sont cultivées...

• NOTRE EXPÉRIENCE
Si vous trouvez les chenilles un peu trop nombreuses sur vos arbres fruitiers ou vos légumes, faites-en tomber une partie au sol où les oiseaux sauront venir les chercher. Cette méthode de lutte en épargnera sûrement quelques-unes, mais il n'y aura aucun résidu toxique dans vos récoltes.

ELLES CONVIENNENT AUSSI

- Achillée millefeuille p. 317, 322
- Buddléia 'Pink Delight' p. 151
- Menthe à fleurs de buddléia p. 351
- Origan doré p. 366, 368
- Phlox p. 245

Des feuillages comme des écrins

NOTRE CHOIX

Alors que les feuillages éclatants du printemps pouvaient jouer les vedettes et rivaliser avec les fleurs, ceux de l'été jouent plutôt un second rôle. Plus discrets, ils constituent de très beaux écrins permettant de faire mieux ressortir les floraisons. Les meilleurs d'entre eux, comme les feuillages argentés et les feuillages pourpres, peuvent à la fois tempérer les fleurs de couleur vive ou valoriser celles de couleur tendre. Quelques autres sont plus particuliers...

Le lamier 'Beacon Silver' constitue rapidement un beau tapis de feuilles argentées, presque blanches à l'ombre ou plus ou moins ornées de taches rosées dans les endroits plus ensoleillés. Ce feuillage se marie avec toutes les couleurs, mais ses fleurs, qui s'épanouissent tout au long de l'été, le font réserver en priorité pour accompagner les rosiers roses comme ici 'Mrs. John Laing'.

Le stachys 'Silver Carpet', avec ses belles feuilles argentées, constitue lui aussi un très beau tapis couvre-sol ou de belles bordures de massifs. La forme étroite et allongée des feuilles et leur aspect velouté, doux au toucher, valent à la plante d'être surnommée « oreille-d'ours ». Cette variété est intéressante car elle ne fleurit pas et reste donc nette toute l'année.

L'IDÉE FORTE

PLACEZ-LES AU PREMIER PLAN

Le rôle de faire-valoir suppose une position un peu effacée, en recul par rapport aux plantes principales. Mais, paradoxalement, ces feuillages remplissent mieux leur fonction lorsqu'ils sont installés au premier plan des massifs, comme avec ce tapis de lamier qui souligne le rosier. Les placer dans cette situation permet également de donner aux massifs une apparence toujours soignée, car les feuillages restent nets bien plus longtemps que les fleurs.

1

DES FEUILLAGES PANACHÉS

Les feuilles de **l'érable 'Flamingo' (1)** bordées d'une marge blanche se teintent de rose pendant leurs trois ou quatre premières semaines d'existence. Cette couleur insolite permet de réaliser de belles harmonies, avec des roses (comme ici 'Felicia') ou toutes autres fleurs plus claires ou plus foncées.

Haut de 25 à 30 cm, **le tolmiéa 'Taff's Gold'** forme vite de jolis tapis. Ses feuilles, d'une forme proche de celles du lierre, sont duveteuses et mouchetées de vert tendre et de jaune, ce qui, de loin, leur donne une belle couleur soufrée. Celle-ci s'accorde avec toutes les autres couleurs, surtout avec celle des roses jaunes ou rouges.

DES FEUILLAGES BRONZE

Le fenouil bronze (2) est une des plantes aromatiques les plus attrayantes, d'une belle couleur pourpre nuancée de bronze et parfois de rose.

2

Haut de 1,50 m à 2 m, il peut être placé au-devant des massifs malgré sa grande taille car son feuillage très fin est presque transparent.

♣ *Il ne lui faut que du soleil, et une terre pas trop humide l'hiver.*

L'euphorbe 'Chameleon' prend la forme d'un petit buisson de 50 cm de haut et de large. Son feuillage a un aspect translucide qui le distingue de tous les autres pourpres. Les touffes, resplendissantes en juin et juillet, restent attrayantes jusqu'en automne alors que certaines branches deviennent d'un très beau rouge écarlate.

♣ *Elle pousse dans des situations variées et se sème toute seule.*

À première vue, **le carex bronze** ressemble à une touffe d'herbe morte, mais cette couleur inhabituelle est pour lui tout à fait naturelle. Haute et large de 50 à 60 cm environ, cette herbe est très précieuse pour accompagner les fleurs orange ou les rosiers orangés. Elle est moyennement rustique, mais se ressème facilement.

LEUR NOM LATIN

- → **Lamier 'Beacon Silver' :** *Lamium maculatum* 'Beacon Silver'
- → **Stachys 'Silver Carpet' :** *Stachys byzantina* 'Silver Carpet'
- → **Érable 'Flamingo' :** *Acer negundo* 'Flamingo'
- → **Tolmiéa 'Taff's Gold' :** *Tolmiea menziesii* 'Taff's Gold'
- → **Fenouil bronze :** *Fœniculum vulgare* 'Purpureum'
- → **Euphorbe 'Chameleon' :** *Euphorbia dulcis* 'Chameleon'
- → **Carex bronze :** *Carex flagellifera*

• ASTUCE
Plantez les lamiers à 50 cm de distance l'un de l'autre et recouvrez leurs tiges rampantes d'un peu de terreau. Elles s'enracinent très vite et peuvent être détachées pour former de nouvelles plantes.

• NOTRE EXPÉRIENCE
Chaque année nous laissons quelques plants de fenouil porter des graines, que nous dispersons un peu partout avant de les arracher tous en automne. Le feuillage des jeunes plantes qui naissent au printemps est en effet plus beau que celui des plus âgées, qui deviennent par ailleurs trop volumineuses.

• TAILLEZ-LE
S'il n'est pas taillé sévèrement chaque année, l'érable 'Flamingo' devient très vite un arbre. Ses jeunes pousses sont moins bien colorées de rose.

• DÉCOUVREZ
Parmi les armoises (*Artemisia spp.*), il existe de nombreuses plantes à feuilles gris argenté très belles pour accompagner les rosiers en plein soleil.

ELLES CONVIENNENT AUSSI

- Heuchère 'Palace Purple' p. 229
- Hosta 'Halcyon' p. 229
- Ruban de bergère p. 227, 314

Des floraisons non-stop

La plupart des fleurs vivaces qui s'épanouissent à partir du milieu de l'été prolongent souvent leur floraison jusqu'aux gelées. Elles ont aussi d'autres qualités, dont celle de rester belles et attrayantes durant toute leur croissance, ce qui permet de les utiliser pour border ou structurer les massifs de fleurs. Comme elles commencent à pousser tard au printemps, elles peuvent aussi être plantées près des fleurs les plus précoces, qu'elles relaient admirablement.

NOTRE CHOIX

Le phlox 'Kirchenfürst' est une des dernières variétés à s'épanouir, généralement durant la première quinzaine de septembre, soit 2 mois après les variétés les plus précoces. Sa couleur rouge cerise contraste bien avec les teintes tendres des asters et se fait l'écho des premières couleurs d'automne des arbustes ou des fruits rutilants.

♣ *Plantez-le dans une terre riche et avec une exposition bien ensoleillée pour qu'il fleurisse beaucoup et longtemps.*

Les fleurs aplaties du **sédum 'Herbstfreude'** sont rose tendre lorsqu'elles commencent à s'épanouir ; elles foncent ensuite peu à peu pour devenir rouge sombre puis brunes avec les premiers froids. Avant cette période, les touffes au feuillage épais restent belles et régulières durant toute la belle saison, ce qui les rend précieuses pour garder impeccable le premier plan des massifs.

♣ *Diviser les touffes tous les 3 ans pour les garder compactes.*

L'IDÉE FORTE

DES ASTUCES POUR QU'ELLES FLEURISSENT PLUS

En coupant quelques tiges des touffes de fleurs hautes comme les phlox ou les asters, on diminue leur hauteur, mais on retarde également leur mise à fleurs, ce qui allonge celle de la touffe entière. D'autre part, la suppression systématique des premières fleurs fanées incite aussitôt la plante à en produire d'autres, ce qui permet d'obtenir, sur les plantes déjà tardives, des floraisons continues jusqu'aux gelées.

DES FLEURS POUR L'OMBRE

L'anémone japonaise porte ses corolles au sommet de tiges très fines qui lui donnent une élégance incomparable. Rose tendre, rose foncé ou blanches, les fleurs se succèdent du début du mois d'août à la fin d'octobre. Son réveil tardif permet d'insérer des bulbes printaniers entre ses racines.

♣ *Plantez-la au printemps, à mi-ombre, dans une terre fraîche et riche en terreau de feuilles.*

Les épis dressés de **l'aconit d'automne (1)** contrastent avec toutes les autres fleurs bleues de cette époque à cause de la pureté de sa couleur et de la solidité de ses tiges atteignant 1,50 m de haut. Elles ont de belles feuilles vert foncé et luisantes qui se remarquent bien avant la floraison.

♣ *Plus la terre est riche, plus l'aconit est haut et florifère.*

1

DES FLEURS POUR LE SOLEIL

Le grand rudbeckia (2) occupe fièrement le fond des massifs, où ses fleurs, culminant entre 1,60 et 2,50 m de hauteur selon la richesse de la terre, dominent toutes les autres fleurs. Il est important de couper une partie des tiges à la moitié de leur hauteur au début de juin afin d'éviter de tuteurer les touffes en septembre.

♣ *Plantez-le au soleil, dans un endroit abrité du vent.*

2

Surnommé « verge d'or », **le solidago** produit des inflorescences jaunes qui évoquent le mimosa. 'Strahlenkrone' est une des meilleures variétés de taille moyenne (80 à 90 cm) qui, à la différence des variétés plus hautes, ne s'écroule pas sous le poids des fleurs.

♣ *Le solidago pousse bien dans toutes les situations ensoleillées mais pas trop sèches.*

Les asters hybrides de Nouvelle-Belgique offrent une grande diversité de variétés de tailles et de coloris. Les formes à fleurs simples conviennent mieux aux plantations de style naturel, tandis que celles à fleurs plus ou moins doubles conviennent mieux dans un jardin régulier ou dans un coin réservé aux bouquets.

♣ *Une terre humide évite aux feuilles d'être atteintes par l'oïdium*.*

LEUR NOM LATIN

- → **Phlox 'Kirchenfürst' :** *Phlox paniculata* 'Kirchenfürst'
- → **Sédum 'Herbstfreude' :** *Sedum* 'Herbstfreude'
- → **Anémone japonaise :** *Anemone hupehensis*
- → **Aconit d'automne :** *Aconitum arendsii*
- → **Grand rudbeckia :** *Rudbeckia laciniata*
- → **Solidago 'Strahlenkrone' :** *Solidago* 'Strahlenkrone'
- → **Aster hybride de Nouvelle-Belgique :** *Aster novii-belgii*

• VOCABULAIRE

* Oïdium : maladie caractérisée par un feutrage blanc qui recouvre les feuilles.

• ASTUCE

Laissez au moins 50 cm de distance entre ces fleurs de fin d'été car elles prennent beaucoup d'ampleur. Utilisez cet espace pour intercaler des plantes printanières qui s'effacent après leur floraison, comme les doronics, les pavots d'Orient ou les bulbes : tulipes, narcisses, crocus, etc.

ELLES CONVIENNENT AUSSI

• Achillée p. 217
• Calament p. 75
• Gaura p. 75
• Népéta géant p. 75, 256

Des fleurs jusqu'aux gelées

Alors que les fleurs présentes depuis la fin de l'été continuent à s'épanouir, en voici d'autres, plus tardives, qui les relayent. Certaines n'apparaissent qu'un peu avant les premières gelées et leur période d'intérêt, parfois très brève, est toujours bienvenue. Mais, si les températures négatives anéantissent les dernières corolles, elles magnifient les épis des graminées décoratives, des inflorescences que nous aurons le plaisir de garder jusqu'au cœur de l'hiver.

1

NOTRE CHOIX

L'aster 'Flora's Delight' se couvre de fleurs roses durant presque deux mois. Cet hybride, résistant aux maladies, n'est pas aussi envahissant que la plupart des autres asters et il forme, année après année, une touffe arrondie de 50 cm de haut et de large. Dès leur fanaison, les petites marguerites roses se changent en plumets argentés attrayants pendant une grande partie de l'hiver.

♣ *Plantez-le de préférence au printemps, dans une terre bien drainée.*

Le sédum 'Ruby Glow' ne dépasse pas 25 cm de hauteur mais ses fleurs rouge carmin sont particulièrement brillantes en automne. Leur teinte s'assombrit en fin de floraison alors que le feuillage, gris bleuté durant l'été, s'éclaircit en adoptant à son tour des teintes chatoyantes. Le sédum forme d'excellentes bordures.

♣ *Les fleurs blanches sont celles de la ciboulette de Chine décrite page suivante.*

DES BULBES TARDIFS

La ciboulette de Chine produit ses boules de petites fleurs blanches sans discontinuer à partir de début août. Très décoratives, elles ne nuisent en rien à la production de feuilles aplaties, très recherchées pour assaisonner les plats orientaux. La couleur de cette plante, plutôt rare à cette époque, contraste bien avec toutes les teintes automnales du jardin d'ornement.

♣ *Une terre consistante et du soleil suffisent pour qu'elle pousse avec vigueur.*

Les colchiques (1) ont la réputation d'annoncer la fin de l'été, mais, parmi les diverses variétés, celle à fleurs géantes est une des plus tardives, attendant la fin octobre pour sortir ses larges corolles de terre. Plus d'une dizaine d'entre elles se succèdent parfois à partir d'un bulbe planté entre 10 et 15 cm de profondeur.

♣ *Leur plantation a lieu fin août-début septembre, un peu avant la floraison.*

Un peu moins connu, **le crocus d'automne 'Conqueror'** déploie lui aussi de larges corolles bleu tendre, une teinte qui fait écho à celle de certains asters. Aussi fidèles et prolifiques que les colchiques, les crocus peuvent, en quelques années, former des belles touffes très florifères. Leur feuillage se déploie au printemps.

♣ *Ils poussent bien dans une terre légère, sableuse, en plein soleil.*

L'IDÉE FORTE

CONTINUEZ À SOIGNER LE JARDIN !

N'abandonnez pas l'entretien du jardin à partir de la fin septembre sous prétexte de l'arrivée des gelées, car il y a encore beaucoup de belles choses à admirer. Les dernières fleurs, en particulier, ont besoin d'apparaître dans un environnement soigné pour dévoiler toute leur beauté. Plantez-les près des arbustes à couleurs d'automne ou près de ceux à fruits décoratifs, et continuez à enlever les mauvaises herbes et les fleurs fanées qui peuvent gâcher la vue.

DES HERBES SPECTACULAIRES

L'eulalie 'Silberfeder' (2) dépasse en général 2 m de hauteur lorsque ses épis émergent au-dessus de longues feuilles gracieuses. D'abord rosés, ils prennent ensuite une belle teinte argentée et soyeuse avant d'adopter une texture plumeuse et une couleur blanche à complète maturité. À ce moment-là, il n'est pas rare que les feuilles aient disparu, mais la plante reste toutefois très décorative.

♣ *Cette sorte de roseau aime les terres riches, restant humides en été.*

2

L'herbe des pampas produit des panaches plus grands et plus spectaculaires encore, bien au- dessus d'une touffe de feuilles étroites et coupantes. Pour en profiter davantage, il faut mélanger plusieurs touffes à des arbustes aux feuillages d'automne très colorés, ou les planter en bordure d'une large allée d'accès, et non en isolé comme c'est depuis longtemps la coutume.

♣ *Attendez le début du printemps pour couper toutes les feuilles à ras du sol.*

LEUR NOM LATIN

- → **Aster 'Flora's Delight' :** *Aster* x *frikartii* 'Flora's Delight'
- → **Sédum 'Ruby Glow' :** *Sedum* 'Ruby Glow'
- → **Ciboulette de Chine :** *Allium tuberosum*
- → **Colchique à fleurs géantes :** *Colchicum* 'The Giant'
- → **Crocus d'automne 'Conqueror' :** *Crocus speciosus* 'Conqueror'
- → **Eulalie 'Silberfeder' :** *Miscanthus sinensis* 'Silberfeder'
- → **Herbe des pampas :** *Cortaderia selloana*

• PENSEZ-Y
Coupez la moitié de la longueur des tiges de l'aster 'Flora's Delight' vers la mi-juillet pour lui garantir une floraison très longue.

• MULTIPLIEZ-LES
Le feuillage des colchiques apparaît au printemps, et c'est lorsqu'il commence à faner que le moment est le plus propice à la division des plantes installées depuis plusieurs années. Sortez la touffe entière et divisez-la bulbe par bulbe ou par petits groupes. Replantez dans un autre endroit à une profondeur similaire.

ELLES CONVIENNENT AUSSI

• Aster hybride p. 269
• Sauge à petites feuilles p. 275

Des fleurs qui fanent bien

Dans un massif soigné, les fleurs fanées gâchent toujours une partie des compositions si l'on ne passe pas beaucoup de temps à les enlever. C'est une opération plaisante au début, mais qui devient vite fastidieuse.
Or, certaines fleurs ont la bonne idée de sécher sur pied ou de développer très vite des fruits qui restent décoratifs longtemps. Pourquoi ne pas les utiliser davantage ?

NOTRE CHOIX

Dans les massifs où la terre reste fraîche, **les astilbes** sont les reines de l'été. Leurs plumets teintés de rouge, de rose ou de blanc, allument le feuillage léger comme de la dentelle. En fanant, ils prennent une jolie couleur cannelle plus ou moins foncée selon la nuance d'origine. Les variétés aux épis les plus denses sont les plus belles en hiver.

Les astilbes poussent chez nous en compagnie d'**un hortensia 'Annabelle'** que l'on peut cultiver comme une plante vivace*. En effet, à la différence des autres variétés plus classiques, il apprécie d'être taillé près du sol chaque printemps et produit de cette façon des boules de fleurs blanches très spectaculaires. Elles adoptent en automne la texture du papier et la couleur du parchemin.

L'IDÉE FORTE *PROLONGEZ LE DÉCOR*

Quand l'automne n'est pas trop pluvieux, ces plantes restent décoratives une partie de l'hiver. Même si elles ne sont plus très spectaculaires, elles permettent aux massifs de garder leurs volumes et de resplendir à la moindre gelée blanche. Mieux vaut donc attendre le début du printemps pour nettoyer à fond les massifs.

DES HERBES IMMORTELLES

La plus remarquée du jardin est **la stipe argentée (1)** dont les opulentes touffes hautes de un mètre sont admirables de juin à mars. Elle pousse bien en plein soleil, dans toutes les terres, y compris les plus sèches.

1

En terre plus fraîche, c'est **l'eulalie argentée**, qui tient la vedette. Ses épis plumeux campés sur des tiges hautes de près de deux mètres flottent au vent comme des drapeaux. Certaines autres variétés de ce roseau japonais portent des feuillages très colorés en été.

♣ *Il faut toujours attendre le printemps pour diviser les grosses touffes des eulalies.*

D'AUTRES FLEURS QUI FANENT BIEN

Tout le monde connaît **la monnaie-du-pape**, mais peu d'entre nous savent qu'il existe une espèce proche vraiment vivace. Ses fruits argentés ne sont pas ronds comme la bisannuelle bien connue, mais allongés et pointus. En outre, leurs enveloppes protectrices tombent toutes seules pour dévoiler la paroi nacrée qui scintille tout l'hiver.

2

Restons dans la gamme argentée avec **l'anaphalis (2)** dont les fleurs évoquent vraiment des immortelles miniatures. Elles sont blanches, groupées par petits bouquets et bien campées sur des touffes de feuilles argentées hautes et larges de 30 cm. Comme toutes les plantes grises, elle apprécie le soleil, mais elle sait aussi pousser à l'ombre d'un mur.

Nous en avons planté toute une bordure en mélange avec des **grands sédums pourpres**. Ces plantes grasses poussent toutes seules et sont belles presque toute l'année. Plus loin, c'est la variété 'Herbstfreude' qui attire l'œil avec ses fleurs qui passent par toutes les teintes de vieux rose et de pourpre entre septembre et les gelées les plus importantes.

LEUR NOM LATIN

- **Astilbe :** *Astilbe* x *chinensis* 'Superba'
- **Hortensia 'Annabelle' :** *Hydrangea arborescens* 'Annabelle'
- **Stipe argentée :** *Stipa calamagrostis*
- **Eulalie argentée :** *Miscanthus sinensis* 'Silberfeder'
- **Monnaie-du-Pape vivace :** *Lunaria rediviva*
- **Anaphalis :** *Anaphalis triplinervis*
- **Sédum :** *Sedum maximum* 'Atropurpureum' (feuilles pourpres) et *Sedum* 'Herbstfreude'

• VOCABULAIRE
* Vivace : qui résiste au gel en hiver.

• C'EST IMPORTANT
Pour profiter pleinement de la beauté des tiges des eulalies, il vaut mieux enlever leurs feuilles dès qu'elles commencent à sécher, sinon le vent les éparpille dans tout le jardin.

• NOTRE EXPÉRIENCE
Certaines années, l'automne est trop humide pour que l'on puisse profiter longtemps des fleurs sèches sur pied.

• PENSEZ-Y
Si tous les livres préconisent de tailler les dernières fleurs des rosiers, nous leur laissons au contraire une chance de former quelques fruits. Ceux-ci, de couleurs vives, animent beaucoup les fleurs séchées.

• ASTUCE
Bien sûr, ce sont les grosses touffes ou les groupes importants qui ont le plus d'impact décoratif, mais il ne faut parfois pas hésiter à éclaircir les touffes un peu trop compactes ou supprimer les tiges cassées ou endommagées. Le spectacle n'en est que plus beau.

ELLES CONVIENNENT AUSSI

- Achillée 'Moonshine' p. 217
- Barbe de bouc p. 331
- Eupatoire pourpre p. 346
- Faux curry p. 113
- Iris gigot p. 181, 279

Les buissons de la rentrée

Aux côtés des arbustes à floraison tardive, bon nombre de buissons, dont les dimensions restent inférieures à deux mètres de haut, s'épanouissent également à cette époque, coïncidant le plus souvent avec la rentrée. Ils donnent au jardin de nouvelles couleurs qui ravivent un peu la palette des roses et des mauves qui dominent alors. Grâce aux températures plus fraîches, leurs fleurs durent plusieurs semaines et peuvent ainsi se mêler aux premiers feuillages d'automne.

L'IDÉE FORTE

MARIEZ-LES AUX COULEURS D'AUTOMNE

Que ces buissons produisent des fleurs de couleur froide comme les bleus du caryoptéris ou du pérovskia, ou plus chaude comme celle du fuchsia ou du lespédeza, ils ne sont jamais plus resplendissants que juxtaposés à des arbustes dont le feuillage adopte de très belles couleurs d'automne. Profitez donc de leur petite taille pour les planter au-devant des amélanchiers, érables du Japon ou autres arbustes rutilants comme ceux décrits au chapitre suivant.

NOTRE CHOIX

Le caryoptéris forme un joli buisson rond d'environ 1 m à 1,20 m de haut. Les fines branches de l'année, couvertes de feuilles gris plombé, se terminent par de nombreux petits bouquets de fleurs bleues, plus ou moins foncées selon les variétés. 'Heavenly Blue' est la variété la plus courante, et aussi celle au bleu le plus pur.

♣ *Le feuillage mordoré juste derrière est celui d'un* Acer palmatum *'Senkaki', qui adopte cette couleur dès la fin d'août.*

Le pérovskia 'Blue Spire' apporte également une belle couleur bleue, idéale pour contrebalancer les roses et les mauves des asters ou le jaune des rudbeckias. À la différence du caryoptéris, cet arbuste a un port dressé et élancé qui contraste bien avec les plantes compactes. Son feuillage gris très découpé donne une élégance particulière aux tiges, dont la couleur blanche persiste tout l'hiver.

DES BUISSONS GRACIEUX

L'arbre aux faisans est un arbuste dressé, haut de 1,50 à 2 m, dont les tiges à l'écorce vert brillant se courbent gracieusement à leur extrémité, sous le poids des grappes de fleurs. Les premières petites corolles en clochettes de couleur crème font vite place à des baies rouge foncé, mais la floraison ne s'arrête qu'avec les gelées.

♣ *Il pousse bien à mi-ombre, sous des arbres ou contre un mur exposé au nord.*

Le lespédeza (1) est parfois comparé à une luzerne arbustive. Il forme une grosse touffe de tiges d'abord verticales puis courbées sous le poids des grappes de fleurs pourprées qui sont situées à leur extrémité. Les branches gèlent facilement, mais la souche est parfaitement rustique et produit de nouvelles pousses au milieu du printemps.

♣ *Pour une floraison abondante, plantez-le à exposition très ensoleillée.*

Le fuchsia de pleine terre diffère quelque peu des variétés couramment cultivées en pot. Ses fleurs sont minces et allongées, très gracieuses, et produites en masse à l'extrémité des longues branches garnies de petites feuilles étroites et longues. Ces rameaux, arqués, se renouvellent chaque année dans les régions aux hivers froids, mais la souche est rustique une fois installée.

1

2

DES BUISSONS SEMI-RUSTIQUES

La véronique blanche (2) est un buisson très florifère dont les grappes de fleurs se succèdent du début du mois d'août à la mi-octobre. Haute et large de 1 m à 1,50 m, elle reste élégante toute l'année grâce à ses longues feuilles vert tendre qui semblent toujours fraîches. C'est une des espèces les plus rustiques dans une famille originaire de Nouvelle-Zélande.

La sauge à petites feuilles a un développement très rapide et une toute petite plante installée au printemps donne une touffe haute et large de 80 cm au cours de l'été. Ses petites fleurs rouge ponceau se succèdent durant toute la belle saison et les dernières corolles sont parfaites avec le bleu des asters... ou du caryoptéris.

LEUR NOM LATIN

- → **Caryoptéris :** *Caryopteris* 'Heavenly Blue'
- → **Pérovskia :** *Perovskia atriplicifolia* 'Blue Spire'
- → **Arbre aux faisans :** *Leycesteria formosa*
- → **Lespédeza :** *Lespedeza thunbergii*
- → **Fuchsia de pleine terre :** *Fuchsia magellanica* 'Riccartonii'
- → **Véronique blanche :** *Hebe salicifolia* 'Alba'
- → **Sauge à petites feuilles :** *Salvia microphylla*

• C'EST IMPORTANT

Ces buissons à floraison tardive fleurissent sur les pousses de l'année. Ils sont donc plus florifères si on les taille très court au printemps, de manière à favoriser le maximum de nouvelles pousses.

• ASTUCE

Pour bien mettre en valeur la floraison retombante du lespédeza, plantez-le au sommet d'un talus ou d'un muret au pied duquel vous aurez installé une plante à feuilles grises.

• NOTRE EXPÉRIENCE

Dès la chute des feuilles, nous coupons près du sol les branches trop vieilles de Leycesteria, de manière à bien mettre en valeur les plus jeunes à l'écorce d'un beau vert brillant. Ces tiges contrastent à merveille avec les branches rouges des cornouillers plantés un peu à l'arrière.

• NOS ÉCHECS

Les fuchsias de pleine terre plantés en automne meurent en général dans les semaines qui suivent, faute d'avoir pu s'enraciner suffisamment avant les grands froids. Nous préférons donc désormais les transplanter au printemps, quand les premières pousses se montrent.

ELLES CONVIENNENT AUSSI

• Hibiscus p. 135, 153
• Sureau géant du Canada p. 152

Des buissons encore beaux en novembre

Alors que la majorité des plantes du jardin s'endorment, quelques arbustes vont à contre-courant et commencent à fleurir au mois de novembre ou décembre, selon la météo de l'automne. Les premières fleurs des buissons caducs apparaissent souvent avant la chute des feuilles, donnant alors bien plus d'intensité aux couleurs d'automne. De même, celles des persistants viennent éclairer les feuillages verts et sombres, les rendant bien plus précieux encore.

L'IDÉE FORTE

PLANTEZ-LES À L'ABRI DES COURANTS D'AIR

Les arbustes présentés ici sont tous rustiques et donnent entière satisfaction dans les situations les plus diverses. Toutefois, leur floraison hivernale est plus abondante et plus longue s'ils sont plantés à l'abri des courants d'air qui accentuent les dégâts des moindres petites gelées. Évitez-leur également les situations ensoleillées le matin, particulièrement néfastes aux petites fleurs.

NOTRE CHOIX

La viorne 'Charles Lamont' ouvre toujours quelques- uns de ses gros bourgeons avant que toutes ses feuilles, à cette époque teintées d'un beau rouge sombre, ne soient tombées. Ainsi, les petites corolles rose vif ne passent pas inaperçues bien qu'elles soient aussi trahies par le doux parfum qu'elles dégagent. Seules les fortes gelées arrêtent momentanément la floraison, jusqu'au redoux suivant.

♣ *Cette viorne pousse partout, sauf en terre très sèche.*

Le prunus 'Autumnalis' forme un grand buisson ou un petit arbre très gracieux produisant des fleurs blanches. Elles s'accumulent à l'extrémité des fins rameaux et leur nombre donne à ces derniers une forme légèrement retombante. Les corolles semi-doubles évoquent de doux froufrous et, si la moindre gelée les détruit, elles sont immédiatement remplacées par de nouvelles fleurs.

DES FLORAISONS SPECTACULAIRES

Le mahonia 'Charity' (1) se reconnaît facilement à ses épis jaune vif bien verticaux, évoquant de belles flammes. Ils terminent la pousse de l'année et semblent prolonger les branches un peu raides de cet arbuste élancé. Entre le moment où les premières petites fleurs s'épanouissent à la base des épis et celui où les dernières se fanent, il s'écoule près de deux mois.

♣ *Il pousse bien dans une situation protégée du plein soleil.*

1

Les fleurs du **camélia d'automne** sont plus petites et plus simples que celles des camélias de la fin de l'hiver, mais elles sont très nombreuses, alourdissant les branches souples. De plus, elles dégagent un parfum suave, rappelant celui du seringat. Dans les régions de climat doux, le camélia peut constituer de très belles haies ; ailleurs, c'est un arbuste idéal pour un patio ou une cour bien protégée.

♣ *C'est dans les situations ensoleillées que les fleurs sont le plus abondantes.*

Le laurier-tin forme un gros buisson aux feuilles de forme et de couleur analogues à celles d'un troène, mais qui, en revanche, sont parfaitement persistantes. Elles sont éclairées de nombreux bouquets de petites fleurs blanches, parfois rosées en boutons, qui s'épanouissent après les premières petites gelées, et de façon intermittente pendant les périodes de redoux.

DES FLORAISONS LÉGÈRES

2

L'abricotier de Chine (2) nous cause chaque année des frayeurs lorsque quelques bourgeons s'ouvrent à la faveur d'une belle journée de décembre. De jolies fleurs simples ou semi-doubles, blanches pour la variété 'Omoi-no-mama' illustrée ici, restent épanouies quelques jours, le temps d'exhaler leur délicieux parfum de miel.

♣ *C'est un arbuste ou un petit arbre précieux sur les terrains calcaires.*

L'hamamélis de Virginie est lui aussi bien plus discret que ses cousins du printemps, car ses innombrables petites fleurs jaunes s'épanouissent au moment où les feuilles jaunissent et tombent. Elles trahissent néanmoins leur présence par leur parfum suave, qui diffuse dans le jardin de délicates senteurs.

♣ *C'est un bel arbuste étalé, capable de pousser à l'ombre des grands arbres.*

LEUR NOM LATIN

- → **Viorne 'Charles Lamont' :** *Viburnum bodnantense* 'Charles Lamont'
- → **Prunus 'Autumnalis' :** *Prunus subhirtella* 'Autumnalis'
- → **Mahonia 'Charity' :** *Mahonia* x *media* 'Charity'
- → **Camélia d'automne :** *Camellia sasanqua*
- → **Laurier-tin :** *Viburnum tinus*
- → **Abricotier de Chine :** *Prunus mume*
- → **Hamamélis de Virginie :** *Hamamelis virginiana*

• ASTUCE

Si votre mahonia 'Charity' devient trop haut, n'hésitez pas à couper en fin d'hiver les branches situées à l'avant du buisson entre 50 cm et 1 m de hauteur. Elles formeront de nouvelles pousses qui fleuriront un peu plus bas.

• PENSEZ-Y

Prélevez sans compter des branches fleuries ou simplement boutonnées pour fleurir l'intérieur de la maison. La chaleur fera épanouir d'un coup tous les bourgeons !

• SITUATION

Si votre terrain ou le climat ne convient pas au camélia d'automne, sachez qu'il peut très bien vivre en bac et être simplement abrité dans un garage hors gel au plus fort de l'hiver.

• C'EST IMPORTANT

Les jeunes buissons de la viorne 'Charles Lamont' ont un port un peu raide. Arquez quelques branches à l'aide d'une ficelle attachée à une grosse pierre ou un piquet. Après quelques mois, votre buisson adoptera une apparence bien plus gracieuse.

ELLES CONVIENNENT AUSSI

• Cornouiller mâle p. 143
• Hamamélis 'Diane' p. 142
• Rhododendron x 'Christmas Cheer' p. 143

Des baies jusqu'en hiver

À la différence des fruits du début de l'automne, ceux qui mûrissent à la fin de la saison sont plus coriaces et persistent le plus souvent une partie de l'hiver. Comme les oiseaux apprécient ces baies seulement quand elles ont été attendries par plusieurs gelées, elles restent longtemps décoratives. Il est amusant de marier des branches de fruits de couleurs différentes aussi bien au jardin qu'à la maison où leurs teintes vives donnent un air de fête.

L'IDÉE FORTE

PLANTEZ DES ARBUSTES MÂLES ET FEMELLES

Hormis le cotonéaster, les autres arbustes décrits sur ces pages sont qualifiés de « dioïques », c'est-à-dire que les fleurs mâles et les fleurs femelles s'épanouissent sur des plantes séparées. Bien entendu, seules les plantes femelles portent des fruits, mais il est indispensable de juxtaposer au moins une plante mâle pour une ou plusieurs plantes femelles, afin d'obtenir une production de fruits très abondante.

NOTRE CHOIX

Les fruits ronds du **pernettya** semblent parfois artificiels tant ils sont parfaitement ronds, brillamment colorés et très nombreux, étroitement serrés le long des branches. Les variétés à fruits roses sont les plus insolites, mais il en existe d'autres à baies blanches ou rouge vif, tout aussi remarquables. Achetés en pots, ces petits buissons peuvent décorer la maison quelque temps avant d'être plantés au jardin.

♣ *Les pernettyas poussent dans une terre légère, humide, riche en terreau de feuilles.*

Le cotonéaster horizontal se couvre de petites perles rouge-orangé, d'un diamètre de 4 à 5 mm, mais tellement abondantes qu'elles colorent entièrement la plante. Elles sont réparties de part et d'autre des branches, elles-mêmes disposées en arête de poisson. Cet arbuste commun reste très utile pour couvrir les talus ou pour s'étaler contre les murs, qu'il tapisse sans aucune aide.

♣ *Il pousse bien dans toutes les situations, ombragées ou ensoleillées.*

DES FRUITS ROUGES

Le houx 'J. C. van Tol' est une des variétés les plus fructifères parmi celles possédant de larges feuilles. Celles-ci sont plus plates et plus gaufrées que les feuilles des houx communs, mais elles sont aussi beaucoup moins épineuses. L'arbuste est vigoureux et prend rapidement l'aspect d'un petit arbre à la cime pyramidale et serrée.

♣ *Mélangez beaucoup de terreau et de fumier à la terre de plantation pour lui assurer une bonne reprise et une croissance rapide.*

Le skimmia du Japon (1) reste un petit buisson haut et large d'environ 1 m et portant des feuilles persistantes et coriaces. Les fruits rouges, regroupés en bouquets plus ou moins denses selon les variétés, sont encore présents lorsque les nouvelles fleurs s'épanouissent au début du printemps. Les fleurs des plantes mâles dégagent un parfum à la fois très fort et très agréable.

L'aucuba 'Rozannie' est une variété récente aux grandes feuilles vertes, d'un aspect bien différent de celui des buissons aux feuilles tachées de jaune que l'on rencontre dans tous les vieux parcs. Ses grands bouquets de fleurs à l'extrémité des pousses se changent en grappes de fruits rouges, gros comme des cerises griottes.

♣ *Il est idéal à l'ombre des grands arbres ou contre un mur exposé au nord.*

1

2

DES FRUITS ORANGE

Bien connu au bord de mer, **l'argousier** est surtout admiré pour son feuillage fin et argenté. Ses très nombreux fruits orange sont groupés étroitement le long des tiges. Orange vif lorsqu'ils sont jeunes, ils pâlissent au fil des semaines et des gelées pour être parfois presque blancs en fin d'hiver.

♣ *Ils sont très riches en vitamine C et peuvent se consommer en confitures.*

L'iris gigot (2) est une des rares plantes vivaces à produire des fruits à la fois décoratifs et qui persistent presque tout l'hiver. Les feuilles sont elles aussi persistantes, ce qui rend cette plante très précieuse pour le jardin en hiver. En revanche, les fleurs, très fugaces, se remarquent à peine lorsqu'elles s'épanouissent en juin.

LEUR NOM LATIN

- ➜ **Pernettya :** *Pernettya mucronata*
- ➜ **Cotonéaster horizontal :** *Cotoneaster horizontalis*
- ➜ **Houx 'J.C. van Tol' :** *Ilex aquifolium* 'J. C. van Tol'
- ➜ **Skimmia du Japon :** *Skimmia japonica*
- ➜ **Aucuba 'Rozannie' :** *Aucuba japonica* 'Rozannie'
- ➜ **Argousier :** *Hippophae rhamnoides*
- ➜ **Iris gigot :** *Iris foetidissima*

• ASTUCE
Pour obtenir des fruits sans occuper trop de place, plantez dans le même trou une plante mâle et une plante femelle et mélangez leurs branches.

• NOTRE EXPÉRIENCE
Les cotonéasters et l'argousier ont besoin de soleil pour bien fructifier, tandis que les skimmias et aucubas peuvent produire beaucoup de fruits dans les situations ombragées.

• PENSEZ-Y
Plantez non loin d'un de ces arbustes à fruits décoratifs un buisson à feuillage persistant et panaché de jaune qui permettra de faire ressortir davantage encore les couleurs des fruits.

ELLES CONVIENNENT AUSSI

- Viorne à fruits jaunes p. 261
- Viorne compacte p. 260

Des fruits insolites

La plupart des fruits comestibles, ou simplement décoratifs, sont rouges ou jaunes, ou quelquefois verts. Mais d'autres couleurs plus étonnantes comme le rose, le bleu, le jaune ou le blanc, ou plus curieuses encore comme le violet teintent aussi certains fruits. La plupart d'entre eux sont portés par des arbustes, mais quelques plantes vivaces produisent des fruits aussi magnifiques qu'insolites.

N O T R E   C H O I X

La symphorine à fruits roses est un petit buisson sans problèmes, capable de pousser et de porter de nombreux fruits quelles que soient la qualité de la terre ou l'exposition qui lui sont offertes. La floraison est quasi invisible, et ces gros fruits roses commencent à être attrayants en septembre. Ils sont détruits par les premières gelées.

♣ *Coupez les branches qui encombrent le centre de la touffe pour lui donner un aspect aéré et gracieux.*

Le callicarpa est le seul arbuste rustique à produire des fruits de teinte rose violacé brillant. Ils succèdent à de minuscules fleurs, elles aussi violacées, produites en bouquets au long des pousses de l'année. L'arbuste n'est attrayant qu'à partir de septembre aussi vaut-il mieux l'insérer dans une haie libre ou dans un massif au milieu de fleurs coordonnées.

DES FRUITS BLEUS

En fin d'été, **le decaisnéa (1)** captive tous les visiteurs du jardin. En dessous de ses bouquets de grandes feuilles d'allure exotique pendent des grappes de fruits, allongées comme des gros haricots, et d'une incroyable couleur bleue. Ils contiennent une sorte de gélatine comestible mais sans saveur, et des graines, rondes et plates, empilées comme des pièces de monnaie.

Les berbéris à feuilles persistantes comme **le berbéris de Darwin** produisent des fruits bleu foncé au début de l'été. Ils sont recouverts d'une pellicule blanchâtre et ressemblent un peu à des myrtilles. Leur poids fait souvent plier les branches, qui gardent ensuite une forme arquée très gracieuse.

♣ *Quand les oiseaux les découvrent, ils pillent littéralement les arbustes en quelques heures.*

Le bleu turquoise des fruits de **la viorne du père David** est extraordinaire. Ces fruits apparaissent en septembre sur les plantes « femelles », à condition qu'il y ait une plante « mâle » dans les environs.

♣ *Hauts de 1 m et large de 1,5 m, les viornes du père David portent des feuilles persistantes très coriaces et poussent très bien à l'ombre.*

L'IDÉE FORTE

TROUVEZ-LEUR DES COMPAGNES DE MÊME COULEUR

Les fruits sont toujours relativement petits et leur abondance varie davantage en fonction des années que des floraisons. Ceux de couleurs vives parviennent toujours à se faire remarquer, mais ici ceux de couleurs plus discrètes ont besoin d'un entourage de même teinte, de combinaisons harmonieuses pour attirer l'attention. Cet exemple de symphorine rose mêlée à un sédum et celui du callicarpa mêlé aux chrysanthèmes nous semblent, à ce point de vue, exemplaires.

DES FRUITS DE PLANTES VIVACES

En août, les feuilles de **l'arum d'Italie (2)** ont disparu et il ne reste de la plante qu'une tige portant une grappe de gros fruits rouges. Elle demeure attrayante pendant plus d'un mois avant de s'écrouler. Les graines que contient chaque fruit rouge sont dispersées par des rongeurs et donnent de nouvelles plantes un peu plus loin.

♣ *Attention : ces fruits sont toxiques, apprenez aux enfants à ne pas y toucher.*

2

L'actée à fruits rouges porte des grappes de fruits similaires à ceux de l'arum d'Italie mais sur des tiges plus hautes (de 40 à 50 cm), au-dessus d'un buisson de feuillage. Ils apparaissent en juillet et en août et restent attrayants quelques semaines avant que les oiseaux ne les emportent.

♣ *L'actée à fruits rouges pousse bien à l'ombre au-dessous des grands arbres.*

LEUR NOM LATIN

- → **Symphorine rose :** *Symphoricarpos doorenbosii* 'Mother of Pearl'
- → **Callicarpa :** *Callicarpa bodinieri* 'Profusion'
- → **Decaisnéa :** *Decaisnea fargesii*
- → **Berbéris de Darwin :** *Berberis darwinii*
- → **Viorne du père David :** *Viburnum davidii*
- → **Arum d'Italie :** *Arum italicum* 'Pictum'
- → **Actée à fruits rouges :** *Actaea spicata*

• ASTUCE
Pour bien mettre en valeur les fruits des arbustes, taillez les buissons de manière à éclaircir le centre des touffes et à dégager les longues branches ployant sous les fruits.

• ATTENTION
Un grand nombre de fruits décoratifs ne sont pas du tout comestibles. Apprenez à vos enfants à ne pas y toucher ni à les porter à la bouche.

• NOTRE EXPÉRIENCE
Tous ces arbustes produisent des fruits, même s'ils sont solitaires. Mais, plantés en groupes, la fructification est souvent beaucoup plus abondante.

ELLES CONVIENNENT AUSSI

- Arbousier p. 165
- Clérodendron à fleurs roses p. 153
- Iris gigot p. 181, 279
- Mahonia du Japon p. 371

CLÔTURES, HAIES ET MURS BIEN HABILLÉS

Quel dommage que la plupart des jardiniers n'aient pas assez d'imagination pour créer des haies différentes de celles de leurs voisins. Il existe bien d'autres alternatives aux sempiternelles haies de thuyas, de leylandis ou de cyprès. Vous pouvez, par exemple, implanter une haie que vous n'aurez jamais besoin de tailler en largeur, ou une autre qui ne se taille pas du tout. Vous pourriez même semer votre haie ou la bouturer sur place, ce qui représente la solution la plus simple et la moins onéreuse…

Grillages ou murs deviennent les supports idéaux de plantes grimpantes ou d'arbustes à palisser pour obtenir des rideaux colorés et fleuris faciles à entretenir. Nous n'avons pas oublié ceux qui possèdent déjà une haie mais qui recherchent des arbustes aptes à boucher rapidement des trous ou des grimpantes susceptibles de grimper dans des haies végétales pour les égayer. Pas besoin d'être spécialiste : suivez nos exemples !

Des arbustes qui poussent en hauteur

La taille des haies est une des corvées les plus répétitives. Elle doit avoir lieu au minimum une fois par an. Deux tailles, parfois trois, sont nécessaires pour des haies à croissance rapide comme celles constituées de cyprès de Leyland.
Il est pourtant facile de réduire le nombre d'interventions et de les simplifier en adoptant des plantes de croissance plus lente, et dont le port reste toujours étroit.

NOTRE CHOIX

La haie basse qui borde ce massif bien dessiné est en **ifs**. C'est une variété peu vigoureuse nommée 'Strait Hedge', qui compense sa pousse faible (de 5 à 6 cm par an) par une réelle économie d'interventions. En place depuis trois ans, elle n'a nécessité qu'une seule taille au sécateur. Pour des haies plus hautes (de 1,50 à 2 m), nous conseillons les variétés 'Hicksii' et 'Hillii'. Leur croissance est plus rapide, mais elle se ralentit fortement quand elles atteignent cette hauteur.

♣ *Pendant toute la durée de l'installation, un engrais spécial haie est apporté chaque printemps, quand les pousses démarrent. De deux à quatre plantes au mètre linéaire sont nécessaires selon la vigueur de la variété.*

La haie du fond est constituée de **charmes**. Cette essence pousse rapidement et se maintient sans difficulté avec une seule taille par an.

♣ *Comptez cinq jeunes plantes par mètre linéaire de haie.*

L'IDÉE FORTE — *SACHEZ BIEN CE QUE VOUS VOULEZ*

Déterminez précisément la hauteur de la haie que vous désirez et demandez à votre pépiniériste les essences les mieux adaptées pour cette hauteur. S'il dispose d'un bon choix, il saura vous guider au mieux. Rien que chez les ifs, il existe des variétés pour haies basses, d'autres pour haies moyennes et d'autres pour grandes haies. Elles n'ont pas toutes la même vigueur...

1

Pour des haies moyennes, de 1 m environ, il existe un très joli **berbéris (1)** semi-persistant qui s'appelle **'Triumph'**. Nous en avons planté une rangée mélangée à des ifs dorés pour qu'ils forment une tapisserie colorée quand nous commencerons à les tailler.

Le buis constitue de très belles haies. Il existe une variété nommée 'Handsworthensis' qui met toute son énergie à pousser en hauteur et atteint la vitesse de pointe de 30 cm par an (ce qui est énorme pour un buis). Elle se maintient très facilement à 2 m de haut avec une taille annuelle au sécateur.

♣ *Installez trois plants de berbéris ou de buis par mètre.*

DES PLANTES MINCES ET CADUQUES

2

Les berbéris pourpres (2) les plus connus pour les haies deviennent vite d'énormes buissons très pénibles à tailler. Les pépiniéristes cultivent pourtant une sélection baptisée 'Helmond Pillar' dont toutes les branches sont rigoureusement verticales et atteignent 1 m de haut.

Il existe parmi **les potentilles** plusieurs variétés dont le port est bien dressé au lieu de former une boule. La plus belle de toutes s'appelle 'Vilmoriniana' et possède un joli feuillage argenté et des fleurs jaune soufre.

DES PLANTES MINCES ET PERSISTANTES

Le thuya étant le conifère de haie le plus planté, c'est aussi celui qui, à terme, posera le plus de problèmes, car c'est un arbre qui atteint facilement 30 m de haut. La variété 'Émeraude' a l'avantage de ne jamais dépasser 50 cm de large. Sa croissance moyenne permet de limiter sa hauteur par quelques coups de sécateur. Son feuillage est d'un beau vert foncé.

♣ *On le plante à raison d'un sujet tous les 50 cm.*

LEUR NOM LATIN

- → **If nain :** *Taxus* x *media* 'Strait Hedge'
- → **If moyen :** *Taxus* x *media* 'Hicksii'
- → **Charme :** *Carpinus betulus*
- → **Thuya 'Émeraude' :** *Thuya occidentalis* 'Smaragd'
- → **Berbéris 'Triumph' :** *Berberis* 'Triumph'
- → **Buis fastigié :** *Buxus sempervirens* 'Handsworthensis'
- → **Berbéris pourpre vertical :** *Berberis thunbergii* 'Helmond Pillar'
- → **Potentille fastigiée :** *Potentilla fruticosa* 'Vilmoriniana'

• ASTUCE
Pliez un peu les branches, tressez-les entre elles et liez-les momentanément avec du raphia pour qu'elles forment un écran bien dense et infranchissable.

• QUAND TAILLER ?
Le meilleur moment est entre la mi-août et la mi-septembre. Les plaies de taille ont le temps de cicatriser avant l'hiver, et la haie reste propre jusqu'au mois de juin suivant.

• ATTENTION
Les branches de l'if sont toxiques pour le bétail et les chevaux. Les fruits rouges sont comestibles (insipides), mais pas les graines dures qu'ils contiennent.

• NOTRE EXPÉRIENCE
Plantez un berbéris par mètre et couchez-le sur le sol dans la ligne de la haie. Chaque bourgeon va produire une branche bien verticale et la haie sera faite en moins de deux ans.

IL CONVIENT AUSSI

• Fusain persistant p. 107

Des buissons étalés

La base d'une haie âgée libre ou taillée est rarement bien garnie si ce n'est d'herbes, d'orties ou de boutons d'or. De plus, il est assez difficile d'implanter de nouveaux arbustes entre ceux installés, car le sol, souvent bien pauvre, est sec et encombré de racines.
La seule solution consiste à planter, non loin de la haie, des arbustes rampants qui viendront peu à peu garnir les vides. Ces mêmes buissons étalés peuvent aussi habiller les talus abrupts et autres dénivelés. Souvent leurs branches s'enracinent au contact du sol et permettent de retenir la terre.

L'IDÉE FORTE

IMBRIQUEZ LES VÉGÉTATIONS

Les longues branches de ces arbustes se dirigent dans toutes les directions et on peut facilement les orienter vers les trous à combler.
Elles s'enracinent au contact de la terre et acquièrent ainsi une plus grande vigueur. On peut aussi les tresser parmi les quelques branches basses pour former une sorte de tapisserie comme celle-ci où les feuilles vertes mettent en valeur les fleurs blanches.

NOTRE CHOIX

Comme il pousse bien partout, **le chamerisier étalé** est devenu une sorte d'arbuste à tout faire, mais c'est au pied des haies libres qu'il est le plus utile dans un jardin. Il est très robuste, semi-persistant, il pousse vite même en terrain pauvre et résiste bien aux sécheresses estivales. Son feuillage évoque celui du buis jauni lorsque l'emplacement est trop ensoleillé. Au printemps, la couleur vert tendre de la variété 'Maigrün' est vraiment très séduisante.

Il a failli remplacer **les cotonéasters rampants** très communs il y a quelques années mais devenus plus rares aujourd'hui. Ces derniers ont l'avantage de porter des fruits rouge brillant, et de mieux supporter le calcaire et les expositions chaudes que le chamerisier.

DES BUISSONS ATTRAYANTS EN ÉTÉ

Lorsque les passants admirent le tapis de feuilles rondes un peu gaufrées qui habille si bien le côté rue de notre charmille, bien peu réalisent que c'est en fait **une ronce rampante**. C'est un hybride* très résistant qui produit des pousses longues de plus de un mètre dans l'année.

Dans les terrains sableux, ou ceux qui sont humides en hiver et secs en été, **le petit saule rampant à feuilles argentées (1)** fait merveille. Il ne dépasse pas 80 cm de haut et ses branches s'enracinent quand elles touchent le sol.

DES BUISSONS POUR L'HIVER

Encore trop peu connu, **le stéphanandra rampant (2)** est une petite merveille en automne. Ses petites feuilles crispées prennent alors des teintes ocrées et orangées comme il en existe peu chez les autres arbustes. Une fois tombées, elles laissent voir l'écorce cuivrée des jeunes rameaux. Le buisson peut atteindre 80 cm de haut, mais ses branches s'étalent sur près de 2 m.

2

♣ *Il aime les sols frais et la mi-ombre.*

La symphorine 'Handcock' est tellement utilisée pour les espaces verts qu'on pense peu à elle dans les jardins. Pourtant, sa robustesse et la rapidité de sa croissance la rendent indispensable pour les situations les plus difficiles. Elle porte de nombreux petits fruits rose foncé en automne.

Contrairement au fusain doré qui aime grimper, **le fusain argenté** préfère ramper et se faufiler parmi les autres arbustes. Il est lent à s'installer, mais ensuite, il occupe peu à peu l'espace disponible sans jamais vraiment gêner ses voisins.

♣ *Dans une haie taillée, il donne un effet de tapisserie.*

LEUR NOM LATIN

- → **Chamerisier étalé :** *Lonicera pileata*
- → **Cotonéaster rampant :** *Cotoneaster horizontalis* et *Cotoneaster dammeri*
- → **Ronce rampante :** *Rubus* 'Betty Ashburner'
- → **Saule rampant argenté :** *Salix repens var. argentea*
- → **Stéphanandra :** *Stephanandra incisa* 'Crispa'
- → **Symphorine :** *Symphoricarpos* x *chenaultii* 'Handcock'
- → **Fusain argenté :** *Euonymus fortunei* 'Emerald' Gaiety'

• VOCABULAIRE
* Hybride : résultat d'un croisement entre deux espèces différentes.

• QUAND PLANTER ?
Mieux vaut planter ces arbustes en automne pour qu'ils bénéficient des pluies de l'hiver pour installer leurs racines.

• DISTANCES
Il faut compter en général un arbuste rampant par «trou» à boucher, ou un intervalle entre deux plantes de la haie.

• ÉCART AVEC LA HAIE
Plantez les arbustes rampants entre 30 cm et 1 m de la haie, selon leur végétation et la place dont vous disposez.

• TAILLEZ-LES
Les buissons se fondent beaucoup mieux avec la haie si on les taille en même temps qu'elle, au sécateur pour une haie libre, à la cisaille pour une haie stricte.

IL CONVIENT AUSSI

• Bambou doré p. 174

Des arbustes persistants qui poussent vite

Les haies persistantes sont souvent les plus appréciées, car elles restent des écrans efficaces et bien verts tout au long de l'année. Malheureusement, les plus beaux arbustes persistants constituant des haies n'ont pas une croissance rapide, et il faut soit s'armer de patience, soit acquérir des spécimens de belle taille, dont le prix est en général très élevé. Planter des persistants qui poussent vite permet donc quelques économies...

NOTRE CHOIX

Les fruits rouges du **cotonéaster laiteux** succèdent à une abondante floraison printanière blanche et leur multitude fait gracieusement ployer les longues branches. Ses feuilles rugueuses et vert mat sont persistantes mais quelques-unes se colorent d'orange en automne et toutes tombent parfois lors d'un hiver froid.

♣ *Le cotonéaster laiteux pousse bien dans tous types de terre, au soleil ou à mi-ombre et atteint 2 m de haut et de large.*

Le laurier du Portugal possède les mêmes attraits. Ses fleurs blanches sont regroupées en longues grappes et se détachent parfaitement du feuillage vert sombre. Elles sont parfois suivies de fruits rouges, mais leur abondance varie selon les années. Son port est compact et plus buissonnant que celui du cotonéaster.

♣ *Haut de 3 à 4 m et large de 2 m environ, le laurier du Portugal s'est montré aussi rustique que le laurier-cerise du Caucase.*

L'IDÉE FORTE

CONSIDÉREZ BIEN LEUR HAUTEUR DÉFINITIVE

L'économie à court terme réalisée en plantant des persistants à croissance rapide se transforme souvent en dépenses importantes au bout de quelques années, quand il faut faire appel à une aide extérieure pour tailler ou élaguer des haies devenues trop hautes. Proportionnez donc la hauteur des persistants à celle du jardin et n'adoptez les plus grands (qui poussent aussi le plus vite !) que si la superficie de votre terrain dépasse 5 000 m^2.

1

DE GRANDS PERSISTANTS

Le chalef est surtout planté en bordure de mer, car il résiste mal à des gelées fréquentes inférieures à -10 à -15 °C. Ses feuilles épaisses, gris plombé sur le dessus et argentées en dessous, scintillent dans le vent. De plus, cet arbuste pousse très bien dans les terres pauvres, et peut même être planté directement dans le sable.

Il n'est guère besoin de décrire longuement **le cyprès de Leyland**, ce conifère vendu en grand nombre à très petit prix et dont la croissance peut dépasser 80 cm par an. Difficile à contenir en une petite haie, il est en revanche remarquable pour constituer très vite de grands rideaux brise-vent. Plantez-le alors à 2 m ou 2,50 m d'écartement.

♣ *Les spécimens les plus vieux dépassent 20 m de haut...*

Le laurier-cerise du Caucase (1) est la variété la plus rustique de tous les lauriers-cerises, et celle qui s'adapte le mieux aux terrains les plus divers, surtout les plus calcaires. Ses grandes feuilles vert foncé et luisantes mettent bien en valeur ses « cierges » de grappes de fleurs blanches, au début du mois de mai.

DES PERSISTANTS DÉFENSIFS

2 **Le berbéris de Juliana (2)** pousse rapidement jusqu'à 2 m ou 2,5 m de hauteur puis s'étoffe en un gros buisson à la fois attrayant par ses fleurs jaunes en mai, ses fruits bleus au début de l'été et par son feuillage persistant qui rougit en hiver. Ses branches et ses feuilles sont garnies de longues épines qui rendent cette haie totalement infranchissable.

Le port du **berbéris à feuilles en aiguille** est beaucoup plus souple, plus vivant, car les longues branches se couvrent de fleurs jaune-orangé puis de fruits, parfois à deux reprises dans l'année.

♣ *Plantez ces buissons à 1 m les uns des autres, en plein soleil ou à mi-ombre.*

LEUR NOM LATIN

- → **Cotonéaster laiteux :** *Cotoneaster lacteus*
- → **Laurier du Portugal :** *Prunus lusitanica*
- → **Chalef :** *Elaeagnus* x *ebbingei*
- → **Cyprès de Leyland :** X *Cupressocyparis leylandii*
- → **Laurier-cerise du Caucase :** *Prunus laurocerasus* 'Caucasica'
- → **Berbéris de Juliana :** *Berberis julianae*
- → **Berbéris à feuilles en aiguille :** *Berberis stenophylla*

• TAILLEZ-LES
Taillez court l'ensemble des branches des jeunes plantes à 10 cm de leur base, au printemps suivant le premier anniversaire de leur plantation.

• ARROSAGES
Assurez-vous que vos persistants n'aient jamais soif durant les trois premières années d'installation. Désherbez et ameublissez soigneusement la terre sur un rayon de 50 cm autour du tronc et recouvrez le sol d'une couche de feuilles mortes, de paille ou de compost à demi mûr pour garder l'humidité. En cas de sécheresse, douchez souvent leur feuillage et arrosez-les abondamment, de préférence le soir.

• PENSEZ-Y
Pour que vos cyprès de Leyland n'aient pas l'air malingres, recoupez en août 1/3 de la nouvelle pousse, reconnaissable à sa couleur verte. Taillez ainsi le tronc et les ramifications principales le temps qu'ils restent à votre portée.

• LA BONNE ÉPOQUE
♣ Pour planter : août-septembre et mars-avril.
♣ Pour tailler : août-début septembre.

ELLES CONVIENNENT AUSSI

- Abélia 'Edward Goucher' p. 137
- Bambou doré p. 174
- Troène commun p. 294

Des haies qu'on ne taille pas

L'entretien d'une haie libre constituée d'arbustes à fleurs classiques est très difficile, car les tailles qu'ils demandent pour bien fleurir ne sont pas compatibles avec le rôle d'écran que l'on veut leur faire jouer.
Pour un tel usage, nous avons donc sélectionné des arbustes à fleurs ou à feuillage décoratif qui ne demandent pas de taille précise pour être jolis, mais qui, à l'occasion, peuvent être taillés sévèrement pour restreindre l'encombrement de la haie.

L'IDÉE FORTE

GARNISSEZ TOUTE LA HAUTEUR

Les arbustes peu taillés ont toujours tendance à monter et à se dégarnir du pied. Prévoyez donc, dès la plantation, des buissons plus bas capables de bien meubler la base de la haie. Choisissez des plantes robustes assez souples pour se faufiler parmi les plus grandes. Ici, cotonéasters et symphorines sont les meilleurs que nous ayons trouvés.

NOTRE CHOIX

Les buissons fleuris sont **des pommiers d'ornement**. Ils sont plantés depuis quatre ans et ont déjà près de 2 m de haut. En automne, les fruits de la variété blanche sont rouge orange, très décoratifs et appréciés des oiseaux en hiver.

♣ *Ils se plaisent dans tous types de sols et peuvent vivre longtemps sans devenir trop encombrants.*

L'arbuste à feuillage pourpre est **un prunier**. Ses petites fleurs simples et roses s'ouvrent au début du printemps et sont déjà fanées quand les pommiers fleurissent. Il met aussi bien en valeur les fleurs blanches que les rouges et, plus tard, les fruits. Ses feuilles prennent de belles couleurs orangées en automne.

♣ *Pour contenir un peu la vigueur de ces buissons, nous coupons une ou deux grosses branches près du pied chaque année.*

DES ARBUSTES DÉCORATIFS

Une viorne (1), à port compact, est très précieuse pour les haies libres, car elle fleurit en abondance en mai, puis elle porte à partir du mois d'août des milliers de fruits rouges, qui persistent tout l'hiver parce que les oiseaux les ignorent. Elle nous évite toute intervention de taille.

1

2

Si la haie doit vous protéger en hiver, rien ne vaut **le houx commun**. Les sujets femelles se couvrent de fruits rouges en automne. Nous l'intercalons souvent entre les autres arbustes, car il renforce le rôle protecteur de la haie.

♣ *Il pousse bien dans tous les terrains un peu frais.*

C'est aussi dans la haie libre que les feuilles bien persistantes de **la viorne de Prague** sont les plus utiles. De plus, ses branches sont longues et s'entremêlent facilement avec celles des arbustes voisins. Ses fleurs crème sont, en comparaison, bien peu attrayantes.

DES ARBUSTES FLORIFÈRES

Une haie défensive n'est pas forcément triste. Avec **le berbéris de Julian (2)**, elle est attrayante à plusieurs reprises : en avril-mai avec ses fleurs jaunes, en été quand ses fruits bleus mûrissent, en automne et en hiver quand certaines de ses feuilles deviennent complètement rouges. Ses épines comptent parmi les plus acérées.

L'amélanchier épanouit ses bouquets de petites fleurs blanches au moment où ses feuilles teintées de roux se développent. Ses fruits bleus sont comestibles et ses couleurs d'automne spectaculaires.

♣ *Il atteint 3 m de haut, mais garde toujours un port très léger.*

LEUR NOM LATIN

- → **Pommier d'ornement :** *Malus* 'Coccinella' (rouge) et *Malus* 'Evereste' (blanc)
- → **Prunier pourpre :** *Prunus cerasifera* 'Pissardii'
- → **Viorne compacte :** *Viburnum opulus* 'Compactum'
- → **Houx commun :** *Ilex aquifolium*
- → **Viorne de Prague :** *Viburnum pragense*
- → **Berbéris de Julian :** *Berberis julianae*
- → **Amélanchier :** *Amelanchier canadensis*

• VOCABULAIRE
* Porte-greffe : plante sauvage obtenue par semis sur les racines desquelles on greffe une plante horticole.

• ASTUCE
Lors de l'achat des pommiers ou des prunus, demandez des plantes multipliées par boutures. Elles sont moins vigoureuses et il n'y a pas de risque de voir démarrer les porte-greffes* après une taille sévère.

• COMMENT PLANTER ?
Mieux vaut installer toutes les plantes très jeunes au même moment pour former un véritable écran plutôt que de vouloir intercaler des nouveaux arbustes parmi d'autres déjà établis.

• ENTRETIEN
Gardez le sol au pied de la haie bien propre grâce à des binages répétés ou à un épais paillage pendant deux ans. Passé ce laps de temps, vous pouvez installer des plantes tapissantes pour éviter l'installation de mauvaises herbes.

• DISTANCES
Comptez un arbuste par mètre de haie.

ELLES CONVIENNENT AUSSI

• Abélia p. 151
• Aubépine p. 295
• Églantier p. 333
• Troène panaché p. 173

Une haie-massif

Généralement, le rôle d'une haie est de clôturer, alors que celui d'un massif est d'agrémenter un jardin. On peut allier ces deux fonctions en rassemblant toutes sortes de plantes décoratives peu exigeantes et restant attrayantes toute l'année, pour constituer une barrière aussi efficace qu'une haie d'une seule espèce. On économise ainsi l'achat de la haie, mais on remplacera également les corvées de tailles régulières par un entretien plus agréable.

L'IDÉE FORTE

MÉLANGEZ TOUTES SORTES DE PLANTES

Pour que la haie-massif forme une barrière permanente contre la vue, le vent et les intrusions indélicates, il faut rassembler des plantes attrayantes à toutes les époques de l'année. Mélangez donc des arbustes à fleurs, des buissons à feuillage décoratif, persistants ou caducs, des plantes grimpantes, des rosiers, des conifères et des plantes couvre-sol qui, en habillant la terre, réduisent l'entretien.

NOTRE CHOIX

L'érable 'Flamingo' peut devenir un bel arbre, mais ses branches gagnent à être retaillées régulièrement pour produire leur beau feuillage panaché de blanc et ombré de rose sur les jeunes pousses. Cet arbuste a donc toutes les chances d'être le plus beau quand il est planté dans une haie car il bénéficie de la taille nécessaire chaque année pour maintenir la haie en bon état.

La rose 'Felicia' s'accorde avec le feuillage de l'érable, et ses longues branches trouvent dans l'arbre un support bienvenu. Comme celles-ci sont très épineuses et s'entremêlent aux branches des autres arbustes, elles confèrent à la haie-massif un rôle défensif non négligeable.

Le sapin de Serbie, à droite sur la photo centrale, est un des conifères les plus élégants et les moins encombrants, même en vieillissant. Ses branches retombent gracieusement en lui donnant l'apparence d'une pagode et leur extrémité relevée met en valeur le revers bleuté des aiguilles.

DES BUISSONS COLORÉS

Le cotonéaster de Franchet se distingue surtout par la production abondante de petits fruits orange qui commence à être décorative au milieu de l'été. Son feuillage gris-bleu prend de jolies couleurs d'automne, mais il reste semi-persistant lorsque les hivers ne sont pas trop froids.

Le pommier 'Evereste' (1) est attrayant pendant trois saisons complètes : au printemps, quand sa floraison rose et blanche est très abondante, en automne et en hiver avec ses fruits décoratifs orange. Il peut devenir un petit arbre, mais une taille régulière réduit son encombrement sans nuire à sa floraison ni à sa fructification.

DES BEAUX CONIFÈRES

Le faux cyprès de Fletcher (2) est un conifère au feuillage plumeux, très doux à toucher. Sa croissance élancée est rapide dans son jeune âge et se ralentit ensuite pour culminer entre 3 et 4 m de hauteur. On peut facilement le maintenir plus bas en coupant son tronc principal à la hauteur désirée.

♣ *Sa couleur bleutée est plus belle au soleil, mais le faux cyprès de Fletcher pousse mieux à mi-ombre et dans un endroit protégé des vents dominants.*

2

Le thuya pyramidal forme une belle colonne élancée qui dépasse rarement 1 m de large même lorsqu'il a atteint 4 à 5 m de hauteur. Rassurez-vous, il met une quinzaine d'années pour dépasser 2 m ! Son feuillage d'un beau vert tendre plutôt mat est magnifique tout au long de l'année même s'il fonce un peu en hiver.

♣ *Il suffit de lui couper la tête si vous ne voulez pas le voir dépasser 2 m de hauteur.*

LEUR NOM LATIN

- → **Érable 'Flamingo' :** *Acer negundo* 'Flamingo'
- → **Rosier 'Felicia' :** *Rosa* x *moschata* 'Felicia'
- → **Sapin de Serbie :** *Picea omorika*
- → **Cotonéaster de Franchet :** *Cotoneaster franchettii*
- → **Pommier 'Evereste' :** *Malus* 'Evereste'
- → **Faux cyprès de Fletcher :** *Chamaecyparis lawsoniana* 'Fletcheri'
- → **Thuya pyramidal :** *Thuya occidentalis* 'Pyramidalis Compacta'

• DISTANCES

Tous les sujets susceptibles de dépasser 2 m de hauteur doivent être plantés à 2 m de distance de la clôture. Cela ne vous empêche pas de planter des espèces et des variétés plus basses entre cette limite et la clôture.

ELLES CONVIENNENT AUSSI

- Amélanchier p. 291, 310, 361
- Arbre de Judée p. 97, 129, 135
- Aubépine p. 295
- Berbéris p. 281, 289, 291
- Caragana p. 297
- Chalef p. 109, 289
- Chêne vert p. 119
- Corête panachée p. 173
- Mahonia p. 371
- Néflier p. 125
- Noisetier pourpre p. 145, 375
- Oranger du Mexique p. 137, 373
- Tamaris d'été p. 127

Des haies bien de chez nous

Plantés en ligne et régulièrement taillés, la plupart des arbres et des arbustes de nos régions constituent des haies aussi intéressantes et bien fournies que les compositions d'arbustes exotiques. Ces plantes sont fournies par les pépiniéristes à des prix très bas, car elles sont faciles à multiplier, mais si vous êtes prévoyant, rien n'est plus simple que de bouturer les branches ou de semer les graines d'arbustes qui poussent tout près de chez vous.

L'IDÉE FORTE *DES HAIES ÉCOLOGIQUES*

Planter autour de son jardin les arbustes spontanés* de la région est non seulement une opération très économique, mais aussi très écologique puisque ces plantes sont appréciées de nombreux insectes et attirent beaucoup d'oiseaux. Les haies jardinières peuvent ainsi remplacer les haies bocagères qui continuent à disparaître. Elles contribuent aussi à préserver toute une faune bien plus utile qu'on ne le pense en général.

NOTRE CHOIX

Le sureau noir se rencontre souvent en compagnie du troène dans la nature, car l'un et l'autre s'adaptent à tous les types de terre, y compris les plus mauvaises. Il devient rapidement un petit arbre qui libère des senteurs de miel et de citron lorsqu'il se couvre de fleurs, en juin.

Les feuilles du **troène commun**, petites et allongées, donnent à ce buisson une allure bien plus élégante que celle du troène de Californie communément cultivé. Le troène commun produit de petites grappes de fleurs blanches odorantes en juin, suivies de fruits noirs appréciés des oiseaux. Libre, il atteint 3 m de haut et de large, mais supporte très bien une taille qui le maintient plus compact.

♣ *On le multiplie facilement en faisant des boutures de branches en hiver.*

DES HAIES INFRANCHISSABLES

Les aubépines (1) ont disparu des catalogues des pépiniéristes à cause du « feu bactérien », une maladie dont on a beaucoup exagéré les ravages. Heureusement, nombre d'arbustes spontanés ont été épargnés, et il suffit de semer leurs graines rouges en automne pour obtenir en deux ans de quoi planter une belle haie aux épines infranchissables.

♣ *Comptez un plant tous les 20 cm pour obtenir une belle haie dense.*

1

Le prunellier est un peu plus difficile à contenir en haie taillée mais convient très bien sur un talus où ses racines drageonnantes*, qui produisent sans cesse de nouvelles pousses, retiennent parfaitement la terre. Les branches, garnies de longues épines, portent des fleurs blanches en avril, suivies de petites prunes bleues aigrelettes en août.

♣ *Récupérez de jeunes plantes autour d'un arbuste ou fichez des branches en terre au début de l'automne.*

DES HAIES CLASSIQUES

Le hêtre ressemble beaucoup au charme et se distingue par ses feuilles bien lisses et brillantes. Celles-ci prennent de magnifiques couleurs en automne et, si la taille est effectuée en août, elles sèchent et restent fixées aux branches, rendant les haies opaques même au cœur de l'hiver.

♣ *Quelques hêtres pourpres mélangés aux hêtres verts permettent d'obtenir un effet de tapisserie.*

L'érable champêtre pousse plus vite que le charme et le hêtre, mais il est plus difficile à maintenir en haie étroite. Laissez-le donc s'élargir pour former une haie arrondie de 1 à 1,50 m de haut et de large. Ses jeunes pousses rouges et des couleurs d'automne jaune d'or l'animent tout au long de la belle saison.

♣ *Un plant tous les 50 cm suffit. Dans les terres sèches, utilisez plutôt l'érable de Montpellier* (Acer monspessulanum) *qui lui ressemble beaucoup.*

Le charme (2) constitue des haies à la fois très simples et d'une distinction proche de celle de l'if chez les conifères. Très malléable, il adopte la forme et la hauteur que l'on désire et il suffit d'une seule taille par an, en août, pour garder les haies bien nettes pendant tout l'hiver.

♣ *Achetez du tout petit plant (30/40 cm), qui s'installe et pousse plus vite que du plant plus âgé.*

2

LEUR NOM LATIN

- → **Troène commun :** *Ligustrum vulgare*
- → **Sureau noir :** *Sambucus nigra*
- → **Aubépine :** *Crataegus oxyacantha*
- → **Prunellier :** *Prunus spinosa*
- → **Hêtre :** *Fagus sylvatica*
- → **Érable champêtre :** *Acer campestre*
- → **Charme :** *Carpinus betulus*

• VOCABULAIRE

* Drageonnant : se dit d'une racine qui produit des pousses à distance du pied d'origine.
* Spontané : qui pousse naturellement.

• DISTANCES

Le charme et le hêtre se plantent à écartement variable selon la hauteur que l'on désire donner à la haie. Ainsi :

- ♣ pour une haie de 1 m à 1,50 m de hauteur, plantez à 30 cm d'écart ;
- ♣ pour une haie de 2 m de haut, plantez à 40-50 cm d'écart ;
- ♣ pour une haie supérieure à 2 m, plantez à 1 m d'écart.

• ASTUCE

Pour obtenir plus rapidement une haie bien dense, entremêlez les jeunes branches dans le plan de la haie.

• PENSEZ-Y

Tous ces arbustes peuvent être plantés en mélange pour composer des haies champêtres très variées. Mais, pour un effet vraiment naturel, n'échantillonnez pas trop les espèces. Faites plutôt dominer l'une d'entre elles en la laissant représenter au moins 50 % de la quantité totale de plantes.

ELLES CONVIENNENT AUSSI

• Cornouiller mâle p. 143, 311, 333, 361
• Houx p. 291, 299

Une haie à bouturer sur place

De nombreux arbustes se multiplient facilement si l'on fiche en terre, aux mois d'octobre-novembre, des morceaux de branches de l'année longs de 20 à 25 cm. Il suffit donc de repiquer des boutures tous les 15 à 30 cm sur une ou deux rangées pour obtenir, en moins de deux ans, une haie très attrayante, composée d'espèces variées. Cette technique peut être adaptée à des plantes de différentes vigueurs pour constituer des haies faciles à maintenir à la hauteur voulue.

L'IDÉE FORTE

DE BELLES HAIES POUR TROIS FOIS RIEN

Avec cette technique très simple, il n'y a plus aucune raison de ne pas bien entourer son jardin, un verger ou une prairie, même si leur périmètre est important. Il suffit de posséder les plantes mères pour bouturer, mais on peut aussi se procurer les boutures chez un voisin ou un ami, voire même les prélever dans la nature si on désire implanter une haie écologique, à base d'espèces locales.

NOTRE CHOIX

Avec son feuillage pourpre très foncé, **le prunus 'Pissardii'** fait bien ressortir les autres feuillages plus clairs. Implanté régulièrement, il forme la trame d'une grande haie au fond du jardin, destinée à filtrer les vents d'ouest. Certaines années, il se couvre de fleurs roses au début d'avril, juste avant la sortie des feuilles.

♣ *Juste à côté, le noisetier pourpre, que l'on ne peut pas bouturer de cette manière, a été planté sous forme de très jeune plante.*

Le saule pourpre est ainsi qualifié en raison de la couleur foncée de ses rameaux, mais son feuillage est plutôt vert clair, nuancé de bleu. Il atteint 3 à 4 m de hauteur et produit de jolis chatons argentés à la fin de l'hiver, juste avant la taille.

Le peuplier du Canada, à droite de la photo, est un excellent brise-vent grâce à sa croissance rapide, mais il ne faut pas laisser ses branches pousser trop haut : elles peuvent croître de plus de 1,50 m par an.

DES BUISSONS MOYENS

Le cornouiller à bois jaune (1) pousse aussi vite qu'un saule et produit de beaux rameaux colorés de jaune-vert, bien brillants pendant l'hiver. Il atteint 2 m de hauteur et de largeur, mais on le contient facilement en coupant ses tiges près du sol un an sur deux à la fin de l'hiver. Mélangez-le à des cornouillers à bois rouge.

♣ *Implantez les boutures en quinconce, sur deux rangées distantes de 50 cm et coupez-en une chaque année.*

1

2

Le caragana est un arbuste au port un peu raide mais que sa croissance rapide et sa facilité de multiplication rendent très utiles pour composer des haies, sans parler des petites épines dissuasives qui hérissent ses branches. Son feuillage fin, élégant et d'un beau vert frais est toujours l'un des premiers à se montrer au printemps, avant de mettre en valeur les petites fleurs de pois jaunes.

♣ *Il apprécie une terre légère et bien drainée, mais il s'adapte à toutes les conditions. Même s'il dépasse 3 m de hauteur, il se taille bien.*

DES BUISSONS BAS

La symphorine blanche (2) ne dépasse guère 1,50 m de hauteur, car ses tiges se courbent sous le poids des nombreux fruits qui pèsent à leur extrémité à la fin de l'été et persistent jusqu'aux fortes gelées. Mélangé à d'autres arbustes, le buisson ne demande pas de taille particulière. Par contre, mieux vaut rabattre de moitié une haie uniforme pendant l'hiver pour qu'elle garde un peu de tenue pendant l'été.

♣ *Il existe des variétés à fruits roses, hautes de 1 m seulement.*

Fleuri tout l'été, **le millepertuis 'Hidcote'** forme de jolies haies basses que l'on peut doubler, par exemple, d'une rangée de lavandes. Ses grandes fleurs jaunes, pourvues d'un généreux bouquet d'étamines, peuvent s'épanouir à mi-ombre et éclairer des endroits un peu sombres.

LEUR NOM LATIN

- → **Prunus 'Pissardii' :** *Prunus* x *cerasifera* 'Pissardii'
- → **Saule pourpre :** *Salix purpurea*
- → **Peuplier du Canada :** *Populus serotina*
- → **Cornouiller à bois jaune :** *Cornus stolonifera* 'Flaviramea'
- → **Caragana :** *Caragana arborescens*
- → **Symphorine blanche :** *Symphoricarpos albus*
- → **Millepertuis 'Hidcote' :** *Hypericum* 'Hidcote'

• ASTUCE
Si vous ne possédez pas les plantes mères dans votre jardin, procurez-vous un plant de chaque espèce et taillez chacun d'eux très court, de manière à récupérer le plus de bois possible. S'ils sont peu vigoureux, cultivez-les un ou deux ans avant de prélever la quantité de boutures nécessaires.

• LA BONNE ÉPOQUE
Chez la plupart des espèces, les meilleures boutures sont celles coupées juste avant la chute des feuilles.

• COMMENT BOUTURER ?
Une bouture mesure 25 à 30 cm de long. Elle est coupée en bas juste au-dessous d'un bourgeon et en haut, juste au-dessus d'un autre.

• COMMENT PLANTER ?
Matérialisez l'emplacement de la haie par un fil tendu entre quelques piquets et enlevez l'herbe sur une largeur équivalente à deux pieds, avec une houe ou une bêche en coupant la base des racines. Fichez les boutures sur les trois quarts de leur hauteur en ne laissant dépasser que deux ou trois bourgeons. Étalez sur la terre nue une couche de feuilles mortes, de vieux foin ou de vieille paille.

ELLES CONVIENNENT AUSSI

• Cerisier à grappes p. 119
• Deutzia p. 137
• Saule blanc p. 119
• Tamaris d'été p. 127

Des buissons faciles à semer

NOTRE CHOIX

Beaucoup d'arbustes et même de conifères utilisés pour former des haies se multiplient facilement par semis. Cette opération demande juste un peu de patience car, en général, il s'écoule deux ou trois années entre le semis et la mise en place des plantes en pleine terre, parfois plus pour les conifères. Ce procédé peut paraître long, mais, lorsque l'on désire planter de grandes longueurs de haies avec des arbustes difficiles à bouturer, c'est la façon la plus économique qui soit.

Les genêts à balais ont une croissance très rapide et produisent en mai une grande quantité de fleurs jaunes chez l'espèce sauvage, rouges, orangées ou bicolores chez les variétés du commerce. Plantés tous les mètres, ils constituent un écran de 2 m de haut en moins de trois ans et sont utiles pour occuper la place le temps que des espèces à croissance plus lente s'installent.

Les ajoncs ressemblent beaucoup aux genêts mais ont un port plus touffu et sont abondamment pourvus d'épines acérées. Plantés tous les 50 cm, ils forment ainsi des écrans totalement infranchissables. Adaptés aux terres sableuses, ils sont particulièrement utiles en bordure de mer, où ils poussent plus vite et bien mieux que les thuyas ou les cyprès.

♣ *Repiquez les jeunes plantes de genêts ou d'ajoncs en pleine terre dès qu'elles sont assez grandes pour être manipulées.*

L'IDÉE FORTE *LA DIVERSITÉ DANS L'UNITÉ*

Contrairement au bouturage, le semis ne produit pas toujours des plantes rigoureusement identiques entre elles. Par exemple, la couleur des fleurs peut être différente, surtout si on prélève des graines sur des variétés ou des plantes hybrides. Une haie constituée de ces semis semble uniforme pendant une partie de l'année et très diversifiée à d'autres moments. C'est une bonne manière de s'entourer d'une clôture qui n'est pas monotone.

2

1

DES SEMIS ÉPINEUX

Les graines du **houx (1)** attendent souvent deux ans avant de germer et les jeunes plantes demandent deux à trois années de culture avant de pouvoir être repiquées à leur place définitive. Le semis permet cependant d'obtenir une grande quantité de plantes qu'il est difficile de se procurer dans le commerce à un prix raisonnable.

♣ *Le semis donne un mélange de plantes mâles et de plantes femelles indispensables pour obtenir plus tard de nombreux fruits.*

Les semis de **buissons ardents** produisent des plantes très vigoureuses, idéales pour constituer une barrière très efficace contre les intrus ou le bétail d'une prairie voisine. Les plantes produisent, selon leur origine, des fruits de couleur rouge ou orange, mais de nombreuses nuances viennent animer les plantations.

♣ *Pour obtenir une haie très étroite, taillez vos plantes alors qu'elles sont encore jeunes.*

Les cognassiers du Japon adultes produisent de très gros fruits à l'intérieur desquels on trouve une multitude de graines faciles à semer. Les plantes obtenues ont une floraison de qualité inférieure à celle des variétés sélectionnées, mais, comme elles sont plus vigoureuses, elles forment d'excellents écrans au fond du jardin ou fixent les talus de leurs racines drageonnantes*.

DES CONIFÈRES À SEMER

Les petites boules cornues qui ornent **les vieux thuyas d'Occident (2)** s'ouvrent pour libérer une ou plusieurs graines selon les variétés. Elles donnent des jeunes plantes différentes de la plante mère, mais qui, souvent, ont un aspect bien plus naturel et qui se révèlent idéales pour constituer une haie non taillée.

Certaines années, **les ifs** se couvrent de fruits rouges. Leurs graines donnent en trois ans des jeunes plantes que l'on repique à 30 ou 50 cm les unes des autres pour former de belles haies bien denses, souvent trop onéreuses avec des plantes du commerce.

♣ *Dans une terre enrichie de fumier bien décomposé, les jeunes plantes poussent de 20 à 30 cm par an !*

LEUR NOM LATIN

- → **Genêt à balais :** *Cytisus scoparius*
- → **Ajonc :** *Ulex europaeus*
- → **Houx :** *Ilex aquifolium*
- → **Buisson ardent :** *Pyracantha x rogersiana*
- → **Cognassier du Japon :** *Chaenomeles speciosa*
- → **Thuya d'Occident :** *Thuya occidentalis*
- → **If :** *Taxus baccata*

• VOCABULAIRE
* Drageonnant : se dit d'une racine qui produit des pousses à distance du pied d'origine.

• LA TERRE
Choisissez un pot assez large (minimum 20 cm) et profond. Remplissez pour moitié de bonne terre du jardin et de l'autre d'un mélange de sable et de tourbe.

• ASTUCE
Une fois les graines réparties sur le mélange sable/tourbe, recouvrez-les de petits gravillons jusqu'au niveau supérieur du pot. Ceux-ci forment un microclimat chaud et humide, favorable à la germination.

• LA BONNE ÉPOQUE
Semez dès que les fruits sont mûrs et laissez les pots dehors afin qu'ils subissent toutes les intempéries. Arrosez copieusement une fois après le semis et, ensuite, uniquement après la levée des graines.

ELLES CONVIENNENT AUSSI

- Amélanchier p. 291, 361
- Aubépine p. 295
- Berbéris p. 281, 265
- Caragana p. 297
- Charme p. 284, 295
- Chêne vert p. 119
- Érable champêtre p. 295
- Hêtre p. 295
- Mahonia à feuilles de houx p. 141
- Olivier de Bohême p. 121, 126
- Prunellier p. 295
- Sureau noir p. 294

Des couvre-sols sous les arbustes

Une haie libre est plus perméable au soleil et à l'eau de pluie qu'une haie taillée. Au sol, les conditions sont donc bien plus favorables aux mauvaises herbes, mais aussi à une flore plus décorative. N'espérez pas obtenir beaucoup de fleurs pour égayer le pied des buissons. Misez plutôt sur des plantes robustes, un peu envahissantes, et choisissez-les avec un feuillage attrayant. Considérez les fleurs comme un plus.

NOTRE CHOIX

Le lamier jaune de Florence est une des rares plantes tapissantes capables de se montrer envahissante dans les conditions les plus extrêmes. Ici, ses longues tiges ne gênent personne, et son feuillage persistant marbré anime un peu la haie dénudée en hiver. Au printemps, ses jeunes pousses sont bien colorées et portent des bouquets de fleurs jaunes.

Le lamier partage l'endroit avec **la consoude naine** qui est une des plantes que nous qualifions d'indestructibles, car le moindre fragment de racine peut redonner une nouvelle plante. Elle forme un tapis serré de feuilles rugueuses vert foncé qui ne disparaissent que pendant les mois les plus froids. Au printemps, elle est couverte de petites fleurs tubulaires rougeâtres puis blanc crème.

L'IDÉE FORTE

LIMITEZ BIEN LA LISIÈRE

Les plantes tapissantes sont toujours attirées par la lumière plus forte qu'elles trouvent en lisière des arbustes. Il faut les limiter régulièrement avec la tondeuse en passant à l'aplomb des branches des arbustes. Cela les oblige à envoyer leurs branches dans d'autres directions, c'est-à-dire sous la haie, là où l'on souhaite les voir former un joli tapis. Certaines se défendent en grimpant un peu dans les branches basses.

DES PLANTES INDESTRUCTIBLES

À côté du lamier jaune, **le lamier pourpre (1)** est beaucoup plus sage, mais c'est quand même une plante trop vigoureuse pour la mêler à des fleurs plus délicates. Ses feuilles triangulaires sont marquées d'un trait blanc, et ses fleurs, d'un rose soutenu, s'épanouissent en mai-juin avec quelques nouvelles floraisons durant l'été.

1

Si vous aimez la netteté et la simplicité, optez alors pour un beau tapis de lierre. Le meilleur pour cet usage est **le lierre d'Irlande** aux grandes feuilles bien lobées. Installez-le plutôt entre des arbustes déjà âgés et bien placés. Cette espèce ne cherche pas trop à grimper sur les troncs.

♣ *Un seul plant suffit pour recouvrir 1 m² en une année.*

DES PLANTES PLUS SAGES

On aperçoit dans un coin de la photo, page de gauche, les grandes feuilles rondes d'**un géranium vivace***. C'est un hybride* à fleurs bleu violacé, qui est très vigoureux, mais qui ne produit pas de graines. Il fleurit en mai, en même temps que les viornes au pied desquelles nous l'avons installé.

Bien que **le tolméia doré (2)** soit prolifique, il ne s'enracine jamais très profondément et il est très facile à limiter. Nous aimons son feuillage finement taché d'une étrange couleur soufre. Il met bien en valeur les fleurs bleues des géraniums ou celles des primevères qui se ressèment parfois au cœur de ses touffes.

2

Le bord lumineux mais ombragé du pied de la haie est la situation favorite de **la pulmonaire.** Cette plante montre au tout début du printemps ses petites corolles bleues et roses. Elles sont vite effacées par des feuilles rugueuses et curieusement maculées de taches argentées étonnamment lumineuses.

LEUR NOM LATIN

- ➜ **Lamier jaune de Florence :** *Lamiastrum galeobdolon* 'Florentinum'
- ➜ **Consoude naine :** *Symphitum grandiflorum*
- ➜ **Lamier pourpre :** *Lamium maculatum* 'Roseum'
- ➜ **Lierre d'Irlande :** *Hedera hibernica*
- ➜ **Géranium vivace :** *Geranium* x *magnificum*
- ➜ **Tolméia doré :** *Tolmeia menziesii* 'Taffes' Gold'
- ➜ **Pulmonaire :** *Pulmonaria saccharata*

• VOCABULAIRE

* Hybride : résultat d'un croisement entre deux espèces différentes.
* Vivace : qui résiste au gel en hiver.

• ASTUCE

On trouve plus facilement le tolméia doré chez les fleuristes que chez les pépiniéristes, car il est vendu comme suspension. Implantez-le au jardin au printemps et il se montrera parfaitement rustique.

• ENTRETIEN

Pour que vos plantes forment de beaux tapis, fauchez-les une fois par an au milieu de l'été avec votre tondeuse dans les endroits accessibles, ou avec une faucille sous les branches basses.

ELLES CONVIENNENT AUSSI

- Anémone des bois p. 178, 317
- Aspérule odorante p. 179
- Épimède p. 168
- Petit lierre p. 168
- Petite pervenche panachée p. 169
- Polypode p. 181

Des plantes au pied de la haie taillée

Les manuels traditionnels conseillent de garder le pied des haies taillées exempt de mauvaises herbes. En effet, elles gênent l'installation des jeunes arbustes, et leur végétation fait mourir les branches basses, surtout celles des conifères.
En fait, les deux premières années étant passées, l'idéal est d'implanter au pied des haies de belles plantes couvrantes, choisies à la fois pour leur petite taille et pour leur grande résistance, car, ici, les conditions de vie sont plus difficiles que sous la haie libre.

L'IDÉE FORTE

CRÉEZ UN PATCHWORK

Si la longueur de haie n'est pas très importante, une seule sorte de plante couvrante est suffisante. Mais dans le cas contraire, mieux vaut rompre la rectitude et l'uniformité de ce mur végétal en mélangeant plusieurs plantes tapissantes de manière à créer une sorte de patchwork dont les couleurs varient au fil des saisons.

NOTRE CHOIX

Du côté ensoleillé d'une haie de grands cyprès de Leyland, **le géranium à grosses racines** forme un beau tapis de feuilles velues et odorantes couvert de fleurs roses en mai et en juin. En hiver, certaines feuilles persistent en adoptant de belles teintes rouges.

Il est accompagné d'une variété d'**oreilles d'ours** qui ne fleurit pas. Elle forme des jolies taches argentées dont la hauteur ne dépasse pas 10 cm. Elle est assez vigoureuse pour ne pas se laisser envahir par le géranium vivace.

Pour animer encore le tout, quelques plants d'**euphorbe petit cyprès** ont été disséminés au cœur même des groupes de géraniums. Leurs racines s'insinuent parmi celles de leurs compagnes, et leurs fleurs acides réveillent un peu les couleurs.

♣ *La pauvreté du terrain évite qu'elle ne devienne trop envahissante.*

DES PLANTES CÔTÉ OMBRE

La fougère scolopendre qui s'installe souvent toute seule au creux des vieux murs peut constituer une très jolie bordure sur le côté ombragé d'une haie. Ses longues feuilles coriaces persistent tout l'hiver et ne sont renouvelées qu'à la fin du printemps.

♣ *Il suffit d'en installer un plant tous les 50 cm et de leur laisser de deux à trois ans pour former de belles touffes.*

Les bergénias (1) sont d'un grand secours du côté ombragé des haies bien plus difficiles à habiller. On en trouve désormais beaucoup de variétés aux feuilles plus ou moins rouges et à la floraison plus ou moins brillante.

♣ *Celles qui fleurissent le mieux sont les variétés tardives qui échappent aux dernières gelées.*

1

DES PLANTES CÔTÉ SOLEIL

Une des plantes que l'on appelle **corbeille d'argent** possède de jolies feuilles grises, grandes comme des oreilles de souris. Elle tapisse parfaitement bien la terre et se hasarde parfois à grimper un peu dans les branches basses. Il vaut mieux l'installer sous une haie caduque*, de charmes ou d'aubépines.

Au pied d'une autre haie de conifères bleutés, nous avons installé des **acaena de Nouvelle-Zélande (2)**, dont les petites feuilles sont également bleutées. Elle est persistante, frugale et résiste à tout, même aux passages répétés des chiens. Par endroit, elle est accompagnée par les clochettes bleues de petites campanules.

2

LEUR NOM LATIN

- ➜ **Géranium à grosses racines :** *Geranium macrorrhizum*
- ➜ **Oreille d'ours :** *Stachys byzantina* 'Silver Carpet'
- ➜ **Euphorbe petit cyprès :** *Euphorbia cyparissias*
- ➜ **Fougère scolopendre :** *Phyllitis scolopendrium*
- ➜ **Bergénia :** *Bergenia* x *cordifolia*
- ➜ **Corbeille d'argent :** *Cerastium tomentosum*
- ➜ **Acaena de Nouvelle-Zélande :** *Acaena* 'Blue Haze'

• VOCABULAIRE
* Caduque : qui perd ses feuilles en hiver.

• TAILLEZ-LES
En octobre, une fois tous les deux ou trois ans, tondez ces plantes tapissantes le plus près possible du sol. Étalez sur elles vos dernières tontes ou les feuilles mortes. Les plantes seront bien plus vigoureuses au printemps suivant.

• NOTRE EXPÉRIENCE
Remuez le terrain avec une fourche-bêche pour ne pas blesser les racines des arbres. Si la haie est placée depuis longtemps, apportez une couche d'au moins 10 cm de fumier très décomposé ou de compost du commerce.

• ARROSAGES
Arrosez attentivement les plantes le premier été qui suit leur plantation afin qu'elles restent vigoureuses.

• QUAND PLANTER ?
De préférence en septembre, après la dernière taille des haies.

ELLES CONVIENNENT AUSSI

- Euphorbe de Mrs Robb p. 181
- Géranium sanguin p. 88, 255
- Petit lierre 'Ivalace' p. 168
- Tolméia doré 'Taff's Gold' p. 267, 301
- Waldsteinie p. 169

Un grillage bien habillé

Le grillage est aujourd'hui le matériau le plus utilisé pour les clôtures car il est peu cher et facile à poser et parce qu'il dure en moyenne une vingtaine d'années. Au lieu d'être doublé d'une haie, il peut servir de support pour des plantes décoratives ou défensives qui grimpent toutes seules ou que l'on palisse. En les choisissant peu envahissantes, on obtient alors, à la place d'une haie coûteuse, un beau rideau de verdure qui habille le grillage toute l'année sans lui nuire.

NOTRE CHOIX

'Polka' appartient à une nouvelle génération de rosiers grimpants peu encombrants, qui ne dépassent guère 2 m de hauteur. De nouvelles tiges naissant au pied de la plante viennent régulièrement remplacer les plus anciennes quand celles-ci ne fleurissent presque plus.

♣ *Il suffit de donner aux tiges nouvelles une forme arquée en les accrochant au grillage pour les rendre plus florifères.*

Le chèvrefeuille des haies grimpe tout seul en s'enroulant tout le long des mailles du grillage. Une seule plante peut couvrir plusieurs mètres carrés. Il fleurit en juin et souvent à nouveau à la fin de l'été. Ses fleurs crème peuvent être teintées de jaune, de rose ou de rouge selon les variétés.

♣ *Dès que leurs fleurs sont fanées, taillez toutes les pousses près du grillage pour favoriser leur renouvellement, limiter le volume des plantes et éliminer les fruits rouges toxiques pour les enfants.*

L'IDÉE FORTE

CRÉEZ UNE TAPISSERIE VÉGÉTALE

Beaucoup de plantes à fleurs, à fruits ou à feuillages décoratifs peuvent être palissées sur un grillage, de même que des petits fruitiers comme le groseillier à maquereau, que ses branches épineuses rendent défensif. N'hésitez pas à en planter une grande variété et à laisser se mélanger les branches pour transformer votre grillage en tapisserie végétale colorée le plus longtemps possible au cours de l'année.

UN HABILLAGE ANNUEL

L'ipomée (1) ressemble à un liseron aux grandes fleurs bleues, roses ou pourpres et quelquefois panachées, selon les variétés. Semée vers la mi-mai dans un endroit chaud et ensoleillé, elle recouvre très vite son support et produit d'innombrables corolles qui se renouvellent chaque jour pendant tout l'été.

1

La capucine des canaris est très étonnante, car elle ne ressemble pas aux autres capucines. Ses feuilles sont lobées* au lieu d'être rondes et ses petites fleurs jaunes ont des pétales découpés qui leur donnent une allure très légère. La capucine est très florifère en plein soleil, mais il vaut mieux éviter de la semer dans un endroit trop chaud pour préserver la beauté de son feuillage.

Le houblon panaché préfère lui aussi une situation protégée du plein soleil mais suffisamment claire pour que les zones blanches qui colorent ses feuilles vertes soient remarquables. Il apprécie une terre riche, qui lui donne de la vigueur pour atteindre environ 2 m de hauteur en moins de deux mois de croissance.

UN HABILLAGE PERMANENT

La symphorine 'Hancok' (2) est souvent utilisée pour couvrir les talus, car ses longs rameaux souples s'enracinent facilement lorsqu'ils touchent le sol. Leur souplesse permet de les palisser sur un grillage, qu'ils habillent de leurs petites feuilles rondes très élégantes et de leurs baies rose foncé en automne et en hiver.

2

♣ *Elle pousse dans tous types de sol et de situation, ensoleillés ou ombragés.*

Le lierre est plutôt destiné à grimper contre les murs, mais ses longues tiges sont faciles à entrelacer aux mailles d'un grillage. Leurs ramifications courtes se rejoignent et finissent par former une cloison opaque toute l'année. En taillant une ou deux fois par an les pousses développées sur les côtés, la clôture de lierre reste mince et se rigidifie peu à peu.

LEUR NOM LATIN

- ➜ **Rosier 'Polka' :** *Rosa* 'Polka'
- ➜ **Chèvrefeuille des haies :** *Lonicera periclymenum*
- ➜ **Ipomée :** *Ipomoea volubilis*
- ➜ **Capucine des canaris :** *Tropaeolum peregrinans*
- ➜ **Houblon panaché :** *Humulus japonicus* 'Variegatus'
- ➜ **Symphorine 'Hancock' :** *Symphoricarpos* x *chenaultii* 'Hancock'
- ➜ **Lierre :** *Hedera helix*

• VOCABULAIRE
* Lobée : se dit d'une feuille divisée en parties aux extrémités arrondies.

• ASTUCE
À la plantation, étendez les branches du chèvrefeuille à l'horizontale de part et d'autre de la plante. Ainsi, chaque bourgeon donne une nouvelle pousse et la plante occupe rapidement une surface importante.

• SACHEZ QUE
Les grillages à grandes mailles soudées sont évidemment les plus propices au palissage car les fils ne risquent pas d'enserrer les branches.

• COMMENT SEMER ?
Semez les ipomées, capucines et le houblon directement en place après les dernières gelées. Maintenez le sol humide pour leur assurer une levée et un début de croissance rapides.

ELLES CONVIENNENT AUSSI

- Actinidia p. 309
- Clématite p. 306, 309
- Haricot à fleurs rouges p. 359

Des grimpantes à installer dans la haie

Même lorsqu'elles sont constituées des plus belles essences, les haies strictes ou libres manquent parfois d'intérêt. Les barrières, grillages et autres clôtures sont souvent encore plus ennuyeux, car leur aspect ne change pas de l'année.
La seule parade à cet état consiste à les habiller de quelques lianes, dont les fleurs ou de jolies feuilles apportent un peu de gaieté. Elles doivent supporter la concurrence des arbustes sans pour autant les étouffer par une végétation trop vigoureuse.

N O T R E   C H O I X

La clématite 'Orange Peel' est à la fois très robuste, très florifère, parfumée, et très facile à tailler puisqu'il suffit de couper toutes ses tiges à 30 cm du sol à la fin de chaque hiver. Ses petits lampions jaunes commencent à s'ouvrir fin juillet pour ne s'arrêter qu'avec les gelées, mais elle reste attrayante longtemps encore avec ses fruits plumeux qui semblent autant de pompons argentés.

♣ *Elle s'étend sur près de trois mètres de haut et de large. Ici, c'est une sélection du fusain d'Europe nommée 'Red Cascade' qui lui sert de support.*

Un peu plus loin, nous avons essayé, avec autant de succès une autre **clématite d'été à petites fleurs** 'Mme Julia Correvon'. Elle se cultive de la même manière et ses fleurs rouge-pourpre, à quatre pétales sont très belles sur un olivier de Bohème au joli feuillage gris.

L'IDÉE FORTE

COMBINEZ LES INTÉRÊTS

Amplifiez l'importance visuelle de la plante grimpante en la combinant à un arbuste de la haie capable de s'accorder avec elle. Ici, la clématite jaune fleurit toute la seconde moitié de l'été et elle s'associe parfaitement au fusain d'Europe 'Red Cascade' qui est un des premiers arbustes à adopter ses couleurs d'automne. Ensemble, ils sont plus remarquables que l'un et l'autre séparément.

1

2

DES GRIMPANTES À FEUILLES COLORÉES

Le chèvrefeuille réticulé est un petit bijou que nous introduisons toujours dans une haie libre, car ses feuilles aux nervures dorées illuminent leur support en toutes saisons. Il est très spectaculaire en automne, mêlé aux couleurs vives et aux fruits rutilants.

♣ *Cette sélection ne fleurit pas et donne le meilleur d'elle-même du côté ombragé de la haie.*

Pour égayer un rideau de grands conifères bleutés, nous n'avons rien trouvé de mieux que **le houblon doré (1)**. Cette liane se faufile dans les branches sans vraiment s'accrocher, et comme toute sa ramure sèche en hiver, les conifères peuvent respirer au moins six mois de l'année. Ses jeunes pousses printanières bien blondes sont magnifiques.

♣ *Ne le plantez pas en plein soleil, son feuillage serait trop jaune ou brûlerait.*

DES LIANES FLEURIES

Le chèvrefeuille des haies embaume les vieilles haies en juin et à nouveau à la fin de l'été. La meilleure sélection actuelle s'appelle 'La Gasnerie'. Elle grimpe modérément et forme plutôt un gros buisson chargé de fleurs rouges et crème, débordant de parfum.

Sur un grillage peu élevé, **le pois de senteur vivace* (2)** donne le meilleur de lui-même. Sa façon de s'accrocher, de ramper et de se hisser sur son support est fascinante, et ses fleurs rose vif qui se succèdent au cœur de l'été se remarquent de loin.

Pour habiller rapidement un grillage ou une jeune haie, essayez de semer quelques **capucines** au début du mois de mai. Moyennant quelques arrosages, elles germent puis grimpent très vite pour se couvrir de fleurs tout l'été. Si leur couleur orange vous paraît trop vive, sachez qu'il existe désormais de très belles nuances rouge sombre ou pêche.

LEUR NOM LATIN

- → **Clématite 'Orange Peel' :** *Clematis tibetana spp. vernayi*
- → **Clématite d'été à petites fleurs :** *Clematis* 'Mme Julia Correvon'
- → **Chèvrefeuille réticulé :** *Lonicera japonica* 'Aureoreticulata'
- → **Houblon doré :** *Humulus lupulus* 'Aureus'
- → **Chèvrefeuille des haies :** *Lonicera periclymenum* 'La Gasnerie'
- → **Pois de senteur vivace :** *Lathyrus latifolius*
- → **Capucine :** *Tropaeolum majus*

• VOCABULAIRE
* Vivace : qui résiste au gel en hiver.

• COMMENT PLANTER ?
L'idéal est d'installer la grimpante en même temps que les arbustes de la haie ; on la plante alors sur le même rang. Pour garnir une haie âgée, mieux vaut planter la grimpante à 1 m au moins de la ligne et guider les premières branches vers leur support.

• TAILLEZ-LES
Les chèvrefeuilles supportent d'être taillés en même temps que la haie qui les abrite. Les autres plantes grimpantes repartent du pied chaque printemps. Contentez-vous de supprimer toutes les branches sèches.

• ARROSAGES
Au pied d'une haie âgée, arrosez régulièrement les nouvelles grimpantes pendant les trois premiers étés qui suivent la plantation.

ELLE CONVIENT AUSSI

• Vigne p. 97, 106

Des grimpantes cache-misère

Il y a toujours dans un jardin, des endroits ou des bâtiments peu attrayants que l'on aimerait bien cacher, un tas de gravats que l'on ne peut évacuer quand ce n'est pas un affreux pylône électrique qu'il faudrait pouvoir oublier. Les plantes grimpantes offrent d'excellentes solutions à tous ces problèmes, surtout les plus vigoureuses d'entre elles, qui, parfois, accomplissent leur tâche en l'espace d'un été.

1

NOTRE CHOIX

La glycine du Japon est l'une des lianes fleuries qui poussent le plus vite (de 2 à 4 m par an), et, en été, ses grandes feuilles constituent une masse de verdure très importante. Ainsi laissée à elle-même, elle demande plusieurs années avant de fleurir aussi abondamment que sur cette photo, mais le spectacle justifie cette attente.

♣ *Elle redoute le calcaire qui fait jaunir ses feuilles.*

De l'autre côté de ce vieux garage, c'est **une vigne vierge à grandes feuilles** qui tapisse étroitement les murs, mais aussi la toiture constituée de grandes tôles solidement fixées.

♣ *Elle s'accroche toute seule, et grandit de 1,5 à 2 m par an si la terre est riche. En automne, elle prend de magnifiques couleurs rouges et orange.*

DES CACHE-MISÈRE À JOLIES FEUILLES

Il y a parmi **les lierres à grandes feuilles (1)** de très jolies variétés à feuilles panachées. Leur vigueur moyenne ne leur permet pas de grimper très haut, mais ils habillent parfaitement une vieille souche d'arbre, la niche du chien ou un vieux grillage. Ils aiment les situations plus ensoleillées que les lierres à petites feuilles.

♣ *Achetez-le chez un pépiniériste de votre région, car toutes les variétés n'ont pas la même rusticité.*

Seul **l'actidinia** peut proposer à la fois un joli feuillage, une végétation dense et des fruits. Cette liane aux pousses rouges et velues dépassant 3 m de longueur par an et habillée de grandes feuilles rondes produit des kiwis !

♣ *Sachez qu'il faut planter au moins deux plantes, une « mâle » et une « femelle » pour récolter ses fruits.*

DES CACHE-MISÈRE À JOLIES FLEURS

La clématite des montagnes (2) est une véritable liane capable de s'élever à plus de 12 m de haut. Elle porte un joli feuillage souvent teinté de pourpre, mais qui disparaît à la fin du mois de mai sous des myriades de petites fleurs roses à quatre pétales. Plantez-la en septembre ou au printemps, car l'hiver les jeunes plantes meurent facilement.

2

L'IDÉE FORTE — *LAISSEZ-LES POUSSER*

Les plantes conseillées sur cette page sont très exubérantes et s'approprient tout l'espace dont elles ont besoin. Pour qu'elles dissimulent le support sur lequel on les appuie, il ne faut surtout pas les guider sur des treillages, ou vouloir les contenir par des tailles trop répétées. Cela ne ferait qu'attirer l'attention sur eux quand on désire les cacher.

La renouée grimpante produit des tiges de 4 à 5 m de long en une saison et se couvre de grands bouquets de fleurs blanches en fin d'été et en automne. Cette liane est vraiment idéale pour recouvrir très vite un abri de jardin ou un vieux garage, dans une terre qui reste fraîche en été.

♣ *La renouée grimpante a besoin de beaucoup de soleil pour bien fleurir.*

Dans les régions bien ensoleillées, **la bignone** produit une masse de feuillage imposante mais agrémentée de grosses fleurs en trompettes orange, qui se succèdent tout au long de la seconde moitié de l'été. Un seul pied suffit à recouvrir un garage.

LEUR NOM LATIN

- → **Glycine du Japon :** *Wisteria floribunda*
- → **Vigne vierge à grandes feuilles :** *Parthenocissus tricuspidata* 'Veitchii'
- → **Lierre à grandes feuilles panachées :** *Hedera canariensis* 'Gloire de Marengo'
- → **Actinidia:** *Actinidia chinensis*
- → **Clématite des montagnes :** *Clematis montana*
- → **Renouée grimpante :** *Fallopia aubertii* ou *Polygonum aubertii*
- → **Bignone :** *Campsis* x *tagliabuana* 'Madame Galen'

• COMM

Installez la du support à veillant à ce qu puisse recevoir l'eau de pluie. Si c'est un bâtiment sans gouttières, plantez plutôt contre un pignon pour éviter que la plante ne soit noyée en hiver.

• ASTUCE

Pour couvrir une grande surface avec une seule plante grimpante, commencez par guider ses premières branches à l'horizontale de part et d'autre du pied. Chaque bourgeon donnera ensuite une pousse qui partira à l'assaut du support.

• PENSEZ-Y

Pour juger de l'effet d'une grimpante, sans en planter une tout de suite, semez quelques graines d'annuelles grimpantes comme les capucines ou les ipomées.

ELLES CONVIENNENT AUSSI

- Mûre sans épines p. 379
- Rosier 'Bobbie James' p. 235
- Rosier 'American Pillar' p. 235
- Rosier 'Pompon de Paris' p. 239
- Vigne de Coignet p. 155

Des fruits jolis et bons

Les fruits bien colorés succédant aux floraisons de printemps sont utilisés avant tout pour le décor du jardin. Mais comme certaines fleurs, ils sont très bons à manger. Ils assurent ainsi un plaisir supplémentaire aux promenades. Quelques-uns nécessitent une petite préparation pour devenir d'excellentes gelées ou confitures aussi délicieuses et souvent plus riches en vitamines que celles réalisées avec des fruits plus exotiques.

NOTRE CHOIX

Le pommier 'Golden Hornet' est désormais bien connu pour ses innombrables fleurs roses en boutons, et blanc pur à complet épanouissement. Les fleurs sont suivies de petites pommes jaunes un peu surettes, mais qui perdent leur amertume en subissant les premiers froids. On réussit aussi avec elles de délicieuses gelées. Rassurez-vous, il n'est pas nécessaire de les éplucher !

♣ *Le port de l'arbuste est d'abord vertical, puis ses longues branches se courbent avec beaucoup d'élégance sous le poids des fruits.*

En avril, **l'amélanchier du Canada** produit un bouquet de petites fleurs blanches à l'extrémité de chacune de ses ramifications. Début juillet, elles se sont transformées en baies violacées, presque noires à complète maturité. Leur saveur est intermédiaire entre celle des cassis et celle des myrtilles, mais d'une douceur incomparable.

L'IDÉE FORTE

GRAPPILLEZ EN VOUS PROMENANT

Rien n'est plus agréable en se promenant au jardin que de grappiller et de déguster quelques fruits de-ci de-là. Il faut pour cela éviter de concentrer tous les arbustes à fruits dans le même endroit, mais au contraire les disperser au gré des chemins. Pour que le plaisir soit plus grand encore, nous mélangeons volontiers aux arbustes décoratifs des framboisiers, des groseilliers à maquereau et même des myrtilliers avec les rhododendrons.

DES FRUITS À GOÛTER

L'arbousier, surnommé « arbre à fraises », est un arbuste persistant bien connu autour de la Méditerranée. Aux fleurs en clochettes comparables à celles du muguet succèdent des gros fruits orange puis rouges qui ont l'aspect de fraises. Ils sont comestibles, mais seuls les fruits bien mûrs ont vraiment du goût.

On cultive désormais beaucoup d'espèces et de variétés de **ronces décoratives (1)** qui toutes produisent des mûres plus ou moins grosses et plus ou moins bonnes. Celles-ci appartiennent à la ronce à bois rouge, superbe en hiver pour ses tiges vermillon. D'un bel orangé à complète maturité, elles ne sont pas bien grosses, mais leur saveur aigrelette est rafraîchissante au milieu de juillet.

♣ *Coupez les tiges anciennes une fois leur production achevée.*

1

DES FRUITS À CONFITURES

Si l'on vous parle de cinorrhodons, sachez que ce nom désigne les fruits des **rosiers (2)**. Ils contiennent le fameux « poil à gratter », mais leur chair, plus ou moins épaisse selon les espèces, sert à faire d'excellentes confitures très riches en vitamine C. On sépare facilement les graines et les « poils » de la pulpe en écrasant les fruits dans un moulin à légumes.

Les cornouilles, fruits du **cornouiller mâle,** ont la saveur des cerises aigres, mais sont plus douces quand le rouge qui les habille devient très foncé. Comme à ce stade elles tombent facilement, il vaut mieux les récolter un peu avant, et les préparer en gelée une fois dénoyautées.

♣ *Ce cornouiller se reconnaît à ses petites fleurs jaunes épanouies au cœur de l'hiver.*

2

Les fruits abondants des **argousiers** forment une sorte de manchon tout au long des branches de deux ans. D'un orange vif, elles sont immangeables crues (même les oiseaux n'en veulent pas), mais elles servent de base à des confitures délicieuses et sont dix fois plus riches en vitamine C que les oranges !

LEUR NOM LATIN

- **Pommier 'Golden Hornet' :** *Malus* x 'Golden Hornet'
- **Amélanchier du Canada :** *Amelanchier canadensis*
- **Arbousier :** *Arbutus unedo*
- **Ronce à bois rouge :** *Rubus phoenicolasius*
- **Rosier :** *Rosa moyesii*
- **Cornouiller mâle :** *Cornus mas*
- **Argousier :** *Hippophae rhamnoides*

• SACHEZ QUE
L'argousier est un arbuste gris qui pousse spontanément sur les côtes de la Manche et de la mer du Nord, mais qui s'acclimate partout au soleil et en plein vent. Deux pieds, un pied mâle et un pied femelle sont nécessaires pour obtenir des fruits.

• ATTENTION
Beaucoup de fruits rouges peuvent être toxiques (houx, cotonéaster, aubépine) ou contenir des graines toxiques (if). Ne goûtez donc que des fruits de plantes parfaitement bien identifiées et connues pour leur comestibilité. Apprenez à vos enfants à bien les reconnaître et à toujours faire preuve de prudence.

IL CONVIENT AUSSI

• Amélanchier p. 361

AU FOND DU JARDIN, UN PETIT COIN SAUVAGE

Loin des yeux, loin du cœur, les endroits les plus reculés du jardin servent souvent à tout… sauf à jardiner ! C'est le royaume des vieux arbres fruitiers, des tas de bois, des grandes herbes, des ronces, des orties. Cette partie négligée peut cependant être facilement exploitée et même devenir l'un des endroits les plus prisés du jardin, surtout pour les enfants. Vous pouvez par exemple y repiquer les plantes un peu envahissantes ou trop imposantes de vos massifs : elles prendront vite la place des orties et des chardons ! Vous pouvez installer dans l'herbe des fleurs sauvages, afin de recréer un morceau de prairie fleurie. Vous pouvez encore laisser les plantes se ressemer à leur guise ou implanter des arbustes sauvages, très appréciés de la petite faune des jardins. Essayez, vous verrez … Vos enfants seront ravis de trouver là un nouveau terrain d'aventure.

Des fleurs dans l'herbe

Les prairies fleuries qui émaillent les montagnes en mai et en juin sont des champs de fleurs. Elles poussent dans l'herbe sans que celle-ci ne les gêne. Et si l'on s'inspirait de ces décors naturels pour planter certaines parties de la pelouse éloignées de la maison ?
Les premières fleurs qui viennent à l'esprit pour ce type de plantation sont les bulbes, à qui l'herbe rase offre le meilleur des écrins. Pourtant, nous en avons essayé bien d'autres avec plus ou moins de succès.

L'IDÉE FORTE

APPRIVOISEZ L'HERBE

Dans les méthodes de jardinage traditionnel, l'herbe est l'ennemi du jardinier. Or, elle est le meilleur faire-valoir pour beaucoup de fleurs dont le port et le feuillage n'ont pas en eux-mêmes beaucoup d'intérêt. La seule difficulté consiste à savoir la couper une première fois, début juillet, puis, une autre fois, en septembre, afin de profiter en hiver d'un tapis vert qui n'ait pas l'air d'un paillasson.

NOTRE CHOIX

La pivoine rouge est l'une des seules plantes qui restait du jardin précédent quand nous avons investi celui-ci. Elle doit cette vivacité à la robustesse de sa souche et à ses racines profondes, bien plus fortes que celles de l'herbe. Elle est restée à peu près dix ans sans aucun soin et, aux dires des voisins, cela ne l'a jamais empêchée de fleurir.

Nous l'avons accompagnée d'**un géranium des prés**, dont les touffes ont toujours une mauvaise tenue dans les plates-bandes. Ici, il émaille l'herbe de ses fleurs bleu ciel ou blanches et commence même à se ressemer. Il retrouve là ses conditions d'origine.

♣ *Après la fauche de juillet, il refleurit souvent en septembre.*

Pour égayer un peu les herbes spontanées, nous avons introduit quelques plants de **ruban de bergère**. Son feuillage panaché est presque blanc au printemps et contraste joliment avec les jeunes pousses pourpres de la pivoine.

DES PLANTES ROBUSTES

Les grandes fleurs vives des **pavots d'Orient (1)** ressortent particulièrement bien sur le vert de l'herbe. Il sont bien mieux ici que dans les massifs, car on peut les oublier facilement alors que dans les compositions soignées, ils laissent toujours un vide après leur floraison.

1

2

Le baptisia est une sorte de lupin bleu qui reste bien vivace pendant des années. Comme la pivoine, ses racines sont profondes et ne craignent nullement la concurrence de l'herbe. En contrepartie, il ne faut pas le déplacer une fois installé. Ses feuilles évoquent celles de la luzerne, et ses fleurs d'un beau bleu cobalt s'épanouissent en mai.

♣ *Il aime une terre bien drainée et une exposition ensoleillée.*

DES FLEURS DES PRÉS

Dans les jardins où la terre est plus sèche, on peut implanter dans l'herbe **la sauge des prés**. Elle produit, en fin de printemps et pendant l'été, des tiges hautes de 40 cm portant de curieuses fleurs d'un bleu profond vraiment superbe.

♣ *Elle reste vivace* deux ou trois ans, mais finit par disparaître non sans avoir laissé de nombreux petits semis.*

En massif, **les bleuets vivaces (2)** ne restent guère présentables très longtemps et il faut les nettoyer souvent. Leurs racines bourgeonnent et donnent de nouvelles plantes dès qu'elles sont blessées par un outil. Dans l'herbe, leurs défauts sont effacés et leur caractère envahissant n'est plus une menace. Le fauchage fait apparaître de nouvelles tiges florifères qui prolongent le printemps tout au long de l'été.

LEUR NOM LATIN

- ➜ **Pivoine rouge double :** *Paeonia officinalis* 'Flore Pleno'
- ➜ **Géranium des prés :** *Geranium pratensis*
- ➜ **Ruban de bergère :** *Phalaris arundinacea* 'Picta'
- ➜ **Pavot d'Orient :** *Papaver orientalis*
- ➜ **Baptisia :** *Baptisia australis*
- ➜ **Sauge des prés :** *Salvia pratensis*
- ➜ **Bleuet vivace :** *Centaurea montana*

• VOCABULAIRE

* Vivace : qui résiste au gel en hiver.

• COMMENT PLANTER ?

Ne repiquez dans l'herbe que des touffes fortes, prélevées ou élevées ailleurs dans le jardin.
La première année, laissez un espace d'au moins 60 cm de diamètre sans herbe autour des plantes nouvellement installées.

• ALLEZ PLUS LOIN

Implantez des colchiques qui fleurissent en septembre, juste après la deuxième fauche.

• SACHEZ QUE

L'herbe rase d'une pelouse n'est guère accueillante pour les fleurs, il faut la laisser pousser pendant deux ans et ne la faucher qu'une seule fois par an pour que l'herbe recommence à former des touffes entre lesquelles il est plus facile d'implanter des fleurs.

• DÉCOUVREZ

Le jardin « en mouvement » du parc André Citroën à Paris est exemplaire pour juger des plantations de fleurs dans l'herbe.

ELLES CONVIENNENT AUSSI

• Acanthe de Hongrie p. 92
• Achillée p. 217
• Alchemille p. 254, 257
• Aster d'été p. 217
• Géranium rose p. 105
• Grande rhubarbe rouge p. 346

Une pelouse de fleurs sauvages

Une pelouse non tondue pendant quelques semaines se transforme souvent en une étendue de fleurs. À l'ombre des arbres, d'autres fleurs sauvages s'installent spontanément là où des plantes plus domestiquées refusent de s'implanter. Bien sûr, ce sont des « mauvaises herbes », en général interdites de séjour dans les jardins, mais il n'y a aucune raison de ne pas profiter de leur floraison d'autant plus spectaculaire qu'elle ne coûte rien…

NOTRE CHOIX

La renoncule des champs pousse en touffes bien limitées qui n'envahissent pas le terrain comme sa cousine la renoncule rampante. Ses fleurs jaune vif, perchées à 50 cm de hauteur au bout de fines tiges, s'épanouissent de la fin mai à la mi-juillet. La renoncule des champs résiste parfaitement aux tontes si celles-ci ne sont pas trop fréquentes, et se rencontre donc plus volontiers au fond du jardin.

♣ *Elle apparaît spontanément dans les terrains légèrement humides et de nature un peu acide.*

La pâquerette, au contraire, est capable de survivre dans les gazons les mieux entretenus et a même une prédilection pour les endroits piétinés. Ses petites fleurs blanc rosé sont d'un très bel effet au printemps, quand la couleur de l'herbe est intense.

♣ *Ne ralentissez pas le rythme des tontes pour elle, car elle sait refleurir moins de deux jours après la fauche.*

L'IDÉE FORTE — *LAISSEZ FLEURIR VOTRE PELOUSE !*

Les pelouses âgées contiennent beaucoup de plantes sauvages qui survivent même lorsque les tontes sont régulières. Il suffit d'espacer un peu le rythme des tontes, par exemple quand il fait sec, pour les voir se développer et transformer le gazon en un champ de fleurs. Acceptez donc cet envahissement momentané, au moins vers le fond du jardin, mais surtout fauchez ces fleurs sauvages avant qu'elles produisent leurs graines, car elles profiteraient de l'occasion pour coloniser vos massifs.

1

DES FLEURS D'OMBRE

L'anémone des bois s'installe toute seule à l'ombre des arbres des jardins surtout si elle pousse dans les sous-bois voisins. Elle s'étale très rapidement en colonies couvertes de fleurs blanches, parfois rosées ou, plus rarement, bleutées pendant la première moitié du printemps. Au début de l'été, son feuillage fane et la plante semble disparaître en attendant le printemps suivant.

♣ *On peut aussi l'implanter avec quelques racines achetées chez un spécialiste de plantes à bulbes.*

La stellaire holostée (1) produit de belles étendues de fleurs blanches dans les sous-bois clairs avant que le feuillage des arbres n'occasionne une ombre trop dense. Ses tiges fines, densément habillées de feuilles étroites et pointues, forment ensuite un gazon vert tendre pendant tout l'été.

La ficaire ressemble beaucoup au bouton-d'or, à qui elle est apparentée, mais elle ne dépasse guère 10 cm de haut. Elle se ressème abondamment et produit des bulbilles* qui multiplient les plantes, de sorte qu'elle constitue très rapidement de grandes colonies en terre humide.

DES FLEURS DE SOLEIL

L'achillée millefeuille (2) remplace parfois avantageusement le gazon dans les endroits piétinés et secs où l'herbe ne résiste pas. Elle supporte très bien les tontes qui renouvellent sans cesse son beau feuillage vert émeraude, et elle produit ses fleurs blanches ou rosées deux ou trois jours après une tonte.

2

Les feuilles du **lotier jaune** ressemblent à celles d'un trèfle, mais ses petits bouquets de fleurs jaunes révèlent cette plante, qui parvient à couvrir un mètre carré en l'espace d'un été. Tondu, le lotier devient très dense et étouffe l'herbe, mais, laissé libre dans un endroit difficile à tondre, un talus par exemple, il habille la terre d'une belle floraison qui dure presque tout l'été.

LEUR NOM LATIN

- ➜ **Renoncule des champs :** *Ranunculus acris*
- ➜ **Pâquerette :** *Bellis perennis*
- ➜ **Anémone des bois :** *Anemone nemorosa*
- ➜ **Stellaire holostée :** *Stellaria holostea*
- ➜ **Ficaire :** *Ranunculus ficaria*
- ➜ **Achillée millefeuille :** *Achillea millefolium*
- ➜ **Lotier jaune :** *Lotus corniculatus*

• VOCABULAIRE
* Bulbille : petit bulbe produit à la base du pétiole des feuilles.

• ASTUCE
Si vous craignez d'être envahis par ces fleurs sauvages, cantonnez-les aux endroits les plus difficilement accessibles à votre tondeuse : les talus ou le dessous des grands arbres.

• NOTRE EXPÉRIENCE
Au lieu d'engazonner complètement un nouveau jardin, nous ne semons qu'une aire de pelouse réduite et laissons les herbes et fleurs sauvages sur le pourtour en prenant garde de limiter le développement des plus envahissantes.

ELLE CONVIENT AUSSI

• Marguerite blanche p. 243

Des plantes très vigoureuses

Nous possédons tous des plantes très jolies que les racines drageonnantes rendent indésirables dans les massifs. Elles menaçent toujours d'envahir leurs voisines. La solution consiste à les reléguer au fond du jardin. Mises en concurrence avec l'herbe, ou d'autres plantes vigoureuses, elles semblent y être bien plus raisonnables...*

N O T R E   C H O I X

Sur les conseils d'une jardinière anglaise, nous avons un jour acheté cette **grande renouée** qui produit, à la fin de l'été, ses grands bouquets de fleurs blanches au délicieux parfum de chèvrefeuille. Prévenus de sa vigueur, nous l'avons tout de suite plantée au fond du jardin où elle a trouvé la terre riche et fraîche qui lui convient. Elle occupe maintenant, cinq ans après la plantation, environ 10 mètres carrés.

Le seul compagnon à son échelle que nous ayons pu lui trouver est cette **eulalie géante**. Elle n'est pas vraiment envahissante, mais ses touffes s'accroissent régulièrement et deviennent très imposantes. Elle a été reléguée au fond du jardin à cause de ses feuilles sèches qui, avec les vents d'automne, se répandent sur toute la pelouse et s'entremêlent aux arbustes. Ici, ce n'est pas un inconvénient.

DES PLANTES COLONISATRICES

Alléchés par la publicité d'un catalogue, nous avons acheté plusieurs plants de **coronille (1)**, afin de couvrir le talus du garage dont la terre est plutôt sèche en été. Elle a tout envahi ! Comme ses petites fleurs roses sont jolies et épanouies tout l'été, nous avons transplanté plusieurs fragments au fond du jardin où elle est superbe dans l'herbe. De plus, nous avons scrupuleusement désherbé le talus pendant trois ans avant de la voir disparaître complètement.

1

Les campanules agglomérées qui produisent en mai et en juin des sortes de bouquets tout faits sont des plantes adorables, mais qui grignotent peu à peu le moindre centimètre de terre libre dans les massifs. Mêlées à la coronille, et contrôlées par la tondeuse, elles restent sympathique...

L'IDÉE FORTE

DONNEZ-LEUR DES COMPAGNONS DE MÊME VIGUEUR

Essayez de planter dans le même coin des plantes de vigueur équivalente pour qu'elles puissent bien pousser ensemble sans que l'une n'envahisse l'autre. Cela donne des scènes très spectaculaires, comme celle de la photo, page de gauche, où nous avons mélangé deux grandes plantes, mais les associations peuvent être aussi plus raffinées si les plantes ont une vigueur plus mesurée.

L'achillée à éternuer, avec ses fleurs blanches comme des boutons d'argent s'est mélangée aux campanules et lui succède en juillet et en août. Elle est bien plus belle ici que dans le massif, car les touffes sont moins compactes et la fraîcheur du terrain la met à l'abri des attaques de l'oïdium* qui blanchissait son feuillage chaque été.

DES ARBUSTES COLONISATEURS

Nous aimons beaucoup **le saule des coyotes** dont le feuillage gris très fin forme une sorte de nuage au cœur de l'été. Transplanté auprès de la haie du fond, il s'est mélangé au sureau pourpre de la plus belle manière qui soit.

♣ *Il pousse bien même loin de l'eau, mais il vaut mieux ne pas l'introduire dans les massifs, car ses racines bourgeonnent dès qu'elles sont blessées par un coup de bêche.*

La ronce odorante (2), aux jolies fleurs rose foncé, étend ses touffes de la même manière que les framboisiers et peut occuper trois mètres carrés en deux ans.

2

LEUR NOM LATIN

- → **Grande renouée parfumée :** *Polygonum polystachyum*
- → **Eulalie géante :** *Miscanthus sacchariflorus*
- → **Coronille :** *Coronilla varia*
- → **Campanule agglomérée :** *Campanula glomerata* 'Superba'
- → **Achillée à éternuer :** *Achillea ptarmica* 'La Perle'
- → **Saule des coyotes :** *Salix exigua*
- → **Ronce odorante :** *Rubus odoratus*

• VOCABULAIRE

* Drageon : racine qui s'étend sous le sol pour donner de place en place de nouvelles pousses.

* Oïdium : maladie caractérisée par un feutrage blanc sur les feuilles.

• NOTRE EXPÉRIENCE

Après avoir déplacé une plante aux racines drageonnantes*, il reste toujours en place des fragments capables de former de nouvelles plantes qu'il faut traiter plusieurs fois avec un désherbant.

• ASTUCE

Pour éviter que ces belles envahisseuses ne reviennent dans les parties plus soignées du jardin, elles sont maintenues à l'écart par une bande de gazon large de deux mètres et régulièrement tondue.

• TAILLEZ-LES

Pour maintenir jeunes et beaux les arbustes drageonnants, il suffit de couper chaque année au ras du sol les tiges vieilles de deux ou trois ans.

ELLES CONVIENNENT AUSSI

- Anémone japonaise p. 80, 269
- Chrysanthème des marais p. 251
- Lysimaque ponctuée p. 89, 350
- Menthe à feuilles de buddléia p. 351
- Renouée du Japon naine p. 351
- Ruban de bergère p. 227, 315

De jolies fleurs sauvages

On rencontre au bord des routes, des fleurs aussi belles que celles de nos plates-bandes. Mais, comme elles sont parfaitement acclimatées, ces sauvageonnes sont vigoureuses et peuvent étouffer des voisines plus délicates. Elles trouvent tout naturellement leur place au fond du jardin. Là, mêlées à l'herbe et aux autres plantes prolifiques, leur beauté et leur générosité peuvent être admirées sans crainte.

NOTRE CHOIX

Dans l'ombre portée de la haie libre pousse **la grande consoude à feuilles panachées**. C'est une variété élégante et peu vigoureuse d'une plante sauvage envahissante. Au printemps, ses grandes feuilles bordées de crème forment une touffe attrayante. En mai, elle produit une ou plusieurs tiges terminées par des fleurs tubulaires bleutées. Coupées fin juin, elles sont remplacées par des nouvelles feuilles pour l'été.

♣ *Une fois installée, ne la déplacez plus. Ne blessez pas ses racines qui produiraient des pousses vertes indésirables.*

Elle pousse en compagnie d'une jolie ombellifère aux fleurs blanches, **le cerfeuil sauvage**. Celui-ci est venu seul, mais nous avons introduit, depuis cette prise de vue, une jolie variété à feuilles pourpres. Comme ses semis donnent une grande proportion de plantes à feuilles pourpres, nous pensons qu'elle pourra facilement se naturaliser.

♣ *Les fleurs blanches et bleues sont celles des campanules à feuilles de pêcher qui se sont ressemées, ici, toutes seules et qui fleurissent tout au long de l'été.*

L'IDÉE FORTE

RECHERCHEZ LES PLUS BELLES

Sensibilisés à cette idée, des pépiniéristes spécialisés multiplient désormais des variétés ou des sélections de plantes spontanées dans nos régions. Leur atout principal est d'être parfaitement adaptées à nos terres et à nos climats. Elles peuvent être, comme le montre la photo page précédente, tout aussi spectaculaires que des plantes venues du bout du monde.

DES SAUVAGES SOPHISTIQUÉES

Autrefois, le feuillage très odorant de **la tanaisie** était utilisé pour chasser les puces et autres parasites domestiques. Aujourd'hui, sa variété à feuilles crispées apporte un des plus beaux feuillages vert émeraude, comparable à celui d'une fougère. Nous la cultivons mélangée aux framboisiers dont elle chasse les vers.

♣ *Plantez-la en bordure d'un gazon pour limiter sa progression.*

Tout le monde à la campagne connaît **la chélidoine (1)** sous le nom « d'herbe à verrues », car sa sève orange est efficace contre cette affection. Sa variété à fleurs doubles est aussi utile, mais elle est en plus très décorative et moins prolifique.

♣ *Elle apprécie les vieux murs, les rocailles fraîches, ou le pied des haies.*

1

DE VRAIES PLANTES SAUVAGES

Les grandes marguerites jaunes de **la doronic** sont assez difficiles à cultiver dans un massif de fleurs, car une fois la floraison terminée, leur feuillage se couvre de blanc (oïdium) puis disparaît. Au fond du jardin, ce n'est pas un problème puisque tout est fauché en juin.

La mauve musquée (2) est venue toute seule s'installer sur le talus qui borde le champ voisin. Ses grandes fleurs simples rose tendre éclosent en juillet et se renouvellent tout l'été, même si on la coupe par mégarde. Nous essayons d'introduire sa variété à fleurs blanches qui est vraiment très lumineuse.

2

Au pied de la vieille haie d'aubépines, une énorme touffe de **stellaire** semble installée depuis toujours. En fait, sa masse de fleurs blanches semblables à celle des corbeilles d'argent se ressème un peu partout dans le jardin et a des proportions différentes chaque année.

LEUR NOM LATIN

- → **Grande consoude panachée :** *Symphitum uplandicum* 'Variegatum'
- → **Cerfeuil sauvage pourpre :** *Anthriscus sylvestris* 'Ravenswing'
- → **Tanaisie à feuilles crispées :** *Tanacetum vulgare* 'Crispum'
- → **Chélidoine à fleurs doubles :** *Chelidonium majus* 'Plena'
- → **Doronic :** *Doronicum austriacum*
- → **Mauve musquée :** *Malva moschata*
- → **Stellaire :** *Stellaria holostea*

• ATTENTION
Ne prélevez des plantes dans la nature que dans les endroits où elles ne sont ni rares ni protégées. N'arrachez pas les plantes, surtout si elles sont en fleurs. Essayez plutôt de récolter quelques graines ou de revenir plus tard pour prélever une petite pousse au pied de la souche.

• NOTRE EXPÉRIENCE
En étant attentif, chacun peut découvrir dans la nature, ou dans son jardin, une variante nouvelle d'une plante très commune.

• ALLEZ PLUS LOIN
Achetez une flore, un guide qui vous permettra d'identifier facilement les plantes que vous découvrirez dans la nature.

• ASTUCE
Repérez bien l'endroit où poussent les fleurs sauvages afin de leur redonner chez vous un emplacement le plus similaire possible.

ELLES CONVIENNENT AUSSI

- Achillée à éternuer p. 89, 319
- Géranium des prés p. 314
- Grande épilobe blanche p. 351
- Marguerite 'Reine de mai' p. 326
- Radiaire panachée p. 173
- Renouée bistorte rouge p. 349
- Trolle p. 348
- Valériane rouge p. 216

Des belles mauvaises herbes

Tout le monde sait ce qu'est un trèfle ou une ronce et il ne viendrait à l'idée de personne de les cultiver. Pourtant ces « mauvaises herbes » ont inventé une belle stratégie pour venir s'installer dans nos jardins : elles ont habillé leurs feuillages de belles couleurs qui les rendent plus sophistiquées et plus désirables. D'autres fleurs sauvages tentent de séduire en changeant la couleur de leurs corolles ou en imitant des fleurs exotiques plus connues.

L'IDÉE FORTE

UN FAUX ASPECT SAUVAGE

Les jardiniers écologistes prônent la culture de plantes sauvages originaires de la région. Les jardiniers traditionnels n'ont d'yeux que pour les plantes exotiques plus colorées. Entre les deux, nous apprécions beaucoup ces plantes issues de notre flore indigène, mais aussi décoratives que des espèces exotiques. Elles donnent à notre jardin un aspect naturel et sauvage, assez coloré et attractif pour être apprécié de tous les jardiniers, quels que soient leurs goûts.

NOTRE CHOIX

Le trèfle blanc à feuilles pourpres forme de très jolis tapis qui s'insinuent entre les plantes un peu plus hautes et mettent en valeur leur feuillage ou leurs fleurs. De culture très simple, c'est une plante voyageuse qui ne sait pas rester deux années à la même place.

♣ *Installez-le au bord des massifs ou laissez-le, comme nous, vagabonder dans la pelouse.*

Les feuilles vertes, finement découpées, sont celles de **l'achillée millefeuille**. Cette plante produit des inflorescences plates composées de petites fleurs blanchâtres parfois rosées dans la nature. Différentes sélections existent aujourd'hui dans des coloris allant du rouge cerise au jaune paille en passant par des ocres ou des rosés très doux.

♣ *On les obtient facilement en semant un mélange de graines nommé 'Summer Pastel'.*

DES MAUVAISES HERBES PANACHÉES

L'herbe aux goutteux est l'une des mauvaises herbes les plus indésirables qui soient. Ses feuilles ressemblent à celles d'un sureau et forment sur le sol un tapis très dense excluant toute autre végétation. La version à feuilles **panachées** est en revanche très lumineuse ; sa robustesse et sa propriété tapissante sont très appréciées pour garnir le pied des arbres.

Depuis quelques années, **une ronce à feuilles panachées (1)** fait « craquer » tous nos visiteurs, surtout lorsqu'elle produit ses mûres en fin d'été. Ses feuilles sont régulièrement bordées de blanc et ombrées de rose à leur naissance.

♣ *La ronce à feuilles panachées n'est pas très vigoureuse et nécessite un bon apport de terreau.*

L'armoise sauvage est une grande plante à fleurs verdâtres, certes dotée de vertus médicinales, mais bien peu attrayante. On commence à trouver chez les amateurs de feuillages une très jolie variété **à feuilles panachées,** éclaboussées de blanc crème.

♣ *Attention : si vous récoltez des graines, les plantes issues de semis seront vertes.*

1

2

DES MAUVAISES HERBES FLEURIES

Une fois présente dans un jardin, **la linaire commune (2)** s'insinue partout et dresse en fin d'été ses tiges entourées de petites feuilles étroites à travers toutes les plantes qu'elle rencontre. En la regardant de plus près, on s'aperçoit que ses fleurs jaunes ressemblent à de petites gueules-de-loup.

♣ *La linaire commune vient toute seule et fleurit en fin d'été.*

L'herbe-à-Robert est un petit géranium sauvage annuel, dont les feuilles très découpées émettent un arôme assez fort pas toujours très agréable quand on les piétine. À mi-ombre où il se ressème facilement, il forme une très jolie plante légère comme un gypsophile et fleurit du printemps au milieu de l'été. Ses feuilles deviennent ensuite d'un beau rouge bordeaux.

LEUR NOM LATIN

- → **Trèfle blanc à feuilles pourpres :** *Trifolium repens* 'Purpurascens'
- → **Achillée millefeuille :** *Achillea millefolium*
- → **Herbe aux goutteux panachée :** *Aegopodium podagraria* 'Variegata'
- → **Ronce panachée :** *Rubus fruticosus* 'Variegatus'
- → **Armoise panachée :** *Artemisia vulgaris* 'Variegata'
- → **Linaire commune :** *Linaria vulgaris*
- → **Herbe-à-Robert :** *Geranium robertianum*

• SACHEZ QUE
Les plantes à feuilles panachées produisent parfois des feuilles vertes. Il faut les supprimer rapidement pour éviter qu'elles ne redonnent des plantes « sauvages ».

• ASTUCE
Si, dans un semis d'achillées, une couleur vous plaît beaucoup, séparez la plante, cultivez-la à part et prélevez ensuite des morceaux pour la multiplier.

• NOTRE EXPÉRIENCE
Ces plantes sont associées à des variétés d'arbustes de nos régions comme des sureaux pourpres, dorés ou panachés, des aubépines roses, ou des érables champêtres à feuilles pourpres.

ELLES CONVIENNENT AUSSI

- Ancolie p. 209, 327
- Bleuet p. 315
- Consoude naine p. 300
- Mauve musquée p. 321

Des annuelles à semer

Pour quelques francs et un peu d'attention, quelques paquets de graines peuvent transformer un jardin et des massifs vides en un champ de couleurs. Beaucoup de plantes se multiplient par graines, mais les plantes annuelles sont les plus faciles à réussir, car leur germination et leur développement sont rapides.

N O T R E   C H O I X

Avec leur éclat et leur simplicité, **les coquelicots-coccinelles** sont autant admirés des jardiniers débutants que des connaisseurs. Faciles à cultiver puisqu'ils poussent souvent sur les talus, ils se ressèment tout seuls une fois introduits dans un jardin. Ces plantes-là sont d'ailleurs plus fortes et plus florifères que celles que l'on sème et que l'on soigne. Pourquoi ? Mystère !

Nous avons mélangé les coquelicots aux **marguerites blanches** appelées « Saint Jean » ou **leucanthèmes**. Leurs touffes vivent parfois plusieurs années et se ressèment d'elles-mêmes avec autant d'abondance que les coquelicots. ♣ *Ensemble, ils donnent une allure champêtre et bon enfant à la façade de la maison où la terre est argileuse et l'exposition très ensoleillée et ventée.*

L'IDÉE FORTE

MÉLANGEZ VOS GRAINES

Il est, bien sûr, plus facile de semer les graines, variété par variété, mais on obtient un effet plus naturel en mélangeant les graines de fleurs épanouies au même moment et en les semant ensemble. Une fois que l'on a appris à reconnaître les jeunes plantes, le désherbage et l'entretien ne sont pas plus compliqués.

DES ANNUELLES À SEMER POUR L'ÉTÉ

Le petit **chrysanthème des moissons** émaillait autrefois les champs de céréales de ses belles corolles jaunes. Larges de 4 à 5 cm, elles sont simples, ou doubles, selon les variétés, et parfois même marquées au cœur d'un anneau plus foncé.

♣ *On le sème vers la mi-mai, il germe en moins d'une semaine et fleurit dans les trois semaines suivantes.*

Pour compléter le tableau rouge et blanc, il ne manque que le bleu apporté par **le bleuet des moissons (1)**. Cette belle annuelle fleurit sans retenue au cœur de l'été et semble une source inépuisable pour nos bouquets champêtres. Certains paquets de graines proposent des mélanges de différentes couleurs, dont le rouge, le rose et le blanc.

DES ANNUELLES À SEMER POUR LA FIN DE L'ÉTÉ

Si vous ne pouvez semer qu'à la fin mai ou même en juin, orientez votre choix vers des fleurs qui s'épanouiront mieux à partir du milieu de l'été.

Le cosmos fait partie de celles-là. Ses grandes corolles simples, blanches, roses ou presque rouges semblent flotter sur le brouillard vert formé de ses feuilles finement découpées. Comme son proche cousin le dahlia, il resplendit à partir de l'époque où la longueur des jours commence à diminuer.

2

Les amaranthes (2), surnommées « queues-de-renard » révèlent toute leur beauté au seuil de l'automne, quand les lumières se font plus rasantes. Leurs graines sont fines, mais elles germent en moins d'une semaine.

♣ *Pour votre premier semis, choisissez une variété à feuilles rouges pour distinguer facilement les jeunes plantes parmi les mauvaises herbes.*

Après les grandes chaleurs, **les capucines** finissent d'allonger leurs tiges et produisent une nouvelle vague de fleurs aux couleurs vives, jaunes, orangées, ou rouges. Elles sont idéales pour garnir momentanément un grillage.

LEUR NOM LATIN

- ➜ **Coquelicot-coccinelle :** *Papaver commutatum* 'Ladybird'
- ➜ **Leucanthème :** *Chrysanthemum leucanthemum*
- ➜ **Chrysanthème des moissons :** *Chrysanthemum segetum*
- ➜ **Bleuet des moissons :** *Centaurea cyanus*
- ➜ **Cosmos :** *Cosmos bipinnatus*
- ➜ **Amaranthe :** *Amaranthus caudatus*
- ➜ **Capucine :** *Tropaeolum majus*

• NOTRE EXPÉRIENCE
Quand nous semons une plante pour la première fois, nous mettons quelques graines dans un pot, afin d'apprendre à reconnaître les jeunes plantes, ce qui évite des désherbages malencontreux.

• ASTUCE
Les annuelles fleurissent chacune pendant deux mois environ. Si vous désirez en profiter plus longtemps, faites plusieurs semis espacés de deux semaines, vous décalerez d'autant les floraisons.

• PENSEZ-Y
Une fois les jeunes plantes bien repérées, laissez un espace de 30 à 40 cm entre elles, afin qu'elles aient la place de se développer harmonieusement. Le plus difficile est d'arracher celles qui sont en surnombre sans trop d'état d'âme.

ELLES CONVIENNENT AUSSI

- Alysse odorant p. 220
- Camomille dorée p. 227
- Œillet d'Inde p. 221

Des fleurs qui se ressèment

L'IDÉE FORTE

FAITES LES FOINS

La plupart des fleurs qui se ressèment facilement au fond du jardin s'épanouissent avant la fin juin. Dès que les fleurs sont moins nombreuses et que l'herbe commence à jaunir, fauchez l'ensemble à 10 cm du sol avec une faux ou une tondeuse-débroussailleuse. Laissez sécher quelques jours pour que les graines achèvent de mûrir et se dispersent sur le sol. Certaines refleurissent après la fauche.

Apportées par le vent ou avec les déchets de taille, des graines de fleurs viennent souvent s'installer au milieu des herbes folles au fond du jardin. Elles le transforment en une prairie fleurie à la fin du printemps. La plupart de ces fleurs qui se ressèment toutes seules sont des nuisibles dans les massifs soignés d'où nous les avons peu à peu éliminées. Ici, l'herbe qui leur sert d'écrin les empêche de devenir trop prolifiques.

NOTRE CHOIX

Nous avons droit chaque année à ce fabuleux mélange de **marguerites 'Reine de Mai'** et de digitales. Elles commencent, en général, à fleurir avec les lilas et continuent jusqu'à la mi-juillet, époque à laquelle nous les fauchons. Les marguerites refleurissent quelques jours après la fauche si le sol reste frais, sinon elles attendent l'automne.

Les digitales meurent après la fauche, mais elles ont à ce moment dispersé leurs innombrables graines fines comme de la poussière. Elles affectionnent surtout les endroits un peu frais et s'installent souvent dans l'ombre de la haie libre. Parfois, des fleurs blanches apparaissent parmi toutes les roses.

♣ *Les graines de ces deux plantes germent au début de l'automne ou pendant l'hiver dans le moindre interstice de terre libre et dénudée.*

DES VIVACES QUI SE RESSÈMENT

Le géranium vivace* rose 'Claridge Druce' est magnifique mais, dans les massifs il prend vite l'habitude de se ressemer partout. Ici, ce n'est pas un problème, bien au contraire. Les fauches permettent de redonner vigueur aux touffes et d'induire de nouvelles floraisons. Un plant occupe un mètre carré en deux ans.

Dans les endroits plus secs et mieux ensoleillés, **l'anthémis des teinturiers (1)** épanouit ses marguerites jaunes du milieu de l'été à l'automne. Il atteint 80 cm de hauteur, mais si on le fauche en juin, en même temps que l'herbe et les fleurs printanières, il ne repousse qu'à 40 ou 50 cm, et forme une belle boule de fleurs.

Comme la digitale, **l'ancolie commune** se ressème en abondance dans les terres fraîches, à mi-ombre. Les anciennes variétés, avec des éperons courts et des teintes pastel se naturalisent mieux que les hybrides modernes. Elles ne fleurissent qu'au printemps puis restent très discrètes. La fauche renouvelle le feuillage et le préserve des maladies.

♣ *L'ancolie se ressème de préférence aux endroits où la terre est un peu remuée.*

DES BULBES QUI SE RESSÈMENT

Le camassia (2) est un bulbe généreux dont le feuillage exubérant est trop encombrant dans les massifs. Ses fleurs bleues, bleu-mauve ou blanches, portées sur des tiges hautes de 80 cm se marient très bien aux pivoines.

2

♣ *Le camassia apprécie les terres lourdes et humides, et les fleurs durent plus longtemps à mi-ombre.*

Au tout début du printemps, c'est **le narcisse sauvage**, plus petit et plus précoce que les narcisses hybrides qui égaie cet endroit. Sa grande fécondité le rend dangereux dans les plates-bandes. Nous en avons planté une dizaine de touffes de 10 à 15 bulbes et elles ont formé en quelques années de grandes nappes jaunes comme dans les prairies.

LEUR NOM LATIN

- → **Marguerite 'Reine de Mai' :** *Chrysanthemum leucanthemum* 'Maikönigin'
- → **Digitale :** *Digitalis purpurea*
- → **Géranium vivace rose :** *Geranium* x *oxonianum* 'Claridge Druce'
- → **Anthémis des teinturiers :** *Anthemis tinctoria*
- → **Ancolie commune :** *Aquilegia vulgaris*
- → **Camassia :** *Camassia cusickii*
- → **Narcisse sauvage :** *Narcissus pseudonarcissus*

• VOCABULAIRE
* Vivace : qui résiste au gel en hiver.

• PLANTEZ-LES
Récupérez de jeunes semis gênants dans vos massifs ou chez vos amis et implantez-les entre les touffes d'herbes, si possible avant l'hiver.

• ASTUCE
Les mélanges de graines « prairies fleuries » donnent rarement de bons résultats. Mieux vaut récupérer des graines sur vos plantes ou chez vos voisins et les disperser dès la récolte.

• NOS ÉCHECS
Au fond du jardin, les bulbes sont plus facilement attaqués par les mulots. Nos camassias en ont beaucoup souffert.

• ATTENTION
Les coquelicots, bleuets et autres fleurs, dont les graines composent les mélanges « prairies fleuries », ne fleuriront qu'une année. En effet, ce sont des plantes compagnes des moissons qui ont besoin que la terre soit travaillée et laissée nue tous les hivers... justement ce que l'on veut éviter !

ELLES CONVIENNENT AUSSI

- Alchemille p. 254, 257
- Jacinthe d'Espagne p. 200, 205
- Mauve musquée p. 321
- Pavot du pays de Galles p. 171
- Valériane rouge p. 216

Des graminées

1

Les graminées* ne sont pas beaucoup utilisées par les jardiniers. Beaucoup moins spectaculaires que les fleurs, certaines produisent pourtant des épis très décoratifs, d'autres, des feuilles joliment colorées, d'autres encore ont une taille et une stature imposantes, qui leur donnent autant de présence qu'un arbuste. Les découvrir fait souvent naître une passion pour ces plantes, en apparence insignifiantes, mais qui apportent beaucoup aux jardins.

NOTRE CHOIX

Avec ses épis lâches perchés sur des tiges de 1,50 à 1,80 m, **la stipe géante** est l'une des graminées les plus spectaculaires quand un rayon de soleil la met bien en valeur. Elle s'épanouit en juin-juillet, avec les anthémis jaunes, après quoi il faut souvent se résoudre à couper ses tiges, qui résistent mal aux orages. Le reste du temps, elle forme une touffe d'herbe raide et bleutée, haute de 30 cm environ.

♣ *Plantez-la dans une terre qui ne reste pas du tout humide en hiver.*

Le panicaut est plus petit (de 1 m à 1,20 m environ) et attend la fin de l'été pour développer ses inflorescences brumeuses. D'abord vertes et presque invisibles tant elles sont fines, elles se teintent de jaune orangé alors que les feuilles qui les accompagnent deviennent rouges.

♣ *Le panicaut préfère les terres fraîches ou humides.*

L'IDÉE FORTE *PLANTEZ AVEC LA LUMIÈRE*

Toutes les graminées ont en commun une grâce et une légèreté que les autres plantes n'ont pas. Leurs fleurs minuscules sont serrées en épis ou réparties sur une inflorescence lâche et aérienne que les rayons du soleil mettent particulièrement en valeur. Apprenez donc à disposer vos graminées aux endroits où le soleil rasant (du matin ou du soir), pourra leur donner, comme ici, un relief inattendu.

DES GRAMINÉES BIEN COLORÉES

Le jaune qui habille les feuilles et les tiges de **la moline panachée (1)** la rend très lumineuse. Il souligne la forme bien régulière et évasée des touffes admirables presque toute l'année. Sa croissance et sa hauteur modérées (40 cm) en font une compagne idéale pour les bruyères, car elle aime, comme elles, les terres fraîches et riches en humus.

Si vous préférez les panachures blanches, recherchez plutôt **la houlque laineuse panachée**. Haute de 25 cm environ, elle produit des feuilles presque blanches au début du printemps et forme peu à peu de petites étendues. Ses feuilles verdissent après l'épiaison*, mais redeviennent vite attrayantes si on les coupe près du sol.

Les herbes bleues sont réellement fascinantes. Plusieurs touffes de petite **fétuque** plantées côte à côte peuvent former par exemple un petit gazon bleu pour accompagner un conifère bleu.

♣ *Comme eux, elle pousse en plein soleil dans une terre peu humide en hiver.*

DES HERBES GÉANTES

L'eulalie (2) est une sorte de roseau japonais qui est disponible en plusieurs variétés. La plus jolie possède un feuillage très fin d'un délicat vert émeraude. Il pousse d'abord bien vertical, puis se courbe comme pour donner à la touffe la forme d'un jet d'eau. Haute de 1,60 m, elle ne produit ses beaux épis rosés qu'après un été chaud.

2

♣ *Coupez toutes ses tiges sèches au début de l'automne pour que les feuilles ne soient pas dispersées par le vent, partout dans le jardin.*

L'herbe des pampas n'a pas tellement besoin d'être décrite, mais elle n'est malheureusement pas souvent utilisée à son avantage. Au lieu d'être isolées au milieu d'une pelouse, ses touffes sont plus belles groupées au fond d'un massif ou alignées le long d'une large allée d'entrée ou encore mêlées à des arbustes.

♣ *Protégez les jeunes touffes pour leurs premiers hivers en nouant toutes les feuilles ensemble.*

LEUR NOM LATIN

- → **Stipe géante :** *Stipa gigantea*
- → **Panicaut :** *Panicum virgatum*
- → **Moline panachée :** *Molinia caerulea* 'Variegata'
- → **Houlque laineuse panachée :** *Holcus mollis* 'Variegatus'
- → **Fétuque bleue :** *Festuca ovina* 'Glauca'
- → **Eulalie à feuilles fines :** *Miscanthus sinensis* 'Gracillimus'
- → **Herbe des pampas :** *Cortaderia selloana*

• VOCABULAIRE
* Épiaison : formation des épis.
* Graminées : très importante famille de plantes comprenant les herbes décoratives et également les céréales.

• MULTIPLIER
Divisez en deux ou trois les touffes plantées depuis au moins deux ans. Faites-le plutôt au printemps, quand les jeunes feuilles commencent à pousser.

• BOUQUETS
Beaucoup d'épis de graminées se conservent bien en bouquets secs. On peut aussi cultiver pour cet usage des graminées annuelles « Spécial bouquets secs ».

• ENTRETIEN
Coupez les touffes le plus près possible du sol, en fin d'hiver, juste quand les premiers nouveaux brins d'herbe apparaissent. Attention aux feuilles coupantes de l'herbe des pampas.

ELLES CONVIENNENT AUSSI

- Eulalie argentée p. 271, 273
- Eulalie géante p. 319
- Ruban de bergère p. 227, 315
- Stipe argentée p. 273

Des plantes imposantes

Parmi les plantes dont on ne saurait se passer, certaines sont bien encombrantes. Elles ne sont pas envahissantes, mais elles forment de grosses touffes de feuillage banal une fois leur floraison vite terminée. Bien qu'elles occupent la place d'un arbuste, certaines restent attrayantes moins longtemps qu'un narcisse. Finalement, leur place est au fond du jardin, là où leur encombrement et leur floraison éphémère n'auront pas de conséquences sur l'aspect soigné du jardin.

L'IDÉE FORTE

TRANSFORMEZ LE FOND DU JARDIN EN JUNGLE

Les enfants adorent le fond du jardin, car les plantes imposantes qui s'y trouvent forment pour eux une jungle. Pour renforcer encore cette impression, nous laissons un intervalle d'environ deux mètres entre chaque grande plante, afin qu'ils puissent se frayer un petit chemin ou se confectionner une petite cachette au cœur d'une touffe. Et quand on s'y faufile, on a l'impression de rajeunir...

NOTRE CHOIX

Nous sommes ici à la limite de la partie sauvage du fond du jardin. Les rosiers rouges et les delphiniums bleus côtoient le grand dôme de fleurettes blanches du **choux géant**. Ces bouquets qui ressemblent à un immense gypsophile sont très spectaculaires en juin et début juillet, mais ensuite, il n'y a plus rien d'attrayant, même pas les grandes feuilles qui sont alors à moitié dévorées par les limaces.

♣ *Il faut de deux à trois ans pour qu'un godet commence à fleurir.*

Les longues tiges fines, dont on n'aperçoit encore que deux ou trois fleurs jaune pâle, sont celles de **la scabieuse géante**. Cette plante très élégante atteint 2,50 m de haut, mais il faut absolument la voir de loin pour en profiter d'où sa place ici. Elle fleurit longtemps, de la mi-juin à la fin août, mais souvent, un orage plus violent que les autres couche ses tiges grêles sur le sol.

1

DE GRANDES PLANTES

La berce géante est une sorte de carotte sauvage qui perche ses fleurs blanches de 50 cm de diamètre entre 2 m et 3 m de hauteur : ses feuilles sont en proportion. Elle atteint ces dimensions dans les terres riches et fraîches à la mi-juin soit moins de deux mois après son réveil printanier.

♣ *Attention, sa sève peut entraîner des brûlures de la peau. Ne la plantez pas là où jouent des enfants.*

Les plus grandes variétés d'**asters (1)**, dont certaines dépassent 1,80 m, sont très belles mais trop encombrantes dans les massifs. De plus, leur multiplication est si facile qu'ils sont vite en surnombre. Au fond du jardin, ils sont merveilleux avec le raisin d'ours. Ceux venus de Nouvelle-Angleterre sont les moins sensibles aux maladies.

Si certains tournesols atteignent des hauteurs spectaculaires, d'autres **soleils vivaces*** dépassent aussi allègrement 2 m de hauteur. Comme la scabieuse géante, il vaut mieux pouvoir bénéficier d'un peu de recul pour bien les admirer. Ils produisent leurs fleurs jaunes à cœur noir en septembre-octobre.

DE GROSSES PLANTES

Dans de nombreux jardins, il y a un pied de **barbe de bouc (2)**. Cette grosse plante forme des touffes de 1 m de large sur 1,60 m de haut et fleurit en juin. Ses fleurs sont de grands panaches blanc crème spectaculaires mais fanés au bout d'une semaine. Nous les aimons tout de même en automne quand elles restent séchées sur pied.

2

L'automne est la saison où **le raisin d'ours** est vraiment admirable. Cette plante aux grandes feuilles ovales et incongrues produit en fin d'été des épis dressés de fleurs crème qui se changent en gros fruits noirs (qui tachent). Aux premiers froids, les feuilles deviennent jaune beurre et les tiges d'un très joli rose.

♣ *Il se ressème tout seul là où la terre est riche et fraîche.*

LEUR NOM LATIN

- **Chou géant :** *Crambe cordifolia*
- **Scabieuse géante :** *Cephalaria gigantea*
- **Berce géante :** *Heracleum mantegazzanium*
- **Aster de Nouvelle-Angleterre :** *Aster novae-angliae*
- **Soleil géant :** *Rudbeckia nitida*
- **Barbe de bouc :** *Aruncus dioicus*
- **Raisin d'ours :** *Phytolacca americana*

• VOCABULAIRE
* Vivace : qui résiste au gel en hiver.

• ASTUCE
Les plantes à hautes tiges fragiles (scabieuses et soleils géants) sont tuteurées naturellement si on les plante au pied d'arbustes ou de grands rosiers au branchage assez clairsemé.

• PENSEZ-Y
La berce géante produit rapidement des graines qui se ressèment partout. Coupez ses tiges dès que les fleurs sont fanées (attention aux écoulements de sève).

• NOTRE EXPÉRIENCE
Ces plantes attirent l'attention des visiteurs autant que des enfants. Arrangez-vous pour qu'on ne les découvre pas depuis la maison mais par hasard, au cours d'un tour du jardin.

ELLES CONVIENNENT AUSSI

- Eupatoire pourpre p. 346
- Grande reine des prés rose p. 251
- Grande rhubarbe rouge p. 346
- Soleil à petites fleurs p. 250

Des arbustes presque sauvages

Parmi les arbustes ornementaux, beaucoup viennent de contrées lointaines. Quelques-uns pourtant ne sont que des variétés des buissons les plus communs. Elles sont simplement plus décoratives, parfois moins exubérantes ou envahissantes.

Il suffit de peu pour qu'une espèce sauvage devienne « domestique » : des fleurs roses au lieu d'être blanches, des feuilles pourpres, panachées, dorées ou laciniées, ou encore un port pleureur ou fastigié*, tortueux ou simplement... inhabituel.*

1

NOTRE CHOIX

La grande haie libre du fond est dominée par plusieurs **sureaux pourpres**. Leurs feuilles naissent presque noires, mais la lumière leur donne des reflets rouges. Les fleurs rosées sont très jolies. En été, les feuilles sont simplement un peu plus sombres que les autres et se font oublier jusqu'en automne où elles prennent la couleur d'un bon vin.

Les sureaux sont mélangés à **des noisetiers**. Plutôt que des plantes sauvages peu productives, nous avons planté plusieurs sélections à fruits et profitons chaque automne de leur production abondante.

♣ *Les noisetiers se plaisent partout, sauf en plein vent.*

Entre ces gros buissons, on devine à peine les petites feuilles du **troène du Danemark**, une sélection du troène sauvage. Il est plus apparent en hiver, car il garde une partie de son feuillage bien vert. On apprécie ses petites fleurs blanches parfumées en été, et ses fruits noirs sont très recherchés par les oiseaux.

DES ARBUSTES À FLEURS

En hiver, c'est **le cornouiller mâle** qui se couvre de petites fleurs jaunes. Ce ne sont en fait que des bouquets d'étamines, mais elles évoquent les fleurs du mimosa. En août, elles sont devenues des fruits rouges très riches en vitamines, que l'on peut manger crus quand ils sont bien mûrs ou en confitures.

Les aubépines (1) ont momentanément disparu des listes des pépiniéristes à cause d'une maladie aujourd'hui oubliée, le feu bactérien. Ainsi, on redécouvre de très jolies variétés comme celle de la photo de la page de gauche à fleurs simples rouges.

♣ *Les aubépines poussent bien partout, même dans les terres très calcaires ou argileuses.*

L'IDÉE FORTE

AMÉNAGEZ UNE TRANSITION

Si, comme chez nous, votre jardin côtoie un environnement « naturel », ces arbustes sont idéaux pour intégrer votre jardin dans le paysage. Essayez d'identifier les espèces qui poussent autour de chez vous et installez, aux confins de votre jardin, leurs parents un peu plus décoratifs. Ainsi, la transition jardin-nature se fait sans heurts.

DES ARBUSTES À FRUITS

Dans les haies champêtres poussent souvent **des églantiers (2)**. Leurs fruits, que les savants

2

appellent « cynorhodons » et les enfants « gratte-culs », apportent des couleurs en automne et une partie de l'hiver. Pour copier la nature, nous avons repiqué dans notre haie des rejets des porte-greffes des rosiers de nos massifs. En voici les fruits.

N'ayant pas beaucoup de place pour les **cassis** dans le jardin, car ce sont des buissons bien trop vigoureux, nous les avons déplacés vers le fond. Ils forment une petite haie qui marque la limite entre le jardin soigné et le jardin « sauvage ».

LEUR NOM LATIN

- → **Sureau pourpre :** *Sambucus nigra* 'Guincho Purple'
- → **Noisetier à fruits :** *Corylus avellana* 'Cosford' et *Corylus avellana* 'Longue d'Espagne'
- → **Troène du Danemark :** *Ligustrum vulgare* 'Atrovirens'
- → **Cornouiller mâle :** *Cornus mas*
- → **Aubépine rouge simple :** *Crataegus laevigata* 'Crimson Cloud'
- → **Églantier :** *Rosa canina*
- → **Cassis :** *Ribes nigrum*

• VOCABULAIRE
* Fastigié : qui pousse en colonne.
* Lacinié : qui possède des feuilles découpées.

• TAILLEZ-LES
Pour les sureaux décoratifs, une taille sévère rend le feuillage plus beau mais anéantit la floraison.

• ASTUCE
Laissez monter un sureau pendant deux ans puis coupez toutes ses branches basses, pour ne garder qu'un seul tronc. Il grossit très vite et son écorce donne l'impression que l'arbre est très vieux.

• ENTRETIEN
Pour que les noisetiers ne deviennent pas trop grands et produisent bien, prenez l'habitude de supprimer chaque année une de leurs branches principales au niveau du sol. Ainsi, l'arbuste se renouvelle graduellement.

ELLES CONVIENNENT AUSSI

- Charme p. 284, 295
- Houx p. 291, 299
- Sureau panaché p. 173
- Sureau plumeux doré p. 147, 174
- Viorne compacte p. 260, 291

UN JARDIN D'EAU ET DE FRAÎCHEUR

Pas de jardin sans bassin, c'est ce que semblent nous dire chaque printemps les magazines. Il n'est pas toujours nécessaire de se lancer dans de grands travaux, de louer un buldozer et de déplacer des monticules de terre : un simple pot convient très bien pour commencer un petit bassin. Il peut accueillir quelques plantes, un ou deux poissons rouges et vous apporter tout ce que l'on attend en général d'une pièce d'eau : de la fraîcheur, du mouvement, de la vie.
Mais en dehors de cette solution « rapide », il faut bien avouer qu'un vrai bassin devient vite une source de tracas et de déconvenues si on ne le plante pas avec les végétaux appropriés. La plupart des plantes proposées dans le commerce (ou pire, celles arrachées dans la nature !) sont bien trop vigoureuses pour un bassin de quelques mètres carrés. De plus, leur floraison est souvent très fugace. Voici d'autres choix de plantes un peu moins connues, mais sans problèmes. Certaines d'entre elles vous aideront même à ralentir l'invasion des mauvaises herbes qui sont, dans la terre humide du bord de l'eau, particulièrement prolifiques.

Un bassin miniature

L'eau apporte une note de vie et de gaieté dans les jardins, mais la construction d'un bassin, même constitué de bâches souples, reste l'un des travaux les plus lourds à mettre en œuvre. C'est aussi l'un des plus coûteux. Comment profiter de la présence de l'eau en évitant de gros travaux et des dépenses difficiles à gérer ? Voici quelques éléments de réponses...

L'IDÉE FORTE DONNEZ L'ILLUSION DE L'EAU

Les plaisirs de l'eau ne sont pas proportionnels à la grandeur d'un bassin, une simple fontaine, une vasque ou un ancien abreuvoir peuvent suffir amplement à apporter la vie, la fraîcheur et le bruit liés à cet élément. On peut aussi, dans de nombreux jardins, installer une végétation d'apparence aquatique sans qu'il y ait le moindre plan d'eau. Leur exubérance suffit alors à donner l'illusion qu'il y en a.

NOTRE CHOIX

La laitue d'eau est constituée d'une rosette de feuilles coriaces et veloutées, teintées d'un beau vert tendre, et de racines suspendues dans l'eau. L'ensemble flotte simplement à la surface et, en se multipliant, forme de petites colonies.

La jacinthe d'eau se comporte de la même manière, mais la base de ses feuilles est renflée, jouant le rôle d'un flotteur. En été, chaque rosette produit une grappe de magnifiques fleurs bleues dont chaque corolle n'est malheureusement épanouie qu'une seule journée.

Le jonc tortueux est remarquable tout au long de l'année avec ses tiges frisées qui donnent aux touffes un graphisme étonnant. Celles-ci persistent en hiver, même si elles brunissent parfois à cause du froid, mais les nouvelles pousses printanières semblent plus ondulées encore que les anciennes.

♣ *Ces plantes accompagnent un nénuphar nain décrit page suivante et une massette à feuilles panachées,* Typha latifolia *'Variegata'.*

DES AQUATIQUES MINIATURES

Le nénuphar 'Helvola' est capable de vivre dans moins de 30 cm d'eau. Cette variété possède des feuilles marbrées de rouge et d'adorables petites fleurs jaune pâle qui se succèdent tout au long de l'été, surtout si le petit bassin est situé en plein soleil et que l'eau s'y réchauffe très vite.

♣ *Plantez-le en pot, que vous enterrerez simplement dans le jardin pendant l'hiver pour le protéger du gel.*

1

L'arum 'Childsiana' (1) est une variété miniature encore très peu répandue, mais il pousse très rapidement et se montre très florifère. On le cultive aisément en pot plongé dans l'eau en été où sa végétation constamment abreuvée se renouvelle sans arrêt tout l'été.

♣ *Enterrez le pot au jardin pendant l'hiver et divisez les touffes au début du printemps, en les rempotant dans une terre bien riche.*

DES AQUATIQUES SANS EAU

La reine-des-prés pousse dans la nature près des fossés ou sur les terres marécageuses, mais, au jardin, elle est capable de vivre dans des conditions beaucoup plus sèches. Elle produit de grands bouquets de fleurs blanc crème au début de l'été, qui restent attrayantes longtemps, même quand elles sèchent.

♣ *Plantée en compagnie d'iris de Sibérie et d'hémérocalles, elle donne facilement l'illusion d'entourer un petit point d'eau.*

L'iris de Sibérie (2) est l'une des espèces le plus souvent vendues comme plante aquatique, alors que l'eau fait pourrir les souches durant l'hiver. Il pousse au contraire très bien dans une bonne terre de jardin et fleurit en abondance si on couvre et enrichit régulièrement la terre de compost bien mûr.

♣ *Plantez une rangée d'iris de Sibérie et l'on croira qu'elle dissimule un fossé.*

2

LEUR NOM LATIN

- → **Laitue d'eau :** *Pistia stratiotes*
- → **Jacinthe d'eau :** *Eichornia crassipes*
- → **Jonc tortueux :** *Juncus effusus* 'Spiralis'
- → **Nénuphar 'Helvola' :** *Nymphea pygmea* 'Helvola'
- → **Arum 'Childsiana' :** *Zantedeschia aethiopica* 'Childsiana'
- → **Reine-des-prés :** *Filipendula ulmaria*
- → **Iris de Sibérie :** *Iris sibirica*

• ASTUCE
Il est difficile de trouver des vasques ou des pots complètement étanches. Mais il suffit d'un morceau de bâche plastique plaqué à l'intérieur pour l'imperméabiliser.

• TERRE IMMERGÉE
La meilleure terre des pots immergés est celle prélevée dans le jardin, à condition qu'elle ne contienne pas de fumier ou de débris végétaux qui pollueraient rapidement l'eau.

• TERRE FRAÎCHE
Pour que la terre ferme puisse accueillir des plantes de marécage, il faut l'enrichir avec du compost ou, mieux, du fumier bien décomposé. Ces matières organiques enfouies ou étalées sur un sol meuble jouent le rôle de rétenteur d'eau, qu'elles restituent peu à peu aux plantes.

• DES POISSONS ?
Dans notre vasque, deux ou trois poissons rouges passent l'été et nous débarrassent des inévitables larves de moustiques. L'hiver, ils vivent dans un petit aquarium d'eau froide, dans la maison.

ELLES CONVIENNENT AUSSI

• Bambou doré p. 174
• Crocosmia p. 205
• Faux papyrus p. 95
• Saule des coyotes p. 126, 319

Des aquatiques miniatures

La vigueur et la vitesse de croissance des plantes aquatiques surprennent même les jardiniers avertis. Les plus courantes sont capables d'envahir un bassin moyen en moins de deux ans et il est très difficile de s'en débarrasser sans endommager le bassin lui-même. Quelques espèces, dont les nénuphars, possèdent des variétés au développement réduit, bien mieux adaptées pour décorer les bassins de petite dimension. A priori moins spectaculaires, elles ne manquent pourtant pas de charme.

L'IDÉE FORTE

CHANGEZ D'ÉCHELLE

Ces plantes miniatures sont très étonnantes dans un bassin surélevé où l'on peut les admirer de près sans trop se baisser. À distance, elles permettent de créer d'étonnants effets de perspective si on les juxtapose à des plantes semblables mais plus grandes. Bref, une fois qu'on les connaît, il semble difficile de s'en passer.

N O T R E C H O I X

L'acore nain ressemble à un iris et ses touffes généreuses font l'effet de l'herbe. Il ne dépasse guère 25 cm de haut. On trouve facilement, chez les marchands de plantes d'aquarium et chez les fleuristes, la variété panachée de blanc. À droite de l'acore nain sur la grande photo, ci-contre, pousse un jeune plant d'une nouvelle forme panachée de jaune.

♣ *L'acore nain se montre bien plus rustique qu'on ne le pense si on prend soin de l'installer au printemps.*

Même si l'on n'aperçoit ici qu'une seule feuille, nous ne résistons pas à l'envie de vous parler du **darmera nain**. Celui-ci, encore trop rare, ne dépasse pas 40 cm de haut alors que son parent normal perche ses feuilles rondes à plus d'un mètre. Il adopte aussi de très belles couleurs orangées en automne.

DES MINIATURES FLOTTANTES

Plusieurs variétés de **nénuphars nains** se plaisent dans moins de 30 cm d'eau. Leurs feuilles et leurs fleurs sont de deux à trois fois plus petites que les variétés pour étangs, mais leurs couleurs sont tout aussi chatoyantes.

♣ *Les nénuphars nains doivent être plantés en pots.*

Alors que les nénuphars sont enracinés dans la vase, **la morène des grenouilles (1)** est entièrement flottante et tapisse la surface de l'eau de ses petites feuilles rondes. Les petites fleurs blanches sont éphémères mais se succèdent tout l'été.

♣ *L'hiver, tout disparaît sauf de petits bourgeons réfugiés au fond de l'eau qui remontent à la surface au printemps.*

Sur la petite photo ci-dessous à gauche, on peut distinguer parmi les feuilles rondes d'autres feuilles de forme allongée. Ce sont celles de **l'épi d'eau**, une plante dont les curieuses fleurs blanches s'épanouissent au printemps. Elles dégagent un parfum très fort tenant du jasmin et de la fleur d'oranger. Cette plante n'est jamais assez prolifique !

1

2

DES PLANTES DE BERGE MINIATURES

Si les prêles sont souvent considérées comme des nuisibles, ce n'est pas le cas d'une espèce naine haute de 10 cm dont les tiges vert foncé, serrées les unes contre les autres, évoquent un petit gazon. **La petite prêle (2)** est superbe dans un décor dépouillé, d'inspiration orientale, ou simplement pour servir d'écrin à des plantes plus hautes.

Dans le même esprit, **la massette naine** colonise petit à petit la terre, juste sous le niveau de l'eau. En été, certaines de ses feuilles fines se terminent par une petite boule noire qui lui donne l'aspect de baguettes de tambour. Haute de 50 cm, elle est bien plus sociable que sa parente la grande massette sauvage.

LEUR NOM LATIN

- ➜ **Acore nain :** *Acorus gramineus* 'Argenteostriatus' et *Acorus gramineus* 'Ogon' (jaune)
- ➜ **Darmera nain :** *Darmera peltata* 'Nana'
- ➜ **Nénuphar nain :** *Nymphea laydekeri*
- ➜ **Morène des grenouilles :** *Hydrocharis morsusranae*
- ➜ **Épi d'eau :** *Aponogeton distachyus*
- ➜ **Petite prêle :** *Equisetum scirpioides*
- ➜ **Massette naine :** *Typha minima*

• C'EST IMPORTANT
Les pots à nénuphars ou à épi d'eau doivent être percés ou ajourés sur les côtés pour que les racines puissent s'étaler dans l'eau.

• NOTRE EXPÉRIENCE
Pour faciliter le semis naturel de l'épi d'eau, disposez sous l'eau un pot plein de terre près de celui qui contient le pied. Recouvrez sa surface d'une couche de gravillons et maintenez-y les tiges fanées à l'aide d'une pierre. Les graines tombent ainsi directement au bon endroit.

• NOS ÉCHECS
Plongés directement au fond du bassin, les nénuphars nains ne sont pas assez vigoureux pour refaire surface et disparaissent. Mieux vaut placer le sommet du pot juste sous la surface de l'eau et le descendre petit à petit au fur et à mesure que l'eau se réchauffe.

• SACHEZ QUE
Maintenez ces plantes naines en pots pendant deux ans avant de les installer sur les berges.

ELLES CONVIENNENT AUSSI

- Benoîte des ruisseaux p. 348
- Fritillaire pintade p. 349
- Grande reine des prés rose p. 251
- Iris gigot p. 181, 279
- Reine-des-prés dorée p. 175
- Souci d'eau p. 349

Des petites plantes rampantes

Il est désormais classique de présenter les plantes aquatiques selon la profondeur d'eau ou l'humidité de terre qu'elles préfèrent. Mais on mentionne rarement leur végétation, sinon pour signaler les plus envahissantes.
Pourtant, comme dans un massif, les petites plantes rampantes capables de se faufiler entre les grandes, ou celles qui savent se ressemer dans le moindre espace, sont particulièrement utiles. Outre leur rôle d'écrin, elles empêchent, par leur action couvre-sol, la prolifération des mauvaises herbes.

L'IDÉE FORTE

NE LAISSEZ PAS DE TERRE NUE

Cette idée doit devenir fixe ! Elle est valable quel que soit l'endroit du jardin, mais se décline, bien entendu, avec les plantes les mieux adaptées. Au bord de l'eau, toutes les conditions sont réunies pour que les mauvaises herbes s'installent très vite. Mieux vaut donc occuper la place en intercalant des petites plantes entre les grandes.

NOTRE CHOIX

Le trèfle d'eau est le prototype même des plantes intercalaires. Ses tiges rampent sur le sol mouillé ou juste sous la surface de l'eau, mais ne forment jamais un réseau très dense préférant se faufiler entre les touffes d'iris ou d'autres grandes plantes. Ses petites fleurs blanches sont admirables vues de près.

♣ *Le trèfle d'eau vit au ras de l'eau, les racines dans la vase et les feuilles bien émergées.*

Le cresson de cheval est en fait une véronique indigène qui pousse toute seule dès qu'un peu de terre humide reste nue trop longtemps. C'est donc une « mauvaise herbe », mais qui est assez jolie pour qu'on la tolère.

Comme le bassin est plutôt étroit, **le myriophylle** s'est un peu affranchi de l'eau et vient lui aussi s'installer dans les espaces libres sur les premiers centimètres de berge. Il complète les deux autres pour nous faciliter la tâche.

1

2

DES PLANTES AU RAS DE L'EAU

Au lieu d'un tapis dense, beaucoup préfèrent la légèreté des fougères. **La polystic des marais** est la mieux adaptée dans cette situation. Haute de 30 cm, ses frondes* sont très fines. Ce sont ses rhizomes* densément répartis à la surface du sol qui assurent une parfaite couverture. Elle met en valeur n'importe quel autre feuillage.

♣ *Choisissez-lui un endroit abrité du vent.*

Une sorte de petit arum, nommé **calla (1)**, possède la même végétation que le trèfle d'eau, peu spectaculaire mais fort utile. Ses feuilles ont la forme de cœurs et ses fleurs blanc verdâtre apparaissent de temps en temps au cours de l'été. Elles forment des grappes de fruits rutilants en automne.

DES PLANTES DE BERGE

Tout le monde croit connaître **le myosotis (2)**, mais peu d'entre nous savent qu'il affectionne les terres humides comme celles qu'on trouve autour d'un bassin. La fraîcheur lui permet de fleurir tout au long du printemps et de l'été.

♣ *Le myosotis se ressème très vite, assurant parfois deux ou trois floraisons dans l'année.*

Connu depuis peu, mais disponible partout, **l'houttuynia 'Chameleon'** est recherché pour son feuillage vivement coloré de jaune et de rouge. Ses racines courent juste sous la surface du sol et bourgeonnent comme celles du liseron. Il forme donc peu à peu des tapis bien denses, aussi efficaces que jolis.

♣ *Il sort ses premières feuilles très tard, après la mi-mai.*

LEUR NOM LATIN

- → **Trèfle d'eau :** *Menyanthes trifoliata*
- → **Cresson de cheval :** *Veronica beccabunga*
- → **Myriophylle :** *Myriophyllum verticillatum*
- → **Polystic des marais :** *Thelypteris palustris*
- → **Calla :** *Calla palustris*
- → **Myosotis :** *Myosotis palustris*
- → **Houttuynia :** *Houttuynia cordata* 'Chameleon'

• VOCABULAIRE

* Fronde : « feuille » d'une fougère.

* Rhizome : tige rampant à la surface du sol, portant des racines et des feuilles.

• NOTRE EXPÉRIENCE

Ces plantes poussent assez vite aussi est-il inutile d'en acheter beaucoup (sauf si la surface à couvrir est vraiment très grande). On peut, en général, les diviser l'année suivant leur plantation et implanter chaque division dans le moindre espace disponible.

• C'EST IMPORTANT

Pour que le myosotis puisse se ressemer, il faut le laisser faner sur place. Ce n'est pas toujours esthétique. Une fois sec, dispersez ses fragments au-dessus des endroits où vous désirez le voir pousser.

• PENSEZ-Y

Autour d'un grand bassin ou d'un plan d'eau, les plantes principales sont des arbustes et des arbres, et toutes les herbacées sont des plantes intercalaires. Quand l'échelle change, les plantes changent.

ELLES CONVIENNENT AUSSI

- Acore nain p. 339
- Benoîte des ruisseaux p. 348
- Campanule agglomérée p. 319
- Consoude naine p. 301
- Petite renouée p. 83, 255

Des verticales élégantes et peu envahissantes

Les plantes qui ressortent le mieux au bord de l'eau sont celles dont la silhouette est bien verticale, et elles sont nombreuses. Les massettes, les grands iris des marais, et les roseaux, sont à la fois les plus typiques et les plus élégantes des plantes de berge.
Il faut cependant vous mettre bien en garde : n'introduisez jamais l'une de ces plantes sauvages autour de votre plan d'eau s'il n'a pas la superficie d'un demi-hectare au moins ! Inspirez-vous plutôt de nos choix...

NOTRE CHOIX

Les meilleurs **iris** pour les terres humides sont à notre avis ceux de Sibérie. Leurs fleurs épanouies en mai ne sont pas aussi sophistiquées que celles des iris du Japon. Malgré les nombreux coloris nouveaux, les bleus et les violets sont toujours les plus beaux.

♣ *Les touffes peuvent, à l'occasion, passer l'hiver les pieds dans l'eau même si elles préfèrent être plantées sur la terre ferme.*

C'est par hasard qu'une touffe d'**heuchère à fleurs verdâtres** est arrivée à proximité des iris, mais comme leurs floraisons coïncident, que leurs couleurs se mettent très bien en valeur et qu'ils apprécient les mêmes conditions, nous les avons multipliées pour former cette scène. De plus, les touffes de feuillage persistant des heuchères forment une bordure dense et permanente.

L'IDÉE FORTE

DONNEZ L'ILLUSION DU NOMBRE

Puisque ces plantes n'envahissent pas d'elles-mêmes le tour du bassin, dispersez plusieurs touffes d'une même variété à plusieurs emplacements. Plus d'une dizaine de touffes d'iris ceinturent notre bassin et, lorsqu'ils sont en fleurs, ils donnent l'illusion d'avoir envahi tout l'espace. Pourtant, d'autres élégantes intercalées entre eux vont grandir et fleurir à leur tour un peu plus tard.

DES VERTICALES POUR JUILLET

Avec l'arrivée de l'été, **les ligulaires (1)** se mettent à fleurir. Plusieurs espèces produisent des longs épis de petites fleurs jaunes qui s'élancent comme des fusées. Ici, nous préférons la plus petite qui atteint tout de même 1,50 m, mais à qui les feuilles finement découpées donnent une apparence très légère.

♣ *Elle aime une terre toujours humide.*

1

Le pied complètement immergé, **les pontédéries à feuilles en cœur** forment très vite de fort belles touffes hautes de près de 1,20 m. Les fleurs bleu soutenu semblables à de petits goupillons apparaissent curieusement à la base des feuilles et se succèdent tout l'été.

♣ *Attention, assurez-vous de la teinte des fleurs lors de l'achat, car certaines sont d'un bleu délavé assez triste.*

DES VERTICALES ÉLÉGANTES POUR AOÛT

Parmi les plantes vivant les pieds dans l'eau, **le grand acore à feuilles panachées** est une des plus jolies. Ses longues feuilles sont à moitié vertes à moitié blanches et sont attrayantes dès leur naissance quand elles sont teintées de rose, mais très lumineuses à la fin de l'été. Les fleurs sont très peu visibles.

Avec son feuillage bleuté et ses longs épis de petites fleurs blanches, **la lysimaque éphémère** est sans doute la plus élégante de sa famille. C'est aussi l'une des rares à rester en touffes alors que toutes les autres ont des racines vagabondes.

♣ *Elle atteint 1,80 m de haut au bout de trois ans et n'apprécie guère d'être déplacée.*

Les longues chandelles pourprées de **la salicaire (2)** illuminent parfois le bord des fossés à la fin de l'été. La qualité des fleurs est très variable, aussi vaut-il mieux acquérir une des sélections dénommées et cultivées par les pépiniéristes. Elle se ressème parfois dans des endroits inattendus, mais ce n'est jamais une peste.

♣ *Les ligulaires et les salicaires restent élégantes en automne quand leurs graines mûrissent. Ne coupez donc pas trop vite leurs épis de fleurs fanées.*

2

LEUR NOM LATIN

- **Iris de Sibérie :** *Iris sibirica*
- **Heuchère à fleurs verdâtres :** *Heuchera cylindrica* 'Green Ivory'
- **Ligulaire à feuilles découpées :** *Ligularia przewalskii*
- **Pontédérie à feuilles en cœur :** *Pontederia cordata*
- **Grand acore à feuilles panachées :** *Acorus calamus* 'Variegatus'
- **Lysimaque éphémère :** *Lysimachia ephemerum*
- **Salicaire :** *Lythrum salicaria* 'Robert'

• QUAND DIVISER ?
Les iris de Sibérie reprennent mieux si on les repique ou les divise au début du printemps, quand pointent les jeunes pousses. Ne divisez jamais les grosses touffes en éclats trop petits, ils ont du mal à bien reprendre.

• NOS ÉCHECS
Les pontédéries sont parfois gélives. Nous les avons perdues à plusieurs reprises, et pas toujours lors des hivers les plus froids. Si on les maintient en pots, la meilleure protection est de les déposer au fond du bassin.

• C'EST IMPORTANT
Le jonc fleuri épuise très vite la terre où il pousse et il ne réapparaît jamais deux années à la même place. En pots, changez la terre tous les deux ans.

ELLES CONVIENNENT AUSSI

• Armoise à fleurs de lait p. 250
• Camassia p. 327
• Jonc fleuri p. 344

De belles herbes

L'herbe n'est jamais aussi vigoureuse qu'au bord de l'eau et c'est sans doute là qu'on trouve les plus belles espèces. Beaucoup ont un tempérament conquérant et elles éliminent très vite leurs voisines plus délicates. Une plantation dense permet d'éviter l'installation d'herbes sauvages autour de l'eau. Mais l'effet manque souvent de légèreté et de naturel. L'idéal consiste à introduire de belles herbes dont le développement est facile à contrôler.

NOTRE CHOIX

Comme le bassin est vraiment petit, nous avons utilisé des plantes dont les feuilles linéaires ressemblent à s'y méprendre à de l'herbe. On peut distinguer au milieu de l'eau la touffe de feuilles du **jonc fleuri** qui produit au cœur de l'été une boule de petites fleurs couleur vieux rose.

Même si les botanistes classent **les joncs** dans une famille différente des herbes (les « joncacées »), ils leur ressemblent beaucoup et s'utilisent de la même façon. Ici, nous avons implanté deux variétés à feuilles rayées de blanc crème au printemps, l'une dans la longueur de la feuille, l'autre dans la largeur, ce qui lui donne un aspect rayé insolite. L'été, ils sont les contrepoints presque invisibles, mais indispensables, des grandes feuilles rondes du darmera.

L'IDÉE FORTE

UTILISEZ L'HERBE POUR METTRE EN VALEUR LES PLANTES

La nature met de l'herbe partout pour assurer une sorte d'écrin aux autres plantes. Copiez-la et utilisez les herbes pour mettre en valeur les autres feuillages, en particulier les feuilles rondes. Perfectionnez vos associations en profitant de leurs multiples nuances de vert et des couleurs surprenantes de certaines variétés.

DES HERBES À ÉPIS DÉCORATIFS

La linaigrette est toujours très recherchée pour l'aspect cotonneux de ses inflorescences* et de ses fructifications. Il existe plusieurs espèces plus ou moins hautes. La linaigrette engainée est la plus désirable, car elle pousse en touffes moyennes qui s'accroissent lentement.

♣ *La linaigrette a besoin d'un sol très humifère, tourbeux, toujours humide.*

1

Parmi les vraies herbes (les « poacées »), plusieurs se distinguent par la beauté de leurs épis.

La canche des champs (1) est de celles-là et forme des touffes hautes de 80 cm et légères comme du brouillard.

♣ *Remarquables dès le mois de juin, la canche des champs sèche sur pied et reste attrayante jusqu'en automne.*

La canche élevée est beaucoup plus grande et atteint presque 2 m de haut. Pourtant, ses épis qui n'apparaissent que dans le milieu de l'été restent aussi peu visibles qu'une toile d'araignée. Tout à coup, vers la mi-septembre, toute la plante adopte des teintes de feu et semble s'embraser.

♣ *Ces deux poacées aiment les terres humides, mais ne doivent pas être plantées directement dans l'eau.*

DES HERBES COLORÉES

Aucune aquatique n'est pour nous aussi belle que **la massette à feuilles panachées**. Ses feuilles gracieusement arquées et vrillées à l'extrémité sont striées de fines bandes crème qui soulignent encore leur forme élancée. Grâce à cette panachure, la massette panachée est bien moins envahissante que ses congénères sauvages.

♣ *Les racines des massettes doivent toujours rester sous le niveau de l'eau.*

Le carex doré (2) est un des plus vifs et des plus remarquables de sa famille. Ses longues feuilles étroites, et un peu coupantes, sont d'abord d'un joli vert tendre puis dorent tout en s'allongeant après la floraison qui a lieu en mai.

♣ *Les touffes mettent du temps à s'installer et n'aiment pas être dérangées ni divisées trop souvent.*

2

LEUR NOM LATIN

- → **Jonc fleuri :** *Butomus umbellatus*
- → **Jonc panaché :** *Scirpus lacustris* 'Albescens' (en long) et *Scirpus lacustris* 'Zebrinus' (en large)
- → **Linaigrette engainée :** *Eriophorum vaginatum*
- → **Canche des champs :** *Deschampsia caespitosa*
- → **Canche élevée :** *Molinia altissima*
- → **Massette panachée :** *Typha latifolia* 'Variegata'
- → **Carex doré :** *Carex elata* 'Bowles' Golden'

• VOCABULAIRE

* Inflorescence : ensemble de fleurs.

• MULTIPLIEZ-LES

Les herbes se multiplient seules par semis, mais il n'est pas toujours facile de différencier les jeunes plantes des « mauvaises herbes ». Le mieux est de les diviser au début du printemps, quand les premières pousses apparaissent. C'est le seul moyen de propager les variétés à feuilles colorées.

• NOTRE EXPÉRIENCE

Pour déterminer avec précision à quelle hauteur par rapport au niveau de l'eau se plaît chaque herbe, nous dispersons plusieurs plants à des niveaux différents entre la vase et la terre ferme. Une fois repérées les touffes les plus vigoureuses, nous déplaçons les autres vers cette « altitude » idéale.

• C'EST IMPORTANT

Mieux vaut attendre le printemps pour couper les herbes mortes et nettoyer les berges du bassin. Les feuilles des herbes font un peu office de « tuba » et permettent des échanges gazeux, entre l'eau et l'air, quand la surface est gelée.

ELLES CONVIENNENT AUSSI

- Eulalie argentée p. 271, 273
- Glycérie panachée p. 351
- Grand acore panaché p. 343

Des plantes luxuriantes mais sans être envahissantes

Le soleil et l'eau à volonté sont les conditions idéales pour faire pousser des grandes plantes spectaculaires. Attention toutefois de ne pas introduire, dans un petit espace, des plantes géantes dont il serait ensuite bien difficile de se débarrasser.
Nous aimons beaucoup cette luxuriance, mais après plusieurs expériences malheureuses et des heures à extirper des racines indélogeables, nous avons fini par sélectionner attentivement les grandes plantes des terres humides.

NOTRE CHOIX

À la fin du printemps, **la grande rhubarbe à fleurs rouges** surprend tous nos amis. Ses tiges florales poussent presque à vue d'œil au mois d'avril pour culminer à 1,70 m à la mi-mai, alors que beaucoup d'autres plantes d'eau commencent à peine à pousser. Comptez de trois à quatre ans avant qu'une jeune plante fleurisse.

♣ *Elle aime une terre humide mais pas gorgée d'eau.*

En été, la rhubarbe ne garde que quelques feuilles. On retrouve cependant cette couleur rouge-pourpre au mois d'août avec **l'eupatoire pourpre**. Elle est aussi haute et ses fleurs minuscules sont groupées en immenses bouquets arrondis d'un diamètre souvent supérieur à 30 cm. Elles durent longtemps et attirent beaucoup les papillons. Ses tiges bien verticales sont très robustes et forment des touffes qui s'élargissent un peu chaque année.

DES GRANDES PLANTES AU PRINTEMPS

Nous cultivons depuis longtemps une version géante du **souci d'eau** aux fleurs de plus de 6 cm de diamètre. Elle forme des touffes de près d'1 m de large fleuries en avril et en mai.

À l'endroit où le bassin déborde, nous avons installé, en pleine terre, **un arum américain (1)** très curieux au printemps quand ses fleurs, grosses comme des ballons de football, sortent de terre. Un peu plus tard ses longues feuilles apparaissent et se dressent à plus d'1 m de haut.

Restons dans les fleurs jaunes pour évoquer **l'euphorbe des marais**. Ses jeunes tiges aux feuilles vert tendre sont terminées en mai de bouquets de fleurs vert-jaune. Puis sa croissance reprend pour culminer à 1,20 m. En automne, elle s'habille d'or ou de pourpre selon les variantes.

L'IDÉE FORTE

VALORISEZ LES PLANTES SPECTACULAIRES

Pour qu'une plante spectaculaire soit appréciée comme telle, elle ne doit pas être noyée parmi des plantes similaires. Il faut, au contraire, l'entourer de plantes plus basses, ou employer des feuillages dont la forme contraste fortement. On entoure les grandes feuilles rondes de petites feuilles fines ou les grandes herbes de petites feuilles rondes. Essayez, ça marche toujours !

DES GRANDES PLANTES EN ÉTÉ

La fin de l'été est illuminée par les innombrables goupillons de **la renouée amplexicaule (2)**. Ils sont d'ordinaire d'un beau rouge, mais nous préférons une variété à fleurs roses dont les épis sont un peu plus fins. Cette plante sans aucun défaut démarre assez tard au printemps et peut donc être entourée de bulbes de printemps.

2

♣ *Plantez-la en terre fraîche* mais pas gorgée d'eau, au soleil ou à mi-ombre.*

Les feuilles rondes du **darmera**, perchées à 1 m de haut sur de fortes tiges, ressemblent à de petites ombrelles. Elles sont luisantes et creuses au milieu comme pour retenir les gouttes de pluie. Elles apparaissent fin mai, après une très jolie floraison rose pâle.

LEUR NOM LATIN

- **Grande rhubarbe rouge :** *Rheum palmatum* 'Atrosanguineum'
- **Eupatoire pourpre :** *Eupatorium purpureum*
- **Souci d'eau géant :** *Caltha polypetala*
- **Arum américain :** *Lysichiton americanum*
- **Euphorbe des marais :** *Euphorbia palustris*
- **Renouée amplexicaule rose :** *Polygonum amplexicaule f. roseum*
- **Darmera :** *Darmera peltata*

• VOCABULAIRE
* Terre fraîche : terre humide, sans eau stagnante.

• NOTRE EXPÉRIENCE
Ces plantes ont besoin d'une terre riche pour garder une végétation vigoureuse longtemps. Chaque automne, entourez leur pied d'un bon paillage de fumier décomposé, elles peuvent rester des années à la même place sans jamais demander à être divisées.

• NOS ÉCHECS
L'arum américain n'apprécie guère d'être déplacé. Nous en avons perdu plusieurs avant de nous en rendre compte. Ses racines très profondes pourrissent si on les coupe. En revanche, il est facile de semer les graines fraîches au ras de l'eau.

• ASTUCE
Essayez de placer des plantes exubérantes près des chemins pour qu'elles les envahissent en partie. On peut ainsi mieux les apprécier de près.

ELLES CONVIENNENT AUSSI

- Armoise à fleurs de lait p. 250
- Astilbe p. 272
- Crinum p. 93
- Eulalie géante p. 318
- Grande reine-des-prés rose p. 251

Des fleurs venues des prairies humides

1

Il y a, dans la nature, beaucoup d'endroits où la terre reste toujours fraîche et humide sans être au bord de l'eau. On y rencontre de jolies plantes à fleurs qui peuvent trouver des conditions similaires à celles nichant autour des bassins.
Leurs atouts sont multiples: parfaitement adaptées à nos régions, elles n'ont besoin d'aucune protection en hiver; elles ne sont pas aussi envahissantes que les vraies aquatiques, et elles ne sont pas aussi dépendantes vis-à-vis de l'eau.

NOTRE CHOIX

La benoîte des ruisseaux est notre préférée. Nous avons choisi la variété 'Leonard' aux jolies fleurs orangées assez grandes qui s'épanouissent en mai-juin, puis à nouveau en septembre. Ses feuilles plissées ne disparaissent jamais complètement, certaines rougissent et deviennent de merveilleux pièges à givre.

♣ *Pour obtenir une deuxième floraison abondante, il faut raser les touffes après la première floraison.*

Également dans les tons orangés, mais beaucoup plus vifs, **les trolles** ressemblent à de gros boutons d'or. Ils fleurissent en mai et en juin puis disparaissent presque complètement. Différentes espèces ont des hauteurs s'étageant entre 40 cm et 80 cm, et certaines sont capables de refleurir à nouveau en septembre.

♣ *La plante panachée sur la grande photo est une consoude.*

L'IDÉE FORTE

DONNEZ L'ILLUSION D'UN BASSIN PLUS GRAND

Ces plantes sont, bien sûr, tout indiquées si vous possédez une terre qui reste toujours humide, ou un plan d'eau naturel. Elles sont aussi très utiles autour d'un bassin artificiel où elles peuvent donner l'illusion que celui-ci est bien plus grand qu'il n'est en réalité. En effet, elles savent s'accommoder de la plupart des bonnes terres de jardin, même si elles sèchent un peu en été.

DES FLEURS QUI AIMENT L'HUMIDITÉ

Dans les prairies de montagne, **la renouée bistorte (1)** accompagne au mois de juin les marguerites et les narcisses blancs. Chez nous, elle fleurit très longtemps, renouvelant ses épis roses

de mai à septembre. Sur la petite photo à gauche, c'est une variété à fleurs plus rouges choisie pour sa végétation modérée en touffes serrées.

Au tout début du printemps, les prairies humides s'illuminent des grandes corolles jaunes **des soucis d'eau**. Ils ressemblent à des boutons d'or géants, mais leurs feuilles rondes permettent de les identifier à coup sûr. Il existe une très belle variété à fleurs doubles qui ressemblent à de beaux boutons dorés.

Au début de l'été, **les reines des prés** couronnent la première grande vague de floraisons avant les vacances. Leurs fines têtes de fleurs blanches sont accompagnées d'un feuillage délicatement découpé qui rappelle celui des achillées millefeuilles. Leurs tiges graciles ont besoin d'être épaulées par de belles herbes.

DES BULBES QUI AIMENT L'HUMIDITÉ

Rares sont les prairies qui possèdent encore **des fritillaires pintades (2)**. Ces petites cloches, habillées d'un curieux damier, s'ouvrent aux environs de Pâques et disparaissent ensuite dans l'herbe. On les trouve facilement dans le commerce avec une très jolie variété blanche. Toutes deux se ressèment naturellement et forment peu à peu de jolies colonies.

2

En automne, **les colchiques** marquent le retour de la fraîcheur. Ces drôles de calices roses sortent de terre sans leurs feuilles qui préfèrent attendre le printemps pour se développer. Il faut penser à les acheter et à les planter en août pour les voir fleurir en septembre-octobre, ou se procurer des plantes en fleurs en godets.

♣ *Placez-les près d'une allée pour admirer les fleurs des prés.*

LEUR NOM LATIN

- → **Benoîte des ruisseaux :** *Geum rivale* 'Leonard's Variety'
- → **Trolle :** *Trollius europaeus*
- → **Renouée bistorte rouge :** *Polygonum bistorta* spp. *carneum*
- → **Souci d'eau :** *Caltha palustris* et *Caltha palustris* 'Plena' (à fleurs doubles)
- → **Reine-des-prés :** *Filipendula vulgaris*
- → **Fritillaire pintade :** *Fritillaria meleagris* et *Fritillaria meleagris* 'Alba' (à fleurs blanches)
- → **Colchique :** *Colchicum autumnale*

• SACHEZ QUE
Bulbes, fleurs et feuilles des colchiques sont toxiques, mais il est difficile de les confondre avec des plantes comestibles.

• NOTRE EXPÉRIENCE
Si la terre sèche en été, beaucoup de ces plantes entrent en repos et laissent faner fleurs et tiges. Mieux vaut protéger le sol avec une bonne couche de tontes de gazon et de débris végétaux que de commencer à les arroser. Les plantes se réveillent en automne ou au printemps suivant.

• ALLEZ PLUS LOIN
Si votre jardin est très grand et comporte des parties humides, ces plantes peuvent pousser dans l'herbe et être fauchées avec elle au moment des foins. On peut ainsi recréer chez soi une jolie prairie fleurie.

• COMMENT PLANTER ?
♣ Les colchiques se plantent entre 15 cm et 20 cm de profondeur.
♣ Les fritillaires pintades se plantent à environ 5 cm de profondeur.

ELLES CONVIENNENT AUSSI

- Achillée 'La Perle' p. 89, 319
- Cerfeuil sauvage pourpre p. 320
- Camassia p. 327
- Canche des champs p. 345

Des plantes pour retenir la terre

Sur les berges d'un ruisseau, d'un plan d'eau naturel ou d'un grand bassin artificiel, maintenir la terre en place est le problème le plus important. Les plantes jugées trop envahissantes dans les petits espaces peuvent, ici, devenir de grandes alliées. Nous recherchons, pour cet usage, toutes celles qui possèdent des racines traçantes, c'est-à-dire qui courent sous la surface du sol. À leur croissance rapide et vigoureuse, elles doivent bien sûr associer couleur et élégance.

L'IDÉE FORTE

MÉLANGEZ-LES

Ces plantes robustes semblent se déplacer pour conquérir de nouveaux espaces et délaissent au bout de quelques années l'emplacement où on les avait installées. Pour éviter des vides et rendre plus attrayante leur masse végétale, il est intéressant de planter ensemble plusieurs espèces traçantes. Elles se mélangent, se complètent et forment un décor différent chaque année.

NOTRE CHOIX

Le feuillage grossier, au premier plan, est celui de **la lysimaque ponctuée**, un peu avant qu'elle ne fleurisse. Ses fleurs jaunes groupées en bouquets couronnent chaque tige à la fin juin et en juillet et apportent un peu de couleurs à ce qui n'est pour l'instant qu'un beau mélange de feuillages.

Le feuillage vert tendre, qui fait si bien ressortir celui de la lysimaque, appartient à **une fougère** surnommée **« sensitive*».** Elle forme de grandes colonies de feuilles verticales serrées les unes contre les autres. Leur couleur fonce un peu pendant l'été et se change en roux dès les premiers frimas de l'automne.

Des iris des marais à fleur pâles et quelques prêles sauvages complètent cette scène unicolore, que la diversité des formes des feuillages rend attrayante bien avant l'apparition des fleurs.

DEUX HERBES PANACHÉES

Redoutable dans un petit bassin, **le carex panaché** envoie ses racines dans toutes les directions. Ses feuilles ne sont pas très serrées et laissent pousser d'autres plantes entre elles. Elles sont presque blanches au printemps, puis verdissent peu à peu au cours de l'été.

♣ *Mélangez-la à des bugles à feuilles pourpres pour des scènes de printemps inoubliables.*

La glycérie (1) est plus sociable que le carex et se mélange facilement aux autres plantes. Ses feuilles très longues ont l'extrémité arrondie et sont panachées de rose et de crème. Elle est magnifique en automne mélangée à des plantes de couleurs vives.

♣ *Elle n'apprécie guère d'être fauchée pendant l'été.*

1

2

DES FLEURS PROLIFIQUES

La grande épilobe (3) est une plante sauvage aux longs épis de fleurs rose magenta. Nous l'admirons au long des fossés, mais sa variété à fleurs blanches a eu droit de cité au bord du bassin. En trois ans, elle a colonisé plus de la moitié de la surface, sans pour autant nuire aux autres plantes.

La renouée du Japon (2) dans sa variété **naine** est la compagne idéale de la glycérie. Ses feuilles arrondies sont disposées de façon très élégante au long des branches rouges et ses fleurs rose-rouge se succèdent du milieu de l'été jusqu'au flamboiement final des couleurs d'automne.

3

♣ *Adulte, elle atteint 1,20 m de haut.*

La menthe à fleurs de buddléia fait partie de nos plantes préférées, car elle est utile à plusieurs fins. Ses feuilles grises et ses fleurs en épis bleus, qui apparaissent en août, sont très belles et ont le même usage aromatique que les autres menthes du jardin.

♣ *Le réseau de ses racines épaisses est très dense et donc très efficace.*

LEUR NOM LATIN

- → **Lysimaque ponctuée :** *Lysimachia punctata*
- → **Fougère sensitive :** *Onoclea sensibilis*
- → **Iris des marais :** *Iris pseudacorus*
- → **Carex panaché :** *Carex riparia* 'Variegata'
- → **Glycérie panachée :** *Glyceria aquatica* 'Variegata'
- → **Grande épilobe blanche :** *Epilobium angustifolium* 'Leucanthum'
- → **Renouée du Japon naine :** *Reynoutria japonica* 'Rosea'
- → **Menthe à fleurs de buddléia :** *Mentha longifolia* 'Buddléia'

• POURQUOI ?
♣ « Sensitive » fait allusion à la façon dont cette fougère replie ses frondes quand les nuits deviennent plus fraîches.

• NOTRE EXPÉRIENCE
Ces plantes tiennent bien les berges, mais pas autant que les arbres et les arbustes comme les saules, les aulnes et les cornouillers aux racines plus profondes. Pensez toujours qu'elles sont là pour jouer le rôle de l'herbe dans la nature.

• C'EST IMPORTANT
Pour une couverture efficace rapidement, installez des petites divisions à 20 cm les unes des autres.

• PENSEZ-Y
La première année, coupez deux ou trois fois leur feuillage pendant la saison (même pour la glycérie). Cela les incite à mieux s'enraciner.

ELLES CONVIENNENT AUSSI

- Achillée 'La Perle' p. 83, 319
- Grand acore panaché p. 343
- Massette panachée p. 345
- Montbrétia p. 241

LE JARDIN DES SAVEURS ET DES SENTEURS

Pour beaucoup d'entre nous, le jardin est aussi une source non négligeable de fruits et de légumes. Les premières plantations peuvent comprendre déjà quelques arbres fruitiers qui produiront des fruits pendant de nombreuses années. Un potager, même petit, permet de déguster ses propres légumes, toujours meilleurs et plus savoureux que ceux achetés dans le commerce. L'époque n'est plus tellement aux grands potagers productifs. On conçoit désormais le potager comme une source de plaisirs permettant de retrouver en famille les saveurs vraies, même si les faibles rendements ne permettent plus aujourd'hui d'approvisionner tous les voisins. Un nombre de plus en plus grand de variétés anciennes sont peu à peu remises au goût du jour et font les délices des jardiniers curieux ou de ceux qui recherchent l'originalité. De plus, pourquoi ne pas essayer de découvrir les saveurs inconnues et nouvelles des plantes que nous cultivons d'habitude pour leur beauté… Suivez nos quelques essais ; certaines de nos découvertes s'avèrent très intéressantes.

Un mini potager

Il n'est pas de bon jardinier qui ne cultive quelques légumes. Bien sûr, aujourd'hui, peu d'entre nous ont le temps de produire de quoi nourrir toute la famille. Pourtant, aucun légume du marché n'égale celui que l'on vient de cueillir, et il y a bien des variétés savoureuses, introuvables dans le commerce. Bref : un potager oui, mais pour les saveurs que l'on ne trouve pas ailleurs.

L'IDÉE FORTE — *UN PETIT PEU DE TOUT*

Pour apprendre à aimer le potager, il ne doit pas devenir synonyme de corvée. Ainsi la surface peut être réduite (1,20 m de large maximum) et n'avoir que quelques petites lignes de semis. Il est préférable de semer des radis tous les dix jours ou de repiquer 10 salades toutes les deux semaines plutôt que d'entretenir de longues lignes et de jeter l'excédent sur le tas de compost.

NOTRE CHOIX

Voici le bord de notre petit potager dix jours après les semis effectués après le 15 mai, quand tout risque de gel est écarté. Il y a :

une ligne de **salades** semées sur place. Nous avons semé trop de graines, les plantes sont trop serrées. Il faut, dans un premier temps, en laisser une tous les 10 cm, puis en enlever une sur deux. Prélevées avec une motte de terre bien humide, elles seront repiquées plus loin ;

une ligne de **radis**, semés à moins de 10 cm de la ligne de salades, car ils seront récoltés bien avant qu'elles ne grossissent. Un mètre équivaut à un hors-d'œuvre pour deux ou trois personnes ;

une ligne de **persil** qui n'est pas encore levé ;

une ligne d'**oignons** – une variété très grosse – planté fin mars, après le bêchage du terrain.

Ce petit potager est simple à désherber et à arroser, il est agréable à regarder et il nous fournit bien d'autres bonnes choses au cours de l'été.

DES LÉGUMES FACILES À CULTIVER

Les carottes se cultivent directement en pleine terre. Semées par petites lignes et laissées volontairement serrées (une tous les 2 cm), nous les récoltons jeunes, alors qu'elles mesurent moins de 10 cm. Elles sont tendres (on les croque parfois sitôt arrachées), et quel régal dans les jardinières de légumes !

Faire germer **les courgettes (1)** dans un pot sur un radiateur à la fin du mois d'avril est une expérience qui ravit les enfants. Les grosses graines plates enterrées sur la tranche lèvent en moins d'une semaine et les plantes ont déjà 3 ou 4 feuilles quand on les repique en pleine terre à la mi-mai.

♣ *Du plein soleil et beaucoup d'eau pendant l'été assurent une bonne production.*

1

2

DES LÉGUMES SAVOUREUX

Si **les pommes de terre (2)** sont des légumes de culture peu rentable, certaines variétés valent la peine d'être cultivées. C'est le cas de celles à peau et à chair roses dont le goût, plus sucré, transforme la saveur des plats les plus ordinaires.

♣ *Attendez le début du mois de mai pour les planter. La récolte a lieu en août.*

Avez-vous déjà mangé **une tomate** qui a lentement mûri au soleil ? Achetez quelques jeunes plantes au printemps et plantez-les après les dernières gelées. Arrosez-les souvent au pied, et tuteurez les tiges au cours de leur croissance. Dès que les premières tomates grossissent, enlevez les feuilles gênantes pour qu'elles profitent le plus possible du soleil.

LEURS NOMS SAVANTS

- → **Salade (laitue) :** *Lactuca sativa*
- → **Radis :** *Raphanus sativus*
- → **Persil :** *Petroselinum hortense*
- → **Oignon :** *Allium cepa*
- → **Carotte :** *Daucus carota*
- → **Courgette :** *Cucurbita pepo*
- → **Pomme de terre :** *Solanum tuberosum*
- → **Tomate :** *Lycopersicum esculentum*

• LA TERRE
Bêchez l'emplacement de votre futur potager en automne ou au tout début du printemps. Deux semaines avant le semis, affinez grossièrement la terre avec un crochet. Affinez-la encore au râteau, juste avant de semer.

• C'EST IMPORTANT
Les étiquettes sont indispensables pour mémoriser les variétés. N'oubliez pas d'inscrire dessus la date des semis.

• ASTUCE
Pour que les jeunes légumes poussent mieux, creusez un sillon profond de 5 cm sur la ligne avant de semer. Remplissez-le de terreau et semez vos graines sur ce lit douillet.

• SACHEZ QUE
Si les semis vous rebutent, on trouve au printemps dans toutes les jardineries des jeunes plantes d'un assortiment de variétés de plus en plus grand. Seule précaution : achetez-en une seule barquette à la fois !

ELLES CONVIENNENT AUSSI

• Laitue à feuilles de chêne p. 357
• Poireau perpétuel p. 356
• Topinambour p. 357

Des légumes de longue durée

Parce qu'on les implante pour une longue période, parfois pour plusieurs années, certains légumes se révèlent être bien plus économiques que d'autres, plus classiques. Ils offrent des récoltes répétées sans demander de nouveaux repiquages ou semis et nous affranchissent des inévitables arrosages, binages et autres corvées, toutes coûteuses en eau et en heures de travail.

NOTRE CHOIX

Le chou de Daubenton forme presque un petit buisson, haut et large de 1 m en deux ans et qui peut rester cinq à sept ans à la même place. Sa croissance vigoureuse est à peine ralentie par le prélèvement régulier des jeunes pousses, qui agrémentent des soupes ou se consomment crues. Les jeunes tiges sont également comestibles.

♣ *Pensez à les renouveler par boutures de jeunes pousses tous les trois ans, car, plus ce légume vieillit, moins il résiste au froid.*

Le poireau perpétuel vit de nombreuses années grâce à son bulbe prolifique qui produit de nouvelles pousses une fois que l'on a coupé la principale. On peut laisser ces pousses ainsi et consommer de très fins poireaux (en soupes) ou les faire grossir, en repiquant ces « baguettes » comme des poireaux classiques.

♣ *La formation de graines est fatale à certaines plantes, mais, pour d'autres, elle stimule la multiplication des jeunes pousses.*

L'IDÉE FORTE — *UN POTAGER PAS TROP EXIGEANT*

Ces légumes font gagner beaucoup de temps aux jardiniers pressés ou à ceux qui ne peuvent pas assurer des soins réguliers durant la « période clef », entre avril et juillet. Ils ne suffisent pas à garantir une production importante mais permettent de goûter tout de même à quelques légumes frais ou d'apporter à vos plats une touche « maison » dont la valeur est inestimable.

DES LÉGUMES D'APPOINT

La livêche est tellement parfumée que seulement quelques fragments de feuilles relèvent une soupe. Les tiges les plus jeunes et les plus tendres peuvent aussi aromatiser un couscous ou s'utiliser à la place de céleri branche. Un seul pied suffit donc pour toute une famille.

♣ *Rasez toute la touffe en juin quand ses fleurs commencent à s'épanouir.*

L'oseille (1) se récolte dès la fin de l'hiver et sa saveur acide réveille quelque peu les soupes de légumes toutes un peu fades à cette période de l'année. Comme les épinards, c'est une excellente plante de santé, car ses racines profondes puisent dans le sol des minéraux très utiles pour dynamiser notre organisme au début du printemps.

♣ *Semez-en une rangée, en bordure d'allée, pour l'avoir facilement à portée de main.*

1

L'échalote perpétuelle est davantage un condiment qu'un légume, mais elle remplace avantageusement l'échalote-bulbe dans les jardins au sol trop lourd et trop humide pour réussir sa culture. On utilise les feuilles, que l'on coupe et que l'on mêle aux assaisonnements comme on le fait avec la ciboulette. Arrosez en été pour ne pas interrompre sa production.

♣ *Divisez les touffes tous les deux ou trois ans pour éviter que leur cœur ne pourrisse.*

DES LÉGUMES MULTIRÉCOLTES

La laitue à feuilles de chêne (2) ne forme pas de « pomme », mais ses feuilles, produites sans discontinuer tout au long de l'été peuvent être coupées plusieurs fois. Tant que la terre reste humide, elle ne cherche pas à monter. Il existe des variétés à feuilles rouges qui permettent de bien colorer les salades.

2

Le topinambour regagne peu à peu ses lettres de noblesse, qu'il avait perdues en devenant un succédané de la pomme de terre. On apprécie aujourd'hui sa saveur, voisine de celle des cœurs d'artichauts. La plante est rustique* et particulièrement productive.

♣ *Comme on ne parvient jamais à arracher tous les tubercules, en automne, les rescapés repoussent au printemps et renouvellent la production.*

LEUR NOM LATIN

- → **Chou de Daubenton :** *Brassica oleracea* 'Daubenton'
- → **Poireau perpétuel :** *Allium ampeloprasum*
- → **Livêche :** *Levistichum officinale*
- → **Oseille :** *Rumex acetosa*
- → **Échalote perpétuelle :** *Allium cepa* var. *aggregatum* f. *escalonicum*
- → **Laitue à feuilles de chêne :** *Lactuca sativa* var. *crispa*
- → **Topinambour :** *Helianthus tuberosus*

• VOCABULAIRE
* Rustique : qui résiste au gel en hiver.

• OÙ PLANTER ?
Regroupez les légumes et condiments vivaces soit en bordure d'une parcelle où vous effectuez les autres cultures annuelles, soit en les disposant comme dans une plate-bande, mêlés à des fleurs ou à d'autres végétaux comestibles.

• BOUTURER LES CHOUX
Prélevez entre mai et juillet des jeunes pousses d'une dizaine de centimètres de long et ne leur laissez que les deux dernières feuilles. Plongez la base de la tige dans une poudre d'hormones de bouturage et placez les boutures sous un châssis ou dans un pot rempli d'un mélange de tourbe et de sable. Maintenez l'ensemble à l'étouffée (sous une vitre ou un film plastique) durant deux à trois semaines.

• SACHEZ QUE
Même si c'est une plante vivace, mieux vaut semer un nouveau rang d'oseille que de vouloir diviser des plantes âgées. Changez complètement d'emplacement.

ELLES CONVIENNENT AUSSI

• Barbarée panachée p. 361
• Chou marin p. 358
• Ciboulette p. 111, 358, 369

Des légumes très décoratifs

Les légumes n'ont eu qu'un rôle nourricier jusqu'à ce que quelques jardins, comme le jardin Renaissance de Villandry, mettent en valeur la richesse de leurs formes et de leurs couleurs. Par un choix judicieux des variétés, combiné à un plan approprié, le potager devient alors décoratif, alliant harmonieusement productivité et beauté. Combiner avec astuce potager et jardin d'ornement constitue donc une économie de terrain, de temps et... d'argent.

NOTRE CHOIX

Le chou marin forme une belle touffe de feuilles bleues surmontée au printemps d'un bouquet de fleurs blanches au parfum de miel. Les jeunes pousses allient le croquant et la fraîcheur d'un radis à la saveur de l'asperge. On les maintient blanches en les mettant sous un pot de terre cuite retourné. Facile à cultiver dans une terre pas trop humide l'hiver, ce chou est vivace et peut être productif pendant de longues années.

♣ *Le chou marin se multiplie facilement par fragments de racines coupées en novembre et aussitôt mises en terre à leur place définitive.*

La ciboulette n'est guère plus exigeante et fleurit en mai, accompagnant alors les fleurs du chou marin. Coupées quand elles sont bien colorées, les fleurs sèchent parfaitement. Après la floraison, rasez feuilles et fleurs et arrosez pour provoquer une nouvelle pousse.

♣ *Divisez les touffes tous les deux ans pour qu'elles restent vigoureuses et florifères.*

L'IDÉE FORTE *UN POTAGER PEUT ÊTRE AUSSI TRÈS DÉCORATIF*

Combinez vos rangées de légumes pour que leurs dimensions et leurs couleurs contrastent bien les unes avec les autres. N'ayez pas peur d'y mêler quelques fleurs, outre leurs couleurs, beaucoup sont bénéfiques pour les légumes (par exemple les œillets d'Inde). Rendez vos allées accessibles en les engazonnant, et bordez-les de groseilliers et de petits pommiers... Voilà un jardin à la fois beau et productif, bref, idéal !

DES LÉGUMES COLORÉS

Le céleri doré se remarque de loin même si, au premier abord, on peut croire que sa belle teinte blonde est la conséquence d'une maladie ou d'une carence. Les branches, naturellement jaunes, sont beaucoup plus tendres que les variétés vertes.

♣ *Semez-le une fois les dernières gelées passées et ne négligez pas les arrosages pour lui donner une belle luxuriance.*

Les choux (1) comptent parmi les légumes les plus colorés. Beaucoup sont bleus, d'une nuance plus ou moins affirmée selon les variétés et l'époque de leur maturité. Les plus tardifs se marient très bien aux couleurs vives des marguerites et des asters pour des combinaisons riches en couleurs.

1

♣ *Repiquez les choux à leur distance définitive mais occupez l'espace entre eux avec une récolte rapide comme par exemple des salades.*

Réputée depuis plus de cent ans, **la laitue pourpre 'Merveille des quatre saisons'** est aussi belle à regarder que bonne à manger tout en étant l'une des plus faciles à cultiver. Elle produit une grosse pomme qui reste verte alors que le pourtour des feuilles semble bronzé au soleil.

♣ *Cultivez-la à côté du céleri doré.*

DES LÉGUMES SPECTACULAIRES

Les haricots à fleurs rouges (2), surnommés « haricots d'Espagne », se remarquent de loin et apportent une note de couleur vive au potager. Les haricots produits sont gros mais délicieux et on peut même consommer les jeunes gousses de certaines variétés grimpantes comme des mange-tout.

Quel fruit est plus spectaculaire que **la citrouille** ? Celle-ci grossit presque à vue d'œil au cours de l'été pour atteindre parfois un poids et un volume records. Les jeunes plantes ont besoin d'une terre très riche pour alimenter leur croissance ultrarapide, aussi se plaisent-elles à proximité du tas de compost qu'elles dissimulent d'ailleurs très facilement.

2

LEUR NOM LATIN

- **Chou marin :** *Crambe maritima*
- **Ciboulette :** *Allium schoenoprasum*
- **Céleri doré :** *Apium graveolens* 'Géant doré amélioré'
- **Chou :** *Brassica oleracea*
- **Laitue pourpre 'Merveille des quatre saisons' :** *Lactuca sativa* 'Merveille des quatre saisons'
- **Haricot à fleurs rouges :** *Phaseolus coccineus*
- **Citrouille :** *Cucurbita maxima*

• COMMENT PLANTER LES CHOUX ?

Ils aiment une terre ameublie mais pas trop légère, profonde et riche. Attendez au moins deux semaines après un bêchage avant de les repiquer. Pour éviter que le sol ne se dessèche, recouvrez-le d'une couche de compost à demi-mûr ou de vieux fumier.
Ils doivent être distants de 60 cm les uns des autres.

• ET LES HARICOTS ?

Attendez la fin des gelées pour semer par groupes de trois à quatre graines tous les 40 cm. Arrosez souvent pour maintenir le sol humide et favoriser une croissance vigoureuse et rapide. N'oubliez pas d'installer des rames pour les haricots grimpants, avant le semis.

ELLES CONVIENNENT AUSSI

• Chou de Daubenton p. 356
• Persil p. 354
• Topinambour p. 357

Des plantes ornementales à goûter

Même si la culture des légumes ne vous tente pas, il vous est tout à fait possible d'agrémenter vos repas avec certaines plantes du jardin considérées d'habitude comme « ornementales » mais qui sont pourtant comestibles. Elles apporteront une saveur nouvelle, parfois insolite, à vos plats. Voilà en tout cas une façon simple, économique, d'améliorer un peu l'ordinaire... et de surprendre vos convives.

L'IDÉE FORTE

MANGEZ VOTRE DÉCOR !

Il est amusant de savoir qu'un grand nombre des plantes utilisées pour le décor du jardin peut être consommé d'une manière ou d'une autre. Si cette « production » est a priori plus insolite qu'économique, elle permet la préparation de quelques plats ou décorations originales sans devoir acheter des légumes peu courants dont les prix sont toujours plus élevés que les autres.

NOTRE CHOIX

Les feuilles du **sédum 'Herbstfreude'**, bien connu pour sa longue floraison à la fin de l'été, sont bel et bien comestibles ! Croquantes, douces et juteuses, elles agrémentent et rafraîchissent les salades tout en leur donnant une saveur inégalée. Choisissez des jeunes feuilles pas trop épaisses, à la consistance encore molle, et coupez-les en morceaux juste avant de remuer la salade.

♣ *Comme lui, toutes les variétés apparentées à l'orpin reprise* (Sedum telephium) *sont comestibles.*

Les fruits du **rosier polyantha** constituent, comme ceux de tous les autres rosiers, d'excellentes confitures très riches en vitamines C. Débarrassés des graines, ils font aussi d'excellents bonbons végétaux, mais vous pouvez aussi, suivant votre imagination, les transformer en sirop, purée ou sauce. Cette dernière ressemble étrangement à la sauce tomate et se consomme d'ailleurs comme elle.

DES FEUILLES GOÛTEUSES

La valériane phu 'Aurea' (1) est très spectaculaire au début du printemps. Ses jeunes feuilles dorées, alors très lumineuses, sont incomparables pour accompagner les bulbes précoces ou les jeunes pousses rouges des pivoines. Elles sont aussi comestibles, d'une saveur fraîche et rafraîchissante comme celle de la mâche, mais avec l'amertume de l'endive.

La barbarée, surnommée « cresson de terre », possède aussi une très belle variante à feuilles panachées, surtout attrayante de l'automne au début du printemps. On peut, pendant cette période, récolter les jeunes feuilles pour les introduire dans les salades, où elles apportent un peu de piquant qui relève bien le goût des laitues de serre.

1

2

DES CONFITURES RARES

Le cornouiller mâle était autrefois cultivé comme arbre fruitier, mais on ne le plante plus aujourd'hui que pour ses petites fleurs jaunes épanouies au cœur de l'hiver. Les fruits allongés, semblables à des olives, sont très acides mais d'une saveur plus douce lorsqu'ils sont parfaitement mûrs, quand leur couleur vire au rouge sombre.

♣ *On les utilise pour des confitures, des gelées, ou confits comme des olives. L'arbuste pousse bien partout, même sur des sols très calcaires.*

L'amélanchier est surtout connu pour ses fleurs printanières d'un beau blanc pur et pour ses splendides couleurs d'automne, mais il produit aussi de petits fruits bleutés qui évoquent les myrtilles. Crus, ceux-ci sont assez insipides, mais donnent de délicieuses confitures que l'on peut parfumer avec des fleurs de sureau.

Les berbéris (2) caducs* que l'on ne taille pas en haies portent en automne une quantité de petits fruits rouges. Très acides, ceux-ci peuvent être consommés crus, mais ils donnent d'excellentes gelées. On peut aussi les confire et s'en servir comme des câpres ou des mini-cornichons.

LEUR NOM LATIN

- → **Sédum 'Herbstfreude' :** *Sedum* x *telephium* 'Herbstfreude'
- → **Rosier polyantha :** *Rosa* x *polyantha*
- → **Valériane phu 'Aurea' :** *Valeriana phu* 'Aurea'
- → **Barbarée panachée :** *Barbarea vulgaris* 'Variegata'
- → **Cornouiller mâle :** *Cornus mas*
- → **Amélanchier :** *Amelanchier laevis*
- → **Berbéris de Thunberg :** *Berberis thunbergii*

• VOCABULAIRE
* Caduc : qui perd ses feuilles en automne et en hiver.

• CONFITURE
Au départ, mélangez les fruits (dénoyautés, broyés et passés pour éliminer les graines) avec l'équivalent de leur poids en sucre. Laissez reposer 24 heures et faites cuire l'ensemble entre 5 et 20 minutes avant de mettre en pots.

• GELÉE
Mélangez le jus des fruits à un poids égal de sucre cristallisé. Portez l'ensemble très lentement à ébullition jusqu'à ce que toute l'eau des fruits soit évaporée.

• ATTENTION
Ne prélevez pas de fruits sur des rosiers traités ou sur des arbustes cultivés près d'une route.

• À LIRE
Tous les ouvrages de François Couplan, notamment *Jardiner nature*, Éditions Bordas.

ELLES CONVIENNENT AUSSI

- Achillée millefeuille p. 317, 322
- Cognassier du Japon p. 81, 299
- Hémérocalle 'Stella de Oro' p. 99, 105
- Origan doré p. 366, 368
- Pâquerette p. 316, 363
- Sédum 'Ruby Glow' p. 98, 270
- Sureau noir p. 294, 363

Des fleurs comestibles

Le chou-fleur n'est pas la seule fleur que nous pouvons consommer. Beaucoup de corolles sont en effet comestibles, et, si elles ne sont pas toujours très goûteuses, elles ont le mérite de colorer les salades ou de décorer les plats de manière originale et inoffensive. Le jardin d'ornement en fournit bien sûr une grande partie, mais les fleurs de certains légumes ou de plantes aromatiques peuvent aussi être mises à contribution tout comme bon nombre de fleurs sauvages...

L'IDÉE FORTE

COMPOSEZ DES SALADES TRÈS COLORÉES

La principale utilisation culinaire des fleurs consiste à les intégrer à des salades composées. Les corolles parfumées comme celles des roses ou de certaines hémérocalles apportent une saveur particulière en plus de la note de gaieté et surtout d'insolite dans les saladiers. Quelques pétales de fleurs et vos salades « alimenteront » toutes les conversations.

NOTRE CHOIX

Toute **la capucine** est comestible, depuis les fleurs et les jeunes feuilles au goût poivré jusqu'aux graines immatures capables de remplacer des câpres. La saveur des corolles est d'autant plus relevée que leur couleur est plus vive et soutenue. Elles sont considérées comme digestives et sont aussi très riches en vitamine C.

♣ *Il existe des dizaines de variétés annuelles dont celle-ci, aux feuilles marbrées, appelée 'Alaska'.*

Les hémérocalles aussi, surnommées « lis d'un jour », se dégustent de différentes manières, mais c'est en les cueillant et en les croquant directement au jardin que l'on surprend le plus nos visiteurs. Les pétales laissent aussi un arrière-goût plus ou moins poivré selon les variétés. L'hémérocalle citron transmet un léger parfum d'agrume aux salades dans lesquelles on la met.

DES FLEURS À BEIGNETS

Une autre manière agréable de manger des fleurs consiste à en faire des beignets. On les trempe dans une pâte à beignets puis on les plonge une à une dans une huile de friture bien chaude avant de les savourer.

Le sureau (1) produit facilement beaucoup de fleurs délicieuses en beignets. Leur production s'échelonne du début juin jusqu'en juillet ce qui permet d'étaler les dégustations.

♣ *Cueillez des fleurs bien épanouies et laissez-les frire jusqu'à ce qu'elles soient bien dorées. Ces beignets sont aussi bons chauds que froids.*

Les fleurs de courgettes conviennent particulièrement bien puisqu'elles sont grandes et assez épaisses. On peut, selon son imagination, les fourrer de fromage (mozarella) avant de les frire, et les déguster à l'italienne accompagnées de pâtes fraîches.

Les grandes grappes de fleurs des **robiniers faux acacias** conviennent tout aussi bien. Comme elles dégagent un parfum très agréable, on les utilise plus facilement dans des recettes sucrées, en dessert.

♣ *Pour ne pas casser les grappes fragiles, réalisez une pâte à beignets plus légère qu'à l'accoutumée.*

1

2

DES FLEURS SAUVAGES

Les enfants se régalent souvent du suc des fleurs du **lamier blanc (2)**. Ces fleurs délicieuses et faciles à récolter en avril et en mai agrémentent aussi très bien les salades auxquelles on peut également ajouter les jeunes feuilles qui apportent un goût un peu amer très caractéristique.

Beaucoup s'acharnent à éliminer **le trèfle** et **les pâquerettes** des gazons alors que leurs fleurs et leurs feuilles sont très bonnes à manger, en salades, en soupes, ou cuites comme des épinards. Leur principal avantage est de pouvoir être cueillis presque toute l'année. Les boutons de pâquerettes peuvent être confits et ainsi remplacer les câpres.

♣ *Il faut évidemment les récolter dans une pelouse non traitée !*

LEUR NOM LATIN

- → **Capucine 'Alaska' :** *Tropaeolum majus* 'Alaska'
- → **Hémérocalle citron :** *Hemerocallis citrina*
- → **Sureau :** *Sambucus nigra*
- → **Courgette :** *Cucurbita pepo*
- → **Robinier faux acacia :** *Robinia pseudoacacia*
- → **Lamier blanc :** *Lamium album*
- → **Trèfle :** *Trifolium repens*
- → **Pâquerette :** *Bellis perennis*

• NOTRE EXPÉRIENCE
Essayez de fourrer les fleurs de fromage léger et bien aromatisé ou de les mélanger à du fromage blanc...

• PÂTE À BEIGNETS
200 g de farine, 2 ou 3 œufs, 1 cuillère à soupe d'huile, 1 pincée de sel mélangés à 1/2 litre de lait ou d'eau (ou davantage pour la rendre plus légère).

• PENSEZ-Y
Les fleurs en coupe des plus grandes hémérocalles peuvent servir de contenant pour une poignée de petits fruits rouges, groseilles, framboises, etc., le tout garni d'une pointe de crème Chantilly.

ELLES CONVIENNENT AUSSI

- Ciboulette p. 111, 358, 369
- Hémérocalle 'Stella de Oro' p. 99, 105
- Mauve musquée p. 321
- Roses p. 231, 233, 235, 236, 239, 311

De belles feuilles à goûter

Bien connaître les plantes permet de changer quelque peu les légumes de notre assiette. Plusieurs plantes cultivées pour leurs belles feuilles rouges ont, par exemple, une saveur très proche de celle des épinards. D'autres feuilles, vertes et banales, remplacent avantageusement l'ail. Plusieurs espèces d'oseilles, d'apparences très différentes, ont la même saveur que l'oseille classique tout en étant bien plus décoratives...

NOTRE CHOIX

La baselle rouge, également surnommée « l'épinard de Malabar », est une liane cultivée dans toutes les régions tropicales comme un substitut de l'épinard. Ses feuilles vertes ou rouge sombre chez la variété *rubra* atteignent 15 cm de long et commencent à se récolter 70 jours après le semis. Elles sont épaisses mais, une fois cuites, leur saveur est très voisine de celle des épinards.

Plus connue chez nous, **l'arroche** possède aussi plusieurs variétés décoratives dont une à feuilles pourpres et une autre à feuilles jaunes. Quelle que soit leur couleur, les jeunes feuilles sont plus douces que celles qui sont âgées. Les feuilles rouges gardent leur couleur à la cuisson !

♣ *Semez-la directement en place en avril. Laissez quelques plantes former des graines et se ressemer toutes seules.*

L'IDÉE FORTE

MANGEZ VOTRE DÉCOR

Comme les jardins sont de plus en plus petits, il n'est plus guère envisageable de bien séparer le potager du jardin d'ornement. Ces plantes, à la fois « légumes » et « décor », permettent assurément de gagner de la place sans se priver de l'un des deux aspects du jardinage. Celles décrites ici ne représentent qu'un petit échantillon de la vaste gamme de plantes belles et bonnes qu'il reste à découvrir.

DE BELLES OSEILLES

L'oseille sanguine (1) ressemble aux variétés d'oseilles à feuilles étroites, mais sa nervure principale et quelques nervures secondaires sont marquées d'un rouge sombre. Cette coloration forme un dessin particulier très joli lorsque l'on admire les feuilles en contre-jour.

♣ *Consommez plutôt les jeunes feuilles, dont la saveur est légèrement plus acide que l'oseille traditionnelle.*

Plus rouge encore, la variante pourpre de **l'oseille des jardins** a un aspect très curieux, mais un goût moins fort, presque plus sucré. Nous avons réalisé avec elle des omelettes à l'oseille d'une couleur rouge peu appétissante, mais délicieuses car moins acides. La seule difficulté consiste à faire pousser cette variété avec vigueur pour obtenir une bonne récolte.

1

L'oseille en écussons est celle qui ressemble le moins à une oseille. Ses feuilles arrondies ont la forme d'un bouclier et sont teintées d'un beau gris argenté. Elle constitue de belles touffes qui s'étalent sur un demi-mètre carré chacune. La petite taille des feuilles permet de les inclure dans des salades où elles remplacent le vinaigre.

♣ *Toutes les oseilles apprécient une terre riche et humide.*

L'AIL EN FEUILLES

L'ail des ours (2) colore de ses fleurs blanches les sous-bois frais et calcaires du mois de mai. Il est très prolifique et constitue des colonies envahissantes. Chez nous, il vit très bien au fond du jardin et nous utilisons de temps en temps l'une de ses feuilles pour remplacer les vraies têtes d'ail dans les salades. Selon les goûts, un tiers ou une demi-feuille suffit pour un saladier !

2

Nous avons aussi acclimaté **l'alliaire,** une plante de la famille des choux, mais dont les feuilles dégagent le même parfum que l'ail. Haute de 50 à 60 cm, elle pousse spontanément près des ruisseaux ou contre les murs ombragés et elle produit, en mai, des fleurs blanches attrayantes. Apprenez à la reconnaître pour la récolter lors d'un pique-nique dans la nature !

LEUR NOM LATIN

- → **Baselle rouge :** *Basella rubra* var. *rubra*
- → **Arroche :** *Atriplex hortensis*
- → **Oseille sanguine :** *Rumex sanguineus*
- → **Oseille des jardins pourpre :** *Rumex montanus* 'Rubrifolus'
- → **Oseille en écussons :** *Rumex scutatus* 'Silver Shield'
- → **Ail des ours :** *Allium ursinum*
- → **Alliaire :** *Alliaria petiolata*

• ATTENTION
L'acide oxalique contenu dans les oseilles décoratives ou comestibles peut incommoder certaines personnes. Mieux vaut ne pas en ingérer fréquemment de trop grandes quantités. Cela dit, les variétés décoratives ne sont pas plus dangereuses que celles cultivées.

• C'EST IMPORTANT
La baselle a besoin de chaleur pour se développer vite. Semez-la sous abri chauffé en mars, et plantez-la à l'endroit le plus chaud de votre jardin. Arrosez bien pour récolter des feuilles tendres.

• NOTRE EXPÉRIENCE
L'oseille sanguine se ressème un peu partout et toutes les jeunes plantes sont aussi bien marquées. Elle s'insère souvent dans le pied d'autres plantes, pour un très bel effet.

ELLES CONVIENNENT AUSSI

- Achillée millefeuille p. 317, 322
- Pâquerette p. 316, 363
- Capucine 'Alaska' p. 362
- Mauve musquée p. 321

Des plantes guérisseuses

Parmi les plantes aromatiques les plus courantes, quelques-unes dégagent une odeur très forte qui évoque l'atmosphère camphrée des pharmacies d'autrefois. Certaines d'entre elles sont répulsives pour de nombreux insectes et parasites, qui désertent leur entourage immédiat. On comprend donc l'intérêt de les cultiver à proximité des plantes fragiles : elles les protègent et les maintiennent en bonne santé sans l'aide de produits de traitement coûteux.

L'IDÉE FORTE

PLANTEZ-EN PARTOUT !

L'efficacité des plantes aromatiques n'a pas été prouvée de manière scientifique, mais il est facile de constater à quel point elles sont de précieuses auxiliaires pour la bonne santé du jardin. Comme beaucoup d'entre elles sont également très décoratives, on prend vite l'habitude de les mêler aux autres plantes, que ce soit au potager ou dans les massifs de fleurs. Toutes sont, par exemple, d'excellentes compagnes des rosiers.

NOTRE CHOIX

L'armoise rampante, comme toutes les parentes de l'absinthe, éloigne de nombreux insectes dont les pucerons noirs des arbres fruitiers ou la piéride du chou. C'est aussi une barrière efficace contre les limaces. Cette variété, qui ne dépasse pas 10 cm de hauteur, est idéale pour former une bordure devant un massif ou sous des pommiers conduits en cordons*.

♣ *Pour augmenter l'enracinement de vos plantes, recouvrez les tiges rampant à la surface du sol d'un mélange de terreau et de sable.*

L'origan doré est vraiment une plante à tout faire. Son beau feuillage doré aux nuances changeantes et ses fleurs blanches en été sont très décoratifs ; ses feuilles sont excellentes sur les grillades et les pizzas, et l'odeur forte que dégage une touffe entière maintient les parasites des rosiers à distance.

♣ *Très rustique*, l'origan doré apprécie une terre argileuse même sèche en été. Cette variante à feuille dorée préfère la mi-ombre.*

DES FLEURS GUÉRISSEUSES

Les fleurs doubles de **la camomille (1)** fournissent les tisanes bien connues, mais le feuillage abondant et très odorant de la plante repousse l'oïdium* et d'autres maladies dues à des champignons. Parfois, la proximité de la plante ne suffit pas, mais vous gagnerez en efficacité en pulvérisant une infusion de feuilles de camomille.

L'hysope est un petit buisson aux feuilles fines comme celles du thym, et aux fleurs bleues comme celles de la lavande. Très mellifère*, elle attire de nombreux papillons dont la fameuse piéride du chou, qu'elle maintient ainsi éloignée des précieuses cultures. L'infusion des feuilles est insecticide et bactéricide.

♣ *Il existe de belles variétés à fleurs roses ou blanches.*

1

DES FEUILLES GUÉRISSEUSES

Observez un petit buisson de **rue officinale** : il n'y a jamais le moindre insecte ni la moindre feuille endommagée tellement l'odeur qui s'en dégage est forte (seulement quand on secoue le feuillage). La rue forme d'excellentes petites haies basses devant les rosiers ou des buissons ronds servant à marquer les angles du potager.

♣ *Attention, certaines personnes sont allergiques à sa sève, qui laisse des traces de brûlure sur la peau, surtout par temps chaud.*

Les vertus du **persil** au jardin sont au moins aussi nombreuses qu'en cuisine. Lui aussi est un excellent insectifuge et un compagnon idéal pour les rosiers. Nous le laissons volontiers « monter à graines », car ses fleurs en ombelles fines allègent les grosses roses pleines et les graines qu'elles forment le disperse un peu partout.

2

Autrefois, **la tanaisie crispée (2)** servait de litière antipuces pour les chiens, mais aujourd'hui, on apprécie plutôt le beau vert émeraude de son feuillage, surtout celui de la variété à feuilles crispées. Nous la plantons sous de grands rosiers arbustes ou sous les petits arbres fruitiers qu'elle maintient en bonne santé.

LEUR NOM LATIN

- → **Armoise rampante :** *Artemisia stelleriana*
- → **Origan doré :** *Origanum vulgare* 'Thumble's Variety'
- → **Camomille :** *Chrysanthemum parthenium*
- → **Hysope :** *Hyssopus officinalis*
- → **Rue officinale :** *Ruta graveolens*
- → **Persil :** *Petroselinum hortense*
- → **Tanaisie crispée :** *Tanacetum vulgare* 'Crispum'

• VOCABULAIRE

* Cordon : mode de palissage d'une seule branche à l'horizontale, surtout utilisé pour les pommiers.
* Mellifère : qui produit un suc avec lequel les abeilles font du miel.
* Oïdium : maladie caractérisée par un feutrage blanc sur les feuilles.
* Rustique : qui résiste au gel en hiver.

• DÉCOUVREZ

Si les armoises à feuilles grises comptent parmi les plus belles à planter en plein soleil, on trouve aussi de nombreuses espèces de toutes tailles, certaines minuscules comme *Artemisa schmidtiana*, d'autres formant de vrais buissons comme *Artemisia* 'Powis Castle'. Quelques-unes, comme *Artemisia lactiflora*, préfèrent les sols frais et les endroits mi-ombragés.

• ASTUCE

Plantez ces aromatiques en bordure d'allée ou aux angles de massifs pour avoir l'occasion de les frôler souvent. Les effluves ainsi libérées éloignent les insectes d'une surface plus importante.

ELLES CONVIENNENT AUSSI

- Achillées p. 89, 217, 317
- Anthémis p. 91, 100
- Ciboulette p. 111, 358, 369
- Cruccianelle p. 88, 255
- Germandrée p. 78, 249
- Népéta rampant p. 209, 249, 255
- Tagète simple p. 218

Des aromatiques décoratives

Les herbes aromatiques sont d'habitude considérées, au même titre que les légumes, comme des plantes utiles. Peu d'entre nous pensent à les utiliser en tant que plantes décoratives.

Certaines d'entre elles produisent pourtant de très jolies fleurs et les plus banales déclinent souvent des variétés plus richement colorées.

Les menthes, les origans, les sauges, les ciboulettes peuvent ainsi constituer des massifs entiers, à la fois utiles et très colorés. Ils trouvent naturellement leur place le long des allées du potager ou mélangés aux autres fleurs et arbustes du jardin.

L'IDÉE FORTE

INTÉGREZ-LES

Les plantes aromatiques décoratives se mélangent facilement aux fleurs, rosiers et autres arbustes, y compris, comme ici, aux conifères. Elles contribuent au décor, et vous seuls savez qu'elles possèdent d'autres usages. Vos amis s'étonneront de vous voir cueillir quelques branches d'origan doré pour aromatiser une pizza ou quelques pousses de menthe panachée pour parfumer votre thé...

NOTRE CHOIX

Les feuilles ovales de **l'origan doré** sont d'un beau vert jaune au printemps, puis elles pâlissent de plus en plus jusqu'à l'époque de la floraison qui, au moment où cette photo a été prise, est imminente. Les fleurs, d'ordinaire rose tendre, peuvent être plus ou moins foncées, voire blanches, selon les variantes quelquefois disponibles dans le commerce.

♣ *L'origan doré est une excellente plante vivace capable de se développer dans des terres pauvres et argileuses.*

La mélisse à feuilles dorées, reconnaissable à son fort parfum citronné, produit le même effet que l'origan sur un volume toutefois un peu plus important (50 cm de haut et de large). Sa floraison en revanche est peu intéressante, et il vaut mieux, à ce moment, raser les touffes pour favoriser la repousse d'un nouveau feuillage éclatant.

1

2

DES AROMATIQUES PANACHÉES

La sauge officinale se décline en une dizaine de variétés aux feuilles et aux fleurs diversement colorées. **La sauge à feuilles pourpres (1)** et **la sauge à feuilles panachées (1)** de jaune sont les plus courantes. Plantées côte à côte, leurs feuillages se mélangent en un agréable jeu de teintes. Toutes deux forment des buissons de 60 à 80 cm de haut et de large et produisent certaines années des fleurs bleues. Il est toutefois préférable de les tailler le plus près possible du sol, à la fin du printemps, pour profiter d'un feuillage bien coloré.

♣ *Vous pouvez aussi tailler en vous contentant de supprimer les branches portant des fleurs fanées.*

La menthe à feuilles panachées est une plante très lumineuse qui se marie bien avec les fleurs et les feuillages de toutes les couleurs. Chacune de ses feuilles gaufrées est bordée d'une marge blanc pur, et certaines sont complètement blanches. Elle parfume aussi bien le thé ou les infusions que ses consœurs à feuilles vertes, et leur confère même un arrière-goût d'ananas.

DE BONS AILS DÉCORATIFS

La ciboulette (2) appartient à la même famille que l'ail et c'est sûrement la plante condimentaire qui produit les plus belles fleurs. Nous la plantons en bordure au-devant des rosiers dont elle accompagne très bien les premières fleurs.

♣ *On consomme d'habitude le feuillage, mais les fleurs sont aussi comestibles et capables d'égayer les salades.*

Produisant des fleurs blanches au cœur de l'été, **la ciboulette de Chine** est aussi belle à regarder que savoureuse. On la reconnaît facilement à ses feuilles aplaties et à ses ombelles de fleurs larges de 5 cm environ. À la différence de la ciboulette traditionnelle qu'il faut replanter régulièrement, celle-ci peut rester en place longtemps et forme peu à peu des touffes de plus en plus belles et florifères.

LEUR NOM LATIN

- → **Origan doré :** *Origanum vulgare* 'Aureum'
- → **Mélisse dorée :** *Melissa officinalis* 'Aurea'
- → **Sauge pourpre :** *Salvia officinalis* 'Purpurascens'
- → **Sauge panachée de jaune :** *Salvia officinalis* 'Icterina'
- → **Menthe panachée :** *Mentha suaveolens* 'Variegata'
- → **Ciboulette :** *Allium schoenoprasum* 'Sibericum'
- → **Ciboulette de Chine :** *Allium tuberosum*

• RÉCOLTE
Comme les plantes aromatiques ordinaires, vous pouvez les récolter au fur et à mesure de vos besoins, ou les faire sécher pour les consommer en hiver.

• ASTUCE
La sauge gèle lorsque le thermomètre descend au-dessous de -10 °C. Pour éviter de perdre vos plantes, versez au cœur des touffes le contenu d'un seau de tourbe et de sable mélangés.

• NOTRE EXPÉRIENCE
L'origan doré est vraiment une plante passe-partout qui se plaît aussi bien à l'ombre qu'au soleil. On en découvre chaque année de nouvelles variantes toutes aussi désirables.

• IL FAUT SAVOIR
Les ciboulettes disparaissent si la terre est trop humide en hiver, mais aussi si elle sèche trop en été. Trouvez donc l'emplacement idéal ou n'oubliez pas de les arroser quand il fait sec.

ELLES CONVIENNENT AUSSI

- Cerfeuil sauvage pourpre p. 320
- Fenouil bronze p. 110, 267
- Menthe à fleurs de buddléia p. 351

Des arbustes parfumés (1)

Quelques arbustes, plus audacieux que les autres, non seulement fleurissent au cœur de la saison froide mais dispensent aussi un parfum suave dont l'intensité est parfois voisine de celle du jasmin au cœur de l'été. C'est une particularité agréable au moment où la belle saison et ses senteurs semblent encore bien loin.

L'IDÉE FORTE

DU PARFUM SOUS VOS FENÊTRES

La plupart de ces arbustes à floraison hivernale parfumée ne sont guère encombrants et ils apprécient la protection d'un mur. Plantez-les donc contre la maison, au-dessous ou à côté des fenêtres susceptibles d'être ouvertes dès qu'un rayon de soleil réchauffe un peu l'air. Si vous les trouvez un peu tristes en été, servez-vous-en comme support pour des clématites à petites fleurs.

NOTRE CHOIX

Le sarcoccoque est un buisson haut et large de 50 à 60 cm, aux feuilles luisantes et persistantes qui, bien qu'elles soient pointues, rappellent celles de son cousin le buis. En février, les nombreux boutons situés à la base de chaque feuille s'ouvrent pour libérer un bouquet d'étamines qui dégagent un puissant et agréable parfum vanillé. Planté tout près de la porte d'entrée, il embaumera toutes nos allées et venues.

♣ *Peu exigeant, il pousse dans les terres riches et fraîches, acides ou calcaires.*

Les fleurs blanches de **l'abéliophyllum** ressemblent à celles du forsythia mais dégagent une très agréable odeur de vanille. Cet arbuste est de constitution plus délicate que le forsythia, il pousse et fleurit mieux planté auprès d'un mur, orienté au nord ou à l'ouest, où il sera protégé du soleil matinal néfaste aux fleurs fragiles.

♣ *Plantez l'abéliophyllum dans une terre bien enrichie de compost.*

DES PARFUMS FORTS

Le daphné bois joli (1) pourrait être déclaré « champion toutes catégories » pour l'intensité de son parfum presque aussi intense que celui du jasmin officinal avec, toutefois, quelques nuances un peu poivrées. Les variantes aux fleurs foncées semblent encore plus parfumées.

♣ *Haut et large de 0,80 m à 1 m, il aime la mi-ombre et une terre fraîche toute l'année mais parfaitement drainée.*

1

Le chèvrefeuille d'hiver devient rapidement un gros buisson de 2 m de haut et de large à l'aspect grossier, et ses petites fleurs blanc crème épanouies vers la fin de février, ne lui apporteraient pas grand-chose si elles n'exhalaient un parfum si intense. Une seule branche suffit à embaumer toute une pièce de la maison.

Le mahonia du Japon attend lui aussi février pour développer ses longs épis de fleurs jaune mimosa, qui produisent un parfum puissant, proche de celui du muguet mais bien plus nuancé que celui de la variété 'Charity' fleurissant en novembre.

♣ *Cet arbuste plus haut que large (2 x 1 m) possède aussi des feuilles persistantes et épineuses, d'apparence exotique.*

DES PARFUMS ÉPICÉS

2

Les petites clochettes jaune cireux du **chimonanthe (2)** passeraient probablement inaperçues sans leur délicate senteur aux accents d'agrumes, qui s'intensifient avec l'élévation quotidienne de la température. Elles demandent cependant un peu de patience, car l'arbuste met 4 à 6 années avant de commencer à fleurir.

♣ *Peu exigeant quant au sol ou à l'exposition, l'arbuste atteint 2 m de haut pour 1,50 m de large.*

Dans les endroits protégés, **le piéris du Japon** n'attend pas l'arrivée du printemps pour offrir ses inflorescences de clochettes semblables à celles du muguet. Elles émettent un parfum délicat, épicé, rappelant tantôt celui du muguet, tantôt celui du chèvrefeuille, et dont l'intensité varie également selon la température et le moment de la journée.

♣ *C'est un arbuste de sous-bois, qui apprécie une terre humifère et non calcaire.*

LEUR NOM LATIN

- → **Sarcoccoque :** *Sarcococca humilis*
- → **Abéliophyllum :** *Abeliophyllum distichum*
- → **Daphné bois joli :** *Daphne mezereum*
- → **Chèvrefeuille d'hiver :** *Lonicera fragrantissima*
- → **Mahonia du Japon :** *Mahonia japonica*
- → **Chimonanthe :** *Chimonanthus praecox*
- → **Piéris du Japon :** *Pieris japonica*

• PARFUMS D'AMBIANCE
Les senteurs du sarcococca, du daphné et du chèvrefeuille sont plus attrayantes perçues dans l'air ambiant que respirées de près.

• PARFUM DÉLICAT
Le parfum de l'abéliophyllum, du chimonanthe et du piéris est plus agréable respiré tout près du cœur des fleurs.

• PENSEZ-Y
Pensez à planter ces arbustes à des emplacements où il y a peu de courants d'air, qui dispersent les parfums et les rendent trop discrets.

• ATTENTION
Ne coupez que de toutes petites branches du chèvrefeuille d'hiver et du chimonanthe pour les placer en vase dans la maison, car leur parfum, agréable en petite quantité, devient vite lourd et entêtant.

• DÉCOUVREZ
La variété 'Luteus' du chimonanthe produit des fleurs d'une couleur jaune un peu plus vive, qui ont la réputation d'être plus parfumées encore. Mais elle est plus difficile à trouver.

ELLES CONVIENNENT AUSSI

- Bruyère carnée p. 194, 196
- Hamamélis 'Pallida' p. 142

Des arbustes parfumés (2)

Le plaisir de retrouver les fleurs que l'on aime s'accompagne, pour certaines variétés, de celui que procure leur parfum. En avril, avant que ne s'épanouisse le muguet, ce sont surtout les arbustes qui nous apportent les senteurs les plus fortes et les plus subtiles. Celles-ci embaument une partie du jardin, et se plonger dans ces effluves lors d'une petite promenade est un véritable délice.

NOTRE CHOIX

La viorne 'Carlcephalum' est un des multiples hybrides produisant des boules de fleurs très parfumées. Chacune est constituée de petites corolles cireuses, roses en bouton puis blanc pur une fois épanouies. Celles-ci dégagent un fort parfum voisin de celui du chèvrefeuille. Les « boules-de-neige » se succèdent pendant plus de trois semaines, et parfois reviennent quelque peu pendant l'été.

♣ *Cet arbuste haut et large de 2 m a besoin de soleil pour bien fleurir, mais il craint les terres trop sèches.*

Beaucoup moins connu, **le chèvrefeuille à fleurs de lilas** forme un buisson désordonné, haut et large de 1,50 m, qui porte des petits bouquets de fleurs roses tout au long de ses branches à partir de la mi-avril. Dotées des senteurs classiques de sa famille, celles-ci se succèdent tout au long de l'été, avec des périodes plus ou moins fastes.

L'IDÉE FORTE

ABRITEZ-LES DU VENT

On ne profite jamais bien des arbustes parfumés dans un jardin exposé au vent. Essayez donc de disposer ces arbustes dans les endroits les plus protégés, sous des arbres, derrière une haie ou contre les murs abrités de la maison (s'il vous reste un peu de place). Une bonne astuce consiste à aménager une sorte de « niche » de verdure en les entourant d'autres arbustes robustes faisant office de brise-vent.

1

DES SENTEURS EXOTIQUES

Les fleurs de **l'oranger du Mexique (1)** évoquent celles des agrumes, tant par leur apparence que par leur parfum, bien que ce dernier soit un peu moins prononcé. Elles apparaissent en grand nombre à l'extrémité des branches, puis, après une pause estivale, s'épanouissent à nouveau à la fin de l'été au bout des jeunes pousses.

Le poncirus produit lui aussi un parfum d'agrume, à juste titre puisqu'il fait partie de la famille ! C'est le plus rustique de tous, qui résiste jusqu'à - 20 °C. Ses branches vertes et épineuses sont très curieuses, se couvrant de fleurs blanches avant de produire de petites feuilles. À la fin de l'été, de petits citrons verts apparaissent régulièrement et sont très agréables pour parfumer le thé.

Le groseillier odorant mériterait d'être bien mieux connu, car c'est réellement un des meilleurs arbustes parfumés du printemps. Ses fleurs jaunes, rassemblées en petites grappes, distillent un parfum évoquant le trèfle avec des nuances vanillées.

DES SENTEURS FORTES

Le daphné 'Somerset' (2) produit en abondance une multitude de fleurs roses en avril et en mai, avec quelques rappels en fin d'été. Celles-ci dégagent de fortes senteurs épicées qui embaument à des mètres à la ronde. Haut de 1,20 m environ et large de 1 m, le daphné est très ramifié et habillé d'élégantes feuilles vert bleuté.

♣ *C'est le buisson idéal à placer près de la porte d'entrée.*

2

Avec ses petites feuilles ovales, vert foncé et persistantes, **l'osmanthe de Burkwood** ressemble à un buis et peut d'ailleurs se tailler tout aussi facilement. De la fin mars à la fin d'avril, il se couvre de petites fleurs blanches ressemblant au jasmin et qui sentent aussi fort. Comme elles apparaissent sur les branches de l'année précédente, l'éventuelle taille de mise en forme s'effectue juste après leur fanaison.

LEUR NOM LATIN

- **Viorne 'Carlcephalum' :** *Viburnum* x *carlcephalum*
- **Chèvrefeuille à fleurs de lilas :** *Lonicera syringantha*
- **Oranger du Mexique :** *Choisya ternata*
- **Poncirus :** *Poncirus trifoliata*
- **Groseillier odorant :** *Ribes odoratum*
- **Daphné 'Somerset' :** *Daphne* x *burkwoodii* 'Somerset'
- **Osmanthe de Burkwood :** *Osmanthus* x *burkwoodii*

• PENSEZ-Y
Comme tous les daphnés, 'Somerset' ne vit guère plus de 12 ans. Faites raciner des branches basses en les maintenant à la surface du sol par une grosse pierre. En un ou deux ans, elles développent assez de racines pour former de nouvelles plantes.

• ATTENTION
L'oranger du Mexique est assez rustique, mais certaines branches meurent complètement en hiver. Coupez-les dès que les températures redeviennent positives et apportez du compost autour du buisson pour l'aider à se régénérer.

• ASTUCE
Les fleurs du groseillier odorant ne sont pas toujours bien visibles dans le feuillage. Palissez donc les branches à plat, sur un grillage, et vous en profiterez beaucoup mieux.

ELLE CONVIENT AUSSI

• Lilas p. 129

Les arbres fruitiers

Rien n'est plus agréable que de croquer les fruits que l'on vient de cueillir, mais quelques beaux arbres fruitiers permettent aussi de réaliser quelques économies sans demander, en contrepartie, beaucoup de soins.

NOTRE CHOIX

Les pommiers et **les poiriers** poussent et produisent bien dans toutes les régions surtout si l'on prend soin de choisir des variétés adaptées à chaque terroir. Greffés sur des tiges bien droites, ils forment des arbres qui mettent entre cinq et dix ans avant de produire les premiers fruits. Greffés entre 50 cm et 80 cm, ils restent buissonnants comme celui-ci. Ils produisent plus vite, mais demandent des tailles un peu plus suivies et vivent moins longtemps. Parmi toutes les variétés, certaines sont précoces, d'autres tardives, ce qui permet d'étaler les récoltes. Pour choisir celles qui vous conviennent, sachez bien si vous préférez croquer les fruits ou les utiliser en pâtisserie ; rares sont les variétés d'égale saveur pour ces deux usages.

♣ *Le poirier accepte des sols plus secs que le pommier. Tous deux redoutent les terres trop mouillées en hiver. Ce sont des arbres fruitiers à pépins, que l'on taille, si besoin est, en fin d'hiver.*

L'IDÉE FORTE

C'EST BEAU !

Un pommier, un poirier, un cerisier ou un prunier en fleurs sont aussi beaux que des arbres dits « d'ornement ». Bien sûr, leurs fleurs simples tombent plus rapidement que les fleurs doubles et leur couleur est presque toujours blanche (rose, chez le pêcher). En contrepartie, leur fruits sont toujours les bienvenus et, en vieillissant, leur silhouette devient souvent très pittoresque.

DES ARBRES À FRUITS SECS

Beaucoup plus modeste, **le noisetier (1)** est aussi plus passe-partout. Il pousse vite et produit en abondance chaque année, à condition de mélanger plusieurs variétés différentes. Plantez au moins un noisetier pourpre, car ses petites noisettes ont une saveur qu'aucune autre ne possède et on ne les trouve jamais dans le commerce.

1

Si votre jardin est assez grand (plus de 2 000 m^2 !), un ou deux **noyers** peuvent y vivre sans trop gêner les autres plantes. En effet, ces arbres sont grands (entre 6 m et 8 m), ne se taillent pas, et leur ombre très dense ne favorise pas une végétation luxuriante.

♣ *Il aime les sols riches et profonds, et les régions aux saisons bien marquées.*

DES FRUITIERS À NOYAUX

L'arbre fruitier le plus facile est peut-être **le prunier**. Il pousse vite, se forme tout seul sans nécessiter de taille précise. Sa production n'est cependant pas toujours régulière, car les fleurs précoces sont souvent endommagées par les gelées tardives.

♣ *Certaines variétés sont dites « autofertiles » et produisent bien même s'il n'y a qu'un seul arbre dans les environs.*

Le pêcher est réservé aux régions qui ne connaissent pas de gelées tardives. Sa floraison est en effet très précoce, en mars, et est très sensible au froid. Néanmoins, certains sujets poussent très bien dans des endroits *a priori* peu propices c'est-à-dire s'ils sont installés contre un mur chaud et bien abrité.

♣ *Il préfère les terres bien drainées*.*

Le cerisier (2) est connu comme un grand arbre, mais aujourd'hui, de nouveaux porte-greffes* dits « nanifiants », permettent de le garder petit. Il produise plus rapidement et on n'a plus besoin d'échelle pour cueillir les cerises !

♣ *Il est souhaitable que d'autres arbres de variétés différentes poussent dans le voisinage pour que la production soit abondante.*

2

LEUR NOM LATIN

- → **Pommier :** *Malus domestica*
- → **Poirier :** *Pyrus comunis*
- → **Noisetier :** *Corylus avellana*
- → **Noisetier pourpre :** *Corylus maxima* 'Purpurea'
- → **Noyer :** *Juglans regia*
- → **Prunier :** *Prunus domestica*
- → **Pêcher :** *Prunus persica*
- → **Cerisier :** *Prunus avium*

• VOCABULAIRE

* Porte-greffe : plante sur laquelle on greffe une variété reconnue pour ses qualités. Elle fournit les racines et le tronc, la variété constitue les branches.
* Terre drainée : terre dans laquelle l'eau ne stagne pas.

• TAILLEZ-LES

Elle n'est pas aussi compliquée qu'on veut bien vous le faire croire. Veillez surtout à bien dégager la silhouette et à supprimer toutes les branches qui se gênent.

• DÉCOUVREZ

♣ Pommier : 'James Grieve' (à croquer), 'Reine des Reinettes' (à cuire)
♣ Poirier : 'Beuré Hardy' (à croquer)
♣ Ceriser : 'Early Rivers'
♣ Prunier : 'Reine Claude d'Oullins' (blanche), 'Stanley' (violet)
♣ Pêcher : 'Grosse Mignonne'
♣ Noyer : 'Franquette'
♣ Noisetier : 'Coxford' et 'Merveille de Bolwiller'

Les fruitiers formés

La passion des fruits s'attrape comme la passion des roses, en découvrant la multitude de variétés qu'il faut parfois savoir dénicher sur les catalogues des spécialistes.

Pour loger une collection de fruitiers dans un jardin, il faut les cultiver selon des formes bien précises qui permettent d'obtenir un rendement maximal dans un minimum de place. Cette pratique peut même devenir une véritable passion, plus forte encore que celle des fruits.

L'IDÉE FORTE

HABILLEZ VOS CLÔTURES DE FRUITIERS

Ces fruitiers ont besoin de supports, fils, piquets, au long desquels on guide et attache leurs branches pour les mettre en forme, puis pour les soutenir. Par tradition, on les disposait contre un mur bien ensoleillé, mais les clôtures grillagées, qui entourent de nombreux jardins, sont en fait des infrastructures idéales. Transformez-les donc en haies fruitières, bien plus sympathiques que les haies de conifères !

N O T R E   C H O I X

Les poiriers sont palissés contre la clôture grillagée sous forme de **palmettes horizontales**. Chacune comporte un axe vertical à partir duquel deux branches horizontales forment un « étage » tous les 30 cm en partant chacune dans les deux directions opposées. La hauteur de l'axe est limitée à celle du grillage et les « bras » s'étendent sur 1,80 m de longueur environ.

♣ *On a pu ainsi planter un arbre tous les 4 mètres.*

En alternance, sur un rang distant de 50 cm sont disposés des pommiers formés en **cordons doubles**. Le principe est le même que pour les palmettes horizontales, mais il n'y a qu'un seul « étage ». Ils sont également espacés de 4 m les uns des autres et plantés en quinconce avec les poiriers.

♣ *L'espace entre les arbres est maintenu libre de toute végétation, mais reçoit toutes les tontes de gazon étalées en fines couches.*

DES FORMES SIMPLES

La plus récente et la plus simple des formes se fait toute seule. Une nouvelle sorte de **pommiers (1)** en effet apparaît dans les jardineries. Ils n'ont qu'un tronc, bien vertical, et qui ne porte que des branches naturellement très courtes. À l'encombrement limité, ces fruitiers colonnaires ajoutent la simplicité d'entretien. Que vouloir de plus ? Que des poiriers, des cerisiers et des pruniers fassent de même !

1

2

♣ *On peut les planter en pots ou au jardin à 50 cm les uns des autres. Il en faut plusieurs pour obtenir de bonnes récoltes.*

Le cordon simple est très facile à réaliser puisqu'il suffit de guider la branche principale d'un jeune scion* sur un fil horizontal tendu à 50 ou 80 cm de hauteur. On limite sa longueur à la place disponible. On peut aussi palisser la branche en oblique et installer ainsi un arbre tous les 50 cm.

DES FORMES PLUS COMPLEXES

Variante de la palmette horizontale, **la palmette oblique** est une forme sur laquelle les bras sont guidés selon un angle de 45° par rapport à l'axe central. Cette forme convient mieux aux variétés peu vigoureuses, mais elle permet également de gagner de la place. Les anciens palissaient une palmette horizontale entre deux palmettes obliques.

La forme illustrée ici est assez complexe à réaliser, mais elle est très décorative. Elle est faite de deux U emboîtés l'un dans l'autre de manière que tous les bras soient séparés par la même distance de 40 cm. On l'appelle **« palmette verrier 4 branches » (2)**. Très rare dans le commerce, il faut le plus souvent la former soi-même.

De l'avis de beaucoup de connaisseurs, le **« U double »** est la forme la mieux équilibrée, celle qui répartit le mieux la sève dans les branches pour assurer la formation de beaux fruits. Imaginez deux « U » aux branches bien verticales, dont les bases seraient réunies par leur milieu à chacun des bras d'un cordon double.

• VOCABULAIRE
* Scion : jeune plante greffée depuis une année.

• VARIÉTÉS
La vigueur ou la faiblesse des variétés les prédestinent à l'une ou à l'autre des formes. Les porte-greffes sont peu vigoureux et ont un enracinement faible.

• TAILLES
Deux tailles par an permettent une production abondante et l'équilibrage des formes. Mieux vaut la voir pratiquer pour bien la comprendre. Inscrivez-vous aux cours d'une école ou d'une société d'horticulture ou demandez au pépiniériste qui vous fournit les arbres.

• ACHAT
On trouve encore toutes ces formes chez les pépiniéristes traditionnels. Attention, une palmette coûte cher (entre 400 F et 500 F), car elle nécessite au moins quatre années d'interventions régulières. Les palmettes moins chères à l'achat ont été obtenues plus rapidement et ne produisent pas très bien.

• NOTRE EXPÉRIENCE
Si ces formes sont belles à regarder, elles sont aussi très productives. À titre indicatif, nos pommiers en cordons doubles produisent chacun entre 6 kg et 10 kg de pommes par an.

Les petits fruits rouges

Si les arbres fruitiers mettent parfois plusieurs années avant de produire, les petits fruits rouges se récoltent, eux, l'année même, ou celle qui suit la plantation. Ils ne réclament que très peu de soins, hormis une protection contre les oiseaux.

N O T R E C H O I X

Voici un assortiment tout frais cueilli du jardin. L'on peut voir de gauche à droite :

• **des groseilles à maquereaux**, qui portent des noms communs très divers selon les régions. Rouges ou blanches, elles ont en commun une saveur acidulée et sont produites par des buissons épineux. Ces fruits ne se conservent pas longtemps, mais sont délicieux à grignoter en se promenant dans le jardin ;

• **des groseilles à grappes**. Les plus acides sont délicieuses pour les confitures, les plus sucrées font d'excellents desserts. Les blanches ont autant de goût (sinon plus) que les variétés rouges, et sont délaissées par les oiseaux ;

• **des cassis**. Les cousins des groseilles sont noirs et le feuillage des buissons produit une odeur très caractéristique, proche de celle des fruits. Meilleurs en mélange avec d'autres fruits, ils sont aussi excellents en confitures. Au jardin, le cassis pousse facilement dans un endroit ombragé ;

• **des framboises**. Commencez absolument par planter une variété robuste et remontante* qui vous donnera des fruits dès la seconde moitié du premier été. Les fruits sont abondants et très savoureux quand les plantes poussent dans une terre toujours fraîche en été ;

• **des fraises**. Bien connues et très populaires, les fraisiers sont des plantes vivaces* qui durent plusieurs années au jardin.

♣ *Il faut toutefois les régénérer tous les deux ans en replantant quelques jeunes plantes produites au bout des stolons*.*

D'AUTRES BONS PETITS FRUITS

La mûre sans épines (1) pousse aussi facilement que la ronce, sa proche cousine. À moins de posséder beaucoup de place pour la laisser pousser à sa guise, il vaut mieux attacher ses branches à un grand treillage, afin de la domestiquer un peu et de faciliter la récolte des fruits. Celle-ci a lieu, à la fin de l'été et au début de l'automne, sur une période naturellement étalée. Les fruits ont un délicieux goût sauvage.

L'IDÉE FORTE

ÉTALEZ LES PRODUCTIONS

Chaque espèce se décline en dizaines de variétés de goûts différents et de productivités variables. Nous vous laissons le soin de découvrir chez un pépiniériste local les mieux adaptées à votre région. Pensez toujours à sélectionner plusieurs variétés aux périodes de maturité échelonnées. Il peut ainsi s'écouler deux mois entre la groseille la plus précoce et la plus tardive.

Les fruits bleus **des myrtilles** mûrissent l'été, et sont nombreux quand plusieurs pieds poussent côte à côte. Ils ne sont pas les seuls attraits de ses buissons à la jolie floraison blanche et aux couleurs d'automne souvent rutilantes. Si votre terre ne convient pas, essayez d'en cultiver un plant dans un grand pot. Choisissez alors une variété autofertile*.

1

♣ *Les myrtilles ne sont guère difficiles à produire à mi-ombre, dans une terre légère, riche en terreau mais totalement dépourvue de calcaire.*

LEUR NOM LATIN

- ➜ **Groseille à maquereau :** *Ribes uva-crispa*
- ➜ **Groseille à grappes :** *Ribes rubrum*
- ➜ **Cassis :** *Ribes nigrum*
- ➜ **Framboise :** *Rubus idaeus*
- ➜ **Fraise :** *Fragaria* x *ananassa*
- ➜ **Mûre sans épines :** *Rubus fruticosus* 'Thornless Evergreen'
- ➜ **Myrtille :** *Vaccinium corymbosum*

• VOCABULAIRE

* Autofertile : capable de se féconder toute seule.
* Remontante : qui produit deux fois, en juin-juillet et en août-septembre.
* Stolon : sorte de tige rampant sur le sol et qui produit des nouvelles plantes de place en place.
* Vivace : plante non arbustive qui vit plusieurs années.

• PROTECTION

♣ Avant que les fruits ne mûrissent, pensez à disposer sur les groseilliers et sur les fraisiers des filets protecteurs. Les cassis et les framboises suscitent en général moins de convoitises.

♣ Autour des fraisiers, pensez à disperser régulièrement quelques appâts anti-limaces disponibles dans le commerce.

• SACHEZ QUE

Toutes ces plantes aiment les conditions moyennes d'un potager : bonne terre, arrosages réguliers (surtout avant et pendant la récolte). Concernant la taille, ne vous compliquez pas la vie, coupez à leur base les branches âgées de plus de deux ans, reconnaissables à leur écorce crevassée.

ELLES CONVIENNENT AUSSI

• Actinidia p. 309
• Noisetier pourpre p. 145, 375

Nos 300 plantes coup de cœur

A

Abeliophyllum distichum. Plantez l'abéliophyllum contre un mur ou une palissade ne recevant pas trop de soleil. Enrichissez la terre avec du compost afin qu'elle ne se dessèche pas trop en été. Après la floraison, supprimez les petites branches afin d'alléger la silhouette de l'arbuste.

Acanthus hungaricus. Vivace, cette espèce est la plus résistante au gel parmi les différentes acanthes. Plantez-la au printemps dans une terre bien ameublie en profondeur. Les jeunes plantes ne fleurissent pas avant deux ou trois ans mais deviennent ensuite de plus en plus spectaculaires.

Acer griseum. Cet érable pousse très lentement mais les jeunes sujets montrent déjà une écorce remarquable et bien caractéristique. Contrairement à une croyance répandue, il pousse très bien en sol calcaire, pourvu que celui-ci ne soit pas trop sec en été. Évitez les situations ventées.

***Acer pseudoplatanus* 'Brillantissimum'.** Plantez cet érable dans une terre riche et fraîche, afin de stimuler sa croissance, toujours un peu lente. N'hésitez pas à tailler l'extrémité des nouvelles pousses lorsque les feuilles jaunissent pour encourager la production d'autres pousses colorées.

Achillea millefolium. Semez les graines d'achillées 'Summer Pastel' en juin ou en juillet, dans un pot et repiquez les jeunes plantes en septembre là où elles devront fleurir l'été suivant. Peu exigeantes, elles poussent dans tous les sols pas trop humides et résistent au gel.

Acorus gramineus. Cette fausse herbe vit dans les terres très humides ou à peine immergées. Plantez l'acore au printemps, en mélangeant de la tourbe à la terre de plantation afin de l'aider à s'enraciner facilement. Protégez les jeunes plantes avec des fougères sèches durant les deux premiers hivers.

Alchemilla mollis. Aussi à l'aise au soleil qu'à l'ombre, l'alchémille pousse bien dans des sols frais ou humides et supporte aussi les sécheresses estivales.

Allium ampeloprasum. Ce poireau perpétuel produit des pousses assez grosses pour être consommées dans une terre riche, fraîche et bien drainée. Plantez vos premiers plants en fin d'été, mais attendez la seconde année pour couper des poireaux pour votre consommation.

Allium cepa. Semez les oignons au tout début du printemps ou plantez des petits bulbes de variétés bien précises à 10 cm au minimum les uns des autres. La récolte a lieu au milieu de l'été. Laissez les bulbes sécher dehors durant plusieurs jours avant de les remiser dans un endroit sec et frais.

Achillea millefolium

***Allium schoenoprasum* 'Sibiricum'.** La ciboulette aime les bonnes terres de jardin, riches et pas trop sèches, et exposées en plein soleil. Les feuilles sont meilleures au printemps et moins parfumées pendant la floraison. Divisez les touffes après celle-ci en replantant ailleurs les éclats dans une terre enrichie de terreau.

***Allium* x *hollandicum*.** Cet ail décoratif est vigoureux et se multiplie facilement par division des bulbes ou par semis spontanés. Laissez les tiges florales sécher sur place durant l'été parce qu'elles contribuent toujours au décor, mais aussi pour marquer l'emplacement des bulbes.

Alyssum odoratum. Cette petite plante annuelle fleurit quelques semaines après le semis et se ressème rapidement en un été ; plusieurs générations d'alysse odorante se succèdent au même emplacement sans que l'on s'en rende compte. Il lui faut du soleil et une terre drainée mais pas trop sèche.

Alyssum saxatile (= Aurinia saxatile). Plantez la corbeille-d'or entre mars et septembre, dans une terre parfaitement drainée. Si votre sol est lourd, humide et collant, plantez-la sur un talus ou dans des cailloux, de manière à préserver la base de la plante de l'humidité. Pensez à bien choisir son emplacement, car elle ne pousse bien qu'en plein soleil.

Amelanchier canadensis. Ce bel arbuste pousse au soleil ou à mi-ombre, dans une terre qui ne sèche pas trop durant l'été. L'amélanchier du Canada ne demande pas de taille particulière pour fleurir, mais bénéficie d'une taille d'éclaircie de temps à autre, en hiver.

Anemone nemorosa. Cette plante sauvage est parfois disponible fleurie en jardinerie au printemps ou sous forme de racines tubérisées avec les bulbes en automne. L'anémone des bois pousse dans les 5 cm de terre superficielle, qui doivent être bien enrichis de feuilles mortes plus ou moins décomposées. Ne bêchez pas sur leur emplacement.

Anemone x hybrida. Plantez en septembre les anémones du Japon cultivées en conteneur, ou en avril les petites plantes vendues en godet. Mélangez à la terre de plantation du terreau de feuilles (un demi-seau par plante) afin de faciliter la reprise. Veillez à ce que la terre ne se dessèche pas durant le premier été.

Anemone x hybrida

Anthemis frutescens. Les anthémis ont besoin de beaucoup de soleil pour fleurir en abondance, mais doivent recevoir des arrosages réguliers. Enlevez rapidement les fleurs fanées pour assurer une floraison continue. On hiverne facilement des boutures effectuées en août.

Anthriscus sylvestris 'Ravenswing'. Installez les plants de cerfeuil sauvage pourpre en fin d'été pour qu'ils se développent et fleurissent au printemps suivant. Ceux que vous aurez installés au printemps attendront une année complète avant de former des touffes très feuillues et florifères. Sol humide et riche en matières organiques.

Arabis caucasica. Cette petite plante alpine vit parfaitement en dehors d'une rocaille, pourvu que la terre ne soit pas trop mouillée en hiver. Réduisez chaque année les touffes de l'arabette, après la floraison, à 15-20 cm de diamètre en taillant les pousses trop longues.

Aralia elata. Plantez l'aralia au printemps, dans une bonne terre de jardin qui ne sèche pas trop en été. Choisissez un emplacement ensoleillé ou mi-ombragé, mais surtout abrité du vent pour protéger ses grandes feuilles composées. Évitez de bêcher autour du pied car les racines bourgeonnent dès qu'elles sont blessées et donnent une multitude de jeunes pousses.

Artemisia lactiflora. Préférant les terres fraîches et le plein soleil, cette armoise pousse aussi à mi-ombre. Les touffes ont besoin d'être divisées une fois tous les 3 ans pour rester vigoureuses et florifères. Mélangez beaucoup de compost à la terre et ne la laissez pas sécher en été.

Artemisia stelleriana. Plantez cette armoise rampante en plein soleil, dans une terre bien drainée, mais aussi pas trop sèche durant l'été. Coupez les inflorescences dès qu'elles sont pleinement développées afin qu'elles ne nuisent pas à la beauté du feuillage. Divisez les plantes tous les 3 ans.

Arundinaria auricoma. Plantez ce bambou nain dans un endroit où ses racines envahissantes ne risquent pas de devenir une gêne : au pied d'arbustes et/ ou contre une pelouse pour que les tontes limitent son expansion. Pour renouveler son éclat, taillez-le ras chaque printemps.

Asphodeline lutea. Après la plantation en septembre ou en avril, il faut attendre deux ans pour profiter des premières fleurs de l'asphodéline, mais, ensuite, la plante peut rester 10 ans à la même place sans demander aucun soin. Si vous rasez les touffes entièrement dès la fin de la floraison, le beau feuillage bleu repousse plus vite.

Aster novae-angliae. Ce grand aster vigoureux et indemne de maladies résiste bien au vent sans tuteurage. Plantez les jeunes plantes au printemps et coupez les nouvelles tiges en juin et en juillet à moitié de leur hauteur. Cela permettra au pied de se fortifier et de produire davantage de tiges dès l'année suivante.

Aster x frikartii 'Flora's Delight'. Cet aster pousse en touffes compactes, et préfère un sol bien drainé et un emplacement ensoleillé. Plantez-le de préférence au milieu du printemps pour qu'il puisse bien s'installer avant les pluies de la fin d'automne. Évitez de le déplacer une fois bien enraciné.

Aster x pringlei 'Monte Cassino'. Cet aster à petites fleurs s'épanouit de la fin septembre aux gelées et forme un véritable buisson de 1,20 m de haut. Sa floraison est plus dense en plein soleil, mais il fleurit aussi très bien à mi-ombre. Les touffes ne grossissent pas très vite et peuvent attendre 4-5 ans avant d'être divisées.

Astilbe x chinensis 'Superba'. L'astilbe aime la fraîcheur. Plus la terre est humide, plus on peut la planter au soleil. Mélangez à la terre d'origine beaucoup de compost et de terreau de feuilles pour que les souches se développent rapidement et restent florifères longtemps.

Athyrium filix-femina. Cette fougère d'apparence très délicate souffre de la sécheresse du sol et de l'air. Plantez-la au printemps en disposant autour de la motte de racine une quantité importante de tourbe bien gorgée d'eau. Laissez les frondes sèches s'accumuler autour de la plante.

Atriplex hortensis. L'arroche pousse très facilement dans les terres riches en azote (juste après l'enrichissement du sol avec du fumier). Semez-la en avril pour une levée rapide. Dès le début du mois de mai, vous pourrez consommer les jeunes feuilles.

Aubrieta deltoidea. Comme l'arabis, cette plante de rocaille peut vivre en pleine terre si celle-ci n'est pas trop humide. Plantez-la en septembre pour qu'elle fleurisse bien au printemps. Taillez les aubriettes après la floraison pour réduire chaque touffe à 15 cm de diamètre.

B

***Basella rubra* var. *rubra*.** On n'obtient des graines de baselle rouge que chez des spécialistes. Il faut les faire germer au chaud en mars-avril et repiquer les jeunes plantes en plein air seulement en juin, dans une terre bien enrichie de compost. Arrosez souvent pour favoriser une croissance rapide et une bonne production de jeunes feuilles comestibles.

***Bellis perennis*.** Cette belle plante sauvage ne se trouve dans le commerce que sous des formes "améliorées" et moins vivaces. La pâquerette sauvage se ressème toute seule dans les terres un peu tassées et légèrement humides. Il suffit de ne pas utiliser de désherbant à pelouse pour la voir s'installer.

***Betula costata*.** Choisissez un bouleau obtenu par greffe pour être sûr de la qualité de la coloration de l'écorce. Plantez un jeune sujet qui s'enracinera et poussera très vite. Ne vous inquiétez pas si les feuilles des jeunes plantes semblent tomber tôt : cette caractéristique ne devient effective que sur les sujets implantés depuis quelques années.

***Betula nigra*.** Ce bouleau peut vivre dans les terres très humides. Il pousse vite, en adoptant le plus souvent des formes contournées qui mettent en valeur la beauté de l'écorce. Veillez à débarrasser les jeunes troncs des branches gênantes le plus vite possible afin qu'ils ne gardent aucune cicatrice.

***Betula pendula*.** Ce bouleau commun pousse bien partout, en particulier sur les sols argileux. Pour bien mettre son tronc en valeur, élaguez les branches basses à raison d'un étage par an. Ne l'introduisez pas dans un petit jardin car ses racines fines et nombreuses stérilisent le sol aux alentours.

***Betula pubescens*.** On ne le trouve pas dans le commerce, mais ce bouleau est commun dans certaines régions. Prélevez de tout jeunes arbres dans les fossés, au bord des routes, mais surtout pas dans des espaces naturels préservés.

***Betula utilis* var. *jacquemontii*.** Les jeunes bouleaux greffés révèlent leur blancheur vers l'âge de 3-4 ans. Plantez-les très jeunes de manière à pouvoir les former à votre idée. Débarrassez les troncs des petites branches encombrantes, à raison de 3 ou 4 par an, en priorité celles qui approchent 1 cm de diamètre.

***Brassica oleracea* 'Daubenton'.** Ce chou vivace est très productif dans une terre riche, bien drainée mais restant toujours un peu humide. N'ayez pas de scrupules à couper ses jeunes feuilles souvent pour les utiliser en soupes ou en salades, car cela permet à la plante de rester compacte.

***Brunnera macrophylla*.** Ce myosotis vivace pousse parfaitement à l'ombre des murs ou des arbres, même si la terre sèche durant l'été. Une fois bien installées, les plantes se ressèment souvent seules et forment de belles colonies. Pour l'éviter, on peut raser les touffes juste après la floraison.

***Buphtalmum salicifolium*.** Cette plante se met en place au printemps ou en septembre, dans une terre bien ameublie et enrichie d'un peu de terreau. L'œil de bœuf ne demande aucun soin et reste même attrayant en hiver, avec ses tiges sèches portant encore les restes de fleurs.

Buphtalmum salicifolium

***Butomus umbellatus*.** Le jonc fleuri n'aime pas avoir les racines enfermées dans un pot : il n'y fleurit qu'une seule fois, puis dégénère. Il vaut mieux le déposer au fond du bassin pour qu'il s'installe à son aise et colonise tout l'espace dont il a besoin. Il fleurit alors chaque été en abondance.

C

***Callicarpa bodinieri* 'Profusion'.** Cet arbuste magnifique en automne se plaît dans les situations mi-ombragées, ou en plein soleil si le sol ne sèche pas trop durant l'été. Ajoutez du compost à la terre de plantation et n'hésitez pas à tailler le calicarpa pour égaliser sa silhouette, souvent dégingandée.

***Campanula lactiflora*.** Cette campanule pousse bien au soleil, mais elle fleurit tout aussi bien à mi-ombre, où ses couleurs douces sont préservées. Bêchez profondément pour que les racines s'installent facilement jusqu'à 50 cm en dessous du niveau du sol. Repérez bien les plantes, car toutes les tiges disparaissent totalement en hiver.

***Carpinus betulus*.** Le charme pousse dans les terres lourdes, argileuses, de préférence calcaires. Il faut deux ans aux jeunes plantes pour s'installer avant de commencer à pousser, mais, ensuite, elles composent une haie très rapidement. Un truc : croisez les plantes deux par deux à la plantation pour une haie vite infranchissable.

***Caryopteris* 'Heavenly Blue'.** Plantez le caryoptéris au printemps, dans un endroit bien ensoleillé, mais dans une terre pas trop sèche. Ajoutez du compost pour qu'il s'enracine rapidement, mais, ensuite, c'est un buisson frugal qui ne demande aucun arrosage. Une taille sévère au printemps procure une floraison plus abondante en été.

***Centranthus ruber*.** La valériane rouge est une plante très facile pour les endroits bien ensoleillés. Plantez-la de préférence en septembre pour que les plantes aient le temps de bien s'enraciner avant les premiers froids et, surtout, avant les premières sécheresses.

Cephalaria gigantea. Plantez des jeunes scabieuses géantes au printemps ou en automne dans une terre bien drainée et pas forcément très riche. En général, elles mesurent environ 1,20 m lors de leur première floraison et n'atteignent 2 m de hauteur que durant leur seconde année.

Cheiranthus cheiri. La giroflée se plaît dans une terre bien meuble où ses racines peuvent s'installer en profondeur. Dans une terre légère et bien drainée, les plantes survivent parfois plusieurs années, en se ressemant spontanément aux alentours.

Clematis x *lanuginosa*

Chrysanthemum densum* ssp. *Amani. La petite tanaisie grise est une plante rampante qui affectionne les terrains peu humides en hiver. Bien rustique, elle a besoin de plein soleil pour produire un feuillage de qualité. Taillez vos plantes assez court au printemps pour stimuler la formation de nouvelles feuilles.

Chrysanthemum parthenium. Plantez vos premiers plants de camomille au printemps, ils se développeront très vite pour fleurir dès le mois de juin. Ensuite, laissez les fleurs produire les graines. Vous reconnaîtrez facilement les jeunes semis à leurs feuilles découpées et à leur odeur prononcée.

Chrysanthemum vulgare. Cette marguerite sauvage peut être semée ou achetée en godets (pour la sélection 'Maikönigin'). Semez les graines en janvier ou en février ou installez des jeunes plantes en mars pour qu'elles fleurissent dès le mois de mai. Laissez faner les premières fleurs pour obtenir des graines à disperser aussitôt.

Cistus* x *purpureus. Craignant le gel et l'humidité, le ciste préfère les terres sableuses, profondes et chaudes. Ces arbustes florifères vieillissent prématurément, surtout si la terre est trop riche. On peut dans ce cas essayer de les tailler en raccourcissant une partie des tiges florifères durant l'été.

***Clematis* 'Mme Julia Correvon'.** Cette variété à petites fleurs demande une exposition ensoleillée pour bien fleurir, mais une terre toujours fraîche durant l'été. Elle supporte très bien les terres lourdes et n'est absolument pas sensible à la maladie des clématites, fréquente chez les variétés à grandes fleurs.

***Clematis tibetana* ssp. *vernayi* .** Cette variété très vigoureuse pousse bien dans tous les sols sauf s'ils sont trop humides. Il lui faut le plein soleil pour fleurir en abondance durant tout l'été. Mélangez à la terre de plantation du compost bien mûr pour faciliter sa reprise. Coupez toutes les tiges à 40 cm du sol chaque printemps.

Clematis* x *lanuginosa. Plantez les clématites à grandes fleurs au début de l'automne ou au printemps dans un trou profond au fond duquel vous déposerez 20-30 cm de cailloux afin d'assurer un bon drainage. Veillez aussi à bien enterrer les 15 premiers centimètres de tige pour augmenter leur enracinement.

***Cordyline australis* 'Variegata'.** Pour obtenir un feuillage bien coloré, disposez la cordyline panachée dans un endroit très éclairé dans la maison. Enlevez soigneusement les feuilles les plus âgées en tirant d'un coup sec vers le bas. Coupez le tronc devenu trop haut à hauteur voulue : une ou plusieurs nouvelles couronnes apparaîtront alors.

***Cornus alba* 'Gouchaultii'.** Ce cornouiller aux feuilles panachées de jaune pousse bien dans toutes terres, au soleil (situation pas trop chaude cependant) ou à mi-ombre. Ne le laissez pas prendre trop d'ampleur et taillez chaque hiver les branches les plus grosses afin de laisser de la place aux nouvelles pousses à écorce rouge framboise.

***Cornus alba* 'Sibirica'.** Ce cornouiller pousse rapidement dans une terre argileuse et humide. Placez-le en plein soleil pour que ses tiges soient bien verticales et vivement colorées, mais aussi pour que son feuillage adopte de belles couleurs rouge-pourpre en automne.

***Cornus stolonifera* 'Flaviramea'.** Facile et de croissance rapide, ce cornouiller pousse dans tout sol ordinaire ou humide. Il craint juste les situations trop ventées ou les terres trop sèches en été. Les branches situées près du sol s'enracinent facilement et permettent de constituer de grands massifs.

Corylopsis pauciflora. Le corylopsis craint le vent et le plein soleil, ainsi que les gelées tardives. Plantez-le en automne dans une terre bien enrichie de terreau de feuilles (env. 3 seaux pour un sujet). Couvrez le sol sous l'arbuste d'une bonne couche de feuilles mortes chaque automne.

Corylus avellana. Les noisetiers poussent bien dans toutes les terres pas trop sèches, dans les situations abritées du vent ou s'ils sont plantés avec d'autres arbres et arbustes. Pour obtenir beaucoup de fruits, il faut mélanger plusieurs variétés qui fleurissent en même temps en février.

Cordyline australis 'Variegata'

Cotoneaster damneri. Plantez-le en automne ou en fin d'hiver, au soleil ou à l'ombre, dans une terre enrichie de compost. Maintenez les branches les plus longues contre le sol à l'aide de pierres ou de crochets afin qu'elles s'enracinent et donnent ainsi plus de vigueur au cotonéaster.

Cotoneaster horizontalis. Ce buisson étalé pousse bien dans toutes les situations, ensoleillées ou ombragées. La fructification est plus abondante lorsque plusieurs plantes poussent côte à côte. Lorsqu'il devient trop encombrant, il est facile de le rajeunir en le coupant près du sol en fin d'hiver.

Cotoneaster lacteus. Ce bel arbuste persistant et fructifère pousse bien dans toutes les terres, surtout les plus mauvaises, argileuses et/ou calcaires. Plantez-le de préférence en fin d'hiver, surtout dans les régions froides, car les jeunes plantes souffrent du froid.

Crambe cordifolia. Installez un jeune chou dans une terre profonde, bien ameublie et enrichie de compost. Laissez au moins 1 m de distance entre deux plantes. Arrosez régulièrement durant la première année pour aider la racine à s'enfoncer dans le sol. Il ne reste plus qu'à attendre la floraison !

Crambe maritima. Ce chou maritime a besoin de beaucoup de soleil et d'une terre légère, sableuse mais gardant bien l'humidité durant l'été. Plantez-le au printemps, mais attendez 2 ans avant de commencer à faire blanchir les jeunes pousses. Nourrissez bien les touffes exploitées.

***Crataegus oxyacantha* 'Paul's Scarlet' et 'Rosea Plena'.** L'aubépine est un petit arbre épineux peu exigeant qui pousse vite sur tous les sols, y compris lourds et calcaires. Elle fleurit sur les branches développées l'été précédent : donc, les tailles éventuelles doivent être effectuées juste après la floraison.

Crocosmia* x *crocosmiiflora. Ils poussent dans des sols très divers et presque à toutes expositions, depuis l'ombre jusqu'en plein soleil. Plantez les premiers bulbes de crocosmia au printemps, et laissez-les ensuite proliférer à leur aise. Dans les régions aux hivers froids, protégez les souches avec une litière de feuilles mortes.

Crocus* x *vernus. Les gros crocus multiflores se reconnaissent à leurs multiples bourgeons. Plantez-les dans une terre légère et riche en humus pour qu'ils assurent une floraison de qualité. Attention, les rongeurs raffolent de ces bulbes et anéantissent souvent les plantations.

Cydonia oblonga. Choisissez de préférence un cognassier sous forme arbustive, qui deviendra peu à peu un arbre. Ainsi, vous pourrez modeler son tronc tortueux au fur et à mesure de sa croissance. Pour tailler, enlevez simplement les rameaux encombrant la cime de l'arbre, ainsi que les branches mortes.

Cytisus scoparius. Ces genêts préfèrent une terre sableuse, légère et profonde où ils peuvent produire de longues racines. Dans une terre pauvre, ils poussent lentement et restent bien plus beaux et plus compacts que dans une terre riche. Mettez en place vos plantes au début de l'automne ou du printemps.

D

Dahlia* x *hortensis. Pour pousser vite et fleurir en abondance, les dahlias ont besoin d'une terre riche, ameublie en profondeur et surtout jamais trop sèche durant l'été. Distancez bien vos plants de dahlias afin de laisser l'air circuler suffisamment entre eux et d'éviter bien des maladies.

Daphne mezereum. Achetez de très jeunes pieds de daphné bois joli car les grands sujets reprennent difficilement. Si votre terre est lourde, ajoutez sable, gravier ou petits cailloux pour améliorer son drainage. Il apprécie le calcaire et le plein soleil, à condition que la situation ne soit pas trop sèche en été.

Darmera peltata. Cette belle plante pousse en terre très humide, tourbeuse ou riche en terreau de feuilles. Elle produit de gros rhizomes serpentant à la surface du sol. Plantez les jeunes saxifrages au printemps et arrosez régulièrement durant le premier été en attendant qu'ils soient bien enracinés.

***Delphinium* x 'Pacific Giant Hybrids'.** Cette vivace très spectaculaire peut vivre longtemps si on l'installe dans une terre riche et fraîche. Lorsque la floraison s'amenuise, n'hésitez pas à déplacer les souches (profitez-en pour les diviser !) pour les installer là où aucun delphinium n'a jamais poussé.

Delphinium x 'Pacific Giant Hybrids'

Dianthus barbatus. L'œillet des poètes produit des « bouquets tout faits » durant les mois de juin et de juillet. Il fleurit bien en plein soleil dans une terre riche, bien drainée mais pas trop sèche. Un arrosage bihebdomadaire permet d'obtenir une floraison plus longue et plus soutenue.

Diascia fetcaniensis. Plantez au printemps, après les dernières gelées, des jeunes plantes en plein soleil. Les diascas préfèrent une terre riche, mais bien drainée, cette qualité étant essentielle pour un bon hivernage. Attendez le printemps pour tailler les tiges sèches.

Digitalis purpurea. Plantez vos premières digitales en septembre, dans un endroit ensoleillé ou mi-ombragé. Mélangez une pelletée de terreau autour de chaque plante. Les tiges n'ont pas besoin de tuteur, sauf lorsqu'elles sont trop chargées et qu'elles se penchent sous les orages et coups de vent.

E

Eichhornia crassipes. La jacinthe d'eau craint le froid et ne peut être disposée dans les bassins qu'une fois passées les dernières gelées. Toutefois, elle prolifère très vite pour former des tapis de feuilles flottantes. Seules les rosettes les plus âgées, qu'elles soient anciennes ou premières formées, fleurissent.

Elaeagnus angustifolia. Cet arbuste à croissance rapide aime le plein soleil. Il ne craint pas le vent ni les terres un peu sèches en été. Dans les terres lourdes et humides l'olivier de Bohême pousse plus rapidement, et doit de ce fait être taillé régulièrement pour rester vigoureux. Floraison parfumée en mai.

Enkianthus campanulatus. L'enkianthus est un arbuste idéal pour les situations ombragées entre des grands arbres. Il pousse bien dans l'humus obtenu par la décomposition des feuilles mortes et apprécie une atmosphère fraîche et humide. Aucune taille n'est obligatoire, mais quelques coups de sécateur mettront en valeur son port étagé.

Epimedium rubrum. Les jeunes plantes fournies en godet sont peu vigoureuses. Il vaut mieux les repiquer durant un an dans un coin du potager enrichi de terreau de feuilles. Plantez les épimèdes à leur place définitive à la fin de l'hiver et coupez tout le vieux feuillage.

Eranthis hiemalis. Les bulbes d'éranthes se plantent en septembre. Ils ressemblent à de petits cailloux et n'ont pas de sens précis de plantation. Disposez-les par petits groupes de 3 à 5 distants de 25 à 30 cm. Les graines mûrissent vite et permettent d'étendre rapidement les tapis d'helléborines.

Erica carnea. Contrairement à une idée reçue, cette bruyère peut pousser dans des sols très variés, y compris calcaires. Ne l'installez pas dans de la « terre de bruyère » ou de la tourbe pures mais mélangées à la terre d'origine afin de l'alléger et lui apporter de l'humus.

***Erica carnea* 'December Red'.** C'est une bruyère d'hiver à choisir en fleurs pour bien juger de ses coloris. Plantez-la aussitôt, s'il ne gèle pas, dans un endroit ensoleillé. En automne, pensez à enlever les feuilles mortes accumulées sur elle.

Erica* x *darleyensis. Plus haute que la bruyère carnée, elle est aussi accommodante et peut vivre dans les terres un peu calcaires, pourvu qu'elles ne sèchent pas trop en été. Plantez-la en plein soleil en laissant au moins 40 cm entre chaque plante, que vous pourrez combler avec des plantes plus rases.

Erigeron karvinskianus. Plantez au printemps ces petites « pâquerettes » en plein soleil et dans un endroit chaud (comme une façade exposée au sud). Ne craignez pas la disparition des plantes d'origine lors d'un hiver froid et humide, les graines assurent une nombreuse descendance.

***Erigeron* x 'Rosa Jewel'.** Plante très facile, l'érigeron ne demande qu'une situation ensoleillée et une terre pas trop sèche pour fleurir de longues semaines durant l'été. Dans de la terre pauvre, les plantes doivent être divisées une fois tous les deux ans et nourries de compost pour rester bien florifères.

Eucomis bicolor. Plantez les bulbes d'eucomis, en avril, à 15 cm de profondeur, dans une terre consistante enrichie de sable (une pelletée) et de terreau de feuilles (un demi-seau). Choisissez un endroit ensoleillé où la terre ne sèche pas trop en été. Matérialisez bien l'emplacement des bulbes.

Erica carnea

Euonymus alatus 'Compactus'

***Euonymus alatus* 'Compactus'.** De croissance lente dans son jeune âge, le fusain compact atteint tout de même 1,50 m de haut et de diamètre en une dizaine d'années, mais on peut éventuellement le tailler très fort pour le garder petit. Ses branches ne portent pas les larges ailes liégeuses caractéristiques de l'espèce.

***Euonymus fortunei* 'Emeraldn' Gold'.** Plantez ce fusain en automne ou durant l'hiver (en dehors des périodes de gel), en mélangeant du terreau à la terre d'origine. N'hésitez pas à desserrer les racines qui forment la motte. Coupez en été les tiges verticales pour privilégier celles qui s'étalent.

Eupatorium purpureum. Amateur de terre humide et riche, l'eupatoire est une plante spectaculaire qui pousse assez tard au printemps (fin avril), mais atteint 2 m de haut en été. Entourez les jeunes plantes d'un tapis de feuilles mortes ou de fumier à demi mûr pour entretenir une bonne humidité.

Euphorbia cyparissias. L'euphorbe petit-cyprès résiste à tout, terres très sèches, plein soleil ou au contraire ombre d'un arbre, etc. Plantez les premiers plants au printemps. La terre n'a pas besoin d'être ameublie en profondeur, car le système racinaire reste superficiel. Coupez les tiges sèches en hiver.

Euphorbia myrsinites. Cette euphorbe ne demande que très peu d'entretien : il suffit de couper les tiges desséchées pour faire de la place aux nouvelles pousses. Si vous ne désirez pas qu'elle se ressème, coupez ces tiges lorsque la couleur des inflorescences commence à pâlir.

F

***Fagus sylvatica* 'Dawyck'.** Le hêtre fastigié affectionne les terres lourdes et calcaires ainsi que les situations fraîches, là où l'air est assez humide. De croissance rapide, il se taille facilement, lorsque par exemple une branche vient à s'écarter de la verticale. En hiver, secouez les branches si elles se chargent de neige, pour éviter qu'elles ne se déforment.

Ficus carica. Comme les figues se forment sur les branches de l'année précédente, il est important que ces dernières ne gèlent pas pour fournir une récolte estivale ; comme elles sont assez souples, on peut les coucher près du sol et les recouvrir d'une bonne couche de feuilles mortes jusqu'au milieu du printemps.

***Foeniculum vulgare* 'Purpureum'.** Le fenouil bronze pousse facilement dans toutes les terres ni trop humides ni trop sèches. Repiquez de jeunes plantes qui atteindront environ 1,50 m la première année, et 2 m les suivantes. Lors d'hivers humides, les plantes âgées disparaissent et sont remplacées au printemps par de nombreux semis spontanés.

Fushia hybride

Fuchsia hybride. Les fuchsias aiment un terreau riche en humus : ajoutez la moitié du volume de terreau de feuilles à un terreau classique pour les satisfaire pleinement. Ne laissez jamais la terre sécher. Ils se bouturent très facilement en août ou lorsque les jeunes feuilles apparaissent, au début du printemps.

***Fuchsia magellanica* 'Riccartonii'.** Ce petit arbuste pousse facilement dans toutes les régions dans les situations peu ensoleillées. Il aime une terre fraîche et riche en humus, qui lui permet de repousser avec vigueur après un hiver très froid. En dessous de –15 °C, protégez la souche avec de la paille.

G

Gaura lindheimeiri. Plantez de jeunes gauras au milieu ou à la fin du printemps, dans une bonne terre pas trop humide en hiver. Le plein soleil favorise une floraison abondante et une forme bien régulière. Il existe désormais une belle variante à fleurs roses nommée 'Siskyou Pink'.

***Geranium* 'Ballerina'.** Bien qu'il soit assez robuste et florifère, ce géranium vivace amateur de plein soleil survit aux hivers de nos régions seulement lorsqu'il est planté dans une terre bien drainée. Mieux vaut aussi l'installer en terre au printemps afin qu'il ait le temps de bien s'enraciner avant l'hiver.

***Geranium* 'Buxton's Blue'.** Il est intéressant pour sa floraison tardive de la fin juillet aux gelées, mais craint les terres humides, qui font pourrir ses racines. Plantez-le de préférence au printemps pour qu'il ait bien le temps de s'installer avant l'hiver ; ne soyez pas inquiet car les nouvelles pousses ne sortent pas avant mai.

***Geranium endressii* 'Wargrave Pink'.** Aussi prolifique à l'ombre qu'au soleil, ce géranium vivace fleurit durant toute la belle saison. Enlevez régulièrement les fleurs fanées pour éviter qu'il ne se ressème car alors les nuances de couleur des fleurs peuvent varier d'intensité.

Geranium macrorhizum. Ce géranium vivace très résistant pousse aussi bien au soleil qu'à l'ombre et supporte la concurrence des racines d'arbre. Plantez de jeunes plantes en septembre ou au printemps à 25 cm de distance les unes des autres, en mélangeant du terreau à la terre pour un enracinement rapide.

Geranium pratensis. Plantez-le en automne pour qu'il s'enracine avant la repousse de l'herbe, et maintenez l'emplacement bien dégagé pendant un an. Ensuite, attendez que les graines soient mûres avant de le faucher afin qu'il se ressème et produise des plantes aux coloris variés.

Geranium psilostemon. Une terre consistante restant humide en été permet à ce géranium vivace de pousser très vite et de fleurir longtemps. Plantez-le au soleil ou à mi-ombre, où il fleurit tout aussi bien. Les touffes peuvent rester en place très longtemps ou être divisées tous les 3 ans au printemps.

Geranium sanguineum. Cette espèce vivace pousse bien partout, excepté dans les terres trop humides. Vous pouvez la planter à n'importe quelle époque, sauf quand la terre est gelée ou trop sèche. Les variétés à fleurs rose tendre ou blanches fleurissent bien aussi à mi-ombre, au pied d'un arbuste.

Geranium* x *cantabrigiense. Pour implanter rapidement un tapis dense de ce géranium, il vaut mieux disposer des tout petits plants (simples tiges enracinées obtenues en divisant des touffes établies) à 10 cm les uns des autres. Tous les deux ans, recouvrez-les en partie de compost de jardin pour entretenir leur vigueur.

***Geranium* x 'Johnson's Blue'.** Pour obtenir une floraison abondante, plantez-le dans une terre riche en humus et pas trop sèche en été et divisez les vieux pieds tous les 3 ans. En plein soleil, les touffes restent bien serrées et ne risquent pas d'étouffer les plantes voisines.

Geum rivale. Cette jolie plante à floraison orangée a besoin d'une terre riche qui reste humide durant l'été. Les touffes vigoureuses de la benoîte des ruisseaux s'élargissent sans devenir envahissantes et ont besoin d'être divisées une fois tous les 3 ans afin de rester florifères.

H

***Hamamelis mollis* 'Pallida'.** Cet arbuste possède un feuillage rappelant celui du noisetier et prend de belles teintes jaune beurre en automne. Ses fleurs sont parfumées. Il supporte une terre légèrement calcaire pourvu qu'elle ne soit pas trop sèche. Achetez-le en fleurs pour être sûr de sa couleur.

***Hamamelis* x *intermedia* 'Diane'.** Ses fleurs, plus petites que celles de l'hamamélis 'Pallida', sont aussi plus nombreuses et l'arbuste pousse plus vite. Néanmoins, il supporte moins bien le calcaire. Son feuillage se colore de rouge et de rouille durant une longue période en automne.

***Hedera colchica* 'Dentata Variegata'.** Ce lierre craint les températures inférieures à −15 °C, aussi vaut-il mieux le planter dans un endroit protégé. Les feuilles souffrent parfois du gel, mais il suffit de les couper en fin d'hiver pour provoquer l'apparition plus rapide d'un nouveau feuillage, plus beau et plus coloré.

***Hedera helix* 'Ivalace'.** Ce lierre pourrait être qualifié de nain puisqu'il pousse très lentement. Pour qu'il reste bien compact, vous pouvez raccourcir les branches les plus longues au milieu de l'été. Une fois tous les deux ans, rasez le feuillage au début du printemps pour le régénérer totalement.

Helianthus microcephalus. Une bonne terre riche qui ne sèche pas trop en été permet d'obtenir un bon développement et une floraison abondante pour ce petit soleil. Les touffes doivent toutefois être arrachées au printemps tous les 3 ans pour rester bien florifères.

Helleborus niger. La vraie rose de Noël se plante de préférence au pied d'un arbuste ou d'une haie, de façon qu'elle reçoive beaucoup de lumière mais pas trop de soleil durant l'été. Les jeunes plantes fournies en petits godets reprennent mieux et plus vite que les plus grosses vendues en conteneur.

Helleborus* x *orientalis. Plantez cet hellébore dans un endroit ensoleillé une partie de la journée, mais pas trop chaud. Les jeunes plantes fleurissent vers l'âge de 2 ou 3 ans ; elles produisent des graines qui demanderont 2 ans pour germer. Coupez les feuilles à leur base au début de la floraison.

Hemerocallis citrina. Cette hémérocalle se distingue à l'odeur citronnée de ses fleurs produites au début de l'été. Plantez-la au début du printemps, dans une terre bien ameublie et enrichie de terreau. Rasez entièrement les touffes après la floraison pour obtenir un nouveau feuillage avant l'hiver.

Hemerocallis hybride. Vivace sans problème, l'hémérocalle pousse et fleurit bien dans tous les sols et à toutes expositions. Il faut juste installer les jeunes plantes dans une terre bien ameublie et enrichie de compost, et ne pas les laisser avoir soif durant leurs deux premiers étés.

Hepatica nobilis. Pour bien pousser, l'hépatique a besoin de courtes périodes de sécheresse durant l'été. C'est la raison pour laquelle on doit la planter au pied d'arbres ou d'arbustes qui assèchent le sol. Il lui faut aussi une terre riche en humus pour se ressemer et pour faire grossir les touffes le plus vite possible.

***Heuchera cylindrica* 'Green Ivory'.** Cette belle heuchère à fleurs verdâtres aime les sols riches et restant légèrement humides durant tout l'été. Installez les jeunes plantes au printemps ou en septembre, sachant que la floraison sera vraiment abondante durant la saison suivante.

***Hosta* 'Ginko Craig'.** Cette belle variété naine possède un enracinement superficiel qui ne supporte pas le dessèchement. Il faut donc la protéger par un bon matelas de feuilles mortes renouvelé chaque automne pour compenser la décomposition. N'oubliez pas quelques granulés antilimaces au printemps.

***Hosta undulata* 'Mediovariegata'.** Cette hosta a besoin de beaucoup de lumière au printemps, mais se contente d'un espace ombragé durant l'été : plantez-la donc sous un arbre caduc à feuillaison tardive (gleditsia, robinier doré). Mélangez à la terre au moins deux seaux de compost par plante.

Hyacinthoides hispanicus. Plus grande que la jacinthe des bois, la jacinthe d'Espagne est tout aussi prolifique. Comme les touffes sont plus encombrantes, il vaut mieux les disposer près d'arbustes qui dissimuleront les feuilles au moment où elles fanent.

Hyacinthoides non scripta. Plantez ces bulbes de jacinthe des bois par groupes de 3 à 5 par trous distants de 40 ou 50 cm. Très prolifiques, à la fois en divisant des bulbes ou par semis, ces petites touffes se rejoindront en quelques années pour former un tapis bleu. Il n'est pas nécessaire de les arracher en été.

Hyacinthus x orientalis multiflores

Hyacinthus* x *orientalis multiflores. Ces jacinthes sont très faciles à cultiver au jardin, où elles se comportent comme des plantes vivaces. Plantez-les au soleil, dans une terre riche qui peut sécher durant l'été. Lorsque vous divisez les touffes, replantez les jeunes plantes à un autre endroit.

***Hydrangea arborescens* 'Annabelle'.** C'est un des rares « hortensias » à fleurir sur les jeunes pousses. On peut donc couper au printemps toutes les tiges gênantes près du sol sans nuire à la floraison. Une taille aussi radicale produit des fleurs énormes qui font plier les tiges sous leur poids.

Hydrangea x _macrophylla_ 'Geoffrey Chadbund'. Cet hortensia « sauvage » est un peu sensible au gel, qui détruit les jeunes branches porteuses de bourgeons à fleurs. Veillez donc à le planter dans un endroit bien protégé du froid et du vent. La taille consiste juste à supprimer les branches âgées de trois ans, reconnaissables à leur écorce crevassée.

Hyssopus officinalis. Plantez l'hysope officinale au printemps en plein soleil, dans une terre pas trop humide en hiver. Sa croissance est rapide, mais elle n'est régulière que lorsque la plante est bien dégagée des autres arbustes ou des autres fleurs. Taillez les fleurs dès qu'elles sont fanées.

I

Iberis sempervirens. Plantée au printemps, la corbeille d'argent forme au début de l'automne un joli coussin de feuilles vert foncé et bien persistantes. Après la floraison, enlevez les fleurs fanées ou, mieux, coupez les tiges qui les portent directement à leur base de manière à conserver une plante compacte et bien fournie.

Ilex aquifolium 'Mme Briot'. Préparez soigneusement le trou de plantation en ameublissant profondément le sol et en mélangeant une demi-brouette de compost de jardin. Veillez à ce que les jeunes houx ne souffrent pas de soif durant leurs premiers étés. Une fois bien enracinés, ils poussent de 20 à 40 cm par an !

Iris germanica. Ces grands iris spectaculaires fleurissent bien en plein soleil, dans une terre légère, bien drainée, mais riche. Les variétés à très grosses fleurs demandent à être divisées tous les 2 ans, à la différence des formes plus anciennes, plus florifères. Elles doivent aussi souvent être tuteurées.

Iris pseudacorus. Cet iris peut vivre à la fois en pleine terre, à la limite de l'eau ou complètement dans l'eau. Plantez-le au début du printemps pour qu'il ait le temps de bien s'installer avant les éventuelles petites sécheresses estivales. Au bout de 2-3 ans, il est nécessaire d'éclaircir les touffes pour qu'elles restent élégantes.

Iris sibirica. Cet iris aime une terre fraîche, mais pas gorgée d'eau, tout au long de l'année. Il est donc parfait près d'un bassin artificiel. Plantez-le au tout début du printemps ou juste après la floraison (juin) afin que les plantes soient bien enracinées avant l'hiver.

Iris x _intermedia._ Ces vivaces prolifiques, surnommées « iris à bordures », aiment le plein soleil et les terres bien drainées. Tous les cinq ans, divisez vos iris pour les rendre plus florifères. Évitez de les replanter au même endroit, car le sol y est épuisé pour quelques années.

J

Jasminum nudiflorum. Plantez votre jasmin en automne ou au début de l'hiver, même s'il est déjà en fleurs. Mélangez un demi-seau de terreau de feuilles à la terre de plantation et arrosez bien durant le premier été. N'hésitez pas à cueillir de petites branches boutonnées ou fleuries pour qu'elles s'épanouissent en vase.

Jasminum officinalis. Cette belle grimpante doit être plantée en plein soleil pour fleurir beaucoup. Il pousse bien dans tous types de terre, mais si la vôtre est argileuse, améliorez son drainage en y mélangeant des gravillons. C'est indispensable dans les régions aux hivers très froids car il craint l'humidité du sol plus que les températures négatives.

Juncus effusus 'Spiralis'. Rempotez la jeune plante acquise en Jardinerie dans un pot plus grand rempli de terre de jardin argileuse et déposez-la dans l'eau de manière que seules les feuilles émergent. Quand des tiges droites apparaissent, il est temps de diviser le jonc pour le régénérer.

K

Kniphofia x 'Safran Vogel'. Plantez le kniphofia de préférence au printemps, dans une terre bêchée en profondeur et amendée de gravier si elle est trop lourde et collante. Dans les régions froides, abritez les jeunes plantes avec de la paille ou des fougères sèches durant leurs deux premiers hivers.

Kolkwitzia amabilis 'Pink Cloud'. Le kolkwitzia n'aime pas la chaleur, ni les terres trop humides, mais il a besoin de soleil pour fleurir en abondance et pour que son feuillage prenne de belles couleurs d'automne. Taillez-le légèrement, juste pour mettre en valeur son port en forme de parapluie.

L

Laburnum x 'Vossii'. Le cytise doit être repiqué très jeune car il produit peu de racines. Par ailleurs, les jeunes sujets poussent très vite et fleurissent dès la deuxième année suivant la plantation. Il nécessite un emplacement ensoleillé et une terre bien drainée.

Lactuca sativa. Semez la laitue en pleine terre une fois les dernières gelées passées. Creusez un léger sillon que vous remplirez de fin terreau avant d'y déposer les graines. Arrosez et maintenez le sol bien humide. Il est plus rapide de repiquer des jeunes plantes achetées en barquettes de 12.

Lamiastrum galeobdolon 'Florentinum'

Lamiastrum galeobdolon 'Florentinum'. Plantez ce couvre-sol vigoureux sous des arbustes ou des arbres bien établis. Installées au printemps à 50 cm les unes des autres, les jeunes lamiers poussent vite et forment un tapis dès l'été. Coupez-les en fin d'été pour favoriser des repousses persistantes.

Lamium maculatum 'Beacon Silver'. Ce lamier se distingue des autres variétés par ses fleurs rose soutenu. Au soleil, son feuillage a tendance à se tacher de rose. Veillez toutefois à ne pas le planter dans un endroit trop chaud, ni dans un sol trop sec.

Lamium maculatum 'White Nancy'. Ce joli lamier est assez vigoureux pour coloniser un demi-mètre carré par an, mais il est facile à arracher s'il empiète chez ses voisines. Divisez-le au moins une fois tous les deux ans.

Lavandula angustifolia 'Hidcote'. Plantée en avril ou en mai, cette lavande fleurit dès le premier été. Taillez-la dès la fanaison pour former un buisson rond et dense, qui affrontera plus facilement le froid de l'hiver. Si votre terre est collante en hiver, mélangez deux seaux de sable ou de gravier lors de la plantation.

Lavandula angustifolia 'Munstead'. Cette lavande se distingue de la variété 'Hidcote' par une couleur un peu plus claire. Plantez-la en plein soleil et prenez soin de tailler très court vos plantes un printemps sur deux.

Lavatera 'Bansley'. À planter au printemps, dans une terre riche et bien drainée. Développement rapide et floraison dès le mois de juin. Durant l'été, coupez les extrémités des branches défleuries pour garder l'arbuste compact et florifère. La lavatère occupe un mètre carré dès le premier été.

Ligustrum vulgare. Cet arbuste pousse aussi bien dans les terres lourdes que dans le sable du littoral. Très rustique, il affronte aussi les températures de –30 °C sans broncher, tout comme les chaleurs estivales. Taillez régulièrement votre troène pour qu'il reste bien compact.

Ligustrum vulgare 'Atrovirens'. Le troène du Danemark pousse partout, au soleil ou à l'ombre, en terre riche ou pauvre, lourde ou sableuse. Plantez de jeunes sujets en automne afin qu'ils aient le temps de s'enraciner. Enlevez chaque année la moitié de la longueur des branches pour les inciter à rester touffus.

Linaria purpurea. Cette plante dressée apporte de la hauteur dans les massifs. Laissez les fleurs fanées de linaire : elles produisent des graines qui assureront la pérennité des plantes. Coupez les tiges en septembre pour favoriser une repousse persistante.

Lonicera periclymenum

Lonicera periclymenum. Ce chèvrefeuille pousse et fleurit bien dans les arbustes alors que sur les murs il est souvent malade. Plantez-le en automne, directement au pied de la haie, de préférence du côté est ou nord. Taillez-le un peu après la floraison ou en même temps que la haie.

Lonicera pileata. Plantez-le en automne ou en fin d'hiver, dans une terre ameublie et enrichie de terreau. Pliez les branches les plus longues et maintenez-les contre le sol avec des crochets métalliques ou des pierres afin qu'elles s'enracinent. Ainsi, les jeunes chamerisiers pousseront plus vite dès la première année.

Lonicera syringantha. Laissé à lui-même, ce chèvrefeuille arbustif devient vite trop touffu. Taillez-le donc assez fort après la première floraison de mai et juin et éclaircissez ensuite ses repousses. Peu exigeant quant au sol, il pousse aussi bien au soleil qu'à mi-ombre.

Lupinus x polyphyllus 'Russell Hybrids'. Les lupins aiment une terre profonde, pas trop sèche en été, riche et non calcaire (qui fait jaunir le feuillage et rend la plante « anémique »). Plantez de jeunes sujets en septembre ou au tout début du printemps pour qu'ils fleurissent bien toute la saison. Ne négligez pas les arrosages.

Lysimachia punctata. Installez les jeunes lysimaques préférence en fin d'été pour que leurs racines colonisent le sol pendant l'hiver. Facilitez-leur la tâche en mélangeant à la surface du sol du terreau ou du compost et en la couvrant d'une couche de feuilles mortes. Arrosez durant le premier été.

M

Malus d'ornement. Les pommiers à fleurs et à fruits décoratifs 'Coccinella', 'Evereste' et 'Golden Hornet' poussent bien dans toutes les terres un peu fortes, riches et un peu humides. Ils n'apprécient pas trop le calcaire et ont besoin de plein soleil pour fleurir et fructifier en abondance.

Malus 'Van Eseltine'. Ce pommier doit être planté dans une terre riche et à un emplacement ensoleillé et dégagé pour bien fleurir. N'hésitez pas à couper une ou deux branches principales près de leur base juste après la floraison afin d'assurer un rajeunissement permanent des parties florifères.

Malus x 'Royalty'. Ce pommier reste décoratif tout l'été avec son feuillage pourpre. Pour lui conserver une belle couleur, taillez une partie des branches près de leur base juste après la floraison, ce qui stimule la croissance de nouvelles pousses vigoureuses. Emplacement ensoleillé.

Matteucia struthiopteris. Cette fougère très prolifique aime les sols superficiels très riches en humus (terreau de feuilles). Magnifique surtout au printemps, elle peut prendre un aspect pitoyable en été si le sol sèche un peu trop mais cela n'affecte pas sa vigueur.

Melissa officinalis 'Aurea'. Cette mélisse à feuillage jaune pousse à mi-ombre ou au soleil dans les terres pas trop sèches. Plantez-la au printemps, dans une terre bien ameublie et enrichie d'un peu de terreau. Ne la laissez pas avoir soif durant son premier été.

Menyanthes trifoliata. Plantez ce trèfle d'eau juste au bord de l'eau en recouvrant à peine les tiges superficielles de terre additionnée de tourbe. Laissez-le s'étaler à la fois sur terre et sur la surface, mais n'hésitez pas à le tailler légèrement durant l'été s'il recouvre une surface d'eau un peu trop importante.

Millium effusum 'Aureum'. Ce millet très lumineux avec son feuillage doré est une des rares à se développer à l'ombre des arbres et arbustes. Plantez-la au printemps et ensuite laissez-la se ressemer elle-même en permettant à ses épis de se développer.

Miscanthus floridulus. L'eulalie atteint 2 m de haut durant le printemps puis montre un joli feuillage tout l'été et fleurit en automne. Plantez-la au printemps dans une terre enrichie de terreau. Divisez les plantes installées tous les 3 ou 4 ans pour que les touffes restent bien denses.

Miscanthus sacchariflorus. Plantez l'eulalie géante au printemps, dans un endroit ensoleillé et dans une terre bien ameublie. Celle-ci doit être riche, profonde et bien humide durant l'été pour que la plante atteigne ses dimensions étonnantes. Une jeune plante achetée en godet demande 2-3 ans pour atteindre 3 m de haut.

Miscanthus sacchariflorus

Myriophyllum verticillatum. Vraiment aquatique, le myriophylle s'installe au fond de l'eau, lesté si nécessaire par de gros cailloux. Ensuite, les tiges émergent en partie durant l'été. Ne laissez pas la plante envahir tout le bassin, mais coupez-en une partie chaque été pour laisser de l'eau libre.

N

Narcissus pseudonarcissus. Cette petite jonquille est une des plus prolifiques. Implantez quelques bulbes par groupes de 3 ou 5 entre les plantes vivaces ou même dans la pelouse, à l'ombre ou au soleil. Elles fleurissent très tôt et leur feuillage mûrit vite, ce qui ne gêne ni les plantes voisines, ni la tonte de la pelouse.

Nepeta musinii. Cette petite plante rampante aime le soleil, où elle fleurit durant tout l'été. Plantez-la de préférence au printemps, car les jeunes plantes souffrent lors des hivers humides. Une fois installé, le népéta se ressème spontanément. Attention aux chats, qui adorent s'y rouler…

Nepeta 'Six Hill's Giant'. Plantez ce népéta au printemps, en plein soleil, dans une terre bien ameublie. Rasez toutes les tiges près du sol à la fin de la première floraison et arrosez plusieurs fois jusqu'à la floraison suivante. Les années suivantes, il ne vous demandera aucun soin.

Nicotiana alata. Repiquez les jeunes plants de tabac en pleine terre à partir de la mi-mai, dans un sol enrichi et allégé avec du terreau de feuilles. Arrosez souvent, le temps que les plantes s'établissent bien. Supprimez les premières fleurs et l'extrémité des pousses pour les forcer à se ramifier.

O

Onoclea sensibilis. Enracinée dans les premiers centimètres du sol, cette fougère pousse plus vite dans les terres légères et très riches en humus. Elle prolifère vraiment dans les endroits bien humides et reste peu envahissante dans une terre séchant un peu l'été.

Origanum vulgare. L'origan commun pousse bien dans toutes les terres, mais l'arôme de ses feuilles est plus fort lorsque la plante pousse en plein soleil. La variété 'Aureum' pousse mieux à mi-ombre et fleurit rose en été, tandis que 'Thumble's' Variety' supporte parfaitement le soleil sans que son feuillage ne se dessèche. Elle fleurit blanc.

P

Paeonia officinalis. La pivoine herbacée est une plante robuste qui pousse bien en plein soleil et dans une terre profonde et riche. Les fleurs doubles sont souvent trop lourdes pour leurs tiges et il faut les soutenir avec de légers tuteurs ou les entourer de plantes basses sur lesquelles elles peuvent reposer.

Paeonia officinalis 'Flore Pleno'. Plantez votre pivoine de préférence en automne pour avoir une chance de la voir fleurir au printemps prochain. Ameublissez profondément la terre afin de faciliter l'installation des racines. Veillez à ne pas enterrer le bourgeon sous plus de 2 cm de terre, autrement la pivoine ne fleurira pas.

Paeonia x suffruticosa. Contrairement à une idée répandue, la pivoine arborescente n'est pas très difficile à cultiver, il lui faut juste du temps pour s'installer et commencer à se développer. Plantez la jeune plante dans une terre bien ameublie et enrichie de terreau, dans un endroit ensoleillé. Entourez-la d'un cylindre de grillage pour la protéger des choc et du vent. Arrosez régulièrement durant les deux premiers été.

Panicum virgatum. Haut de 1 m à 1,30 m, le panicaut est surtout attrayant à partir du milieu de l'été et en automne. Plantez-le au printemps, au soleil, dans une terre enrichie de compost. Ne coupez pas les tiges sèches avant le milieu du printemps.

***Papaver commutatum* 'Ladybird'.** Semez vos premiers coquelicots coccinelle en pleine terre en décembre ou janvier afin que le froid favorise la germination des graines. Dispersez-les sur une terre grossièrement bêchée et ratissez juste un peu la surface. Vous reconnaîtrez les jeunes plantes à leurs feuilles de couleur bleutée.

Parthenocissus tricuspidata 'Veitchii'

***Parthenocissus tricuspidata* 'Veitchii'.** Plantez le pied de vigne vierge de préférence contre un mur exposé au nord ou à l'est et guidez ses branches vers les parties plus ensoleillées. Ne mélangez du terreau à la terre de plantation que si celle-ci est réellement mauvaise.

***Pelargonium* x *hederaefolium*.** Ces "géraniums" deviennent plus florifères lorsque l'on pince de temps en temps l'extrémité des pousses afin de les obliger à se ramifier : ainsi, chaque nouvelle pousse portera une fleur. Distribuez de l'engrais liquide au moins une fois par semaine.

***Pelargonium zonale*.** Pour garder un feuillage sain et des plantes vigoureuses et florifères, arrosez-les souvent avec de l'engrais liquide et taillez une ou deux branches chaque mois. Vous éviterez les maladies en enlevant les feuilles malades dès qu'elles jaunissent ou sèchent un peu.

***Pernettya mucronata*.** Ce pernettya persistant pousse dans les terres acides, riches en humus (en compagnie des rhododendrons). Ses racines se développent juste sous la surface et n'apprécient guère le dessèchement en été, aussi faut-il les protéger d'une épaisse couche de feuilles mortes.

***Perovskia atriplicifolia* 'Blue Spire'.** Le pérovskia apprécie une situation très ensoleillée, dans un sol bien drainé pouvant rester bien sec durant l'été. C'est un buisson frugal, qui se contente de peu, mais les pousses sont plus vigoureuses et florifères lorsqu'il est nourri d'un peu de compost incorporé au sol autour du pied en fin d'hiver.

***Petroselinum hortense*.** Facilitez la levée des graines de persil en les laissant tremper durant une nuit dans un verre d'eau. Semez-les dans une terre chaude (en juin), et maintenue humide par des arrosages réguliers. Continuez d'arroser souvent durant l'été.

***Petunia* x *hybrida*.** Achetées en jeunes plantes au début du printemps, il faut attendre la mi-mai pour les placer en plein air. Plantez-les dans un terreau bien riche et ne négligez pas les arrosages : le terreau doit rester bien humide et les feuilles ne jamais flétrir.

***Phalaris arundinacea* 'Picta'.** Le ruban de bergère pousse dans toutes les terres pas trop sèches, où il s'étend peu à peu. Coupez toutes les feuilles vers la fin de juin afin de provoquer une repousse vigoureuse et mieux colorée. Enlevez une partie de la touffe lorsque vous la jugerez trop envahissante.

***Philadelphus coronarius* 'Aureus'.** Le seringat doré nécessite peu de taille. Coupez juste les branches un peu trop épuisées après la floraison (petites feuilles, souvent brûlées). Pensez aussi à supprimer quelques branches depuis leur base chaque hiver afin de permettre à l'arbuste de se renouveler.

***Phlomis russeliana*.** Plante de plein soleil et de terre bien drainée, ce phlomis supporte mieux le froid que toutes les autres espèces cousines. Ses feuilles restent persistantes jusqu'aux plus fortes gelées. Les souches peuvent rester en place de longues années sans devoir être divisées.

***Phlox paniculata*.** Plantez les jeunes phlox au début du printemps, dans une terre bien enrichie de terreau. Dès que les jeunes pousses mesurent 10 cm, coupez la moitié supérieure pour les forcer à former plus rapidement une touffe. Ne les laissez jamais avoir soif durant l'été.

***Phormium tenax* 'Purpureum'.** Abritez les jeunes plantes dans une véranda peu chauffée ou un garage hors gel. S'il bénéficie de beaucoup de lumière, arrosez le phormium régulièrement, mais, dans une pièce obscure, maintenez le substrat presque sec. Enlevez deux fois par an les feuilles fanées pour dégager la base des touffes.

***Phuopsis stylosa*.** La cruccianelle est une plante vivace qui s'enracine juste en surface : améliorez celle-ci en étalant du compost ou du terreau de manière à faciliter l'étalement de la cruccianelle. N'hésitez pas à tailler près du sol les tiges trop hautes pour que le tapis formé soit plus ras, plus dense et plus florifère.

Phuopsis stylosa

***Phygelius* x *aequalis*.** Ressemblant à un fuchsia, c'est plutôt une plante vivace qui aime le soleil et une terre pas trop sèche qui lui permettent de fleurir durant tout l'été. Plantez-le de préférence au printemps en mélangeant à la terre au moins un seau de terreau par plante.

***Picea excelsa*.** Les sapins vendus à Noël possèdent souvent peu de racines et leur reprise est délicate. Pour avoir toutes les chances de réussir, laissez-le le moins longtemps possible à l'intérieur et entourez les racines d'un terreau. Arrosez souvent le feuillage durant le printemps et le premier été.

Picea omorika. Ce conifère très élancé pousse bien dans les endroits ensoleillés, mais où l'atmosphère reste fraîche durant l'été. Plantez un jeune sujet en automne pour qu'il s'installe rapidement. Il ne craint pas le froid, mais souffre du vent, qui sèche ses aiguilles.

***Picea pungens* 'Koster'.** Ce sapin bleu pousse lentement dans son jeune âge mais prend une belle apparence de conifère vers 10-15 ans. La croissance des jeunes sujets n'étant pas toujours très régulière, n'hésitez pas à tailler les branches trop longues afin de régulariser celle-ci. Emplacement ensoleillé et bien dégagé.

Pistia stratiotes. Déposez simplement la rosette de laitue d'eau à la surface de celle-ci, vers la fin de mai lorsque les gelées ne sont plus à craindre et que la température de l'eau s'élève. Selon la place disponible, il faudra sûrement enlever une partie des jeunes plantes formées durant l'été.

Poirier. Il supporte des terres plus sèches que les pommiers, mais les meilleurs fruits sont obtenus dans les sols profonds et riches. Choisissez un emplacement parfaitement ensoleillé et bien dégagé de tous côtés, mais à l'abri des courants d'air.

Polygonum polystachyum. La grande renovée parfumée est très utile sur les talus humides, où elle maitient la terre. Installez une jeune plante par mètre carré pour que l'espace imparti soit couvert en 2 ans. Durant l'hiver, coupez les tiges desséchées.

Pommier. Les pommiers poussent bien dans les terres les plus diverses sauf celles trop sèches en été. Choisissez la forme selon l'espace dont vous disposez, mais portez aussi une attention au porte-greffe dont la vigueur détermine celle de l'arbre.

Populus serotina. Le peuplier du Canada peut figurer dans un grand brise-vent à condition de le tailler près du sol une fois tous les 2-3 ans. Cette taille permet une repousse vigoureuse habillée de grandes et belles feuilles. Évitez de travailler le sol à proximité, car les racines blessées produisent des pousses encombrantes.

Primula* x *elatior. Plantez ces primevères au pied d'arbres ou d'arbustes caducs où elles bénéficieront à la fois de fraîcheur et d'une bonne litière de feuilles mortes. Comme les touffes âgées vieillissent mal, divisez-les après leur deuxième ou troisième printemps, juste après la floraison.

Prunus serrulata 'Shirofungen'

***Prunus cerasifera* 'Pissardii'.** Ce prunier décoratif pousse bien dans tous les sols pas trop secs en été, et demande une exposition ensoleillée à la fois pour bien fleurir et bien colorer son feuillage. N'hésitez pas à couper une des branches principales régulièrement pour rajeunir le buisson et le maintenir vigoureux.

Prunus lusitanica. Bien plus rustique qu'on ne le croit habituellement, ce laurier est aussi plus élégant que les traditionnels lauriers-cerises et il pousse bien dans les terres calcaires. Plantez les jeunes plantes en fin d'hiver et arrosez-les bien durant leur premier été.

***Prunus lusitanica* 'Variegata'.** Ce laurier panaché pousse vite dans une terre pas trop sèche en été, mais ne supporte pas les terres humides en hiver. Il craint aussi le vent, qui brûle la partie colorée autour des feuilles. Une taille légère au milieu de l'été permet d'obtenir un arbuste bien compact.

***Prunus serrulata* 'Amanogawa'.** Très fin, ce cerisier à fleurs se transforme en tour de fleurs au printemps. Il vieillit assez mal dans les terres trop sèches ou trop humides en hiver. Choisissez un emplacement ensoleillé, mais abrité des courants d'air pour que la floraison dure plus d'une dizaine de jours.

***Prunus serrulata* 'Shirofungen'.** Ce cerisier à fleurs est lui aussi plus beau lorsqu'il pousse sur plusieurs troncs depuis la base. N'hésitez pas à supprimer les nombreuses petites branches qui encombrent la cime des sujets âgés et nuisent à leur belle floraison. Emplacement ensoleillé et abrité des vents pour préserver la floraison.

***Prunus subhirtella* 'Autumnalis'.** Ce prunus affectionne une terre riche, toujours fraîche et pas trop calcaire. Il aime aussi un emplacement abrité du vent. Ne le plantez pas contre une façade ensoleillée où il risque de souffrir de la chaleur, mais plutôt contre un mur exposé au nord.

***Prunus* x 'Accolade'.** Préférez un jeune cerisier comportant plusieurs branches dès la base : il poussera plus vite et moins haut qu'un sujet greffé en haut d'une tige bien droite. Choisissez un emplacement ensoleillé et dégagé, mais abrité des courants d'air, qui écourtent la floraison. Il craint les terres trop calcaires.

Prunus* x *cistena. Pour être florifère et bien coloré, ce prunus nain doit être planté en plein soleil, dans une terre pas trop humide en hiver. Les sujets greffés sont plus vigoureux et deviennent plus grands que les sujets multipliés par bouture, mais ils ont l'avantage de mieux se développer en terre calcaire.

Pyrus communis. Avec l'âge, les poiriers deviennent de très jolis arbres remarquables pour leur floraison blanche précoce et abondante. Ils redoutent les terres trop lourdes et humides en hiver, ainsi que les endroits encaissés où les gelées de printemps ruinent la floraison et donc la fructification.

R

Ranunculus acris. On ne trouve pas la renoncule des champs dans le commerce, car elle pousse facilement à l'état spontané. Pour qu'elle forme de belles colonies, il suffit de ne pas la faucher avant que ses graines soient mûres.

Raphanus sativa. Le radis est facile à cultiver et se récolte de trois à quatre semaines après le semis. Répartissez les graines dans un sillon tracé dans une terre finement travaillée. Recouvrez-les d'une fine couche de terre et arrosez. Eclaircissez pour ne laisser qu'un radis tous les 2-3 cm.

***Rheum palmatum* 'Atrosanguineum'.** Cette grande rhubarbe décorative a besoin d'une terre riche, humide mais bien drainée, et de plein soleil pour pousser et fleurir avec vigueur. Complétez sa nourriture en étalant chaque hiver une couche de compost tout autour des plantes.

***Rhododendron* 'Elisabeth'.** Contrairement à une idée répandue, ce rhododendron a vraiment besoin de soleil pour bien fleurir ; il suffit juste de lui éviter les insolations trop fortes en milieu de journée. N'oubliez pas de déposer chaque automne une bonne couche de feuilles mortes sur toute la surface recouverte par l'arbuste.

***Rhododendron* 'Hinodegiri'.** Cette azalée japonaise demande une terre franchement acide et toujours humide mais parfaitement drainée. Elle craint le soleil, bien que quelques rayons quotidiens lui soient nécessaires pour une floraison abondante. Elle pousse lentement.

Rodgersia podophylla

***Rhododendron* 'Pink Pearl'.** Cet hybride très vigoureux a besoin de l'ombre, de l'abri et de la fraîcheur des grands arbres pour atteindre 8-10 m de hauteur et autant de large. Plantez-le dans une terre non calcaire, en mélangeant au sol une balle de tourbe (100 litres) ou de terreau de feuilles.

Ribes nigrum. Le cassis s'accommode des situations ombragées pour produire ses nombreuses baies noires. Tous les 2 ans, taillez vos buissons pour supprimer les branches trop âgées et éviter qu'ils ne deviennent trop encombrants.

Ribes rubrum. Le groseillier à grappes aime une situation ensoleillée ou mi-ombragée dans une terre ne séchant pas trop en été. Plantez les jeunes buissons en hiver à 2 m environ les uns des autres pour les laisser se développer à l'aise. Une situation dégagée évite bien des maladies.

Ribes uva-crispa. Le groseillier à maquereau pousse et fructifie bien dans les terres lourdes et argileuses, et préfère une situation mi-ombragée ou ombragée. Il est en effet assez sensible aux maladies dans les endroits trop chauds en été, et cela se répercute sur les productions à venir. Eclaircissez les buissons chaque année après la récolte.

Rodgersia podophylla. Le rodgersia craint le soleil mais a besoin d'un peu de lumière pour bien colorer son feuillage. Il pousse bien dans une terre fortement enrichie d'humus et entretenue par un épais tapis de feuilles mortes chaque automne. Les premières jeunes feuilles gèlent parfois au printemps.

Rosiers anciens. Plantez-les en plein soleil, mais dans une terre pas trop sèche et bien enrichie de compost. Taillez-les peu en les laissant adopter une forme naturelle, mais débarrassez chaque hiver les buissons des branches âgées de plus de 3 ans ainsi que de celles trop fines pour fleurir.

Rosiers anciens 'Fantin Latour' *et* 'Cuisse de Nymphe'

Rosiers anglais. Ces rosiers sont assez robustes, mais ils ont besoin d'un sol riche et toujours un peu humide pour fleurir sans discontinuer. Taillez-les plutôt après la première floraison de juin-juillet, et seulement très légèrement pendant l'hiver, juste pour supprimer les rameaux faibles ou excédentaires.

Rosiers botaniques. Ils se plaisent au soleil mais aussi souvent à mi-ombre, contre des arbres ou des arbustes, ce qui leur rappelle leur environnement naturel. Taillez-les peu pour profiter de leurs nombreuses fleurs, mais aussi de leurs fruits, mais coupez-les près du sol une fois tous les 5 ans pour les régénérer.

Rosiers classiques. Plantez-les en groupes ou en massifs spécifiques, à 1 m de distance les uns des autres afin de pouvoir intercaler d'autres plantes. Ils aiment le plein soleil et un endroit bien dégagé et bien ventilé. Apportez chaque hiver une couche de compost sur le sol.

Rosiers hybrides musqués. Plantez ces rosiers seuls ou par groupes de trois en laissant autour beaucoup de place pour leur permettre de se développer en arbustes. Lors de la taille, gardez les branches les plus longues pour les courber en février afin que chaque bourgeon produise un bouquet de fleurs.

Rosiers lianes. Plantez-les juste au pied d'un grand arbre, car c'est là que les grosses racines occasionnent le moins de concurrence. Mélangez beaucoup de compost à la terre d'origine pour faciliter l'installation des racines, et arrosez régulièrement durant les premiers étés.

Rosiers modernes. Théoriquement, ils n'ont pas besoin de taille complexe et sont résistants aux maladies, mais il faut pour cela qu'ils aient été plantés dans de bonnes conditions, au soleil, dans une terre riche qui sèche peu en été. Eclaircissez tout de même les buissons à la fin de l'hiver.

Rosiers polyanthas. Ce nom signifie « à fleurs groupées » et comprend des rosiers très florifères, appréciés dans les massifs. Certains produisent des fruits comestibles, mais il ne faut pas les laisser en produire beaucoup sous peine d'épuiser les plantes. Taillez-les à 15-20 cm du sol vers la mi-mars.

Rosiers rugueux. Peu exigeants, ces rosiers poussent aussi bien dans les terres lourdes que dans les plus sableuses. Les variétés fructifères restent attrayantes une partie de l'hiver et ne doivent être taillées sévèrement qu'à cette époque. Les autres (doubles comme 'Roseraie de l'Haÿ) se contentent d'un éclaircissage.

Rubus cockburnianus. Cette jolie ronce pousse au soleil ou à mi-ombre, dans une terre pas trop sèche en été. Elle se développe à la manière d'un framboisier et peut se montrer aussi prolifique. Pour éviter d'être envahi, ne bêchez pas au pied et coupez l'extrémité des pousses avant qu'elles touchent le sol.

Rubus cockburnianus

Rubus idaeus. Plantez les framboisiers à mi-ombre, dans une terre bien meuble et enrichie de terreau de feuilles. Si elle ne sèche pas en été, la production des variétés remontantes peut être continue de juin aux gelées. Eclaircissez les cultures en supprimant de temps en temps toutes les branches qui n'ont pas la grosseur d'un crayon de bois. En hiver, coupez les branches les plus vieilles qui ont déjà beaucoup produit.

S

***Salix alba* 'Nova'.** Ce saule aime une terre humide, même gorgée d'eau. Pour le former en « têtard », gardez la plus belle branche droite d'une jeune plante, coupez-la à 2 m de haut et taillez chaque fin d'hiver toutes les jeunes branches à ce point afin de renouveler entièrement le branchage.

Salix exigua. Ce saule pousse dans les terres ordinaires. Préférez un emplacement bien ensoleillé et dégagé pour que son feuillage soit bien argenté. Évitez toutefois les situations éventées car l'enracinement est peu profond et les branches tombent facilement.

Salix gracilistyla. Ce saule remarquable tout au long de l'année ne doit pas forcément être planté au bord de l'eau : une terre ordinaire lui convient fort bien. Il pousse très vite et doit absolument être contenu par une taille, pratiquée chaque année au début du printemps.

***Salix hastata* 'Werhahnii'.** Ce saule pousse lentement et n'a pas besoin de taille, sauf pour supprimer une branche de temps en temps afin que l'arbuste se régénère. Offrez-lui un endroit bien dégagé, exposé au soleil, mais pas trop sec. C'est un excellent compagnon des bruyères pour de jolies scènes d'hiver.

Salix exigua

Salix purpurea. Ce saule pousse bien en terre ordinaire et n'a pas besoin d'un plan d'eau pour s'épanouir. Pour favoriser une végétation vigoureuse, plantez-le au début de l'hiver et taillez-le à 20 cm du sol au début du printemps pour l'aider à former un buisson bien touffu.

Salvia officinalis. Cette sauge forme un buisson arrondi de 80 cm de haut et de large au maximum. Les fleurs, bleues la plupart du temps, peuvent être roses ou blanches chez d'autres variétés, ce qui ne nuit pas aux propriétés du feuillage. Plein soleil et terre pas trop humide en hiver.

***Sambucus canadensis* 'Maxima'.** Ce sureau peu commun a besoin d'une terre riche et fraîche pour pousser avec une telle vigueur. Ses racines bourgeonnent facilement, aussi vaut-il mieux éviter de bêcher autour de l'arbuste pour ne pas être envahis de repousses. Fleurs et fruits sont comestibles.

Sambucus nigra. Le sureau s'implante souvent de lui-même dans les terres lourdes, riches et les endroits un peu humides. Si vous désirez en planter un, choisissez une de ses belles variétés à feuilles pourpres ou découpées. N'hésitez pas à couper beaucoup de branches pour éclaircir la cime de ces petits arbres.

***Sambucus nigra* 'Guincho Purple'.** Comme les autres sureaux, il pousse bien en terre riche et humide, mais il a absolument besoin de beaucoup de soleil pour que son feuillage adopte une belle teinte foncée et que sa floraison soit abondante. Taillez-le légèrement en supprimant les vieilles branches.

***Sambucus racemosa* 'Plumosa Aurea'.** Ce très beau sureau a besoin de soleil sans que ce dernier soit trop brûlant (exposition est ou nord-ouest). Il craint les terres trop calcaires, surtout si elles sont sèches. Pour rendre le feuillage plus attrayant en été, on peut tailler légèrement l'extrémité des branches en juin.

Santolina chamaecyparissus. Plantez la santoline au printemps, en plein soleil et dans un sol ne retenant pas l'eau en hiver. Un endroit bien dégagé lui permettra de rester bien compacte et régulière, mais il faudra tout de même la tailler juste après la floraison.

Sarcococca humilis. Au nord de Paris, le sarcoccoque peut être cultivé à toutes expositions ; mais au sud de Paris, mieux vaudra le planter à l'ombre. Il supporte des sécheresses momentanées mais pousse plus vite dans une terre humifère qui reste fraîche pendant toute la belle saison.

Scilla siberica. Plantez ces bulbes à 3-5 cm de profondeur. Les scilles de Sibérie aiment une situation ensoleillée mais pas trop sèche durant l'été. Les premières fleurs peuvent souffrir d'une gelée inattendue, mais les nombreux boutons assurent une floraison ininterrompue.

***Scirpus lacustris* 'Albescens' et 'Zebrinus'.** Ces joncs panachés à feuillage strié de blanc crème se cultivent de préférence en pots. Les touffes doivent être divisées chaque année pour rester vigoureuses et bien colorées. Utilisez une terre argileuse amendée de tourbe comme substrat pour les pots.

***Sedum alboroseum* 'Mediovariegatum'.** Ce sédum à feuillage panaché préfère les situations claires, mais pas trop brûlantes, afin de ne pas endommager les parties jaunes un peu plus fragiles que les vertes. Elle supporte très bien la sécheresse estivale pourvu qu'on mélange du compost à la terre d'origine.

***Sedum* 'Herbstfreude'.** Plantez les sédums dans n'importe quelle terre pas trop sèche en été. Ils poussent en plein soleil, mais ne dédaignent pas non plus les situations plus fraîches, mi-ombragées. Ils ne connaissent pas de parasites, et les touffes peuvent rester 10 ans en place sans être divisées.

***Sedum* 'Ruby Glow'.** Cette variété basse et étalée aime un emplacement chaud, mais pas trop sec. On multiplie facilement les touffes au printemps lorsque apparaissent les premières pousses. Mélangez du terreau et du sable aux terres lourdes afin que le sedum ne pourrisse pas.

***Sedum spurium* 'Atropurpureum'.** Pour favoriser la vigueur de ce sédum rampant, recouvrez les tiges superficielles d'un mélange de terreau et de sable afin qu'elles s'enracinent. Faites-le au printemps, juste avant que les nouvelles feuilles se développent. Le plein soleil est indispensable à une belle coloration.

***Sempervivum* sp.** Aucune autre plante n'est plus facile à cultiver que ces « petits choux ». Sachez simplement que, lorsqu'une rosette se met à fleurir, elle dépérit ensuite après avoir engendré plusieurs petites rosettes « filles ». Recouvrez l'emplacement vide de terreau sableux ou repiquez les jeunes plantes un peu plus loin.

Senecio cineraria. Pour que le feuillage soit bien argenté, placez la cinéraire maritime en plein soleil, dans une terre pas trop humide. Lors des arrosages, veillez à ne pas mouiller les feuilles. Coupez les tiges hautes pour garder des plantes compactes et bien fournies.

Sorbaria sorbifolia. Ce bel arbuste vigoureux fleurit sur les jeunes pousses de l'année et peut donc être taillé près du sol chaque printemps. Le sorbaria aime une terre consistante, riche, qui ne sèche pas trop en été. Il pousse aussi bien à l'ombre qu'en plein soleil.

Spartium junceum. Plantez uniquement de très jeunes genêts d'Espagne afin qu'ils s'enracinent profondément et résistent au vent. Cette plante a besoin de plein soleil pour fleurir en abondance. Taillez les premiers rameaux défleuris pour encourager la production de nouvelles fleurs au lieu de graines.

Spiraea x *cinerea* 'Grefsheim'

***Spiraea* x *cinerea* 'Grefsheim'.** Cette spirée pousse bien partout dans les terres pas trop sèches en été. Sa floraison évite les gelées tardives, qui déciment souvent les autres spirées. Pour maintenir vos buissons florifères, supprimez chaque année 2 ou 3 branches en les coupant près du sol.

Spiraea* x *vanhouttei. Plantez cette spirée dans une terre riche et pas trop sèche en été. Elle pousse très rapidement, ne connaît pas de maladies et ne demande pas de soins particuliers. Si vous ne la taillez pas un peu chaque année, rasez entièrement la touffe une fois tous les 6 ou 7 ans.

***Stachys byzantina* 'Cotton Ball'.** Cette « oreille d'ours » se distingue par ses inflorescences curieuses, mais elle pousse comme les autres au soleil, dans une terre ne restant pas trop humide en hiver. En cas d'hiver pluvieux, prenez la précaution d'enlever les feuilles ramollies qui pourraient entraîner la pourriture des plantes.

***Stachys byzantina* 'Silver Carpet'.** Cette variété de stachys ne fleurit pas. Elle forme de beaux tapis couvre-sol en plein soleil mais aussi à mi-ombre, voire même à l'ombre lorsqu'elle n'est pas produite par des arbres. Évitez de laisser s'accumuler des feuilles mortes sur son feuillage.

Stipa gigantea

Stipa gigantea. Cette graminée spectaculaire apprécie les endroits très ensoleillés et les terres riches mais bien drainées, si possible caillouteuses. Plantez la stipe géante au printemps, mais n'attendez pas les hampes et épis avant l'année suivante.

***Symphoricarpos doorenbosii* 'Mother of Pearl'.** La symphorine pousse dans toutes les situations, ombragées ou ensoleillées, en terre lourde, humide, légère ou sèche. Plantez-la en automne, après avoir choisi les plantes en fruits pour sélectionner les plus beaux spécimens. Rasez le buisson une fois tous les 3 ans en fin d'hiver.

Symphytum grandiflorum. Plantez ce couvre-sol vigoureux en septembre pour qu'il s'installe sans concurrence de mauvaises herbes. Laissez 40 cm de distance entre chaque jeune plante pour que le sol soit couvert dans l'année. La consoude naine pousse vite dans les sols lourds restant humides toute l'année.

***Symphytum uplandicum* 'Variegatum'.** Plantez la grande consoude panachée au printemps, dans une terre profondément ameublie et enrichie de compost. Choisissez un emplacement lumineux mais recevant peu de soleil direct, qui brûle la marge claire des feuilles. Évitez que le sol ne sèche trop durant l'été.

***Syringa meyeri* 'Palibin'.** Ce lilas nain pousse en plein soleil, dans une bonne terre de jardin. Plantez-le au détour d'une allée ou récupérez les pousses produites autour du pied pour constituer peu à peu une petite haie. Si vous voulez parfaire la forme naturelle arrondie, taillez-le légèrement après la floraison.

Syringa vulgaris. Le lilas fleurit en abondance sans interventions obligatoires. Toutefois, la suppression des fleurs fanées et des tiges fines (moins grosses qu'un crayon) permet d'obtenir des fleurs plus grosses. Évitez de bêcher au pied d'un lilas car les racines blessées produisent des nouvelles pousses gênantes.

T

Tagetes signata. Repiquez en place des plantes très jeunes, munies de 4 à 6 feuilles seulement : leur reprise est alors plus rapide et leur enracinement plus profond, ce qui permet de réduire les arrosages en été. Les tagètes se ramifient naturellement pour former de véritables buissons de fleurs.

Taxus x media. Cet if hybride a besoin d'une terre consistante mais bien drainée pour pousser rapidement. Dans les terres trop lourdes, incorporez du sable-gravier lors de la plantation pour améliorer le drainage. Il n'y a rien de tel que du fumier étalé autour des plantes pour les faire pousser très vite.

Teucrium x lucidrys. Installez au printemps la germandrée que vous trouverez au rayon des plantes vivaces, bien que ses tiges soient dures comme celles d'un arbuste. Coupez les fleurs dès qu'elles fanent pour valoriser le feuillage persistant et taillez toute la plante à ras du sol au début du printemps.

Symphytum uplandicum 'Variegatum'

***Toona sinensis* 'Flamingo'.** Très spectaculaire, le cedrela peut, avec le temps, devenir un arbre. Pour éviter cela et profiter d'un feuillage bien coloré, coupez en fin d'hiver à quelques centimètres de leur base les pousses âgées de 2 ans. Ne bêchez pas autour du pied pour éviter l'apparition de pousses vertes.

Tradescantia virginiana. La croissance de l'éphémère de Virginie est vigoureuse et sa floraison abondante dans une terre riche et humide. Cette vivace estivale peut fleurir dans les endroits mi-ombragés. En cas de sécheresse, la partie aérienne disparaît mais repousse au printemps suivant.

***Trifolium repens* 'Purpurascens'.** Plantez ce joli trèfle au printemps, au soleil, dans une terre riche et meuble. Étalez ses tiges rampantes dans toutes les directions et recouvrez-les de terreau afin qu'elles s'enracinent au plus vite et rendent les touffes plus vigoureuses. Rasez le feuillage juste après la floraison.

Trollius europaeus. Ce gros bouton-d'or aime une terre toujours humide et riche en humus. Les touffes s'accroissent lentement, mais résistent parfaitement au gel. Souvent, le feuillage disparaît en partie en été, surtout s'il est victime d'une sécheresse momentanée. Plantez-le au tout début du printemps ou en septembre.

Tropaeolum majus. Semez les grosses graines de la capucine par groupes de 3 dans un petit trou après y avoir déposé une poignée de terreau. Couvrez-les de 1 cm de terreau, tassez et arrosez. Gardez la plus belle des 3 pousses, qui donnera une plante plus forte que les 3 ensemble.

***Tulipa* 'China Pink'.** Cette tulipe à fleur de lis peut rester en place dans toutes les terres sableuses et légères, où il faut les planter profondément (15-20 cm). Dans une terre argileuse et lourde, mieux vaut la planter à 10 cm de profondeur et l'arracher une fois le feuillage fané pour la remiser durant l'été.

***Tulipa* 'Texas Gold'.** Les tulipes perroquet aiment une terre bien riche pour alimenter leur végétation exubérante et leurs grosses fleurs. Mieux vaut arracher les bulbes une fois le feuillage fané pour leur faire passer l'été dans un endroit chaud et sec, ce qui assure une belle floraison suivante.

U

Ulex europaeus. L'ajonc pousse de préférence dans les terres légères, sableuses et acides. Plantez vos jeunes plantes au début de l'automne ou du printemps et disposez sur le sol autour des plantes un bon tapis de feuilles mortes pour conserver une humidité indispensable à la reprise.

V

Veronica beccabunga. Si elle ne vient pas s'installer toute seule au bord de votre bassin, cette véronique s'achète en godet au printemps. Plantez-la aussitôt au soleil afin qu'elle fleurisse en abondance tout au long de l'été. Coupez les tiges que vous trouvez un peu trop envahissantes.

***Viburnum opulus* 'Compactum'.** Cette forme naine de la “boule de neige” sauvage pousse lentement, mais elle est belle dès son plus jeune âge. Plantez-la dans une terre consistante, pas trop sèche, et bien enrichie de compost ou de terreau de feuilles. Fleurs et fruits sont plus nombreux en plein soleil.

***Viburnum plicatum* 'Mariesii'.** Cette viorne s'étale plus qu'elle ne s'élève et parvient à occuper plus de 2 m de diamètre, mais elle a alors tendance à se dégarnir au centre. Pour éviter cela, on peut tailler les branches les plus longues juste après la floraison. Une couche de feuilles mortes permet au sol de rester humide.

***Viburnum* x *bodnantense* 'Charles Lamont'.** Ce bel arbuste à floraison hivernale doit être planté dans un endroit abrité des vents froids. L'emplacement peut être ensoleillé ou mi-ombragé sans que cela n'affecte la floraison. En revanche, cette viorne prend de plus belles proportions dans une terre qui ne sèche pas trop durant l'été.

Viburnum* x *carlcephalum. Cette viorne très parfumée pousse bien dans toutes les terres riches et profondes. Elle supporte bien la sécheresse estivale, même si elle perd alors une partie de ses feuilles. Elle ne nécessite pas de taille particulière, hormis une légère éclaircie du branchage.

***Vinca major* 'Variegata'.** Plantez seulement un pied tous les 60-70 cm pour éviter que cette grande pervenche n'envahisse trop vite les autres plantes. N'hésitez pas à couper les longues tiges près de l'endroit où elles s'enracinent. Effectuée à la fin de l'hiver, cette taille permet d'obtenir un magnifique feuillage.

Viola* x *vittrockiana. Ces pensées fleurissent dès la fin de l'automne et pour de nombreuses semaines dans les endroits où elles bénéficient de conditions climatiques tempérées et sans à-coups (pas de fort ensoleillement après une période froide, terre toujours légèrement humide).

Vitis vinifera. Plantez la vigne en automne ou au printemps contre un mur exposé en plein soleil. Creusez un trou profond de 50 ou 60 cm et déposez dans le fond une couche de 20 à 30 cm de cailloux (calcaires, si possible). Veillez à ne pas enterrer le point de greffe sous le niveau du sol, mais protégez le d'une butte de terre durant le premier hiver.

W

***Weigela florida* 'Variegata'.** Le weigélia pousse sans problème dans les sols pas trop secs, de préférence argileux. Il pousse vite, et, comme son système racinaire est peu étalé, les vieux sujets peuvent aisément être déplacés lorsqu'ils deviennent gênants. Évitez un endroit éventé.

Wistaria floribunda. Cette glycine très vigoureuse a besoin d'une terre non calcaire pour bien prospérer. Plantez-la en plein soleil et guidez ses premières tiges vers le support ou la construction à dissimuler. Les plus belles glycines sont taillées plusieurs fois l'an, mais l'absence de soins ne nuit pas à la floraison.

Y

***Yucca flaccida* 'Golden Sword'.** Plantez-le de préférence au printemps pour qu'il ait le temps de bien s'enraciner avant l'hiver. Si vous désirez garder votre yucca en pot durant plusieurs années, enterrez le contenant au pied d'un mur ou d'une haie afin que la plante soit bien protégée contre les courants d'air.

Yucca flaccida 'Golden Sword'

Index thématique *Ces listes vous aideront à choisir des plantes en fonction des saisons, des contraintes spécifiques à votre jardin (sol, exposition, superficie...) et de vos goûts.*

DES PLANTES POUR LE PRINTEMPS

DES PLANTES POUR L'ÉTÉ

DES PLANTES POUR L'AUTOMNE

DES PLANTES POUR L'HIVER

DES PLANTES POUR LE SOLEIL

DES PLANTES POUR L'OMBRE ET LA MI-OMBRE

DES PLANTES POUR LES TERRAINS HUMIDES

DES PLANTES POUR LES SOLS ACIDES

DES PLANTES POUR LES SOLS ARGILEUX ET LOURDS

DES PLANTES POUR LES SOLS CALCAIRES

DES PLANTES QUI POUSSENT VITE, POUR LES JARDINIERS PRESSÉS

DES PLANTES INRATABLES, POUR LES GRANDS DÉBUTANTS

DES PLANTES CLASSIQUES

DES PLANTES À FEUILLAGE INTÉRESSANT

DES PLANTES PARFUMÉES

DES PLANTES POUR LES BALCONS ET TERRASSES

DES PLANTES ARCHITECTURALES À ISOLER

DES PLANTES À FEUILLAGE PERSISTANT

DES PLANTES DE GRANDE TAILLE (+ d'1 m)

DES PLANTES DE TAILLE MOYENNE (50 cm)

DES PLANTES DE PETITE TAILLE

DES ARBRES ET ARBUSTES POUR LES PETITS JARDINS

DES ARBRES ET ARBUSTES POUR LES GRANDS JARDINS

DES PLANTES À COUPER POUR LES BOUQUETS

Index général

H

I

J

K

S

T

U -V - W - Z

W - Y - Z

Nos bonnes adresses

Si vous ne trouvez pas certaines des plantes recommandées dans votre région,voici quelques adresses qui peuvent vous être utiles.

CATALOGUES GÉNÉRAUX

Delbard
16 Quai de la Mégisserie,
75054 Paris cedex
tél. : 01-44-88-80-00

Jacques Briant
49486 Saint-Sylvain d'Anjou
tél. : 02-41-37-66-11

ARBRES, ARBUSTES

Pépinière Brochet-Lanvin
« La Presle »
51480 Nanteuil-la-Forêt
tél. : 03-26-59-43-39

Pépinière Adeline
18140 La Chapelle-Montlinard
tél. : 02-48-79-51-51

Pépinière Charantaises
16310 Montemboeuf
tél. : 05-45-65-02-61

Pépinière Hennebelle
Rue du Marais
62270 Boubers sur Canche
tél. : 03-21-03-77-26

Pépinière Côte Sud des Landes
40230 Saint Géours de Maremne
tél. : 05-58-57-33-30

ROSES

Les roses anciennes André Eve
Morailles
45300 Pithiviers le Vieil
tél. : 02-38-30-01-30

Les roses anciennes Guillot
Chamagnieu
38460 Cremieu
tél. : 04-71-90-27-55

Roseraie Sauvageot
25220 Vaire-Arcier
Tél. : 03-81-57-00-26

Meilland
B. P. 2
69815 Tassin-la-Demi-Lune Cedex
tél. : 04-78-34-00-34

Roses d'Antan
Kermunut
22200 Graces-Guingamp
tél. : 02-96-44-41-10

FLEURS VIVACES

Ets Lepage
« La Fontaine » Chemin des Perrins
49130 Les Ponts-de-Cé
tél. : 02-41-44-93-55

L'Atelier vert
245, rue D'Epinay
95360 Montmagny
tél. : 01-39-83-54-58

Les Jardins de Cotelle
76370 Derchigny-Graincourt
tél. : 02-35-83-61-38

Planbessin
Castillon 14490 Balleroy
tél. : 02-31-92-56-03

Le Jardin du Morvan
58170 Savigny-Poil-Fol
tél. : 03-86-30-87-29

Côté Jardin
444 route de Morgny
76160 La vieux rue
tél. : 02-35-34-08-87

Un Jardin de Cottage
Berchigranges
88640 Granges-sur-Vologne
tél. : 03-29-51-47-19

Jardins de Bellevue
Beaumont-le-Hareng
76850 Bosc-le-Hard
Tél. : 02-35-33-31-37

Le Clos Gabrièle
Rue du Bourg
62270 Boubers-sur-Canche
Tél. : 03-21-03-65-76

Pépinière Lumen
Les coutets
Creysse - 24100 Bergerac
tél. : 05-53-57-62-15

Pépinière
Yves Gosse de Gorre
Séricourt
62270 Frévent
tél. : 03-21-03-64-42

Pépinière du Coudray
Beaumont-le-Hareng
76850 Bosc-le-Hard
Tél. : 02-35-33-31-37

Jardins d'en Face
La Ville au Monnier
35730 Pleurtuit
tél. : 33-99-46-43-31

Orkidée
9, Grande Rue
27220 Saint Laurent de Bois
tél. : 02-32-37-25-22

Pépinières Antoine Breuvart
885, rue Ch. Chopin
62130 Ramecourt
tél. : 03-21-04-49-45

Pépinières Thierry Delabroy
40, rue Roger Salengro
59496 Hantay
tél. : 03-20-49-73-98

La grange aux vivaces
35150 Chanteloup
tél. : 02-99-44-02-47

■ BULBES

Beaumaux
B. P. 100
54062 Nancy Cedex
tél. : 03-83-15-86-86

Bulbes d'Opale
Cidex 528, 384 Boerenweg Ouest
59285 Buysscheure
tél. : 03-28-43-04-67

Ellébore
La Chamotière
61360 Saint Jouin de Blavou
tél. : 02-33-83-37-72

Schryve-jardin
1315, route du Steent'je
59270 Bailleul
tél. : 03-28-49-27-40

■ PLANTES AQUATIQUES

Alisma
La Ville - O9160 Taurignan-Castet
tél. : 05-61-66-77-63

Latour-Marliac S. A
47110 Le Temple sur Lot
tél. : 05-53-01-08-05

■ FOUGÈRES

Yves Dupont
10, rue de Bellevue, B. P. 8148
45081 Orléans cédex 02
tél. : 02-38-66-39-29

■ PLANTES GRIMPANTES

Pépinière Patrick Nicolas
8, sentier du clos Madame
92190 Meudon
tél. : 01-45-34-09-27

Pépinière Travers
cour Charette
45650 Saint-Jean-le-Blanc
tel : 02-38-66-13-70

■ GRAINES (FLEURS ANNUELLES, BISANNUELLES, LÉGUMES)

Graines Fabre
23, rue des Drapiers
7083 Metz cedex 3
Tél. : 03-87-74-07-65

Thompson et Morgan
S. A. R. L., La Melletière
61150 St-Ouen-sur-Maire
tél. : 02-33-35-85-00

■ ARBRES FRUITIERS FORMÉS

Delbard
16, quai de la Mégisserie
75054 Paris cedex 01
Tél. : 01-44-88-80-00

Les Fruits d'Antan
1085, route de la maison blanche
59190 Staple
Tél. : 03-28-40-04-33

■ PETITS FRUITS PEU CONNUS

Ribanjou
E. A. R. L. Zone Horticole du Rocher-Briollay
49125 Tiercé
tél. : 02-41-42-65-19

■ LÉGUMES ANCIENS

Ferme de St Marthe
B. P 10 41700 Cour-Cheverny
tél. : 02-54-44-20-03

■ BRUYÈRES

Pépinière Dauguet
La Voisinière
53220 Larchamp
Tél. : 02-43-05-32-20

Pépinière Saint-Joseph
Abbaye Notre Dame, Autrey,
88700 Rambervillers
Tél. : 03-29-65-93-01

■ GRAMINÉES

Pépinière Paquereau
85240 Foussais-Payré
Tél. : 02-51-51-43-70

Planbuisson
24480 Le Buisson
Tél. : 05-53-22-01-03

■ PLANTES DE PLEIN VENT, DU BORD DE MER

Ets horticoles J.-Y. Poirroux
Le petit Beauregard
85340 Olonnes-sur-mer
Tél. : 02-51-95-09-61

■ FEUILLAGES ODORANTS, PLANTES PARFUMÉES

GAEC Hortiflor
49170 Savennières
tél. : 02-41-72-21-67

Fragrance
« La Jugnon »
71800 Vauban
Tél. : 03-85-25-89-58

■ CURIOSITÉS BOTANIQUES

Pépinières botaniques armoricaines
Allée du Marquis
22200 Graces -Guingamp
tél. : 02-96-44-46-16

Pépinière Botanique Jean Thoby
Château de Gaujacq
40330 Amou
tél. : 05-58-89-84-22

Remerciements

Nous tenons à remercier :
Mme la princesse Sturdza, Mme Hao, Mlle Odile Hennebelle, Mme Patinier, Messieurs J-P Hennebelle, E. Pietrovski, Yves Gosse de Gorre, M et Mme Alson, et M et Mme Legay pour nous avoir autorisés à reproduire quelques photographies de leurs jardins et à nous inspirer de leurs compositions.

Crédits photographiques